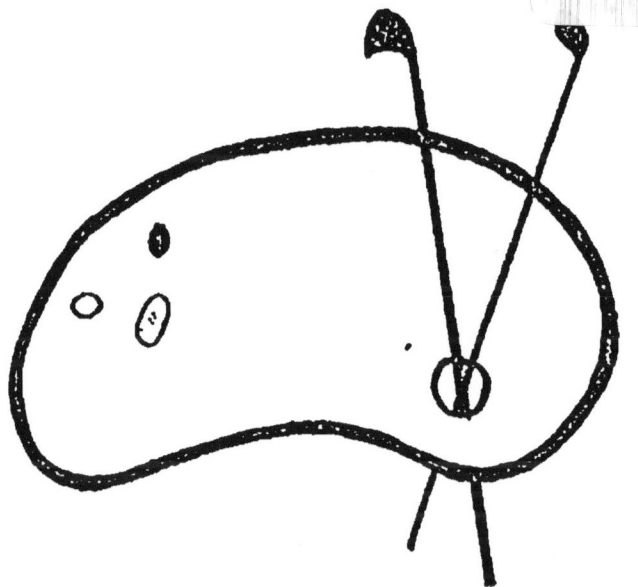

COUVERTURE SUPÉRIEURE ET INFÉRIEURE
EN COULEUR

TRAITÉ THÉORIQUE ET PRATIQUE

DE LA

DISSERTATION

PHILOSOPHIQUE

TRAITÉ THÉORIQUE ET PRATIQUE
DE LA
DISSERTATION
PHILOSOPHIQUE

CONTENANT

TOUS LES SUJETS DONNÉS A LA SORBONNE

Depuis 1866

SUR LA PHILOSOPHIE ET L'HISTOIRE DE LA PHILOSOPHIE

ACCOMPAGNÉS

DE PLANS DÉVELOPPÉS ET DE MODÈLES

PAR

EUG. LÉVÊQUE

DEUXIÈME ÉDITION REVUE ET AUGMENTÉE

I. THÉORIE DE LA DISSERTATION. — II. SUJETS DOGMATIQUES

PARIS
LIBRAIRIE CLASSIQUE D'EUGÈNE BELIN
RUE DE VAUGIRARD, N° 52

Tout exemplaire de cet ouvrage non revêtu de ma griffe sera réputé contrefait.

Eug. Belin

SAINT-CLOUD. — IMPRIMERIE DE Mme V^e EUG. BELIN.

PRÉFACE
DE LA DEUXIÈME ÉDITION

La dissertation est depuis 1810 une des compositions du concours général des lycées, et depuis 1866 une des épreuves du baccalauréat ès lettres. Destinée à représenter les connaissances acquises pendant une année entière, elle exige une préparation sérieuse. C'est à ce besoin que répond notre livre.

Déjà, après avoir consacré une partie de notre vie à des travaux d'érudition qui ont fait connaître les doctrines d'une école célèbre[1], nous avons essayé de contribuer pour notre part au progrès des études philosophiques en rédigeant, dans le *Dictionnaire des sciences et des lettres* de M. Bouillet (édition de 1872), des articles substantiels sur la Philosophie, les Beaux-Arts, l'Économie politique et sociale, afin d'offrir aux élèves aussi bien qu'aux autres classes de lecteurs un exposé clair et précis des théories qui constituent la science dans son état actuel. Nous complétons aujourd'hui notre œuvre en publiant un traité où, mettant à profit l'expérience que nous avons acquise dans une longue pratique de l'enseignement, nous nous proposons de rendre à la fois plus facile et plus fructueuse la préparation à l'épreuve de la *dissertation*.

Ce traité comprend trois parties.

I. Théorie de la dissertation. Nous commençons par enseigner à *composer une dissertation*, c'est-à-dire à comprendre le sens d'une question, à rassembler les idées qui s'y rapportent, à les lier ensemble et à les grouper dans l'ordre le plus convenable, à les exposer sous une *forme analytique* à l'aide d'exemples bien choisis. Nous montrons que, pour réussir dans cet exercice, il faut y appliquer la méthode suivie dans les autres compositions scientifiques, étudier les *définitions*, se faire un recueil d'*exemples*, prendre pour modèles un certain nombre de *plans* et de *dissertations*, faire des *lectures* qui développent la réflexion et habituent aux formes

---

[1]. Nous avons collaboré avec M. Bouillet à la traduction des *Ennéades de Plotin* (1861), ouvrage couronné par l'Institut, et avec M. V. Cousin à sa seconde édition de Proclus (*Procli philosophi platonici opera inedita*, MDCCCLXIV).

du style philosophique. Dans ce but, nous renvoyons à des livres que les élèves doivent avoir toujours entre les mains, aux *Lectures de philosophie* de M. Charles, aux *Éléments de morale* de M. Janet, au *Dictionnaire des sciences et des lettres* de M. Bouillet, et aux auteurs dont l'étude est prescrite par le programme de l'examen.

II. Sujets dogmatiques. Pour connaître quelles sont les théories que l'on doit étudier, il ne suffit pas de consulter le programme du baccalauréat ès lettres. On n'y trouve indiquées que les principales questions de la *Psychologie*, de la *Logique*, de la *Théodicée* et de la *Morale*, tandis que, si l'on parcourt l'ensemble des *sujets* donnés à la Sorbonne depuis 1866, on voit que beaucoup d'entre eux supposent, outre la connaissance des quatre parties que nous venons de nommer, des notions générales d'autres sciences philosophiques, *Esthétique*, *Linguistique* ou *Philosophie des langues*, *Grammaire générale*, *Métaphysique*, *Philosophie des sciences*, *Droit naturel* ou *Philosophie du droit*, *Philosophie de l'histoire*. Il faut donc, pour avoir un questionnaire complet, réunir et mettre en ordre tous les *sujets* qui ont été donnés par la Faculté des lettres de Paris. Nous les traitons, selon leur nature, sous forme de *plans développés* ou de *dissertations*.

III. Sujets historiques. Une connaissance approfondie des Systèmes les plus célèbres est nécessaire pour traiter, non-seulement les *sujets historiques*, mais encore les *sujets dogmatiques*, parce qu'ils empruntent toujours à la *critique* quelques-uns de leurs éléments. Nous avons fait à ce point de vue un travail nouveau.

1° Renvoyant à la partie dogmatique pour les *appréciations*, nous donnons des *analyses méthodiques* qui exposent sous une forme concise tout ce que nos lecteurs ont besoin de savoir. Nous résumons même tous les écrits d'Aristote, parce qu'il a organisé la science et fixé sa terminologie.

2° La Philosophie et les Sciences sont étudiées dans une même année, parce que la Philosophie fournit aux Sciences leurs principes, tandis que les Sciences fournissent à la Philosophie quelques-uns des matériaux de ses théories. Nous indiquons avec soin leurs rapports, soit dans les analyses des auteurs qui ont embrassé l'ensemble des connaissances humaines, soit dans des résumés spéciaux qui montrent à nos lecteurs la voie qu'ils doivent suivre.

TABLE ANALYTIQUE DES MATIÈRES

Nous renvoyons aux numéros des paragraphes, comme dans tout l'ouvrage.
D. indique *Dissertation*.

PREMIÈRE PARTIE

THÉORIE DE LA DISSERTATION.

I. Objet et méthode de la Dissertation. Exemple : *Qu'est-ce que la pensée ?* D.

Invention. — II. Interprétation de la question. Ex. *Classification des idées.* D. — III. Conception du plan. — IV. Analyse. Ex. *Analyse de la conscience.* D. — V. Comparaison. Ex. *Rêve, rêverie, hallucination.* D. — VI. Définition. Ex. *Qu'est-ce que le cœur ?* D. — VII. Exposition d'une théorie. Ex. *De l'autorité du témoignage.* D. — VIII. Explication d'une maxime. Ex. *Connais-toi toi-même.* D. — IX. Problème. Ex. *Quelle différence y a-t-il entre les personnes et les choses ?* D. *Pourquoi Bossuet part-il de la connaissance de l'homme pour s'élever à la connaissance de Dieu et ne suit-il pas la méthode inverse ?* D. — X. Réfutation. Ex. *Réfutation du matérialisme.* D. — XI. Appréciation d'une doctrine. Ex. *Les perceptions externes ne sont-elles que des songes bien réglés, suivant l'opinion de Leibniz ?*

Disposition. — XII. Forme analytique. Forme synthétique.
Élocution. — Modèles à étudier.
Sujets de dissertation donnés au concours général des lycées de 1810 à 1875. Exemple : *La connaissance de l'homme est un degré nécessaire pour arriver à la connaissance des principaux attributs de Dieu.*

DEUXIÈME PARTIE

SUJETS DE DISSERTATION

PHILOSOPHIE

1. Origine et objet de la Philosophie. Esprit philosophique. — 3. Division de la Philosophie. Ordre des parties. — 6. Rapports de la Philosophie avec les autres sciences.

PSYCHOLOGIE

8. Distinction de la Psychologie et de la Physiologie.
11. Différence de la méthode employée en Psychologie et de la méthode employée dans les autres sciences. D.
15. Difficultés de l'observation intérieure. Moyens d'en compléter et d'en confirmer les résultats.
18. Faits de conscience — 19. Facultés de l'âme.

Théorie de la Sensibilité. 21. Sensations et sentiments. — 23. Plaisirs. — 25. Inclinations. — 27. Passions. Classification de Bossuet.

Théorie de l'Intelligence. 28. Différence de l'Intelligence et de la Sensibilité. — 29. Classification des Facultés intellectuelles et des Opérations intellectuelles.

Perception externe. Sens. 22. Différence des sensations et des perceptions. — 34. Distinction des perceptions naturelles et des perceptions acquises. Éducation des sens par l'esprit. — 37. Sens commun d'après Bossuet. — 38. Classification des notions fournies par les sens. — 39. Perception de notre corps. — 40. Réfutation de la théorie des idées-images.

Idée de la matière. 41. La connaissance de la matière est une conception plutôt qu'une perception. — 42. Essence de la matière. Qualités premières et qualités secondes. Mécanisme, Dynamisme. — 43. Réfutation des objections contre la réalité du monde extérieur. Idéalisme de Berkeley.

Conscience. Idée du moi. 45. Distinction de la Perception externe et de la Perception interne ou Conscience.

Raison. 47. Axiomes. Principes *a priori*. Vérités premières.

Systèmes divers sur leur origine. — 49. Énumération des vérités premières et des notions premières. — 52. Principe de causalité. D. — 55. Principe de substance. — 57. Principe des causes finales. D.

Idée de la Cause première. 56. Distinction de la Cause première et des causes secondes.

Classification, origine et formation des idées. — 59. Réfutation de l'Empirisme. — 61. Théorie de Locke : *table rase.* — 62. Théorie de Descartes : *idées innées.* — 63. Théorie de Leibniz : *nihil est in intellectu quod non fuerit in sensu; excipe : nisi ipse intellectus.* — 64. Théorie de Condillac : *sensation transformée.*

Attention. Réflexion 65. Idées claires.

Abstraction. 66. Idées abstraites.

Comparaison. 67. Idées de rapports.

Généralisation. 68. Idées générales. — 69. Leur nature et leur valeur. — 70. Nominalisme, Conceptualisme, Réalisme.

Jugement. 72. Analyse du jugement et de la proposition. — 73. Principales espèces de jugements d'après la théorie de Kant. — 75. Jugement comparatif.

Raisonnement. 76. Différence et rapport de la Raison et du Raisonnement — 78. Théorie de la Déduction et de l'Induction. Leurs principes rationnels. D.

Mémoire. 80. Distinction de la Mémoire sensible (Imagination passive) et de la Mémoire intellectuelle. — 82. Distinction de l'Imagination passive et de l'Entendement. Théorie de Bossuet. — 83. Conditions psychologiques de la Mémoire. Analyse du souvenir et de la réminiscence. — 86. Lois de la Mémoire. Mnémotechnie. — 87. Influence de la Volonté sur la Mémoire.

Association des idées. 88. Lois de l'association des idées. Leur influence sur l'intelligence et sur le caractère.

Imagination. 90. Théorie de l'Imagination passive et de l'Imagination créatrice. Illusion, rêve, rêverie, hallucination. D. — 91. Rôle de l'Imagination dans la vie humaine.

Notions d'Esthétique. 92. Théorie du beau et de l'art. D. — 93. Rôle de l'Imagination créatrice dans les beaux-arts. — 95. Définition de la fiction et de l'idéal. D.

Langage. 97. Signes visibles, oraux, permanents. — 98. Langage naturel, langage artificiel. — 101. Interprétation des signes — 102. Rapports du langage et de la pensée.

Notions de Linguistique. 103. Lois du langage. Langues synthétiques et langues analytiques. D.

Théorie de l'Activité. 104. Distinction de l'Instinct, de la Volonté et de l'Habitude.

Instinct. 105. Lois physiologiques et psychologiques de l'Instinct.

Habitude. 107. Habitudes organiques, intellectuelles, morales. Leurs lois et leur influence.

Volonté. 110. Analyse de la résolution volontaire. — 111. Distinction du Désir et de la Volonté. — 112. Influence de l'Intelligence sur la Volonté. Théorie de Bossuet. D.

Liberté morale. 114. Diverses espèces de liberté. — 115. Preuves directes et indirectes de la liberté. — 117. Système de la Liberté d'indifférence d'après Reid. — 118. Système du Déterminisme d'après Leibniz. D. — 119. Influence des motifs, des passions, des habitudes, du tempérament et des circonstances extérieures. — 122. Conséquences morales du Fatalisme. D. — 123. Conciliation de la liberté humaine et de la Prescience divine.

Théorie de la vie psychologique. 124. Harmonie des facultés de l'âme. — 125. Ordre dans lequel les facultés se développent. — 126. Activité continue de l'âme. La veille. Le sommeil.

Spiritualité de l'âme. 127. Notion du moi. D. — 129 Unité, simplicité et identité du moi. — 130. Distinction de l'âme et du corps. — 131. Lois de l'union de l'âme et du corps. — 134. Appréciation de la définition de l'âme par M. de Bonald. — 135. Réfutation du Matérialisme. D.

Psychologie comparée. — 136. Analogies et différences de l'homme et de l'animal. — 137. Automatisme de Descartes. Théorie de Bossuet. D.

LOGIQUE

140. Objet, utilité, méthode de la Logique.

Théorie de la Vérité. 141. Vérité, erreur, foi, etc.

Certitude. Probabilité. 142. Distinction de la Certitude et de la Probabilité, de la Science et de l'Opinion.

Certitude. Évidence. 144. Évidence immédiate ou intuitive (É. sensible ou physique, É. morale, É. rationnelle ou métaphysique). Évidence immédiate ou discursive.

Critérium de certitude. 146. Théories diverses sur le fondement de la certitude. — 147. Principe d'identité ou de contradiction. — 149. Sens commun. — 150. Consentement universel.

Causes logiques et morales des erreurs. 151. Erreurs d'induction. L'erreur n'est jamais dans le sens, mais dans le jugement. — 154. Erreurs du langage. — 155. Erreurs des passions. Sophismes d'amour-propre, d'intérêt, etc. — 157. Influence du cœur sur l'esprit et de l'esprit sur le cœur.

Systèmes divers sur la certitude. 158. Dogmatisme. Probabilisme. — 160. Réfutation des arguments du Scepticisme. D.

Méthode générale. 164. Méthode d'examen. Doute méthodique de Descartes. — 166. Méthode d'autorité. Opinions de Bacon et de Pascal. — 169. Analyse et Synthèse expérimentales. Analyse et Synthèse rationnelles. D. — 170. Règles de Descartes. — 172. Analyse et Synthèse systématiques.

Méthode déductive. 173. Les trois opérations de l'esprit. — 174. Théories de l'*Organon* d'Aristote et de la *Logique de Port-Royal*.

Théorie des idées générales. 175. Extension et compréhension. Les cinq universaux de Porphyre.

Notions de Grammaire générale. 176. Théorie des noms substantifs et des noms adjectifs. — 177. Théorie du verbe.

Théorie de la proposition. 178. Quantité et qualité des propositions. Opposition. — 179. Conversion. — 180. Propositions simples et composées, incomplexes et complexes.

181. Règles des axiomes. — 182. Règles de la Définition et de la Division.

Théorie du syllogisme. 184. Analyse et règles du syllogisme. — 186. Figures et modes. — 187. Enthymème. Épichérème. Prosyllogisme. Sorite. Dilemme. Argument *ad hominem*. Argument *a fortiori*. Réduction à l'absurde.

190. Sophismes. Pétition de principe, etc.

Théorie de la déduction. 192. Distinction de la Déduction et de l'Induction. D. — 194. *Convaincre et persuader*.

Théorie de la démonstration. 195. Règles de la Démonstration. Ses diverses espèces. D. — 196. Opinion de Pascal. — 197. Union de la Méthode démonstrative et de la Méthode expérimentale dans les diverses sciences.

Méthode expérimentale. 198. Procédés et règles. D. — 200. Observation. Expérimentation. D.

201. Classification artificielle. Classification naturelle. D. — 205. Détermination scientifique des genres et des espèces.

206. Induction. Analogie. Détermination des lois scientifiques. D. — 207. Différence de la Méthode expérimentale et

de l'Empirisme. — 208. *Vere scire, per causas scire.* D.
209. Hypothèse. D.

Application de la méthode aux différentes sciences.
213. Classification des sciences.
214. Méthode des sciences exactes ou mathématiques.
216. Méthode des sciences physiques. Méthode des sciences naturelles. D.
217. Méthode des sciences morales et politiques.
221. Méthode des sciences historiques. Règles de la critique des témoignages. Règles de la critique historique.

MÉTAPHYSIQUE

224. Objet, méthode. Elle comprend la *Psychologie rationnelle*, la *Philosophie des sciences* ou *Philosophie de la nature*, la *Théodicée*. D.

THÉODICÉE

225. Objet, division, méthode. D.
Démonstration de l'existence de Dieu.
Preuves physiques. 226. Argument des causes finales. — 228. Réfutation de l'atomisme d'Épicure.
Preuves métaphysiques. 230. La connaissance de nous-mêmes nous élève à la connaissance de Dieu. — 231. Preuves de Descartes. D. — 232. Preuves de Bossuet. D. — 233. Idée de l'Être parfait. D. — 234. Conformité de l'âme avec Dieu. D.
Preuves morales. 236. Preuves de Kant. D.
Attributs de Dieu. Providence.
Attributs métaphysiques. 237. Méthode pour les déterminer. — 238. Ils se reposent tous sur l'idée de l'Être infini.
Attributs moraux. 239. La Providence divine se manifeste dans la nature (*Philosophie de la nature*) et dans l'histoire (*Philosophie de l'histoire*). D. — 240. Influence exercée sur la Théodicée par la connaissance scientifique du monde. D. — 241. Distinction de la Providence générale et de la Providence spéciale.
242. Mal métaphysique. Systèmes divers sur l'origine du mal métaphysique.
244. Mal physique. Mal moral. La douleur et le péché se concilient avec la Providence divine.
Faux systèmes de Théodicée. 246. Optimisme de

Malebranche et de Leibniz. D. — 247. Polythéisme. Dualisme. — 248. Panthéisme. D. — 249. Athéisme.

MORALE

250. La Morale est une science et un art. D.

251. Rapports de la Morale et de la Psychologie. D. — 252. Rapports de la Morale et de la Théodicée. D.

Morale théorique. Théorie du bien. 254. Définition du bien en soi ou bien absolu, du bien moral, du bien sensible ou bonheur. D. Distinction du bien, du vrai et du beau.

Théorie du devoir et de l'intérêt. 255. Fondement de l'obligation morale. D. — 256. Loi morale. — 257. Les divers motifs de nos actions. — 258. Principe du plaisir. — 259. Principe de l'intérêt — 261. Comparaison du devoir et de l'intérêt. — 263. Comparaison de l'utile et de l'honnête. — 264. Devoirs positifs, négatifs, stricts, larges. D. — 265. Formule stoïcienne : *abstine, sustine*. — 266. Conflit des devoirs.

Théorie du droit. 267. Fondement du droit. D. — 268. Rapports du droit et de la liberté. — 269. Rapports du droit et du devoir.

Théorie de la moralité. 270. Analyse de la Conscience. D. — 272. Universalité des notions morales. Coutume. D.

274. Analyse du Sentiment moral. D. — 275. Respect inspiré par la loi morale. Amour du bien. — 276. Appréciation du Système sentimental.

278. Rôle de la Liberté humaine dans la morale. D.

279. Théorie de la Vertu. — 280. Doctrine de Platon. — 281. Doctrine d'Aristote. — 283. *Video meliora probuque, Deteriora sequor*. — 284. Éducation personnelle de l'homme par lui-même. Moyens de corriger son caractère et de gouverner ses passions. — 286. Influence de la Littérature et des Beaux-Arts sur le perfectionnement moral. D.

287. Mérite et démérite. — 288. Responsabilité morale. — 289. Sanction de la loi morale Peines et récompenses. Bonheur. D.

Morale individuelle. 291. Théorie des devoirs de l'homme envers lui-même. D. — 292. Respect de la dignité personnelle. — 294. Du suicide.

Morale sociale. 295. Origine de la Société. — 297. Principes de la Morale sociale.

a.

Devoirs envers les hommes en général. 298. Justice. Charité. — 299. Équité. Probité.

Devoirs de famille. 300. Pouvoir paternel.

Devoirs envers l'État. 301. Fondement des devoirs envers l'État.

Principes du Droit naturel. 302. Distinction du Droit naturel et du Droit positif.

303. Droits réciproques de l'État et des citoyens.

304. Droit de propriété. — 305. Droit de liberté.

306. Fondement du Droit pénal.

Morale religieuse. 307. Destinée de l'homme. — 310. Immortalité de l'âme.

TROISIÈME PARTIE

HISTOIRE DE LA PHILOSOPHIE

Les sujets historiques, dont nous donnons ici la table, sont traités dans le second volume, p. 309-524.

Objet (Systèmes), méthode, utilité.

Philosophie grecque. *Physique* : Ioniens, Atomistes, Pythagoriciens, Éléates. — *Dialectique* : Sophistes.

Socrate (*Mémoires* de Xénophon). — Écoles socratiques.

Académie ancienne. Platon (Théorie des Idées).

Lycée. Aristote (*Poétique, Rhétorique, Organon, Morale, Politique, Physique, Météorologie, Histoire des animaux, Traité de l'âme, Métaphysique*). — Parallèle de Platon et d'Aristote.

Pyrrhoniens. — Épicuriens. — Stoïciens. — Académiciens. Cicéron. — Sénèque. — Épictète. — Marc Aurèle.

École d'Alexandrie. Néoplatonisme. Plotin (*Ennéades*).

Philosophie scolastique. La querelle des universaux.

Philosophie du XVIIe siècle. Bacon (*Novum Organum*). Descartes (*Discours de la Méthode, Méditations*). — Pascal. — Arnauld et Nicole. — Bossuet. — Malebranche. — Spinosa.

Locke (*Essai sur l'Entendement*). — Leibniz (*Nouveaux Essais sur l'Entendement, Théodicée, Monadologie*)

Philosophie du XVIIIe siècle. Condillac (Théorie de la Sensation transformée). — Kant (*Critique de la raison pure, Critique de la raison pratique*). — Reid (Théorie de la Perception externe).

THÉORIE DE LA DISSERTATION

Objet. Méthode.

§ I. Dans ses *Lettres à Lucilius*, Sénèque prend pour maxime : *Longum est iter per præcepta, breve et efficax per exempla* (La voie des préceptes est longue, celle des exemples est courte et sûre). Cette maxime s'applique aussi bien à l'étude de la Dissertation philosophique qu'à celle de la morale pratique. Nous allons donc, sans autre préambule, prendre un modèle, l'analyser, et déduire de cette analyse l'objet et la méthode de la Dissertation.

Sujet. *Qu'est-ce que la pensée ?*

Dissertation. « Il n'est personne qui ne sache ce qui est désigné par ce mot, et qui, en l'employant, puisse se méprendre et le rapporter à quoi il ne s'applique point. Mais si l'on sait infailliblement à quelle chose il est attaché, peut-être ne sait-on pas aussi bien ce qu'il y exprime et quelle notion il en fait prendre. *Penser* vient du latin *pensare*, qui veut dire premièrement *peser*, et ensuite *connaître*. Dans l'usage ordinaire, peser une chose, une coupe d'or, par exemple, c'est en évaluer la quantité en cherchant le rapport de son poids avec un poids pris pour terme de comparaison. Cette évaluation fournit une demi-connaissance de l'objet ; pour en avoir une connaissance totale, il manque l'évaluation de la qualité, qui ne s'obtient point, il est vrai, avec la balance, mais avec la pierre de touche. Cependant, si on ne pèse point la qualité à la façon de la quantité, on la pèse à la façon qui lui est propre, puisque la pierre de touche en donne le rapport avec de l'or pur, qui est l'unité de qualité, comme la balance donne le rapport de la quantité avec un poids connu qui est l'unité de quantité. Avec raison donc, la partie de nous qui connaît les choses est appelée du nom même de *peser* ou *pensée*, comme étant le peseur par excellence, et l'unique peseur, vu que pour les connaître elle évalue leurs propriétés, et que dans les cas où il faut des instruments, comme dans ceux où il n'en faut point, c'est elle qui seule, déterminant le rapport, les pèse effectivement. La balance et la pierre de touche ne sont qu'un moyen dont elle se sert pour apprécier de l'or; c'est elle exclusivement qui l'apprécie, qui en comprend et énonce la quantité et la qualité. A la suite de l'opération extérieure et mécanique de la main et des yeux, la pensée exécute une opération intérieure et naturelle où n'entrent ni le poids, ni la pierre de touche, ni l'or, mais seulement leur représentation, qu'elle porte en soi, et qui est de deux sortes : d'abord, ce sont les images de ces objets tels qu'ils s'offrent aux sens; puis derrière ces images et n'ayant rien de ressemblant avec elles, étant sans couleur, sans figure, sans étendue, ce sont les idées de quantité, de qualité, idées générales, indépendantes de toute quantité et de toute qualité particulières, mais qui conviennent à toutes et sont le poids ou l'unité véritable selon laquelle la pensée les évalue, les pèse toutes. Il en est ainsi de chaque chose; elle est pesée ou connue par son idée. De là ces locutions usuelles, *peser* la conduite de quelqu'un, *peser* une affaire, pour dire les examiner, les considérer, les connaître parfaitement. On pèse la conduite par l'idée du devoir, une affaire par l'idée de l'utile. Les diverses sciences ne sont que les évaluations des objets, que notre pensée, afin de les connaître, pèse au poids des idées. Elle y pèse l'univers, s'y pèse elle-même et y pèse Dieu. Avec les idées constituant son fonds, elle pèse l'univers; mais, comme ces idées ne sont point leur propre unité, qui ne se trouve que dans les idées constituant la pensée divine, desquelles elles dépendent, c'est avec celles-ci, qui sont l'unité essentielle et absolue, qu'elle se pèse et pèse Dieu.

» C'est pourquoi, sans les idées qui font la pensée divine, par conséquent sans la pensée divine elle-même, rien ne serait connu, puisque la pensée humaine ne pourrait s'évaluer faute d'unité, ni dès lors être unité elle-même pour évaluer les autres choses. Que dis-je, rien ne serait connu? rien ne subsisterait ni ne serait possible; car ce qu'il y a de réel dans la possibilité de quoi que ce soit n'est que cette évaluation éternellement faite par la pensée divine, contemplant éternellement ses idées; et cette évaluation, qui, d'être idéal inhérent à la pensée divine, est devenue, par la création, être à part ou substance, est ce qu'il y a dans l'existence de réel. Soit esprit, soit corps, dans l'existence comme dans la possibilité, tout, à sa manière, est évaluable, tout est rapport; ce qui ne le serait point serait le néant, seul dénué de propriétés, seul sans poids et insaisissable à la pensée, qui ne saurait dire de lui que ce qu'il n'est point et l'énoncer qu'en employant les propriétés de l'être qu'elle lui dénie; car le mot *néant* signifie, qui n'a rien de ce qui se trouve dans les choses. Mais s'il n'y a que le réel qui puisse être pensé, et s'il n'y a de réel que ce qui est pensé, sinon par nous, au moins par Dieu, la pensée est donc la réalité primitive et souveraine et la cause première de toutes les autres réalités. S'entendent-ils ceux qui, comme Leucippe, Démocrite, Épicure, Straton, d'Holbach, Destutt de Tracy, posant d'abord la matière, prétendent en tirer l'univers et la pensée? prétention absurde s'il n'en fut jamais, qui établit l'impossible et l'inconcevable pour principe de l'intelligence et de l'être!

» On demande quelquefois si les animaux pensent, et certaines gens n'hésitent pas à l'affirmer. En ce cas, les animaux ont des représentations différentes des images qu'excitent les impressions sensibles, je veux dire, des idées avec lesquelles ils pèsent les corps, les esprits, évaluent leurs propriétés, et sont physiciens, astronomes, mathématiciens, moralistes, théologiens, philosophes; car si, à un degré quelconque, ils ne sont rien de cela, ils ne pensent point. Qui cependant oserait soutenir que chez eux se rencontre quelque chose de semblable ? Aussi, quoique les personnes qui affirment que les animaux pensent, pensent elles-mêmes sans doute, elles ignorent ce que c'est que penser, et confondent cette merveilleuse puissance entièrement étrangère aux sens, qui n'agit et ne subsiste que par les *idées*, avec la faculté de se représenter par les *images* les objets sensibles, laquelle en effet appartient à la brute comme à l'homme; en d'autres termes, elles confondent l'*entendement* avec l'*imagination*. Celle-ci, qui rend intérieure et permanente la représentation de ce qui tombe sous les sens, et que la sensation n'offre que d'une manière extérieure et fugitive, aide beaucoup la pensée, mais ne la constitue nullement. Outre que l'imagination ne saurait s'employer pour ce qui échappe aux sens, par exemple, l'âme, Dieu, elle se borne à peindre le pur phénomène de l'existence des choses qui frappent nos organes, sans qu'il lui soit seulement donné de comprendre qu'elles existent. Ceci est réservé à l'entendement, qui le fait avec l'idée de l'être. Or, entre la peinture la plus expressive, l'image la plus vive d'un objet et la simple compréhension qu'il existe, est l'infini.

» Néanmoins la pensée ne se trouve que dans cette compréhension dont les animaux sont manifestement privés; car s'ils avaient la compréhension de l'existence d'une seule chose, ils auraient la compréhension de celle des autres, puisque l'idée générale de l'être, dans laquelle gît l'idée de toutes les existences, et qui leur donnerait la première compréhension, leur donnerait en même temps la seconde. Elle leur donnerait surtout la compréhension de l'existence de Dieu, existence qui étant nécessaire et impliquée par l'idée générale de l'être, se montre et se fait concevoir dès l'abord. Mais la compréhension de l'existence des choses appelle et entraîne celle de leur nombre, de leurs attributs, de leur nature, de leurs relations, et voilà toutes les sciences naissant d'une première conception; il faut la nier ou en admettre les inévitables suites, avouer que les animaux n'ont aucun vestige de pensée, ou convenir qu'ils possèdent nos connaissances. Ce n'est pas tout : les animaux ne sont point tellement pourvus qu'ils n'éprouvent aucun besoin, et qu'il ne leur reste qu'à jouir des charmes de la vie spéculative. Ainsi que nous, ils sont exposés à souffrir de la faim, du froid, du chaud, des infirmités, des maladies, les faibles à être opprimés et quelquefois exterminés par les forts, tous enfin à être assaillis par les maux dont notre savoir nous garantit chaque jour davantage, et qui, par de nombreux biens, compense ce qu'il n'en peut écarter. Alors nécessairement, s'ils ont des lumières, ils ont dû, comme nous, s'en servir pour alléger leurs souffrances, se créer une condition meilleure et agréable ; par conséquent se réunir en société, établir des gouvernements et des lois, se livrer à l'agriculture, à l'industrie, au commerce, à la navigation, aux arts, enfin développer parmi eux des civilisations pareilles aux nôtres. Mais s'ils ne se montrent point autres aujourd'hui que dans les temps les plus reculés et aux premiers jours du monde, si nulle œuvre n'atteste qu'ils aient franchi la vie de l'instinct propre à chaque espèce et dépassé le travail uniforme et machinal que son organisation la détermine à exécuter dans certaines circonstances, comme de se bâtir un nid, de creuser une tanière ; si pas un fait n'accuse pour cause la connaissance ou la pensée, quelle éclatante et invincible preuve qu'effectivement ils en sont privés !

» Partage exclusif de l'homme sur la terre, la pensée est véritablement ce qui l'élève au-dessus des animaux et de l'univers corporel. Qu'elle s'anéantisse en lui, et les sciences s'éteignent, les arts périssent, les champs demeurent incultes, les villes rentrent dans la poudre, les canaux se comblent, les chemins se ferment, la nature brute reprend partout sa sauvage domination, les peuples sont dissous et les individus épars errent dans les déserts avec les bêtes pour leur servir de pâture, ou plutôt, incapables de soutenir une existence tronquée, ils succombent dévorés par les éléments. Puisque l'homme n'est rien que par la pensée, qu'elle fait sa grandeur, sa dignité, sa force et le moyen pour lui de tout bien, il lui importe souverainement de la cultiver; c'est son premier intérêt, comme son premier devoir[1]. »

Examinons comment l'auteur a pu trouver la théorie qu'il expose. Le sujet de la dissertation est : *Qu'est-ce que la pensée ?* Résoudre ce problème, c'est définir la *pensée*; par suite, déterminer son essence; par suite, constater ce qui la caractérise et la distingue des autres phénomènes psychologiques. Comment dois-je procéder ? partir de ce que je sais pour découvrir ce que je ne sais point, examiner à quelle condition je pense, analyser ce que je fais dans cette opération. Comment sais-je que je pense? par la conscience. En interrogeant la conscience, je trouve que *penser* équivaut à *connaître*. Or *connaître*, c'est *juger* (§ 75, p. 56). Donc la *pensée* est l'acte essentiel de l'intelligence, le *jugement*. — Ici se présente une objection. Certains auteurs, comme Condillac, enseignent que *penser* se ramène en dernière analyse à *sentir* et à *imaginer*, parce que l'on sent et que l'on imagine avant de penser. J'examine cette théorie. Elle se fonde sur un fait réel; mais elle en tire une fausse conséquence : d'abord *sentir* et *imaginer* ont d'autres caractères que *penser* (§ 28, 81 ; p. 17, 62); ensuite, leurs effets sont différents; car les animaux ne peuvent produire les mêmes œuvres que l'homme, parce qu'ils sentent et qu'ils imaginent, mais qu'ils ne pensent point. Donc la pensée n'est point une sensation ni une image, et elle constitue ce qui élève l'homme au dessus de l'animal.

Nous comprenons la théorie de l'auteur. Voyons comment il l'expose. 1° *Démonstration directe*. Tous les hommes, par cela seul qu'ils sont hommes, savent ce qu'est la *pensée*; mais, faute d'y réfléchir, beaucoup n'en ont qu'une notion obscure. Pour la leur expliquer, il faut l'analyser (§ 17, p. 11). D'après l'étymologie, *penser* dérive d'un mot latin qui signifie *peser*. Or *peser* implique deux opérations : la première opération est physique, mettre dans un plateau de la balance des poids qui fassent équilibre à l'objet placé dans l'autre plateau; la seconde opération est psychologique, évaluer le rapport d'un objet avec l'unité de quantité qui lui sert de mesure. Généralisons. Pour connaître les objets qui s'offrent au toucher et à la

---

1. Cette dissertation est extraite des *Mélanges philosophiques* de Bordas Demoulin, métaphysicien de l'école spiritualiste (1798-1859). Son principal ouvrage est le *Cartésianisme*, couronné par l'Institut en 1840.

vue, l'esprit ne se borne pas à les sentir et à les imaginer ; il les évalue en déterminant leur rapport avec certaines idées universelles et invariables qui sont autant d'unités ; cette évaluation constitue la *pensée*. 2° *Démonstration indirecte*. Après avoir établi directement par l'analyse psychologique ce qui constitue la *pensée* et la distingue de la *sensation* et de *l'imagination*, nous pouvons prouver cette vérité indirectement en réduisant à l'absurde la théorie contraire (§ 195, p. 163). Si les animaux pensent comme ils sentent et ils imaginent, ils doivent produire les mêmes œuvres que nous. Or l'expérience fait voir qu'il n'en est rien. Donc la pensée est le privilège de notre nature.

Trouver une théorie et la démontrer ne suffisent pas pour faire une dissertation. L'auteur ne se borne pas à formuler ses arguments comme des théorèmes de géométrie. Il les développe pour intéresser le lecteur et lui plaire en même temps qu'il l'instruit. Les procédés qu'il emploie sont ceux dont la rhétorique enseigne l'usage et qui sont indispensables à toute composition littéraire. Bornons-nous à signaler l'*énumération des parties* et les *contrastes*[1].

Les considérations qui précèdent nous conduisent à définir l'objet de la dissertation et à déterminer sa méthode.

La *dissertation* est une discussion qui a pour objet de démontrer une vérité ou de réfuter une erreur. Sa méthode comprend trois parties, *invention*, *disposition*, *élocution*.

INVENTION.

Interprétation de la question.

§ II. Pour bien traiter une question, il faut commencer par en déterminer le sens et la valeur philosophique. Le moyen d'y réussir, c'est de ne point s'attacher à la lettre, mais à l'esprit ; de considérer l'intention de celui qui donne le sujet de la dissertation, plutôt que la signification rigoureuse des termes qu'il emploie[2].

---

1. *Exemple d'énumération des parties*, p. XIX : « Que la pensée s'anéantisse dans l'homme, et les sciences s'éteignent, les arts périssent, les villes rentrent dans la poudre, etc. » *Exemple des contrastes*, p. XIX : « Alors nécessairement, si les animaux ont des lumières, ils ont dû, comme nous, s'en servir pour alléger leurs souffrances, etc. Mais s'ils ne se montrent point autres aujourd'hui que dans les temps les plus reculés et aux premiers jours du monde, etc. »

2. Comme le nombre des théories est limité, les examinateurs formulent

Un second point à noter, c'est que, si dans un cours de philosophie une leçon suppose la connaissance de ce qui précède, une dissertation, au contraire, doit former un ensemble complet et renfermer toutes les explications nécessaires à l'intelligence du sujet.

La dissertation suivante offre un exemple de la méthode que nous indiquons.

Sujet. *Classification des idées.* (Sorbonne, 7 août 1875.)

Dissertation. Quand on étudie l'histoire de la philosophie, on est frappé de ce fait que la question de la *nature* et de l'*origine des idées* a joué un rôle important à toutes les époques, depuis la *théorie des idées* enseignée par Platon jusqu'à la *théorie de la sensation transformée* imaginée par Condillac. Il est aisé de le comprendre. La solution qu'on adopte détermine les principes qu'on suit dans la Logique, la Métaphysique, la Morale, l'Esthétique. Elle sert à caractériser la différence des deux systèmes qui se disputent la direction des esprits, l'Idéalisme et le Rationalisme d'un côté, l'Empirisme et le Sensualisme de l'autre.

Ce problème est complexe; il comprend deux recherches bien distinctes. La première consiste à étudier la *nature des idées*, à les passer en revue, à en constater les caractères et les différentes formes; elle aboutit à une *classification;* c'est le sujet que nous avons ici à traiter. La seconde a pour but de déterminer par quelles facultés intellectuelles nous acquérons nos idées; en d'autres termes, d'expliquer l'*origine* et la *formation des idées*. Elle est évidemment subordonnée à la première; nous ne nous en occuperons que subsidiairement, par voie de conséquences. Nous observerons ainsi cette règle de la méthode qui nous prescrit de conduire par ordre nos pensées, en commençant par les choses les plus simples et les plus aisées à connaître.

D'abord, quel sens faut-il attacher au mot d'*idée*? D'après la *Logique de Port-Royal*, « le mot d'*idée* est du

souvent les mêmes sujets en des temps différents afin d'éprouver la sagacité des candidats, de les obliger à réfléchir et à trouver par eux-mêmes.

nombre de ceux qui sont si clairs qu'on ne peut les expliquer par d'autres, parce qu'il n'y en a pas de plus clairs et de plus simples. » Sans doute, on ne peut définir l'*acte intellectuel* désigné par le mot d'*idée*, parce qu'il est simple et que chacun en fait l'expérience à chaque instant. Mais le mot d'*idée* a reçu des significations si diverses selon les systèmes, qu'il faut absolument indiquer celle que l'on adopte si l'on veut ne laisser aucun doute dans l'esprit du lecteur (§ 40, p. 23). Pour nous, mettant de côté toutes les hypothèses qui nous égareraient, ne consultant que le témoignage de la conscience, nous déterminerons la signification du mot d'*idée* en la ramenant à celle de *connaissance*, ce qui lève toute équivoque. Ajoutons une observation. Toute *connaissance* est un *jugement*; tout *jugement* contient la *conception d'un objet* et l'*affirmation de son existence*. Si nous faisons abstraction de l'affirmation, il reste la *conception de l'objet*; c'est l'*idée* dans le sens précis et rigoureux du mot (§ 50, p. 34). Elle se distingue ainsi de la *sensation* en ce qu'elle est objective, c'est-à-dire implique un objet, tandis que la sensation est subjective, c'est-à-dire consiste dans une simple modification du sujet qui l'éprouve (§ 28, p. 17).

Faisons maintenant une revue générale de toutes les idées et essayons de les classer.

En abordant ce travail, nous remarquons que l'on a proposé beaucoup de divisions, de telle sorte que nous paraissons d'abord n'avoir que l'embarras du choix. Tel auteur distingue des *idées sensibles, intellectuelles, morales*; tel autre, des *idées physiques, psychologiques, métaphysiques*, etc. Ces divisions ont des inconvénients qui nous empêchent de les adopter : elles sont vagues et arbitraires; les termes qui les expriment manquent de clarté et de précision. Or nous voulons ne pas nous payer de mots, nous comprendre nous-mêmes et être compris des autres; avant tout, nous cherchons une classification qui nous serve à déterminer l'origine et la formation des idées. Pour cela, reprenons le fil de la discussion. Nous avons constaté plus haut qu'une *idée* est une *connaissance*.

Or toute connaissance implique un être qui est connu et un esprit qui connaît, un *objet* et un *sujet*. Cette distinction nous fournit, ce semble, deux points de vue au moyen desquels nous pouvons résoudre le problème qui nous occupe.

Commençons par considérer les idées par rapport à leurs *objets*. Analysons leurs *caractères*. Pour mieux préciser, prenons un exemple.

Je suppose que mon attention se porte d'abord sur les corps qui s'offrent à mes sens. Je promène mes regards sur une vaste campagne, et je les arrête sur un chêne qui se distingue par sa vigoureuse végétation. Je n'ai pas besoin d'un long examen pour reconnaître qu'elle est déterminée par des conditions complexes, et que, si celles-ci n'eussent pas été réalisées, le gland qui a produit cet arbre n'eût pu se développer. Il en est de même des plantes qui l'entourent. Ces fleurs que j'admire doivent leur coloris à l'influence de la chaleur et de la lumière du soleil qui leur envoie ses rayons. Mais ce soleil même qui répand la vie sur toute la terre n'est pas éternel et immuable comme l'ont cru les anciens. Son action bienfaisante est déterminée par sa constitution. Ainsi, tous les corps que j'aperçois sur la terre et dans le ciel sont *relatifs* et *contingents*; leur existence est soumise à certaines conditions; s'ils existent actuellement, ils pouvaient ne pas exister, parce qu'ils n'ont pas en eux-mêmes leur raison d'être. En suivant le cours de cette méditation, je rentre en moi-même et j'examine quelle est ma nature. Je sens, je pense, j'agis; cependant mes sensations, mes pensées, mes actions sont soumises à certaines conditions; elles pouvaient suivre un autre cours. Si je suis la cause et le sujet de ces phénomènes, si je subsiste tandis qu'ils passent, je n'ai point cependant ma raison d'être en moi-même. Je reconnais que je tiens mon existence et mes facultés de la Cause première, qui est indépendante de toute condition et dont tout dépend, qui ne peut pas ne pas exister parce qu'elle existe par elle-même et qu'elle donne l'existence à tous les êtres, c'est-à-dire, pour employer les termes de l'école, qui est *absolue* et *nécessaire*. Ainsi, en examinant les *caractères des objets* que je connais, je trouve qu'ils sont ou *relatifs et contingents*, ou *absolus* et *nécessaires*. Je puis donc établir une division correspondante dans les *idées*.

En poursuivant cette analyse, je découvre une autre différence. Si, des *idées* que je viens de passer en revue, je remonte aux *jugements* dont je les ai tirées, j'en distingue également deux classes. Quand je dis : « Cet arbre emprunte au sol les sucs qui composent sa sève ; Le soleil répand régulièrement la chaleur et la lumière; » j'énonce des *vérités relatives et contingentes;* elles se résument dans les *lois scientifiques* qui sont également relatives et contingentes, parce qu'elles ont pour fondement l'observation. Il n'en n'est point de même de ces propositions : « Tout ce qui commence a une cause ; L'imparfait suppose le parfait; » j'énonce des *vérités absolues* et *nécessaires*, qui ne dépendent pas des temps et des lieux, qui ne doivent point leur certitude à l'observation, qu'on appelle justement *vérités premières*, parce qu'elles servent de *principes* à toutes les sciences (§ 48, p. 30-31). De là vient qu'on donne aussi le nom de *notions premières* aux idées de Cause première, de Substance absolue, de Cause finale et de Raison suffisante, etc. (§ 51, p. 34).

Je passe maintenant au second point de vue. Je considère les idées par rapport à leur *sujet*, c'est-à-dire par rapport à mon esprit, dont le travail leur fait subir diverses modifications. Je remarque en effet que, les objets restant les mêmes, les idées que j'en ai peuvent prendre des *formes* différentes. J'aperçois des roses. J'en ai d'abord des *idées confuses, obscures, concrètes, complexes, individuelles*. Je regarde attentivement l'une d'elles; je commence par l'isoler des autres; je discerne ensuite ses éléments organiques, le calice, la corolle, les étamines, les pistils; j'examine enfin leurs rapports (§ 169, p. 142). Je répète cette opération sur plusieurs roses. Par là, mes *idées* deviennent *distinctes* et *claires*. Si j'étudie la botanique, je compare ces *idées individuelles* et je les résume en une *idée générale*. Si je suis peintre, je ne considère que leur forme et leur coloris, et j'ai ainsi une *idée abstraite*. Je conclus de cette analyse que mes *idées* sont d'abord *confuses, obscures, concrètes, complexes, individuelles*; que le travail de mon esprit peut ensuite les rendre *distinctes, claires, abstraites, simples, générales*, et leur donner ainsi les qualités requises pour la science (§ 69, p. 51).

J'ai expliqué au début de cette discussion que l'étude de la *nature des idées* sert à déterminer méthodiquement leur *origine*. Je les ai classées; il me reste donc à tirer de leur classification des inductions légitimes sur leur acquisition.

Déterminer l'*origine des idées* qui constituent l'essence de l'intelligence humaine, c'est constater par quelles *facultés intellectuelles* elles sont acquises. L'analyse que j'ai faite plus haut m'a conduit à diviser les idées en deux grandes classes, *idées relatives et contingentes, idées absolues et nécessaires*. Puisque leurs *caractères objectifs* sont opposés, je dois admettre une division correspondante dans l'intelligence, l'*expérience* et la *raison*. Mais cette conclusion n'a de valeur, que si j'examine brièvement la nature de ces facultés et les conditions dans lesquelles elles s'exercent.

Lorsque la veille succède au sommeil, les objets qui m'entourent produisent sur mes organes des *impressions* que les nerfs transmettent au cerveau; par suite de ces excitations, mon âme éprouve des *sensations* de résistance, de couleur, etc.; elle les juge produites par tel ou tel objet; par suite, elle lui attribue autant de propriétés correspondantes, nommées *qualités premières* et *qualités secondes*, dont l'étude forme le domaine de la géométrie, de la physique et de la chimie (§ 42, p. 25). Cette connaissance constitue la *perception externe*. Mais mon âme ne peut l'acquérir qu'à condition de réagir sur les excitations qu'elle reçoit, soit par l'*attention* qu'elle accorde aux sensations, soit par l'*effort* qu'elle fait pour palper un objet en imprimant à la main un mouvement volontaire. Par là, elle ajoute aux sensations un élément qui lui est propre, l'attention ou l'effort moteur; elle s'y reconnaît et dit d'elle-même *moi*, pour se distinguer de tout le reste. En se repliant sur elle-même par la *conscience*, elle se saisit comme *cause* dans chacun de ses actes, comme *sujet* dans chacune de ses modifications, et elle acquiert ainsi les idées de *cause*, de *puissance* ou *faculté*, de *force*, de *substance*, d'*être*, d'*existence*, d'*unité*, d'*identité*, de *durée*, etc., qui servent de fondement à la métaphysique (§ 45, p. 28). Elle ne s'arrête point là. Elle voit qu'elle est une cause véritable et substantielle, qui agit sans cesse et qui tend sans cesse à agir; mais elle voit également que sa puissance est limitée et soumise à certaines conditions, puisque son effort est toujours arrêté par quelque obstacle; par suite, en même temps qu'elle perçoit sa propre puissance comme limitée par les forces extérieures sur lesquelles elle agit et dont elle éprouve elle-même l'action, elle reconnaît qu'il y a nécessairement au-dessus d'elle et des forces extérieures la *Cause première* qui est leur principe, parce qu'elle est infinie et absolue. Cette idée ne peut être tirée ni directement ni indirectement de l'idée de la matière ou de celle du moi. Elle suppose donc une faculté spéciale, la *raison*, dont la fonction est de percevoir les rapports des êtres relatifs, contingents, finis, imparfaits, avec l'*Être absolu, nécessaire, infini, parfait* (§ 48, p. 30; § 56, p. 38). Comme il est toujours présent à mon âme, je découvre son idée dès que j'y réfléchis.

Il me reste à considérer à quoi peut servir l'étude des *formes subjectives* des idées. Je les ai divisées en plusieurs *espèces* opposées une à une : *idées confuses* ou *distinctes*, *obscures* ou *claires*, *concrètes* ou *abstraites*, *complexes* ou *simples*, *individuelles* ou *générales*. Ces différences s'expliquent par le développement graduel de l'intelligence. En l'étudiant, j'y distingue un ensemble d'opérations qu'il me suffit d'indiquer, *attention, comparaison, abstraction, généralisation*. Ce travail de décomposition et de combinaison constitue la *formation des idées* (§ 31, p. 18).

Pour résumer toute cette discussion, l'analyse de la

nature des idées conduit à les diviser en *classes* et en *espèces*. L'étude de leurs *caractères objectifs* sert à distinguer le rôle de *l'expérience* et celui de la *raison*. L'étude de leurs *formes subjectives* montre par quelles *opérations* se réalise le développement de l'intelligence humaine. Enfin la solution méthodique de la *question de la nature et de l'origine des idées* donne le moyen de passer sûrement de la psychologie à la métaphysique.

Conception du plan.

§ III. Quelque sujet que l'on traite, il faut avant tout rassembler les idées qui s'y rapportent, les grouper et les lier pour en former une *théorie*, c'est-à-dire un ensemble de propositions dont l'enchaînement constitue une explication ou une démonstration.

Les éléments de toute dissertation sont les définitions, les principes et les exemples.

Dans la philosophie comme dans les autres sciences, les *définitions* ont une grande importance. Tantôt elles résument les démonstrations, tantôt elles leur servent de fondement.

Les *principes* sont les *lois* tirées des faits par la généralisation, et les *vérités premières* ou *principes a priori* que nous devons à la raison [1].

Les *exemples* fournissent les matériaux du développement. On les emprunte à l'expérience, à l'histoire, à la littérature classique, aux sciences. On les trouve aisément par l'*association des idées*, quand on a l'habitude d'établir des rapports rationnels entre les choses que l'on étudie et de les classer d'une manière méthodique [2].

La manière de combiner les éléments d'une discussion constitue le *plan*. Il varie selon les sujets : analyse, comparaison, définition, exposition d'une théorie, explication d'une maxime, problème, réfutation, appréciation d'une doctrine.

1. Analyse.

§ IV. Faire une *analyse*, c'est décrire un fait psychologique

---

[1]. Nous mettons en *italique* les *définitions* et les *principes* pour que le lecteur les trouve aisément. Il est indispensable de les apprendre par cœur.

[2]. L'emploi des *exemples* a tant d'importance qu'il est souvent indiqué dans le texte même du sujet.

exercice d'une faculté, distinguer ses éléments et ses conséquences, en signaler les rapports, résumer son exposition dans une définition et en indiquer les conséquences.

Nous donnons de nombreux exemples d'*analyse* dans les dissertations que renferme la deuxième partie de ce traité (§ 11, 52, 57, 78, 90, 92, etc.). La plupart de nos plans sont des sommaires analytiques (§ 8, 15, 18, etc.). Nous nous bornerons ici à citer comme modèle le morceau suivant qui détermine le domaine de la *conscience* (§ 45, p. 28).

« Autre chose est sentir, penser, vouloir; autre chose est en avoir conscience. La sensation, la pensée et la volition sont des phénomènes internes sans doute, mais qui directement ou indirectement supposent un objet en dehors de l'âme. Mais la conscience est le sentiment intime, immédiat, constant, de l'activité du *moi* dans chacun des phénomènes de sa vie morale. Elle nous révèle, non le phénomène tout entier, mais seulement la part que le *moi* y prend, l'action du sujet, abstraction faite de l'influence de l'objet; elle nous montre le côté subjectif d'un phénomène qui présente toujours à l'analyse un double aspect. En sorte qu'à parler rigoureusement, ce n'est pas de la sensation même ni de la pensée que l'âme a conscience, mais seulement de l'énergie et de l'activité qu'elle manifeste dans ces phénomènes. En un mot, c'est d'elle-même, et d'elle seule, qu'elle a conscience. Dans ses sensations, dans ses pensées, comme dans ses désirs et ses volitions, elle ne sent et ne voit qu'elle. La conscience n'a qu'un objet immuable et permanent : le *moi;* si elle change elle-même, si elle paraît se diversifier à l'infini, c'est qu'elle suit exactement les modifications et les variations infinies du *moi*. On pourrait définir la conscience, « le sentiment du *moi*, dans tous les phénomènes de la vie morale. »

» Selon une doctrine généralement répandue, il faudrait distinguer trois degrés dans l'étude des faits de conscience : les actes proprement dits, les facultés, et le principe même de ces facultés, l'âme, considérée dans sa nature intime et sa substance; la conscience n'atteindrait directement ue les actes; ce ne serait que par une induction que la

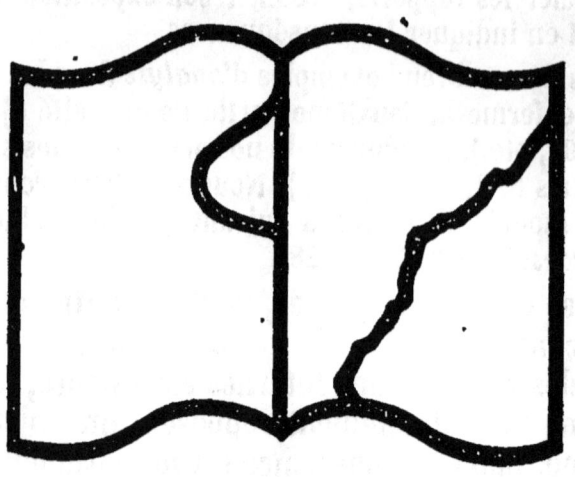

Texte détérioré — reliure défectueuse
NF Z 43-120-11

VALABLE POUR TOUT OU PARTIE DU DOCUMENT REPRODUIT

science pourrait s'élever aux facultés et pénétrer jusc
dans la nature intime du *moi*. Cette théorie est en
contradiction avec la vraie définition de la conscience.

» Si la conscience n'est que le sentiment de l'élément actif et purement interne du phénomène complexe qui résulte de la double action du sujet et de l'objet, ainsi que l'analyse le démontre, elle est le sentiment même du *moi* en action. Il est clair, dès lors, qu'elle ne se borne point à nous instruire des modifications et des actes du *moi*, et qu'elle nous révèle, en outre, immédiatement et les facultés et le principe même des facultés. La psychologie n'a nul besoin ici de l'induction, procédé indirect auquel les sciences d'observation ne doivent recourir que là où l'expérience directe et immédiate fait défaut. Si je crois à l'existence en moi de telle faculté, de telle capacité, de tel penchant, ce n'est point parce que d'un certain nombre de cas observés j'aurai induit l'existence de cette faculté, de cette capacité, de ce penchant; j'y crois en vertu d'un sentiment intime, immédiat, profond. Je n'ai pas conscience seulement de la manifestation extérieure et objective de mon désir ou de mon penchant; je retrouve ce désir ou ce penchant dans la profondeur de l'âme, où il sommeille. Il en est de même de toute faculté, de tout principe de la vie morale : la conscience n'en révèle pas seulement l'action et la manifestation, mais encore l'être et la nature intime. J'ai à la fois la conscience de l'acte et de la puissance volontaire; j'ai en même temps le sentiment de la passion fugitive du moment, et de la tendance profonde et permanente qui se cache sous le mouvement passionné. Et comment, d'ailleurs, en pourrait-il être autrement? Si la conscience des phénomènes de la vie morale n'est que le sentiment du *moi* lui-même en tant que cause active, en tant que force, comment le sentiment du *moi* lui-même n'impliquerait-il pas la conscience de toutes les facultés, de tous les penchants par lesquels se manifeste son activité?

» Il y a plus : le témoignage de la conscience ne s'ar-

…it aux facultés, et il atteint jusqu'à la nature intime de l'âme. Qu'est-ce que l'*âme* ? une cause, une force une, sentante, spontanément active, principe et centre de tous les mouvements de la vie extérieure. Qu'est-ce que l'*esprit* ? une force douée d'attributs supérieurs à ceux que je viens de nommer, une cause qui réunit la raison à la sensibilité, la volonté et la liberté au mouvement spontané et à l'action. C'est là l'idée la plus exacte et la plus pure que nous puissions nous faire de l'âme et de l'esprit. L'unité et l'identité, la sensibilité et l'activité spontanée ne sont pas seulement des attributs plus ou moins essentiels d'un être mystérieux qui serait l'*âme*; ils en constituent la nature même. De même, il ne faut pas voir dans la volonté, la liberté et la raison, de simples attributs d'une substance indéfinissable qu'on nommerait l'*esprit*; l'ensemble de ces attributs forme tout l'être de l'*esprit*. Or d'où nous viennent ces notions d'*âme* et d'*esprit* ? N'est-ce pas de la conscience, et de la conscience seulement? Le *moi* est le vrai type de l'*âme* et de l'*esprit*; la conscience est le vrai sanctuaire de la vie spirituelle. »

(FRANCK, *Dictionnaire des sciences philosophiques*.)

2. *Comparaison.*

§ V. La *comparaison* est une application de l'analyse. Elle signale les ressemblances et les différences, soit dans le cours de la description, soit dans une partie spéciale qui lui fait suite.

Sujet. *Comparer les phénomènes psychologiques du rêve, de la rêverie, de l'hallucination. Qu'y a-t-il de commun, qu'y a-t-il de différent entre eux?* (17 mars 1875.)

Plan développé. Lorsque nous avons éprouvé des sensations, nous pouvons conserver, reproduire ou combiner les images qui en proviennent. Cette faculté est l'*imagination passive*. Parmi les phénomènes qu'elle produit, on distingue le *rêve*, la *rêverie*, l'*hallucination*. Nous allons les analyser et les comparer pour constater leurs ressemblances et leurs différences.

Le *rêve* suppose le *sommeil*, ce repos périodique des organes des sens et du mouvement pendant lequel le corps répare ses forces. A cet état de l'organisme correspond dans l'âme la suspension de l'attention et de la réflexion, dont l'exercice caractérise la veille ; mais l'activité instinctive et spontanée des facultés intellectuelles suit son cours. Elle a pour éléments, soit des sensations externes qui sont déterminées par des bruits, par des rayons de lumière, ou par le contact de certains objets ; soit des sensations internes qui résultent de l'état de l'estomac, du cœur, de la poitrine, du cerveau ; soit les idées qui nous ont occupés au moment du sommeil, ou qui nous dominent ordinairement pendant la veille[1]. De là naissent des émotions et des conceptions qui leur sont liées par l'habitude : nous nous représentons alors certains objets avec une telle vivacité que nous croyons voir des figures[2], entendre des sons, etc., parce que les organes des sens concourent à la formation des images par l'ébranlement qu'ils reçoivent du cerveau ; quelquefois nous nous parlons à nous-mêmes, nous exécutons certains mouvements automatiques tels que ceux qui caractérisent le somnambulisme. Tantôt les images sont incohérentes et fugitives ; il n'en reste rien au réveil ; c'est le *rêve* proprement dit (§ 126, p. 105). Tantôt elles sont bien suivies ; elles forment des ensembles qui ont l'apparence de la réalité et qu'on se rappelle nettement : tels sont les songes décrits par les poëtes, le *Songe d'Agamemnon*, dans Homère, le *Songe d'Énée*, dans Virgile, le *Songe de Pauline*, dans Corneille, le *Songe d'Athalie*, dans Racine.

1.   Et quo quisque fere studio defunctus adhæret,
     Aut quibus in rebus multum sumus ante morati,
     Atque in ea ratione fuit contenta magis mens,
     In somnis eadem plerumque videmur obire ; etc.
                                        LUCRÈCE, IV, 963.

2.   Nocte, brevem si forte indulsit cura soporem,
     Et toto versata toro jam membra quiescunt,
     Continuo templum et violati numinis aras,
     Et, quod præcipue mentem sudoribus urget,
     Te videt in somnis : tua sacra et major imago
     Humana turbat pavidum cogitque fateri.   JUVÉNAL, XIII, 217

La *rêverie* diffère du rêve en ce qu'elle a lieu pendant la veille et que l'imagination y exerce moins d'empire. C'est une association d'idées dont le cours est déterminé par la disposition générale de notre âme, par la somnolence de nos organes et par l'influence du milieu où nous nous trouvons. Nous nous complaisons dans cet état, quand une agréable *illusion* embellit l'objet de notre pensée :

> Chacun songe en veillant; il n'est rien de plus doux ;
> Une flatteuse erreur emporte alors nos âmes:
> Tout le bien du monde est à nous. La Fontaine, VII, x.

Tantôt nous nous abandonnons à cette mélancolie décrite par Lamartine dans le *Golfe de Baia* :

> Mais déjà l'ombre plus épaisse
> Tombe, et brunit les vastes mers;
> Le bord s'efface, le bruit cesse,
> Le silence occupe les airs.
> C'est l'heure où la Mélancolie
> S'assied pensive et recueillie
> Aux bords silencieux des mers,
> Et, méditant sur les ruines,
> Contemple, au penchant des collines,
> Ce palais, ces temples déserts.

Qui ne connaît aussi le *Songe d'une nuit d'été* (Shakspeare), et la *chanson de Mignon regrettant sa patrie* (Gœthe)? Mais la rêverie est si chère aux poëtes que, si nous les écoutions, ils nous feraient oublier notre sujet.

Si la puissance de l'imagination est plus faible dans la rêverie que dans le rêve, elle atteint, au contraire, son plus haut degré dans l'*hallucination*. Celle-ci a lieu pendant la veille aussi bien que pendant le sommeil. Une surexcitation nerveuse du cerveau met en jeu les organes des sens en l'absence de toute impression extérieure, et l'halluciné entend des bruits au milieu d'un profond silence, voit de vives clartés dans l'obscurité; il est obsédé par des visions répétées et persistantes. De là ces apparitions décrites par les historiens et par les poëtes. Oreste se croit toujours poursuivi par les Euménides :

> Eh bien! filles d'enfer, vos mains sont-elles prêtes?
> Pour qui sont ces serpents qui sifflent sur vos têtes?

Brutus voit son mauvais Génie avant la bataille de Philippes. Hamlet s'entretient avec l'Ombre de son père, et Macbeth aperçoit le Spectre de Banquo assis sur son trône. De là cette croyance aux fantômes dépeinte par Virgile avec d'autres superstitions populaires :

> Vox quoque per lucos vulgo exaudita silentes
> Ingens, et simulacra modis pallentia miris
> Visa sub obscurum noctis.

De là aussi ces légendes dont Goëthe nous donne un exemple dans sa ballade du *Roi des aunes*.

Quand l'hallucination persiste ou se renouvelle fréquemment, elle engendre la *folie*.

En résumé, le rêve, la rêverie, l'hallucination sont trois phénomènes analogues. Ils appartiennent également à l'imagination. Leur différence consiste dans le degré de leur intensité.

3. *Définition*.

§ VI. Pour trouver une *définition*, on choisit des exemples, on les analyse, on résume leurs caractères communs dans une proposition réciproque (§ 182, p. 155), et l'on en indique les conséquences.

Sujet. *Qu'est-ce que le cœur dans la langue des littérateurs et des poëtes? Quels sont les différents phénomènes psychologiques que ce mot comprend et résume*[1]*?*

Plan développé. Pour confirmer la vérité de ses théories, la psychologie peut interroger l'histoire des langues, citer les écrits des poëtes et des moralistes (§ 17, p. 11). Dans ce cas, elle explique la valeur des termes les plus usuels. Le mot *cœur* est au premier rang.

Prenons des exemples qui en indiquent la valeur.

> ... Rodrigue, as-tu du *cœur*?   CORNEILLE.
> Et moi, reine *sans cœur*, fille sans amitié,
> Esclave d'une lâche et frivole pitié,
> Je n'aurais pas du moins à cette aveugle rage
> Rendu meurtre pour meurtre, outrage pour outrage! RACINE.

---

1. Concours général de 1873.

Dans ces vers, le *cœur* est le *courage*. Vauvenargues dit en ce sens : « Nos pères croyaient que celui qui ne se venge pas n'a point de *cœur* ; ils ne faisaient pas attention que c'était faire un usage pernicieux du *courage* que de l'employer à la destruction du genre humain. »

Pris dans une acception plus étendue, le *cœur* est l'organe ou le siége de tous les sentiments, de toutes les passions. Ainsi La Bruyère, pour faire l'analyse du cœur, passe en revue les principales affections, l'amour et la haine, l'amitié, la libéralité, la reconnaissance, la grandeur d'âme, l'ambition, etc.

A ce point de vue, on oppose le *cœur* à l'*esprit* :

Burrhus conduit son *cœur*, Sénèque son *esprit*. RACINE.

Telle est cette maxime de La Bruyère : « L'on est plus sociable et d'un meilleur commerce par le *cœur* que par l'*esprit*. » Bossuet est plus explicite dans ce passage célèbre : « Montrons, dans un prince admiré de tout l'univers, que ce qui fait les héros, ce qui porte la gloire du monde jusqu'au comble, valeur, magnanimité, bonté naturelle, voilà pour le *cœur* ; vivacité, pénétration, grandeur et sublimité de génie, voilà pour l'*esprit*, ne serait qu'une illusion si la piété ne s'y était jointe. »

Après avoir interrogé les poëtes et les moralistes, consultons la Psychologie. D'abord elle divise les plaisirs en deux grandes classes ; *plaisirs des sens* ou *sensations*, *plaisirs de l'esprit et du cœur* ou *sentiments* (§ 21-24, p. 13-14). Ensuite, analysant les plaisirs de l'esprit et du cœur, elle démontre qu'ils résultent de l'accomplissement des actes qui satisfont les *inclinations* de l'âme.

L'âme a pour essence l'activité ; sans cesse elle agit et tend à agir. Il en résulte qu'elle a des dispositions ou tendances, nommées *inclinations*, en vertu desquelles elle recherche certains objets parce qu'ils favorisent le développement de ses facultés (§ 25, p. 15). Passons-les en revue. 1° Le désir de connaître, nommé *curiosité*, met en jeu l'intelligence. 2° Le désir du pouvoir, qui constitue l'*ambition*, provoque l'exercice de l'activité volontaire et libre. Si celle-ci est éclairée et dirigée par la raison, elle devient la *force morale*, dont l'énergie commande aux passions, résiste à la douleur, ne recule devant aucun sacrifice pour accomplir le bien, et réalise ainsi la définition stoïcienne : « Le *courage* est la vertu qui combat pour l'équité. » 3° La sensibilité a deux tendances différentes. Par l'*amour de soi*, elle concentre l'âme en elle-même et lui fait exécuter les actes nécessaires à son bien-être. Par l'*amour*, en prenant ce mot dans son acception la plus étendue, elle porte l'âme à s'épancher en quelque sorte, à rechercher les personnes et les choses dont les qualités lui plaisent et l'attirent. Elle partage les plaisirs et les peines des autres êtres et s'intéresse au bien des hommes en général (*sociabilité, bienveillance, philanthropie*), d'une seule personne (*amitié*), de la patrie (*patriotisme*), de la famille (*amour conjugal, a. paternel,* etc.). Enfin, elle se tourne vers le *vrai*, le *beau*, le *bien*, et vers Dieu dont provient toute *perfection*.

Cette étude nous conduit à déterminer quels sont les divers phénomènes psychologiques que le mot *cœur* comprend et résume. Les *plaisirs de l'esprit* se rapportent au développement de l'intelligence. Les *plaisirs du cœur* se rapportent au développement de la sensibilité et de l'activité. Donc le *cœur* désigne l'ensemble des inclinations qui correspondent à ces deux facultés.

4. *Exposition d'une théorie.*

§ VII. On a vu plus haut qu'une *théorie* est un ensemble de propositions dont l'enchaînement systématique constitue une explication ou une démonstration (§ III, p. xxv).

La connaissance d'une théorie est donnée par l'étude générale de la philosophie. Exemple.

sujet. *Faire voir comment toutes nos passions dérivent de l'amour et de la haine.* (19 juillet 1875.)

On peut trouver les éléments de cette dissertation soit dans le cours de philosophie que l'on a étudié, soit dans les ouvrages dont nous recommandons la lecture : 1° Charles, *Lectures de philosophie*, t. I, p. 463-472; 2° Bouillet, *Dictionnaire des sciences*, art. *Amour, Haine, Passion*.

Lorsque l'on connaît une théorie, le moyen de la développer est de citer et d'analyser des *exemples*. La dissertation suivante peut servir de modèle.

Sujet. *Exposer les règles de la critique des témoignages. Appliquer ces règles spécialement à la critique historique* (§ 222, p. 188).

Dissertation. « Nous ne sommes qu'une portion du genre humain, nous ne vivons que dans un point du temps et de l'espace; mais notre existence présente a des liaisons étroites avec le passé. Or, ce passé, où se trouve-t-il? Dans les témoignages qui l'ont fait comme revivre de génération en génération jusqu'à nous. Ainsi, que l'ancienne Rome, par un enchaînement prodigieux de conquêtes, fruit de la politique comme de la force, soit devenue la maîtresse du monde; que dans la suite, l'Empire romain, affaibli par son immense étendue, corrompu par tous les vices, ébranlé par les divisions sanglantes de ceux qui étaient appelés à le gouverner, ait ressenti ces déchirements et ces secousses qui présageaient sa chute prochaine; qu'en effet au quatrième et cinquième siècle ce colosse de puissance soit tombé sous les coups des peuples barbares, et que de ses débris se soient formés ces États européens qui, après avoir subi les variations que le temps amène toujours, subsistent encore : voilà des événements dont la critique peut contester quelques détails, mais qui dans leur ensemble passent pour indubitables dans le monde entier; auxquels se lient plus ou moins nos lois, nos usages, nos institutions, le régime politique sous lequel nous vivons. Or, tous ces faits, comment les connaissons-nous? par la tradition, par des monuments, par l'histoire, en un mot, par le témoignage des hommes.

» Venons à ce qui regarde les sciences, les lettres et les arts. Je suppose qu'on nous dise : Hérodote est le père de l'histoire, Hippocrate de la médecine, Euclide de la géométrie; chez les Grecs Homère composa l'*Iliade*, et chez les Latins Virgile composa l'*Énéide;* au sixième siècle, Justinien fit rédiger un code qui porte son nom; les siècles les plus brillants de l'esprit humain sont ceux de Périclès, d'Auguste, de Léon X, de Louis XIV; c'est un Génois qui a découvert l'Amérique, c'est un Florentin qui lui a donné son nom; Galilée soupçonna la pesanteur de l'air; Torricelli et Pascal la démontrèrent; Descartes a le premier appliqué l'algèbre à la géométrie : voilà encore des faits qui se lient à toutes les connaissances humaines, et que tout le monde croit par la force du témoignage. Quel est le physicien, le chimiste, le naturaliste, le jurisconsulte qui, dans l'enseignement public ou dans ses ouvrages, ne s'appuie sur des expériences, des observations, des faits qu'il n'a pas eus sous les yeux, et que néanmoins il regarde comme certains? Si tout à coup nous venions à oublier entièrement les faits que nous croyons sur la foi d'autrui, si nous étions bornés aux seuls faits que nous avons vus, tout le système de nos idées et de notre instruction serait anéanti, nos pensées seraient sans aucune suite et sans aucun appui; au lieu d'une chaîne dont tous les anneaux sont liés, nous n'aurions plus que des anneaux épars d'une chaîne brisée.

» Enfin, non-seulement nous croyons des faits que nous n'avons pas vus, mais ils sont encore pour nous la base de la plupart des devoirs qui lient notre conscience. Je m'explique. Obéir à la loi est un devoir; mais je n'étais pas présent quand elle a été portée, et comment puis-je m'assurer qu'elle est émanée du législateur? par le témoignage. Respecter le magistrat est un devoir, mais je n'ai assisté ni à sa nomination, ni à son installation légale : comment puis-je m'assurer de la légitimité du pouvoir qu'il exerce? par le témoignage. Acquitter une obligation contractée par ceux dont nous avons recueilli l'héritage est un devoir; mais nous n'avons pas vu instrumenter l'officier public qui en a dressé l'acte authentique : ici encore, comment réglerons-nous notre conduite? par le témoignage.

» L'auteur de la nature a mis en nous une inclination

secrète à écouter ceux qui nous transmettent des faits, à croire à leur rapport ; inclination qu'il ne faut pas suivre aveuglément, mais qui n'en est pas moins la condition nécessaire de l'instruction parmi les hommes. L'enfant croit à sa mère, le disciple à son maître; c'est par cette voie que les premières notions des hommes et des choses entrent dans son esprit, qu'il apprend à connaître les noms des objets qui l'entourent. Son ignorance devient le principe de sa docilité; il sent qu'il a besoin d'être conduit, il reçoit sans résistance les impressions qu'on lui donne, il croit avant de réfléchir; en ce sens, la foi précède la raison. Otez le témoignage, et vous ne saurez plus ni quels sont vos parents, ni quel est le lieu de votre naissance, ni quel est l'héritage que vous tenez de vos ancêtres, ni quel roi gouvernait la France au commencement du xvii° siècle, ni quels sont les magistrats auxquels il faut obéir : vous seriez dans toutes les anxiétés du doute sur ce qui doit vous intéresser le plus, vous tomberiez dans la nuit d'une ignorance profonde.

» De là nous tirerons la conséquence suivante, c'est que, puisque nos connaissances portent en très-grande partie sur des faits dont nous n'avons pas été nous-mêmes les témoins, il importe de nous faire des règles d'une sage critique qui nous sauvent de la crédulité et de la témérité, et nous fassent discerner le degré de confiance que mérite le témoignage. Tout croire sur le rapport d'autrui serait simplicité, mais aussi tout rejeter serait folie. Entre ces deux extrêmes est la sagesse.

» Or, le *témoignage* doit être revêtu de certains caractères pour mériter, pour obtenir une créance pleine et parfaite; il faut qu'il soit tel par l'ensemble des circonstances qu'on ne puisse l'attribuer qu'à la vérité même du fait qu'il atteste. Remontons aux principes. Le monde moral ne marche pas plus au hasard que le monde physique; il est des règles fixes, universelles, pour les esprits comme pour les corps; il est des lois qui régissent l'espèce humaine, qui se manifestent, comme celles de la nature, par des phénomènes constants, et dont on peut prévoir et annoncer d'avance les résultats. Ainsi nous sommes faits de manière qu'un certain nombre d'hommes inconnus les uns aux autres, placés dans des situations diverses, opposés d'âge, de caractère, d'intérêts, de passions, de préjugés, et qu'on ne peut soupçonner d'une fraude concertée, ne se rencontreront pas par hasard à se donner pour les témoins oculaires des mêmes faits, qu'ils ne seront pas méchants et fourbes sans motif, qu'ils ne sacrifieront pas leur conscience, l'amour naturel de la vérité, leurs intérêts présents et à venir, leurs passions les plus chères au plaisir d'affirmer un mensonge. Maintenant venons à l'application.

» Ou il s'agit de choses sur lesquelles on peut interroger des *témoins oculaires*, ou bien il s'agit de choses qui remontent au delà des générations présentes. Dans le premier cas, on peut fonder sa foi particulière sur la foi publique, sur une croyance tellement universelle, ferme, éclairée, qu'elle subjugue l'esprit, et qu'on est forcé comme malgré soi à y donner son assentiment. Je vous le demande, dans ce qui concerne les diverses contrées du globe que nous n'avons pas visitées, les usages, les lois, le culte, le gouvernement des peuples qui y habitent, les productions de leur sol, la température de leur climat, les fleuves qui les arrosent, les montagnes qui s'élèvent à leur surface, ne pouvons-nous pas avoir des connaissances plus ou moins étendues où nous avons le droit de nous reposer avec une entière sécurité? et si, sur ces divers objets, quelques détails peuvent être fautifs, n'est-il pas vrai aussi que nous en avons des notions invariables, placées au-dessus de toute incertitude ?

» Je viens aux faits dont il n'existe plus de témoins que l'on puisse consulter ; je puis les connaître par la tradition, par les monuments, par l'histoire.

» J'appelle *tradition* un récit fait de vive voix par les témoins oculaires, transmis par eux aux générations contemporaines qui n'ont pas vu les faits, et par celles-ci aux suivantes d'âge en âge jusqu'au temps présent. J'appelle *monuments* certains ouvrages, certaines institutions qui perpétuent le souvenir des événements auxquels ils doivent leur naissance; telles sont les médailles, les inscriptions, les obélisques, les tombeaux, les statues, les usages politiques et religieux, les fêtes et choses semblables. J'appelle *histoire* un récit fixé par l'écriture; tels sont les *Commentaires* de César, les *Décades* de Tite Live et les *Mémoires* de Commines. Il est des historiens de tous les genres et de tous les caractères; il en est d'assez obscurs, d'une mince autorité, qui n'ont laissé après eux aucune réputation de savoir et de talent; il en est qui ont écrit plusieurs siècles après l'événement, moins d'après des historiens précédents que d'après des bruits vagues et confus; il en est qui ont été égarés par l'esprit de parti, par la haine ou par l'amour de la gloire nationale; je conçois que tous ces écrivains doivent laisser des doutes dans l'esprit du lecteur. Mais supposons des historiens célèbres, toujours cités avec éloge, très-accrédités parmi les critiques les plus difficiles; des historiens dont les ouvrages portent une empreinte de vertu et de probité que l'art ne peut contrefaire, qui racontent des événements de la plus haute importance dont ils pouvaient avoir aisément en main les preuves les plus authentiques : c'est alors qu'il est impossible de ne pas croire à leur témoignage; et si leur récit se trouve lié à des événements postérieurs qui en supposent la vérité; s'il est soutenu par les traditions les plus suivies, les plus fermes, les plus universelles; s'il est gravé sur des monuments qui ont échappé aux ravages du temps, on est parvenu au plus haut degré de la certitude historique.

» Ainsi le témoignage humain, dans les choses de son ressort, est une règle aussi sûre de vérité que peuvent l'être les sens et le raisonnement sur les choses auxquelles ils s'appliquent, et parmi les faits que nous n'avons pas vus, il en est d'aussi certains pour nous que les théorèmes de géométrie. »

(De Frayssinous, *Défense du Christianisme.*)

5. *Explication d'une maxime.*

§ VIII. Expliquer une *maxime* ou une *pensée*, c'est en interpréter le sens en la rapportant à la théorie dont elle forme une expression concise.

Soit, par exemple, la maxime, *Suivre la nature.* Dans la morale épicurienne, elle signifie, *Rechercher le plaisir et fuir la douleur;* dans la morale stoïcienne, *Obéir à la raison* (§ 203, p. 250); dans une doctrine plus complète, elle équivaut à cette formule : *Le bien naturel de l'âme est le développement régulier et harmonieux de ses facultés* (§ 254, p. 238).

Soit encore la maxime si souvent citée par les anciens, *Connais-toi toi-même.* Examinons quelle place elle tient dans l'histoire de la philosophie.

Sujet. *Comment faut-il entendre cette maxime, Connais-toi toi-même ?*

Plan. La maxime *Connais-toi toi-même* est souvent citée par les anciens. Il est intéressant pour l'histoire de la philosophie d'examiner les diverses applications qu'ils en ont faites.

Xénophon, dans ses *Mémoires sur Socrate* (IV, II), borne la valeur de cette maxime à la morale et à la pratique. « Celui qui veut *se connaître* doit s'examiner sur toutes les facultés nécessaires à l'homme pour remplir ses devoirs... Celui qui se connaît sait ce qui lui est utile, ce que ses forces peuvent supporter, ce qu'elles refusent[1]. Mais celui qui ne se connaît pas abuse de ses facultés; il ne sait pas mieux juger les autres hommes qu'il ne se juge lui-même[2]. »

Platon au contraire, dans le *premier Alcibiade*, donne à la même maxime une valeur spéculative aussi bien qu'une valeur morale. « Celui qui nous ordonne de *nous connaître nous-mêmes* nous ordonne de *connaître notre*

---

[1]. Sumite materiam vestris, qui scribitis, æquam
Viribus, et versate diu quid ferre recusent,
Quid valeant humeri.   HORACE.

[2]. Lucien, dans ses *Dialogues des morts*, cite souvent cette maxime en ce sens. Quelquefois il la ramène à celle-ci : *Souviens-toi que tu es homme.*

âme. » Quel procédé employer pour la connaître? Il faut que l'âme s'étudie dans l'âme (c'est le propre de la psychologie), et dans cette partie de l'âme où réside toute sa vertu, qui est la sagesse, condition du bonheur (c'est le principe de la morale). Enfin, il faut aussi que l'âme ait l'œil fixé sur la lumière divine, qu'elle s'élève à la contemplation de Dieu dont elle tient son essence et sa perfection (c'est le point de vue de la métaphysique)[1].

Plotin a formulé avec la rigueur de la philosophie moderne l'importance de cette maxime pour la spéculation philosophique : « Qu'y a-t-il qui mérite mieux d'être examiné et traité avec soin que ce qui concerne l'âme? L'étude de l'âme a, entre autres avantages, celui de nous faire connaître deux espèces de choses, celles dont elle est le principe et celles dont elle procède elle-même. C'est en nous livrant à cet examen que nous obéirons au précepte divin qui nous prescrit de *nous connaître nous-mêmes*. Enfin, avant de chercher à découvrir et à comprendre le reste, il est juste que nous nous appliquions d'abord à connaître la nature du principe qui fait ces recherches. » (*Ennéade* IV, *Questions sur l'âme;* trad. Bouillet, t. III, p. 261.)

Développée par saint Augustin[2], la pensée de Plotin a été formulée par Bossuet dans cette définition célèbre: « La sagesse consiste à connaître Dieu et à se connaître soi-même. La connaissance de nous-mêmes nous doit élever à la connaissance de Dieu. » C'est là la vraie méthode de la métaphysique (§ 128, p. 108; § 224, p. 191; § 230, p. 197).

---

1. La théorie de Platon a été développée par Porphyre (*Traité sur le précepte : Connais-toi toi-même;* cf. Bouillet, *Ennéades de Plotin*, t. II, p. 615-618), et par Proclus (*Commentaire sur le premier Alcibiade*, publié par V. Cousin. MDCCCLXIV).

2. « Philosophiæ duplex quæstio est : una de anima, altera de Deo. Prima efficit ut nosmetipsos noverimus, altera ut originem nostram; illa nobis dulcior, ista carior; illa nos dignos beata vita, beatos hæc facit. Prima est illa discentibus, ista jam doctis. Hic est ordo studiorum sapientiæ, per quem fit quisque idoneus ad intelligendum ordinem rerum, id est ad dignoscendos duos mundos et ipsum parentem universitatis. » (*De Ordine*, II, 18.)

6. *Solution d'un problème.*

§ IX. Il y a une différence entre *question* et *problème*.

Tout sujet de dissertation présenté sous une forme interrogative est une *question*.

Sujet. *Qu'appelle-t-on jugements synthétiques a priori, vérités premières, axiomes? Montrer comment se forment et se développent dans l'esprit les vérités premières.* (22 juillet 1875.)

La forme interrogative ne modifie en aucune façon la nature du sujet. Dans l'exemple que nous citons, on a simplement à exposer une théorie qu'on trouvera ci-après (§ 47, p. 30-34; § 74, p. 55).

Au contraire, le sujet est un *problème*, lorsqu'il contient une chose inconnue. Peu importe qu'il soit ou qu'il ne soit pas présenté sous forme interrogative.

Sujet. *Quelle différence y a-t-il entre les personnes et les choses?* (20 juillet 1875.)

Il faut distinguer dans ce sujet une partie connue et une partie inconnue, et se servir de l'une pour trouver l'autre. La partie connue consiste dans la *définition de la personne humaine*. La partie inconnue comprend trois éléments, la *définition de la chose*, la *différence de la personne et de la chose*, les *conséquences qui résultent de cette différence*. 1° Pour procéder méthodiquement, on commence par analyser l'*idée de l'activité intelligente et libre*, qui donne la *définition de la personne* (§ 127, p. 107-108). On énumère ensuite les facultés de l'animal, et on les compare à celles de l'homme; on constate que l'animal ne possède ni le *sentiment moral*, ni la *pensée*, ni la *liberté*; on en conclut que l'absence de ces trois qualités constitue le caractère de la *chose*, dont on a ainsi une *définition négative* (§ 136, p. 118). 2° Le rapprochement des deux définitions donne la *différence de la personne et de la chose*. 3° Il est aisé d'en tirer les *conséquences*. La morale enseigne que *la personnalité est la condition du devoir et du droit*. L'homme, étant une *personne*, a pour destinée d'agir en être intelligent et libre, de réaliser les perfections dont sa nature est susceptible et de se rapprocher ainsi de Dieu, qui est le type de la personnalité et du Bien suprême (§ 251, p. 231-233). L'animal, étant une *chose*, n'a aucune responsabilité morale; par suite, il n'a point de devoir ni de droit. De là résulte que les moralistes n'ont pas un principe déterminé pour régler les relations de l'homme avec l'animal, et qu'ils se trouvent dans la nécessité de rattacher ces relations soit aux devoirs individuels, soit aux devoirs sociaux, soit aux devoirs religieux.

Sujet. *Pourquoi Bossuet part-il de la connaissance de l'homme pour s'élever à la connaissance de Dieu, et ne suit-il pas la méthode inverse?* (27 juillet 1875.)

La première partie du problème est connue; elle correspond à cette théorie : « La connaissance de la *force intelligente et libre*, qui constitue notre être, nous donne les idées de *cause efficiente* et de *cause finale*, de *puissance* et de *substance*, à l'aide desquelles nous analysons la notion de l'Être infini, et nous lui attribuons par la raison comme infinies et absolues les perfections que nous trouvons en nous limitées et relatives, puissance, intelligence et amour (§ 224, p. 191-192; § 230, p. 197-198). Par suite, l'étude de la Psychologie doit précéder celle de la Métaphysique. » — La deuxième partie du problème est inconnue. Pour la comprendre, il faut la comparer à la première. Il est facile de reconnaître que toutes deux sont corrélatives, et l'on fait le raisonnement suivant. Toute théorie comporte deux démonstrations : l'une directe, qui établit la vérité par des preuves tirées de la nature même de la chose dont il s'agit; l'autre indirecte, qui examine les conséquences de l'opinion contraire (§ 195, p. 161). Or nous avons démontré que l'étude de la Psychologie doit précéder celle de la Métaphysique. Donc il nous reste à démontrer qu'en suivant la marche contraire on s'expose à des erreurs qui proviennent d'un vice de méthode. Interrogeons l'histoire de la philosophie. Parménide, Spinosa, Hégel essaient d'expliquer le fini en partant de l'infini et tombent dans le panthéisme (§ 248, p. 227). D'autres philosophes, faute d'étudier par l'observation de la conscience l'origine de la notion de l'Être parfait, la réduisent à un idéal qui n'a d'existence que dans notre pensée (§ 233, p. 203). Si saint Thomas, dans sa *Somme de Théologie*, débute par la Métaphysique sans commettre aucune erreur de ce genre, c'est que la méthode syllogistique ne lui sert pas pour l'invention, mais pour l'exposition. Il emprunte sa doctrine à Aristote, qui s'élève du monde à Dieu par sa preuve du premier moteur (§ 235, p. 206), et à saint Augustin qui, en philosophie, suit Platon et Plotin, créateurs de la méthode psychologique. — Bossuet a donc eu raison de prendre pour guides, en métaphysique, saint Augustin et Descartes, au lieu de saint Thomas.

7. *Réfutation.*

§ X. Comme la démonstration, la réfutation est directe ou indirecte.

La *réfutation directe* d'un système ou d'une théorie en soumet à la critique les principes, la méthode, les arguments, les dogmes. La *réfutation indirecte* se borne à l'examen des conséquences théoriques ou pratiques (§ 195, p. 163).

Prenons comme exemple la *réfutation du matérialisme* (§ 195, p. 114-116), et analysons-la.

Réfutation directe du matérialisme. 1° Principe : « Il n'y a point d'autre espèce de certitude que celle des sens et du raisonnement. » — Ce principe est incomplet. Nos idées ont trois origines, les *sens*, la *conscience* et la *raison* ; il y a trois espèces de certitudes qui leur correspondent (§ 145, p. 126).

2° Méthode : « La seule méthode légitime est la méthode expérimentale. » — Cette proposition est vraie. Mais le matérialisme en restreint arbitrairement la portée : il rejette le témoignage de la conscience, dont l'autorité est antérieure à celle des sens ; il se contredit ainsi lui-même (§ 11, p. 7-9).

3° Arguments : « Les phénomènes physiologiques sont les conditions des phénomènes psychologiques. Donc il y a identité. » — D'abord, la connaissance que le *moi* a de lui-même et celle qu'il a de Dieu n'impliquent aucun mouvement du cerveau. Ensuite, si certains phénomènes physiologiques sont les conditions de certains phénomènes psychologiques (sensation, imagination, langage, etc.), il est illégitime d'en conclure qu'il y a identité : car il y a une différence essentielle entre une *condition* et une *cause* (§ 130, p. 110-111). Enfin, la pensée et la responsabilité sont impossibles si le principe des phénomènes psychologiques n'est un, simple et identique (§ 129, p. 108-109).

4° Dogmes : « La pensée est un mouvement du cerveau. La vie est un ensemble de phénomènes physico-chimiques. Tous les phénomènes s'expliquent par les propriétés de la matière. » — Ces trois propositions sont trois hypothèses qui ne peuvent rendre compte des faits. Le matérialisme ne peut même pas expliquer ce qu'est la *matière* à laquelle il ramène toutes choses. Le spiritualisme, au contraire, explique à la fois l'*esprit* et la *matière* par l'idée de *force* qu'il emprunte à la conscience (§ 135, p. 115-116).

Réfutation indirecte. Le matérialisme a pour *conséquences théoriques* la négation de l'immortalité de l'âme et de l'existence de Dieu ; et pour *conséquences pratiques* l'égoïsme en morale, l'anarchie ou le despotisme en politique.

8. *Appréciation d'une doctrine.*

§ XI. Considérés au point de vue de l'histoire de la philosophie, les sujets de dissertation se divisent en trois espèces : sujets dogmatiques, sujets historiques, sujets mixtes.

1° Les *sujets dogmatiques* sont une analyse, une comparaison, une définition, une théorie, un problème, comme on l'a vu précédemment. Il ne faut y faire intervenir l'histoire que par de courtes citations, par l'indication des doctrines célèbres et des philosophes qui les ont professées.

Sujet. *Notions principales de métaphysique générale.* (13 août 1875.)

En lisant la dissertation qui se rapporte à ce sujet (§ 224, p. 190-192), on reconnaîtra facilement que l'exposé clair et précis d'une matière aussi étendue offre assez de difficultés sans le compliquer encore par des développements historiques.

Sujet. *De la nature de l'âme ; ses attributs, sa destinée.* (16 juillet 1875.)

Pour traiter convenablement cette dissertation, il faut résumer sous forme analytique la doctrine spiritualiste sans y mêler la réfutation du matérialisme. On commence par définir la nature et les attributs du *moi* (§ 127, p. 107) ; ensuite on en déduit sa destinée et son immortalité (§ 307, p. 303-305).

2° Les *sujets historiques* sont l'exposé d'un système ou d'une théorie, l'appréciation d'une doctrine. On y suit la méthode que nous avons indiquée ci-dessus pour la réfutation.

3° Les *sujets mixtes* sont ceux qui contiennent deux parties, l'une dogmatique, l'autre historique. On commence par établir la vraie théorie, puis on examine les opinions qui se rapportent au même sujet : on les admet ou on les rejette après une critique motivée.

Sujet. *Le langage est-il antérieur à la pensée, ou la pensée est-elle antérieure au langage? Quelles sont les principales opinions des philosophes sur l'origine du langage?* (10 août 1875.)

La partie dogmatique consiste ici à déterminer les rapports du langage et de la pensée (§ 102, p. 82-83). Elle amène la partie historique qui lui sert de complément (§ 100, p. 81).

Sujet. *Les perceptions externes ne sont-elles que des songes bien réglés, suivant l'opinion de Leibniz.* (15 juillet 1875.)

La marche à suivre ici est la même que pour le sujet précédent. On commence par faire l'analyse de la perception externe (§ 32, p. 18). Ensuite on interprète et on apprécie l'opinion de Leibniz[1]. Elle applique à la connaissance de la matière l'hypothèse de l'*harmonie préétablie*. Elle conduit à douter de la réalité des choses extérieures (§ 43, p. 28).

DISPOSITION.

§ XII. Il y a deux manières d'exposer une théorie, la *forme analytique* et la *forme synthétique*. Descartes les a parfaitement définies dans ses *Réponses aux secondes objections contre les Méditations*.

« La manière de démontrer est double ; l'une se fait par l'*analyse* ou *résolution*, et l'autre par la *synthèse* ou *composition*. L'*analyse* montre la vraie voie par laquelle une chose a été méthodiquement inventée, et fait voir comment les effets dépendent des causes; en sorte que si le lecteur veut la suivre et jeter les yeux soigneusement sur tout ce qu'elle contient, il n'entendra pas moins parfaitement la chose ainsi démontrée et ne la rendra pas moins sienne que si lui-même l'avait inventée. Mais cette sorte de démonstration n'est pas propre à

---

[1] « Nos sentiments intérieurs n'étant que des phénomènes suivis sur les êtres externes, ou bien des apparences véritables et comme des *songes bien réglés*, il faut que ces perceptions internes dans l'âme même lui arrivent par sa propre constitution originale, c'est-à-dire, par la nature représentative (capable d'exprimer les êtres hors d'elle par rapport à ses organes) qui lui a été donnée dès sa création et qui fait son caractère individuel. » (Leibniz, *Système nouveau de la nature et de la communication des substances*, § 14.) Cf. Marion, *Essais de Théodicée*, notice sur la philosophie de Leibniz, p. xxxiv.

convaincre les lecteurs opiniâtres ou peu attentifs : car si on laisse échapper sans y prendre garde la moindre des choses qu'elle propose, la nécessité de ses conclusions ne paraîtra point ; et on n'a pas coutume d'y exprimer fort amplement les choses qui sont assez claires d'elles-mêmes, bien que ce soit ordinairement celles auxquelles il faut le plus prendre garde.

» La *synthèse*, au contraire, par une voie toute différente, et comme en examinant les causes par les effets, bien que la preuve qu'elle contient soit souvent aussi des effets par les causes, démontre à la vérité clairement ce qui est contenu dans ses conclusions, et se sert d'une longue suite de *définitions*, de *demandes*, d'*axiomes*, de *théorèmes* et de *problèmes*, afin que si on lui nie quelques *conséquences*, elle fasse voir clairement comment elles sont contenues dans les *antécédents*, et qu'elle arrache le consentement du lecteur, tant obstiné et opiniâtre qu'il puisse être ; mais elle ne donne pas comme l'autre une entière satisfaction à l'esprit de ceux qui désirent d'apprendre, parce qu'elle n'enseigne pas la méthode par laquelle la chose a été inventée. Les anciens géomètres avaient coutume de se servir seulement de cette *synthèse* dans leurs écrits, non qu'ils ignorassent entièrement l'analyse, mais à mon avis parce qu'ils en faisaient tant d'état qu'ils la réservaient pour eux seuls comme un secret d'importance.

» Pour moi j'ai suivi seulement la *voie analytique* dans mes *Méditations*, pour ce qu'elle me semble être la plus vraie et la plus propre pour enseigner ; mais quant à la *synthèse*, encore que, touchant les choses qui se traitent en la géométrie, elle puisse utilement être mise après l'analyse, elle ne convient pas toutefois si bien aux matières qui appartiennent à la métaphysique. Car il y a cette différence que les premières notions qui sont supposées pour démontrer les propositions géométriques, ayant de la convenance avec les sens, sont reçues facilement d'un chacun : c'est pourquoi il n'y a point là de difficulté, sinon à bien tirer les conséquences, ce qui se peut faire par toutes sortes de personnes, même par les moins attentives, pourvu seulement qu'elles se ressouviennent des choses précédentes ; et on les oblige aisément à s'en souvenir en distinguant autant de diverses propositions qu'il y a de choses à remarquer dans la difficulté proposée, afin qu'elles s'arrêtent séparément sur chacune, et qu'on les leur puisse citer par après pour les avertir de celles auxquelles elles doivent penser. Au contraire, touchant les questions qui appartiennent à la métaphysique, la principale difficulté est de *concevoir clairement et distinctement les premières notions*. Car encore que de leur nature elles ne soient pas moins claires, et même que souvent elles soient plus claires que celles considérées par les géomètres, néanmoins, d'autant qu'elles semblent ne s'accorder pas avec plusieurs préjugés que nous avons reçus par les sens et auxquels nous sommes accoutumés dès notre enfance, elles ne sont parfaitement comprises que par ceux qui sont fort attentifs et qui s'étudient à détacher autant qu'ils peuvent leur esprit du commerce des sens; c'est pourquoi, si on les proposoit toutes seules, elles seroient aisément niées par ceux qui ont l'esprit porté à la contradiction. Et c'est ce qui a été la cause que j'ai plutôt écrit des *Méditations* que des *Disputes* ou des *Questions*, comme font les philosophes, ou bien des *Théorèmes* ou des *Problèmes*, comme les géomètres, afin de témoigner par là que je n'ai écrit que pour ceux qui se voudront donner la peine de méditer avec moi sérieusement et considérer les choses avec attention. »

Appliquons la théorie de Descartes à la dissertation.

La *forme analytique* consiste à débuter par l'analyse des faits et des exemples, à s'élever de là aux définitions et aux principes, et à en tirer les conséquences. Elle est propre à l'*invention*. Elle oblige l'esprit à se rendre compte de ses idées et lui donne une grande facilité pour les développer. Exemples, § 90, p. 68-70; § 92, p. 72-75, etc.

La *forme synthétique* consiste à suivre la marche opposée, à débuter par les définitions et par les principes, à les expliquer et à en tirer les conséquences. Elle ne sert qu'à l'*exposition*. On ne doit l'employer que pour résumer une théorie très-complexe. Exemple, § 103, p. 83-85.

ÉLOCUTION.

Le seul moyen d'acquérir le style philosophique, c'est de lire les auteurs dont l'étude est prescrite par le programme, et de faire usage des *Lectures de philosophie* de M. Charles auxquelles nous renvoyons constamment dans le cours de cet ouvrage.

SUJETS DE DISSERTATION PHILOSOPHIQUE DONNÉS AU CONCOURS GÉNÉRAL DES LYCÉES. 1810-1875[1].

1810. De *l'origine des idées*.

1811. *Preuve de l'existence de Dieu* par la nécessité d'admettre une *cause première*.

1812. Qu'est-ce que la *certitude*? La certitude a-t-elle différents degrés? Quelle est la règle de la certitude dans les choses intellectuelles, dans les choses physiques, dans les choses de fait?

1813. La *distinction du bien et du mal* est fondée sur la nature même des choses et sur la constitution de l'homme.

1814. Qu'est-ce que la *liberté*? Peut-elle se prouver par le sentiment intérieur que nous en avons? La cause des déterminations de l'âme est-elle dans les motifs qui agissent sur elle ou dans sa propre activité? Comment la liberté de l'homme se concilie-t-elle avec la prescience divine? Quelles sont les conséquences du fatalisme?

1816. L'*évidence* est-elle susceptible de définition? Y a-t-il plusieurs sortes d'évidence?

1817. Démontrer que les *preuves de l'existence de Dieu* reposent sur le *principe de causalité*.

1818. Déterminer le caractère de la *loi morale*. Examiner si une telle loi peut sortir de la *sensibilité physique* ou de la *sensibilité morale*.

1819. Quelle est l'origine du *principe de causalité* et du *principe de substance*?

1820. Théorie du *syllogisme*.

1821. De cognitionum humanarum principiis seu *ideis*.

Faire connaître combien est importante la *connaissance de l'homme*. Exposer la doctrine des spiritualistes. Réfuter les erreurs des matérialistes.

1822. De *scientiæ moralis* definitione, utilitate et necessitate.

Quelle est l'*origine des idées*? Ont-elles toutes une origine commune?

1823. An discrimen ponas necesso sit inter *idearum*

---

[1]. Au point de vue théorique, les sujets donnés au Concours général peuvent servir d'exercices, parce qu'ils sont analogues ou même identiques aux sujets donnés à l'examen du baccalauréat ès lettres. Au point de vue historique, ils indiquent les vicissitudes de l'enseignement philosophique en France.

naturam, causam et *originem.* Quænam sit idearum causa. An omnes unam et communem habeant.

Qu'est-ce que la *loi*? Combien a-t-elle d'espèces? Qu'est-ce que la *loi naturelle*? Quel est le principe de l'*obligation*?

1824. De auctoritate *sensus intimi* et *rationalis evidentiæ*.

De l'*association des idées* et de son influence sur nos habitudes intellectuelles et morales.

1825. Quid sit *credere*? Quid *certitudo, evidentia, veritas*? An in certitudine gradus? Quid de Scepticismo cogitandum?

Quelle est l'acception philosophique du mot *langue*? Quels sont les avantages d'une langue bien faite et les inconvénients d'une langue mal faite?

1826. De *conscientia morali* et de *sanctione legis naturalis*.

Qu'est-ce le *jugement*? Quels sont les rapports de l'*idée* et du *jugement*? Quels sont les objets du jugement?

1827. Quænam sint *judiciorum motiva*? An cuncta ad unum possint reduci?

Qu'est-ce que la *proposition*? Que faut-il entendre par la compréhension et l'extension des termes d'une proposition? Quelles sont les différentes espèces de propositions? Quels sont les différents changements que l'on peut faire subir à une proposition [1]?

1831. Quelle est la part de l'*expérience* et quelle est la part de la *raison* dans l'acquisition des connaissances humaines?

In quo discrepent et in quo conjungantur *utile* et *honestum*.

1832. De la vraie *méthode philosophique*.

In quo *virtus* conferat ad *felicitatem*.

1833. Déterminer l'ordre dans lequel la méthode exige que soient placées les différentes parties de la philosophie.

Quibus potissimum argumentis comprobetur *divina Providentia*.

1834. Déterminer ce qu'il y a de vrai et ce qu'il y a de faux dans la théorie des *idées innées*.

Quam distent inter se et quo simul vinculo conjungantur *utile* et *honestum*.

1835. Classer nos *idées* et déterminer les *facultés* auxquelles on doit les rapporter.

Exponentur præcipua *Dei existentiæ argumenta*.

---

1. Les dissertations couronnées de 1810 à 1827 ont été publiées par Belin et Roche (Hachette, 1828). En général, elles exposent la doctrine de Condillac ou celle de Laromiguière.

1836. Décrire les phénomènes moraux sur lesquels repose ce qu'on appelle *conscience morale*, *notion du devoir*, *distinction du bien et du mal*, *obligation morale* Du *mérite* et du *démérite*. Des *peines* et des *récompenses*. De la *sanction morale*.

Quomodo ex *historia philosophiæ* penitus explorata proficere debeat ipsa philosophia. Quæstiones quasdam seliges quibus afferat lucem philosophiæ historia.

1837. Théorie du *syllogisme*. 1° Le syllogisme est-il une forme de raisonnement purement artificielle? Représente-t-il un procédé réel de l'esprit humain? Quel est ce procédé? 2° Quelles sont les principales figures et les principales règles du syllogisme? 3° Quels sont les avantages et les abus de la méthode syllogistique? 4° La réaction de la philosophie moderne contre le syllogisme n'a-t-elle pas été excessive, et la méthode de déduction n'a-t-elle pas sa place légitime à côté de la méthode d'induction parmi nos moyens naturels et réguliers de connaître?

De philosophandi ratione cujus Socrates auctor est.

1838. Déterminer le caractère de la *certitude* et ce qui la distingue de tout ce qui n'est pas elle : par exemple, la probabilité la plus haute et la certitude se confondent-elles?—Quelle est la faculté ou quelles sont les facultés qui nous donnent la certitude? Si l'on admet qu'il y a plusieurs facultés de connaître, en exposer avec précision les différences.—Discuter les plus célèbres opinions anciennes et modernes sur le problème de la certitude et suivre leurs conséquences théoriques et pratiques.

Baco et Cartesius conferantur inter se et justa expendantur æstimatione.

1839. Ce qu'on entend par la *pensée* et la *parole*. Leurs rapports. Action de l'étude des langues, surtout des langues anciennes, sur le développement de la pensée.

Quid ad *moralem philosophiam* conferat *speculativa*.

1840. En quoi la *Logique* présuppose-t-elle la *Psychologie?*

Quæ sit vis hujus præcepti, *Nosce te ipsum*, ad bona nostra invenienda.

1841. Quels sont les éléments de la *connaissance de Dieu* puisés dans la *connaissance de nous-mêmes?*

Divina Providentia demonstretur.

1842. Exposer les *principaux attributs de Dieu*. Insister particulièrement sur l'*intelligence* et la *justice divine*.

Afferantur et justo ordine exponantur varia argumenta quibus evincatur *liberum hominis arbitrium*.

1843. Établir les preuves de l'*immortalité de l'âme*.

Quænam sint *præcipua Dei attributa*.

1844. Énumérer et apprécier les différentes preuves de la *spiritualité de l'âme*.

Quid discriminis intersit *honestum* inter et *utile* et quo nexu inter se conjungantur.

1845. Démontrer qu'il est impossible de ramener l'*honnête* à *l'utile* et le *devoir* à *l'intérêt*.

Qua via et quo potissimum principio mens humana a *sui ipsius cognitione* ad *cognitionem Dei* assurgat?

1846. Réunir les preuves les plus solides sur lesquelles les plus grands philosophes ont établi l'existence de la *divine Providence*.

In quo differant et quo simul vinculo inter se conjungantur illæ virtutes quæ *justitia* et *caritas* dicuntur.

1847. Énumérer les diverses preuves de la *spiritualité de l'âme* et en former une démonstration régulière.

Qua certa ratione homini detur cognoscere illa præsertim *Dei attributa* quæ *moralia* dicuntur : summam scilicet *sapientiam, justitiam* atque *benevolentiam*.

1848. Dire quelles modifications subissent nos *droits* et nos *devoirs* en passant de l'*ordre naturel* dans l'*ordre politique*.

An *animus* cum corpore extinguatur? Quid sit *Deus?* Quid *homo?* Quid *societas?* Quid *philosophia?*

1849. La *connaissance de l'homme* est un degré nécessaire pour arriver à la *connaissance des principaux attributs de Dieu*.

An sit hic verus *humanæ vitæ finis*, scilicet ut quisque quacumque via dolorem fugiat et voluptatem persequatur.

1850. Distinguer le *devoir* et l'*obligation absolue* des *conseils de la prudence* et des *calculs de l'intérêt*.

Esse aliquid quod morti superesse possit.

1851. Établir à quel point il est contraire à toutes les règles d'une juste induction de supposer des êtres intelligents qui n'auraient point une *Cause intelligente*[1].

Quo discrimine *honestum* ab *utili* et *commodo* sejungatur.

1852. Définition du *droit* en général et du *droit de propriété* en particulier. Origine philosophique de ce dernier et sa nécessité sociale.

---

1. Quelques-unes des dissertations couronnées depuis 1851 ont été publiées par M. Delalain dans les *Concours généraux de l'Université*.

Probandum est inter varias Philosophiæ partes *Logicam*[1] præcipuum locum tenere.

1853. Comparer les *méthodes suivies dans les sciences physiques* avec la *méthode applicable aux sciences morales.*

Quomodo intelligenda sit hæc sententia, *hominem Deo similem fieri debere.*

1854. Exposer en quoi *l'art de persuader*, qui est l'objet de la Rhétorique, diffère de la *démonstration.*

Quid ad philosophandum conferat, tum *litteris*, tum *scientiis studuisse.*

1855. Avantages que le philosophe peut retirer de l'*étude des historiens.*

Justitiam sine *caritate* non perfectam esse.

1856. De l'*analyse* et de son usage.

Neminem nisi bonum esse beatum.

1857. La *science de l'esprit humain* présente-t-elle la même certitude que les autres sciences et leur est-elle nécessaire ?

Probabitur *Deus interesse rebus humanis.*

1858. Éléments de la *connaissance de Dieu* puisés dans la *connaissance de nous-mêmes.*

Mentem humanam suis facultatibus et sua natura a corpore distinctam esse probandum est.

1859. Prouver que l'antique *démonstration de l'existence de Dieu par les merveilles de la nature*, loin d'avoir perdu de son autorité depuis les progrès de la science moderne, y a puisé une force nouvelle.

Quid sit ultimus *vitæ humanæ finis ?*

1860. Faire voir que la *science humaine* est nécessairement un mélange de connaissances solidement démontrées et d'ignorances reconnues invincibles.

Naturæ spectaculum contemplanti magis ac magis liquidum erit *hanc naturæ compagem non necessitatis legibus, sed pulchræ et bonæ rerum omnium convenientiæ adstrictam esse.*

1861. Qu'entend-on par *notions premières ?* Quels sont les caractères et l'origine des notions premières ? Quel est le rôle de ces notions dans l'entendement humain?

Quædam nescire magna pars sapientiæ est.

1862. Définir le *panthéisme* et le réfuter, soit dans ses

---

1. De 1852 à 1863, l'enseignement philosophique fut réduit à la Logique, dont le domaine fut d'ailleurs singulièrement agrandi, puisqu'on y fit entrer la plupart des questions qui sont l'objet de la Psychologie, de la Morale et de la Théodicée.

principes métaphysiques, soit dans ses conséquences morales, religieuses et sociales.

Homo sui conscius conscium sui Deum demonstrat.

1863. Caractériser et comparer les *idées du vrai, du beau* et *du bien* et les rattacher à leur premier principe.

Quatenus et quomodo verum sit illud effatum : Naturam sequere.

1864. De la *responsabilité morale*. En indiquer le principe, les conditions, les conséquences.

Hominem natura ad societatem aptum, et, ut Aristoteli placuit, ζῶον esse πολιτικὸν demonstrabitis.

1865. *Devoirs du citoyen envers l'État.*

Justi atque injusti discrimen natura, non lege constare.

1866. De l'*idée de cause* et du *principe de causalité*. Indiquer les applications les plus importantes de ce principe, notamment en Théodicée.

Num hoc præcepto, abstine et sustine, virtutem veram totamque Stoici amplectantur.

1867. Caractère et principaux effets de l'*habitude*. Montrer, en terminant, le parti que l'on peut tirer de l'habitude pour la bonne direction de l'esprit.

Expendatur ista Socraticorum doctrina, πάσας τὰς ἀρετὰς εἶναι ἐπιστήμας (Xénophon, *Mémoires sur Socrate*, IV).

1868. Examiner si les *récompenses* et les *peines* qui résultent, pour l'agent moral, soit de l'estime, soit du mépris d'autrui, soit des lois positives, peuvent servir de fondement à la Morale.

Quæ sint hominis erga se ipsum officia.

1869. *Influence de la pensée sur le langage et du langage sur la pensée.* Montrer comment cette dernière influence a été exagérée, au XVIII° siècle, par Condillac et son école.

Quæ sint quæ causæ finales dicuntur. Demonstrabitur exemplis quem usum præbeat finalium causarum inquisitio, quæ incommoda ex eadem perperam habita oriantur.

1870. Que faut-il entendre par *causes finales*? Y a-t-il des causes finales dans la nature? Dans quelles conditions la recherche en peut-elle être utile?

Cartesiani enthymematis : Cogito, ergo sum, quæritur sensus.

1872. Examiner la valeur de cette maxime : « Je ne fais de mal qu'à moi-même. » Est-ce une justification ou même une excuse du mal moral?

Quæ et quanta sit *consuetudinis vis*, et quomodo moribus nostris bene moderandis feliciter applicari possit.

1873. Qu'est-ce que le *cœur* dans la langue des littérateurs et des poëtes? Quels sont les divers phénomènes psychologiques que ce mot comprend et résume?

De optimo pro patria vivendi vel moriendi more.

1874. De la *personnalité humaine* et de la *personnalité divine.*

Explicabitur Ciceronis sententia : « *Ubi non est justitia, ibi jus esse non potest.* »

1875. De l'*association des idées.*

Liberum Deum testatur mens humana libertatis suæ conscia.

Nous joignons à cette liste, comme exemple des compositions couronnées au concours général des lycées, la dissertation de notre élève regretté Anatole Prévost-Paradol, qui a obtenu le prix d'honneur en 1849.

Sujet. *La connaissance de l'homme est un degré nécessaire pour arriver à la connaissance des principaux attributs de Dieu.* (26 juillet 1849.)

Dissertation. Toutes les religions, toutes les grandes philosophies reconnaissent un Dieu. Il est le commencement ou le terme de tous les systèmes, et l'athéisme n'est, à vrai dire, qu'un effort impuissant de l'homme pour chasser l'idée d'un Dieu qu'il porte en lui-même. Et si tous les hommes de tous les temps se sont trouvés réunis dans cette idée de l'existence de Dieu, c'est que l'homme a devant lui plusieurs voies, qui, toutes diverses qu'elles sont, le conduisent directement à cette inévitable découverte. Qu'il contemple les principes éternels de sa raison, qu'il jette les yeux sur le monde sensible, ou que, dans le silence des sens, il interroge sa conscience, l'idée de Dieu est le terme nécessaire de ses recherches; il en est comme entouré et comme assiégé de toutes parts.

Mais il concevra Dieu différemment selon qu'il aura pris l'une ou l'autre des voies qui mènent à lui. De là, au milieu de l'accord des hommes sur l'existence de Dieu, la diversité de leurs opinions sur sa manière d'être. Qu'il soit, nul n'en doute; ce qu'il est, tous les systèmes prétendent le dire, et l'idée que les hommes se sont formée de Dieu a varié selon le génie des temps et selon les progrès de la philosophie. Cette question de la nature de Dieu n'est pas moins importante que celle de son existence. Car on peut concevoir Dieu de telle

c.

façon qu'il soit indigne de l'âme humaine ; on peut le concevoir de telle façon qu'il ne soit plus rien pour les hommes et qu'il soit comme anéanti. Les dieux païens sont les honteuses apothéoses des faiblesses humaines ; les dieux de Lucrèce et d'Épicure ne nous sont rien. Il importe donc de chercher par quelle voie on arrive à la connaissance de Dieu la moins imparfaite, la plus digne de notre raison, la plus conforme à notre nature.

À peine notre sensibilité est-elle éveillée par la présence du monde extérieur, que des idées, supérieures à celles qui nous peuvent venir des sens, s'éveillent à leur tour, et donnent à nos jugements ce nouveau caractère d'universalité et de nécessité, que n'auraient pu leur donner les phénomènes particuliers et variables qui forment le spectacle du monde sensible. Possédant alors en nous des vérités éternelles et nécessaires, dont notre esprit ne peut se départir, et n'en trouvant la source, ni dans le monde imparfait, ni dans notre nature bornée, nous les rapportons à une essence supérieure à la nôtre, qui devient pour nous la *région des vérités éternelles*, le *lieu des esprits* ; et nous l'appelons Dieu. Si maintenant, jetant les yeux sur le monde, nous cherchons la *cause* de son existence, suivant en cela l'irrésistible élan de notre nature, nous concevons un Créateur de la matière ; nous faisons venir de lui toutes les forces de la nature et nous reconnaissons sa puissance : nous le faisons *l'auteur de l'ordre de l'univers*, de l'économie et du rapport de toutes ses parties, et l'intelligence de cet architecte des mondes nous est ainsi manifestée. Mais si nous portons nos regards en nous-mêmes, et qu'y découvrant les puissances intérieures qui nous font sentir, penser et vouloir, nous les rapportions à un Créateur : alors, le jugeant à la fois semblable et supérieur à sa créature, nous le douons de toutes les perfections qui nous manquent, et nous appelons Dieu cet *être parfait* qui nous a faits à son image. La *Raison*, le *Monde sensible* et la *Conscience* sont donc les trois voies qui conduisent à la connaissance de Dieu. Nous allons chercher à quelle conception de Dieu l'on arrive par chacune d'elles, et nous verrons alors quelle est celle qui nous donne de Dieu l'idée la plus complète et la plus raisonnable, le vrai Dieu de l'humanité.

Les idées de *Cause*, de *Substance*, d'*Infini*, qui élèvent et généralisent nos connaissances, et qui sont impliquées dans nos jugements, ont paru de tout temps aux philosophes des traces d'une nature supérieure à la nôtre, des vérités au-dessus de notre intelligence bornée, et que la Divinité a pour ainsi dire laissé échapper dans nos âmes. Platon voit dans ces *idées* les reflets affaiblis du monde véritable dont celui-ci n'est que l'image trompeuse. Tous les philosophes ont depuis reconnu dans ces idées un élément supérieur au monde sensible et à notre nature. Leibniz a rétabli contre Locke l'existence de ces *idées* et leur source qui n'est ni dans le monde, ni en nous-mêmes. Kant lui-même, au milieu des ruines qu'il entasse, les laisse debout, mais, leur ôtant toute réalité objective, il en fait des *formes* nécessaires de notre entendement. Supérieures au monde sensible et à notre nature, ces idées ne peuvent avoir pour origine que l'Être parfait et absolu comme elles, qui les résume en lui et les réunisse en un faisceau de lumière. Bossuet a dit : « Ces *vérités* sont des faces de Dieu ou plutôt sont Dieu lui-même. » Pour Descartes, découvrant en lui l'*idée de l'infini*, il s'écrie : « C'est la marque de l'ouvrier empreinte sur son ouvrage, » et ailleurs : « Je ne suis donc pas seul au monde ! » Dieu peut donc être conçu par le seul effort de la raison comme la *source des vérités éternelles* que notre entendement possède, et dont il chercherait vainement l'origine en ce monde et en lui-même. Dieu peut être conçu comme une *Substance éternelle et infinie* d'où toute vérité découle; foyer immense, d'où nos intelligences se sont échappées comme autant d'étincelles.

Mais cette conception de Dieu réduite à elle-même nous donne-t-elle le Dieu véritable? Est-ce le Dieu que les hommes ont adoré sous tant de noms divers, exprimant tous la justice et la bonté? Est-ce enfin le Dieu que nous cherchons et répond-il aux besoins impérieux de notre nature? Le plus grand des représentants de cette doctrine, Spinosa va nous l'apprendre. Il s'est élevé à Dieu par le seul effort de la raison et sans avoir étudié l'homme. Pour lui, Dieu est une *substance infinie*, d'où découle sans fin l'*Intelligence* et l'*Étendue*, manifestées dans un nombre infini d'âmes et dans un nombre infini de corps. Tel est le Dieu de la raison pure ; jamais on ne s'est élevé à lui avec plus de logique, jamais on ne l'a enseigné avec plus de sévérité et plus de grandeur; mais contemplons ce Dieu et nous verrons qu'il porte les marques de son origine toute rationnelle. Qu'est-ce que l'homme pour lui, et qu'est-il pour l'homme? L'homme, double émanation de la substance absolue, n'a rien à réclamer, rien à attendre de celui qui fut son créateur par nature et non par un acte de volonté. S'il s'élève à la conception des vérités nécessaires et de leur source éternelle, il est heureux, dit Spinosa. Mais s'il a une intelligence bornée; s'il souffre en ce monde et que sa conscience lui rende témoignage; s'il est juste et malheureux? Spinosa répond dans une de ses lettres: « L'univers est nécessairement varié ; chacun a son lot; les faibles sont faits pour souffrir sous l'empire des forts. » Quoi, rien de plus? Et le mérite et le démérite, et le besoin de justice qui est en nous, et notre liberté? Tout cela n'est rien pour Spinosa; et l'homme n'a aucun rapport avec son Dieu, parce que son Dieu a été fait sans la connaissance de l'homme. Un seul mot montre que le Dieu de Spinosa n'est dénué de liberté et de justice, que parce que l'homme n'était pour Spinosa ni un être libre ni un être moral. Il ajoute après avoir condamné les faibles à souffrir sans espérance : « Un cheval ira-t-il se plaindre à Dieu de l'avoir fait cheval? » Voilà le dernier mot de cette triste philosophie. Si l'homme n'est ni libre ni juste, Dieu n'a ni liberté ni justice. David disait des idoles : *Manus habent et non palpabunt, non clamabunt in gutture suo* (*Lib. Psalmorum*, CXIII, 7). On peut dire du Dieu du Panthéisme rationaliste : Il est Dieu, et il n'est pas libre! Il est Dieu, et il n'est pas juste! Il crée l'homme, et l'homme ne lui est rien! Telle est la conséquence rigoureuse de toute philosophie qui veut arriver à Dieu par la seule raison, et sans le secours de la connaissance de l'homme.

Il est pour arriver à la connaissance de Dieu une voie plus facile et qui est à la portée de tous les hommes. C'est la vue du monde sensible, c'est la contemplation de *l'ordre* et de *l'harmonie de l'univers*. Preuve de tous les temps et de tous les lieux, elle est de préférence celle des esprits simples et des intelligences vulgaires. Les peuples enfants connaissent Dieu par cette preuve et elle est longuement développée dans les poèmes des premiers âges. On se rappelle dans les livres saints la magnifique énumération que l'ange fait à Job des ouvrages sortis de la main de Dieu. Les enfants adorent d'abord le Créateur du ciel et de la terre; ce n'est qu'après l'éveil de leur raison qu'ils adorent le Créateur de leur âme. Enfin, cette preuve si sensible et si frappante de l'existence d'un Créateur semble faite pour réunir tous les esprits, et pour ne laisser aucun être intelligent dans l'ignorance de son Dieu. Hâtons-nous donc de reconnaître combien cette preuve est simple et solide. L'existence d'un Dieu créateur, sa puissance, son intelligence sont du même coup prouvées et d'une façon si simple et si naturelle que nul esprit ne s'y refuse. Il y a même dans ce genre de preuve une sorte de grandeur sensible qui, à la fois élève l'âme par la conception de cette intelligence souveraine et l'accable par la vue des œuvres prodigieuses sorties de la parole divine. Socrate confondant Aristodème, Clarke, Fénelon, ont richement développé cet argument de la *Cause première* et des *causes finales*. Mais, selon moi, Bossuet les a tous surpassés par sa simple et forte manière d'opposer la faiblesse matérielle de l'homme à la puissance divine : « Il n'y a sorte de machine, dit-il, qui ne se trouve dans les corps humains ;» et plus loin, montrant la matière éternellement mobile et féconde : « Où est l'architecte, s'écrie-t-il, qui, ayant élevé un bâtiment caduc, y a mis un principe qui doit le faire se relever de ses ruines ? »

Mais le Dieu que nous découvre ce genre de preuve réduit à lui-même n'est pas encore le Dieu que nous cherchons, et un court examen suffira pour le montrer. De l'existence du monde et de l'idée de cause, impliquée dans tous nos jugements, nous tirons l'existence d'une puissance créatrice. Puis, l'ordre et l'harmonie de l'univers nous découvrent l'intelligence de cette Cause souveraine. Mais là s'arrête ce que le monde sensible nous découvre de Dieu ; et toute l'éloquence imaginable n'y peut rien ajouter. Les uns sont plus frappés de l'ordre du monde ; les autres, de son existence même ; d'autres enfin, du mouvement imprimé à la matière : « Qui a lancé les planètes sur la tangente de leurs orbites ? » s'écrie éloquemment J.-J. Rousseau. Mais tous n'arrivent à montrer en Dieu que la *puissance* et l'*intelligence*. Et même, en se réduisant à cette seule preuve, ils ne peuvent arriver à découvrir en Dieu une puissance et une intelligence infinies. Que Dieu soit seulement supérieur en puissance et en intelligence au monde sensible, et le monde est expliqué. On voit à quel Dieu imparfait et étroit conduit cette preuve réduite à elle-même. C'est le Dieu des hommes qui ne vont à lui que par cette voie : c'est le Dieu du vulgaire. L'homme qui ne connaît Dieu que par le monde sensible, doit se le figurer assez puissant et assez intelligent pour faire le monde. Logiquement il ne peut aller au delà.

Disons enfin que le Dieu que cette preuve nous donne, non plus que le Dieu de la raison pure, n'est pas celui dont nous avons en nous l'idée et que réclame le cœur de l'homme. Si je ne vois que le monde sensible, la justice de Dieu est à mes yeux bien obscure et bien voilée. Le monde est un mélange de bien et de mal, plein d'irrégularités apparentes. Le désordre physique et le désordre moral, l'injustice et la prospérité des méchants sont des écueils terribles où se brisera ma croyance en un Dieu juste, si je ne l'appuie sur quelque chose de plus assuré. Je puis encore, en voyant le monde se suffire, ne faire donner à Dieu que l'impulsion première, et le reléguer, comme les dieux d'Épicure et de Lucrèce, dans une oisiveté bienheureuse. Je puis me laisser tromper par la lutte variée du bien et du mal et faire du monde le champ de bataille de deux principes contraires. Je puis enfin confondre le monde avec Dieu, ou me croire moi-même une partie du monde, puisque l'étude de l'homme ne m'a pas révélé ma liberté.

Ainsi, jusqu'à présent, m'élevant à Dieu par le seul effort de la raison, ou le cherchant dans le monde sensible, je n'ai pu trouver qu'une *substance infinie* que l'homme ne peut ni comprendre ni adorer, ou qu'un Dieu *créateur du monde*, plus puissant et plus intelligent que sa création. Il ne me reste plus qu'à interroger ma conscience pour y chercher quelque image plus parfaite et plus précise de l'essence divine.

« Je fermerai les yeux, je boucherai mes oreilles, je chasserai l'image des choses extérieures, » dit Descartes, au commencement de la Méditation où il aborde cette grande recherche. Il faut l'imiter et, dans le silence des sens, voir ce qu'est notre âme et ce que nous pouvons y apprendre de son auteur. Je trouve en moi l'*idée de l'infini*, et, me connaissant borné de toute manière, je l'oppose à la faiblesse et à l'imperfection de ma nature. Je vois par elle ce qui me manque pour être parfait, c'est-à-dire, pour ressembler à Dieu qui n'est que *perfection*. Je jouis, je souffre, je désire, je suis sensible; mais ma sensibilité est pour moi une source de douleurs et de luttes; car mes désirs surpassent ma puissance. Cependant, je conçois qu'elle puisse n'être qu'une source de bonheur et que mes désirs soient comblés; et j'ai l'idée d'un *être infiniment heureux*. Je suis intelligent; mais mon intelligence est bornée de toutes parts; l'obscurité lui pèse; la lumière l'éblouit; elle est troublée par les sens; elle sait peu, et je voudrais tout savoir. Je conçois dès lors qu'une intelligence puisse être dégagée de tous les liens qui embarrassent la mienne; que la vérité lui soit familière et qu'elle la possède par nature; et j'ai l'idée d'un *être infiniment intelligent*. Je suis libre et j'en ai la conscience; mais ma volonté est bornée par toute sorte d'obstacles; elle fait le mal et le bien avec indifférence; elle me nuit quand elle me sert, et elle est souvent impuissante à me servir. Je conçois que ma volonté puisse être délivrée de ses entraves et produire librement tous les actes que prescrit ma raison ; et j'ai l'idée d'un *être infiniment libre et infiniment puissant*. Le Dieu qui aurait tout ce qui me manque et que vient de me montrer mon âme me touche déjà de plus près que le Dieu de la raison pure et que le Dieu du monde sensible. Il va me toucher de plus près encore si je poursuis cette rapide analyse.

Je découvre en moi l'idée du bien et j'ai le sentiment du juste et de l'injuste. La justice accomplie me réjouit et m'élève l'âme ; l'injustice m'afflige et m'effraie pour son auteur. C'est ici que l'idée de Dieu s'agrandit et s'élève. Peut-il n'être pas libre, quand je sens ma liberté? Peut-il n'être pas juste, quand je le suis quelquefois, quand je voudrais l'être toujours? Mais d'où me viennent, au milieu du désordre du monde physique et du monde moral, cette pure idée de la justice et cette soif d'équité qui me consume? D'où me viennent-elles sinon d'un *être infiniment juste*, et qui est par nature ce que je suis par effort et par travail. Voilà le Dieu que m'a révélé l'étude de l'homme. Ce n'est déjà plus le Dieu de la raison pure, substance infinie, être vague et mystérieux. Ce n'est plus le Dieu créateur du monde et simple ouvrier de la matière. C'est un Dieu infini en intelligence, infini en liberté, et enfin, ce qui en fait le Dieu que je cherche, infiniment juste.

C'est là pour moi son plus grand caractère et celui qui le rapproche le plus de ma nature. Il sait le bien, il le veut et il le fait de toute éternité. Je me repose désormais sur sa providence. Que m'importent les désordres du monde et les revers passagers de la vertu, puisqu'il y a entre moi et Dieu des rapports de justice! Je puis maintenant faire mon devoir en invoquant son nom. Je puis braver le mal en ce monde en m'appuyant sur lui, et ne pas compter mes blessures, disant comme Platon : « Du côté des Dieux la victoire reste tout entière au juste. » Je puis enfin au dernier jour me présenter à lui avec mes œuvres et revendiquer l'immortalité.

Le Dieu que me découvre l'étude de la nature de l'homme, guidée par les principes de la raison et appuyée sur le spectacle du monde sensible, est donc le vrai Dieu, le seul que puisse connaître et adorer l'humanité. Il se rapproche de l'homme par tout ce que l'homme a en lui de bon et de grand : « Je veux mouvoir mon bras et je le meus, dit Bossuet. Cet empire est l'image du pouvoir absolu de Dieu qui remue tout l'univers par sa volonté et y fait tout ce qu'il lui plaît. » C'est de ce Dieu qui a mis en nous les rudiments de ses attributs, qu'on peut dire avec Leibniz : « Il est un océan dont nous avons reçu quelques gouttes. » C'est de lui encore que Bossuet a pu dire : « Je me rends semblable à lui en imitant sa bonté. » Enfin lorsque Kant a entassé ruines sur ruines et a détruit le Dieu de la raison pure et le Dieu du monde sensible, il s'arrête devant le Dieu que lui révèle l'étude de l'homme. Nous méritons et nous déméritons, où est le rémunérateur ? Nous aspirons à la sainteté : où est l'idéal, où est l'Être saint par nature. C'est ainsi que ce puissant génie, après avoir voulu effacer Dieu de la raison et du monde, respecte son empreinte ineffaçable dans la nature de l'homme.

Nous avons montré que la Psychologie seule donnait à l'homme la connaissance d'un Dieu digne de lui et conforme à sa nature. Nous rendrons cette vérité plus sensible encore, en montrant que de tout temps on peut rapporter à l'état de la connaissance de l'homme l'idée qu'on s'est formée de la Divinité.

Pour les peuples sauvages, qui ne voient dans l'homme que la force corporelle, et ne trouvent grand et digne d'estime que la puissance matérielle qui en dérive, Dieu n'est que le maître et le moteur du monde. Il tonne, il foudroie, il veut du sang : on l'apaise avec des victimes. Pour les Grecs qui croyaient l'homme esclave de la fortune, et doué seulement d'une apparence de liberté, qu'est-ce que Jupiter ? Le bras droit du Destin ; rien de plus. Quand les hommes ont méconnu la dignité humaine et ont cru que la servitude était l'état légitime des peuples, qu'était-ce que Dieu ? Le protecteur des tyrans. Il les instituait à sa place et leur déléguait une autorité tempérée par la miséricorde et non par la justice. Mais le Dieu de la Psychologie est un Dieu de justice : c'est le Dieu des peuples libres. Plus la science de l'homme a été s'épurant et s'approfondissant, plus l'idée de Dieu s'est dégagée de toutes ces imperfections, que l'homme transportait de sa nature mal connue à son Créateur rabaissé. Qui ne reconnaît aujourd'hui un Dieu libre et juste ? Qui ne l'implore comme la source du droit, comme le protecteur des gens de bien ? C'est à une philosophie plus complète, c'est à une étude de l'homme plus profonde, que nous devons notre croyance aux attributs moraux de Dieu et tout ce que cette croyance nous donne d'espérance et de consolation.

SUJETS DE DISSERTATION

Objet de la Philosophie. Division. Ordre des parties. Rapports avec les autres sciences.

1. La Philosophie est-elle une science particulière ou la science universelle ? Dans quel sens pourrait-elle être l'une et l'autre ? (20 juillet 1874.)
2. Qu'entend-on par *Philosophie de l'histoire, Philosophie du droit, Philosophie des beaux-arts, Philosophie des sciences*, et, en général, quel est le sens du mot *Philosophie* dans toutes les expressions analogues ? (21 nov. 1872.)

Plan. La philosophie est née du besoin qu'éprouve tout esprit de résoudre par la réflexion certaines questions spéculatives et pratiques qu'il se pose sur lui-même et sur tout ce qui l'entoure : « Que suis-je ? Quelle est mon origine ? Quelle est ma destinée dans cette vie et après la mort ? Quelle est la nature de ce monde dont je fais partie ? Si je ne me suis pas donné l'être, si l'ordre de ce monde a une cause, quel est le principe de tous les êtres et quels rapports ceux-ci ont-ils avec lui ? » A ce point de vue, la philosophie est la *science universelle*; elle a pour objet de connaître l'homme, la nature et Dieu d'une manière scientifique, c'est-à-dire à l'aide de principes évidents qui expliquent et enchaînent entre elles toutes les vérités particulières. Tel est le sens de cette définition antique : « La Philosophie est l'étude de la sagesse ; or la sagesse est la *science des choses divines et humaines et de leurs principes* (Cicéron, *Des Devoirs*, II, 2). » Tandis que les sciences particulières, comme les mathématiques, la physique, la chimie, étudient chacune un objet spécial, la philosophie explique leurs notions fondamentales, par exemple, l'idée d'étendue pour la géométrie, l'idée de force pour la mécanique ; elle détermine leurs méthodes et leurs rapports ; enfin elle ramène à une unité systématique leurs théories les plus générales. C'est la signification qu'a le mot *Philosophie* dans les dénominations : *Philosophie de l'histoire, Philosophie du droit, Philosophie des beaux-arts, Philosophie des sciences*, et autres expressions semblables. C'est aussi la signification adoptée par Aristote, qui définit la Philosophie *la science des premiers principes et des premières causes* : car les *premiers principes* sont en Psychologie les vérités premières (cf. 47-58), auxquelles se rattachent les idées de *vrai*, de *beau*, de *bien*, de *droit*, etc., qui servent chacune de fondement à une science particulière (Logique, Philosophie des beaux-arts ou Esthétique, Morale, Philosophie du droit ou Droit naturel, etc.) ; et les *premières causes* sont en Métaphysique les substances et les causes réelles, dont les essences et les actions déterminent ou produisent tous les phénomènes connus par la conscience et par les sens (cf. 224)[1]. En ramenant tout à ces principes et à ces causes, la philosophie explique tout ce que l'homme peut comprendre. De là vient qu'on nomme *esprit philosophique* l'habitude de soumettre toutes les opinions à un examen réfléchi et de procéder avec méthode dans les recherches scientifiques, la faculté de saisir les choses d'ensemble pour remonter aux principes et de voir l'enchaînement des causes et des effets. C'est enfin de cette manière qu'on arrive à constituer ou à juger un *système* (cf. 172).

En même temps que la philosophie est la science générale, elle est aussi une *science particulière*. Tandis que les mathématiques raisonnent sur les quantités abstraites, que les sciences physiques et naturelles étudient les propriétés et les lois de la matière inorganique et des corps organisés, la philosophie nous apprend, comme le dit Bossuet, à connaître Dieu et à nous connaître nous-mêmes en nous élevant par la connaissance de nous-mêmes à la connaissance de Dieu (cf. 230). Cette définition se concilie parfaitement avec celle d'Aristote : car il n'y a que deux causes véritables que nous connaissions réellement dans leur essence intime, l'âme humaine, dont l'activité intellectuelle et libre est le point de départ de toutes nos recherches, et Dieu, auquel elles aboutissent, parce qu'il est la raison d'être de toutes choses (cf. 128).

Lire Bouillet, *D. des sciences*, art. *Philosophie* ; Charles, *Lect. de phil.*, I, p. 1-11, 28-32.

---

[1]. Afin d'éviter les répétitions, nous renvoyons par le signe *cf.* aux numéros que l'on doit consulter pour trouver les explications nécessaires.

3. *Division de la Philosophie.* Comment peut-on justifier l'*ordre* suivi dans l'étude des diverses parties de la Philosophie? (14 août 1870.)

4. En quoi la Psychologie est-elle nécessaire à la Logique, à la Morale, à la Théodicée? (20 novembre 1867.)

5. Pourquoi doit-on commencer l'étude de la Philosophie par la Psychologie? Si l'on admet un autre ordre, en donner les raisons. (13 août 1872.)

Plan. Dans l'acception la plus étendue du mot, la *Philosophie* comprend : 1° la *Psychologie* (avec la *Linguistique* ou *Philosophie des langues*); 2° la *Logique* (avec la *Grammaire générale*); 3° la *Métaphysique* (*Philosophie des sciences*, *Théodicée*); 4° l'*Esthétique* ou *Philosophie des beaux-arts* (avec la *Poétique* et la *Rhétorique*); 5° la *Morale*; 6° le *Droit naturel* ou *Philosophie du droit* (dont dépendent le *Droit positif*, la *Jurisprudence*, l'*Économie sociale*, la *Politique*); 7° la *Philosophie de l'histoire* (à laquelle se rattachent les *Sciences historiques*); 8° l'*Histoire de la philosophie*. Cet ensemble constitue les *Sciences philosophiques* ou *Sciences morales*. Mais, dans l'acception classique du mot, la *Philosophie* a un domaine plus restreint; elle a pour objet la connaissance de l'âme humaine et celle de Dieu, la détermination des règles qui doivent gouverner notre intelligence et notre liberté; elle contient ainsi quatre parties : la *Psychologie*, la *Logique*, la *Métaphysique* (*Théodicée*), la *Morale*, avec des notions générales sur les autres sciences morales.

L'ordre dans lequel on étudie les parties de la philosophie a une grande importance, parce qu'elles se supposent l'une l'autre. C'est pourquoi Descartes recommande de *conduire par ordre ses pensées, en commençant par les objets les plus simples et les plus aisés à connaître pour monter peu à peu comme par degrés jusqu'à la connaissance des plus composés* (cf. 170). En appliquant ici cette règle, on distingue dans la philosophie deux espèces de questions. Les unes trouvent directement une réponse dans l'observation de la conscience; Ex. : *En quoi consistent sentir, penser, vouloir?* Les autres trouvent indirectement une réponse dans l'observation de la conscience, par le raisonnement inductif ou déductif opérant sur les données de l'expérience et de la raison; Ex. : *Par quels procédés l'esprit peut-il découvrir et démontrer la vérité? Quelle est la destinée de l'homme? Qu'est-ce que la Providence divine?* Donc ces questions ne doivent être abordées qu'après les premières. —

Les premières questions, qui trouvent directement une réponse dans l'observation de la conscience, constituent la Psychologie; donc son étude ne présuppose la connaissance d'aucune autre partie et est présupposée par toutes. Les secondes questions forment la Logique, la Métaphysique, la Morale; donc elles se rattachent toutes à la Psychologie comme à leur tronc commun (cf. 128).

Lire Charles, *Lect. de phil.*, I, p. 12-22.

6. Des rapports de la Philosophie avec les autres sciences. (31 juillet 1872.)

7. Analyser les rapports de la Philosophie avec les autres sciences, spécialement avec les sciences physiques et naturelles. (10 novembre 1869.)

Plan. Pour comprendre l'importance et l'utilité de la Philosophie, il ne suffit pas de considérer l'ensemble des connaissances qu'elle nous procure, il faut encore analyser ses rapports avec les autres sciences. 1° La Psychologie détermine l'origine des notions qui leur servent de fondement, p. ex., d'*espace* (Géométrie), de *force* et de *mouvement* (Mécanique), de *loi inductive* (Physique), de *cause finale* dans l'organisme (Sciences naturelles), etc. Elle est liée à la Physiologie dans l'étude des *rapports de l'âme et du corps*. 2° La Logique traite de la *certitude* et de la *méthode*, questions qui intéressent toutes les sciences. 3° La Métaphysique examine quelle est l'*essence de la matière*, ce qu'il faut entendre par *qualités premières* et *qualités secondes*, en quoi consistent l'*espace* et le *temps*, etc., problèmes auxquels viennent aboutir nécessairement les théories des sciences physiques, comme le prouvent les systèmes appelés Dynamisme et Mécanisme.

Quant aux rapports de la Philosophie avec les autres sciences morales, on les reconnaît facilement en considérant la classification de ces sciences (cf. 3). Prenons pour exemple la Rhétorique : elle enseigne à instruire par les preuves, à plaire par les mœurs, à toucher par les passions; pour établir ses règles, elle doit emprunter à la Logique la théorie de l'argumentation; à la Morale, celle des mœurs; à la Psychologie, celle des passions (cf. 194).

Lire Charles, *Lect. de phil.*, I, p. 18-20.

PSYCHOLOGIE

Objet. Méthode.

8. Par quels traits les *phénomènes psychologiques* se distinguent-ils des *phénomènes physiologiques*? (14 novembre 1868.)

9. Marquer par des traits précis et par des exemples la distinction des *faits psychologiques*, des *faits physiologiques* et des *faits physiques*. (16 novembre 1871.)

10. Distinguer la *Psychologie* de la *Physiologie*. En quoi cependant ces deux sciences peuvent-elles se rendre de mutuels services? (23 juillet 1873.)

Plan. Quand l'homme observe la nature, il se distingue facilement des objets qui l'entourent; il voit que les phénomènes qui s'y produisent tombent sous ses *sens* et méritent ainsi le nom de *Ph. physiques*. S'il s'observe ensuite lui-même, il se reconnaît comme un être double, parce qu'il distingue en lui deux classes de phénomènes, les *Ph. physiologiques* et les *Ph. psychologiques*. 1° Les premiers, tels que la digestion, la circulation du sang, etc., se produisent dans les organes dont l'anatomie découvre la structure; ils sont connus directement par les *sens*; mais, comme cette connaissance exige des expériences plus ou moins difficiles, ils peuvent être produits sans être perçus; s'ils se manifestent à la conscience, c'est seulement par les sensations de peine ou de plaisir qui les accompagnent, mais ne les constituent pas. 2° Les seconds, tels que sentir, penser, vouloir, ont pour caractère propre d'être saisis immédiatement par la *conscience* qui en fait partie intégrante (cf. 11). Quoiqu'ils soient ordinairement précédés ou suivis de Ph. physiologiques, l'étude des organes ne saurait rien apprendre sur leur nature. 3° De plus, tandis que la cause des Ph. physiologiques est une force hypothétique, puisqu'elle n'est conçue que par induction et qu'elle donne lieu à divers systèmes (Animisme, Organicisme, Vitalisme), le principe des Ph. psychologiques est immédiatement connu par la conscience dans chacun d'eux comme la force qui en est la *cause* ou le *sujet* (selon que ce fait est *actif* ou *passif*), et qui s'appelle elle-même *moi* pour se distinguer de tous les autres êtres (cf. 11). — Il est donc légitime d'admettre qu'à ces deux classes de phénomènes correspondent deux sciences distinctes, la *Physiologie* et la *Psychologie*. Cependant, autant il importe de bien déterminer l'objet de la Physiologie et celui de la Psychologie parce que chacune d'elles a son domaine distinct et sa méthode spéciale, autant il est nécessaire d'allier toutes les données de ces deux sciences pour résoudre certaines questions complexes, comme celle de la perception externe, et en général pour étudier les rapports de l'âme et du corps. Il en résulte que, tout en les distinguant avec précision dans l'analyse des phénomènes mixtes, il faut tenir compte de leurs rapports et des services mutuels qu'elles se rendent.

Lire Bouillet, *D. des sciences*, art. *Physiologie, Psychologie, Conscience*; Charles, *Lect. de phil.*, I, p. 32-41 ; Janet, *Élém. de morale*, ch. II, § 1.

11. De la science psychologique. Rapports et différences entre la *méthode de la Psychologie* et la *méthode des autres sciences*. (2 mai 1868.)

12. En quoi consiste la *méthode de la Psychologie?* Qu'a-t-elle de commun et qu'a-t-elle de différent avec la *méthode des sciences physiques?* (8 novembre 1867.)

13. De la *méthode qu'il convient de suivre en Psychologie*. La comparer aux *méthodes employées dans les autres sciences*. (14 août 1866 ; 24 novembre 1868.)

14. Comparer l'*expérience en Physique* et l'*expérience en Psychologie*. Montrer les analogies et les différences. (30 avril 1869.)

Dissertation. Toute science doit avoir un objet bien déterminé et une méthode appropriée à la connaissance de cet objet. Elle doit donc commencer par les définir. La Psychologie est la *science de l'âme*, c'est-à-dire du principe qui sent, qui pense et qui veut : elle en constate les faits, les facultés et la nature par la *conscience*. En vertu de ce pouvoir intellectuel, l'âme connaît spontanément son existence et ses opérations, de telle sorte qu'elle ne peut sentir, penser, agir, sans connaître ses sensations, ses pensées, ses actes, ni connaître ces faits sans se connaître comme leur cause et leur sujet, en s'appelant elle-même *je* ou *moi* : « je sens, je pense, je veux. » Quand l'âme se replie sur elle-même pour analyser ses opérations, la conscience devient la *réflexion*, comme l'application de l'intelligence aux données des sens constitue l'*attention*. Enfin, l'emploi méthodique de la réflexion forme l'*observation interne*, comme l'emploi méthodique de l'attention forme l'*observation externe*. Il en résulte que la méthode de la psychologie s'appelle *méthode expérimentale*, comme la méthode des sciences physiques, parce que toutes deux sont également fondées sur l'*expérience* ou *observation*; mais l'analogie n'est qu'apparente; quand on examine les procédés des deux méthodes, on constate qu'il y a entre elles une différence essentielle.

Cette différence essentielle peut se formuler ainsi d'après Maine de Biran : « Le point de vue d'un être qui se connaît lui-même ne doit pas être assimilé au point de vue de l'être connu extérieurement. » 1° Dès le premier acte intellectuel s'établit en nous la distinction de l'objet et du sujet. L'*objet* est la matière telle qu'elle est représentée par les sens et par l'imagination, comme une pluralité de choses coexistant dans l'espace; cet objet étant extérieur ne peut être connu que par le dehors, par ses phénomènes, c'est-à-dire par les apparences ou par les signes qui le manifestent, et qui nous suggèrent par une induction directe l'affirmation de son existence. Le *sujet* est l'esprit qui est immédiatement présent à soi-même, qui se connaît intérieurement par la conscience : « Je pense, donc je suis; » c'est là, comme l'a démontré Descartes, le vrai principe de la philosophie. Le *sujet*, le *moi* ne conclut pas de sa pensée à son existence, comme des phénomènes sensibles il induit l'existence de la matière ; en percevant ses pensées, ses sensations, ses actes, il s'attribue chacun de ces faits successivement et tous ensemble, se perçoit lui-même intérieurement par l'unité et la continuité de la conscience; il a l'intuition de son propre être, parce qu'il agit sans cesse et qu'il sait qu'il agit. 2° La distinction de l'objet et du sujet a pour conséquence la différence de la méthode expérimentale qui est propre aux sciences physiques et de celle qui est propre à la psychologie. Dans les sciences physiques, l'*observation externe* ou *attention* appliquée aux *objets extérieurs* analyse les *phénomènes* perçus par les sens et représentés par l'imagination; en les généralisant par le retranchement des circonstances accidentelles ou indifférentes, on a ce qu'on appelle les *lois*; en formant des séries dont les termes dépendent l'un de l'autre, on a ce qu'on appelle les *causes*, chaque cause n'étant que la condition définie qui détermine invariablement la production d'un phénomène ; p. ex. la mécanique explique comment le mouvement se transmet ou se transforme, et considère la véritable cause du mouvement, la force, comme une inconnue, x, dont elle laisse à la métaphysique le soin de définir la nature. Dans la psychologie, au contraire, l'*observation interne* ou *réflexion* appliquée au *sujet pensant* ne se borne pas à analyser la sensation, la pensée ou l'acte; elle en distingue le sujet qui se l'attribue et qui se perçoit ainsi immédiatement. Quand l'esprit attache son attention à un objet extérieur, s'il abstrait successivement chaque qualité physique, le composé sensible s'évanouit. Quand l'esprit réfléchit sur ses propres opérations, s'il écarte l'élément objectif du fait intellectuel et qu'il s'isole ainsi lui-même des choses sensibles, il se connaît comme *sujet* de ses opérations ; il acquiert, par la conscience qu'il a de lui-même, les notions d'*être* et de *cause*, d'*unité* et d'*identité*, etc., notions qui échappent à toute représentation. Il en résulte que, tandis que l'*expérience externe* dans les sciences physiques saisit seulement les *phénomènes sensibles* sans atteindre leur essence, l'*expérience interne* en psychologie connaît ensemble les *phénomènes de conscience* et l'*activité volontaire* qui en est la cause ; elle aboutit ainsi à la métaphysique (cf. 128).

Les considérations précédentes peuvent servir à juger les diverses méthodes suivies en psychologie. 1° La plus éloignée de la vérité est celle de Condillac qui, se plaçant à un point de vue opposé à celui de Descartes, considérait l'homme comme une chose qu'on aperçoit du dehors ; c'est ainsi qu'il imaginait une statue dont il animait successivement les organes. Cette erreur, partagée par ses contemporains, l'a conduit à ce *sensualisme* qui ramenait tous les phénomènes spirituels à des *sensations transformées*. Elle a donné naissance à l'*idéologie* de Destutt de Tracy, qui, étudiant la pensée dans le langage, s'est occupé uniquement à classer et à définir des abstractions ; et au *matérialisme* de Cabanis et de Broussais, qui ont confondu la psychologie avec la physiologie. Le même point de vue se retrouve sous une autre forme dans le *positivisme* de notre siècle. 2° Pour combattre l'empirisme de Locke et le scepticisme de Hume, Reid et Stewart, chefs de l'école écossaise, et Royer Collard, qui a introduit leur doctrine en France, ont cru devoir appliquer à la philosophie la méthode dont Bacon avait tracé les règles pour les sciences physiques : il fallait, selon eux, décrire et classer les phénomènes intérieurs, puis s'élever de là par induction à leurs causes. Cette manière de procéder suffit sans doute pour déterminer les rapports de succession ou de simultanéité que les phénomènes intérieurs ont les uns avec les autres ; mais elle ne peut faire connaître leur principe. Dans son *Mémoire sur la légitimité de la distinction de la Psychologie et de la Physiologie*, Jouffroy a démontré que c'est une erreur fondamentale d'admettre que l'âme nous est connue seulement par ses actes et ses modifications : « Comment comprendre, dit-il, que des pensées que j'aurais sans savoir que ce fût moi qui les eusse, j'en vinsse jamais à moi? » La vérité est donc que l'existence du moi est un fait aperçu primitivement par la conscience, que la spiritualité de l'âme est connue par intuition, qu'elle ne peut être conclue d'aucun autre fait ni par induction ni par déduction, et qu'il faut par conséquent renoncer à établir un parallélisme entre la méthode des sciences physiques et celle de la psychologie.

Lire Bouillet, *D. des sciences*, art. *Conscience, Psychologie, Philosophie*; Charles, *Lect. de phil.*, I, p. 32-40, 59-61.

REMARQUE. La question précédente a une grande importance en philosophie, puisque de la solution qu'on lui donne dépend toute la métaphysique. Nous avons résumé ici la doctrine de Maine de Biran, de Jouffroy, de MM. Ravaisson et Janet. Voici comment M. Ravaisson s'exprime sur ce point : « Tandis que la science du monde extérieur n'a pour objet immédiat que des *phénomènes*, l'expérience de la conscience est l'expérience d'une *cause*. Le physicien ou le naturaliste voit devant lui un monde changeant d'apparences diverses qu'il ramène par degrés à des lois générales. Le philosophe sent en soi : il voit d'une vue intérieure le principe de la science; lui-même il est ce principe, lui-même il est la loi et la cause immanente de ce qui se passe en lui. Il faut repousser l'application imprudente de la méthode de Bacon à la science des facultés ou des faits de l'âme humaine; c'est l'erreur la plus funeste à la philosophie. C'était l'erreur de la philosophie du xviie siècle de vouloir s'assimiler aux mathématiciens et se traiter par leur méthode. Ce fut l'erreur de l'école anglaise du xviiie siècle, et c'est surtout l'erreur de l'école écossaise, d'assimiler la philosophie à la physique et de la soumettre au joug de la méthode naturelle. La philosophie n'est ni, comme les mathématiques, une science fondée sur les définitions, ni, comme la physique expérimentale, une phénoménologie superficielle. C'est la science par excellence des causes et de l'esprit de toutes choses, parce que c'est avant tout la *science de l'esprit intérieur*, dans sa causalité vivante. Elle a son point de vue à elle, le point de vue de la *réflexion subjective*, indiqué par Descartes, mais qu'il avait laissé flottant dans la sphère mal définie de la *pensée* en général, mais déterminé par Leibniz, et maintenant établi par un progrès original de la philosophie française au centre de la vie spirituelle, dans l'expérience intime de l'*activité volontaire*. »

15. De la *méthode psychologique*. Ses difficultés. Objections élevées contre cette méthode. (28 juillet 1874.)

16. De l'*observation psychologique*. Difficulté de cette observation. Comment peut-on remédier à cette difficulté? (3 août 1872.)

17. Quels sont les moyens auxiliaires dont dispose la Psychologie pour compléter et confirmer les résultats de l'*observation intérieure*? (6 novembre 1872.)

Plan. La *méthode psychologique* consiste à étudier par la *réflexion* ou *observation intérieure* les phénomènes psychologiques et le moi qui en est la cause ou le sujet (cf. 11), en faisant abstraction de l'organisation corporelle et des phénomènes physiologiques (cf. 8), mais en tenant compte de l'influence que les phénomènes physiologiques exercent sur les phénomènes psychologiques lorsqu'ils en sont les conditions. — Elle a un fondement certain dans la *conscience* dont l'autorité est primitive, immédiate, subjective, puisque c'est le sujet qui se connaît lui-même. Cette connaissance acquiert une forme scientifique par la *réflexion*, quand le moi se replie sur lui-même pour analyser ses opérations. Dans le sommeil, le rêve, et dans tous états où la conscience est obscure, la réflexion se remplace par l'*induction* qui procède du connu à l'inconnu.

L'application de la méthode psychologique présente plusieurs difficultés qui ont donné lieu à des objections. 1° Les faits sont difficiles à saisir, soit parce qu'ils passent rapidement et qu'ils offrent une grande complexité, soit parce que nous avons l'habitude d'accorder notre attention de préférence aux objets extérieurs. 2° Il est impossible de s'observer soi-même au moment où le fait a lieu. 3° La conscience est personnelle; elle ne peut fournir que des observations individuelles, insuffisantes pour la science qui a pour objet des vérités générales. 4° Les faits ne peuvent se constater comme dans les sciences physiques. — *Réponse.* 1° L'expérience est plus facile en Psychologie que dans les sciences physiques et naturelles. L'homme qui s'étudie lui-même a toujours à sa disposition l'objet et l'instrument de son étude, tandis que l'Astronomie, la Physique, la Chimie, la Physiologie, exigent que l'observateur se trouve placé dans des circonstances particulières, compare une foule de faits, emploie des instruments spéciaux et se livre à des opérations très-délicates. Ce qui le prouve, c'est que la nature humaine a été décrite par les philosophes, les moralistes, les poëtes et les romanciers, avant que la circulation du sang et que la digestion fussent expliquées. Seulement, il ne faut pas se contenter de cette conscience spontanée que possèdent tous les hommes; il faut acquérir cette habitude de s'observer soi-même qu'on nomme la réflexion. 2° La *réflexion* ne s'exerce pas au moment même où le fait arrive : c'est le retour que l'esprit opère sur lui-même après avoir produit un acte ou éprouvé une modification; il analyse le souvenir qui en reste, afin d'en constater fidèlement les éléments, les caractères et les conditions. Il peut d'ailleurs se placer à son gré dans les circonstances favorables à la production du fait dont il veut se rendre compte. Quant aux états de l'âme qu'on ne saurait observer directement parce qu'on n'en a qu'une conscience obscure, comme le sommeil, le rêve, etc., on en détermine la nature en l'induisant des circonstances bien connues qui l'accompagnent. 3° Quoique l'étude de l'homme ne se fasse que par un individu et sur un individu, on peut, en s'observant soi-même, distinguer en soi la partie essentielle et immuable de la partie individuelle et variable, comme l'anatomiste néglige les particularités des organes pour s'attacher à leurs caractères généraux. On doit d'ailleurs consulter les observations d'autrui et les travaux des philosophes antérieurs, interroger l'histoire des langues, des mœurs et des religions, étudier les écrits des poëtes, des moralistes et des romanciers. 4° Les vérités de la Psychologie comportent une vérification différente de celle des sciences positives qui nous permettent de voir nous-mêmes un fait. Leur démonstration repose sur ce principe que la nature humaine est la même dans tous les hommes; par suite, les analyses et les descriptions du philosophe trouvent leur confirmation dans l'adhésion de ceux qui les lisent.

Lire Charles, *Lect. de phil.*, I, p. 43-65.

Phénomènes de conscience. Facultés.

18. Classer les *faits psychologiques*. Sur quoi se fonde cette classification? (9 mai 1870; 6 novembre 1871.)

Plan. En étudiant les phénomènes qui composent notre vie spirituelle, on est d'abord frappé de leur variété et de leur complexité; mais la réflexion fait reconnaître que, si l'on examine leurs caractères essentiels, on peut les ramener à quelques types généraux qui manifestent le développement de nos facultés. Supposons, par exemple, qu'on écoute le son d'une cloche; on y distingue trois faits : 1° la *sensation* du son, c'est-à-dire la modification déterminée dans l'âme par l'impression que reçoit l'organe de l'ouïe (*fait sensible* ou *affectif*); 2° l'*attention* que l'âme accorde à cette sensation (*fait actif*); 3° la *perception* dans laquelle l'âme affirme que cette sensation a pour cause l'action d'un objet extérieur sur l'organe de l'ouïe (*fait intellectuel*). Ces trois faits ont des caractères opposés : 1° la *sensation* est *passive*, c'est-à-dire est déterminée dans l'âme par l'action d'une force extérieure, et *subjective*, c'est-à-dire constitue une modification purement interne dont le *sujet* ne se distingue pas au moment où il l'éprouve (cf. 28); 2° l'*attention* est un fait *spontané*, parce que sa production dépend de l'âme qui en est la cause, et *subjectif*, parce qu'il constitue une modification purement interne; 3° la *perception* est *objective*, c'est-à-dire, implique la distinction de l'*objet* qui est connu (la vibration de l'air mis en mouvement par la cloche) et du *sujet* qui connaît cet objet. — Par l'analyse de cet exemple et d'autres semblables, on voit qu'il y a trois classes irréductibles de faits psychologiques : 1° les *faits sensibles* ou *affectifs* (plaisirs et peines, penchants, désirs, passions); 2° les *faits intellectuels* (idées, jugements, raisonnements); 3° les *faits actifs* (actes par lesquels l'âme se modifie elle-même ou excite des mouvements dans l'organisme).

19. Comment détermine-t-on les *Facultés de l'âme?* (6 novembre 1866; 17 novembre 1870.)

20. Montrer par des exemples quelle est la méthode à suivre pour déterminer les *Facultés de l'âme*. (21 novembre 1873.)

Plan. Les phénomènes psychologiques sont les manifestations d'une force qui a conscience d'elle-même, du *moi*. Autant ils forment de classes irréductibles, autant ils supposent de facultés, c'est-à-dire de puissances. Chaque *faculté* est ainsi la *puissance d'accomplir certains actes* ou *d'éprouver certaines modifications*. Or il y a trois classes de faits (cf. 18); donc il y a trois facultés, la Sensibilité, l'Intelligence, l'Activité. Leur étude constitue la Psychologie expérimentale.

THÉORIE DE LA SENSIBILITÉ.

Sensations. Sentiments.

21. Distinguer les *sentiments* des *sensations*. Vérifier cette distinction en étudiant tour à tour chacun de nos sentiments principaux. (28 novembre 1871.)

22. Distinguer le *sentiment* de la *sensation*. Énumérer et classer les principaux sentiments du cœur humain. (15 novembre 1867; 5 mai 1870.)

Plan. L'homme étant composé d'une âme et d'un corps, cette double nature se reflète dans la division des plaisirs et des douleurs dont la sensibilité est le principe, les sensations et les sentiments. 1° Les *sensations* sont les modifications agréables ou désagréables que l'âme éprouve à la suite des *impressions* produites sur les organes des sens par les objets extérieurs et transmises au cerveau par les nerfs (S. externes), ou déterminées par l'état du corps et par les besoins qu'on nomme *appétits* (S. internes). 2° Les *sentiments* sont les plaisirs et les peines qui résultent de l'exercice de nos facultés ou de la satisfaction d'une tendance de l'âme à rechercher certains objets, comme le plaisir que procure la vue d'un bel objet, la satisfaction d'avoir rempli un devoir. Quand ces sentiments sont vifs, ils déterminent dans le corps des impressions organiques et se manifestent par la physionomie : ainsi la crainte resserre le cœur et fait pâlir le visage; quelquefois même il n'y a pas d'analogie entre le sentiment et le fait physiologique qui l'exprime; ainsi une joie subite fait verser des larmes.

Pour énumérer, classer et définir nos sentiments, on les divise comme les penchants auxquels ils se rattachent (cf. 25).

Lire Charles, *lect. de phil.*, I, p. 155.

Classification des plaisirs et des inclinations.

23. Du *plaisir* et de la *douleur*. Quelles sont les causes de ces deux genres d'émotions ? Existe-t-il des émotions indifférentes ? (31 juillet 1871.)

24. Du *plaisir* et de la *peine*. Quelle est la nature de ces deux sortes de phénomènes ? Des différentes espèces de plaisirs et de peines. (9 novembre 1871.)

Plan. Le *plaisir* et la *douleur* sont des phénomènes simples qui n'ont pas besoin de définition ; mais le rôle qu'ils remplissent dans notre vie est si important que la psychologie doit l'étudier avec soin. Pour le reconnaître, on divise les plaisirs en deux grandes classes : *Pl. des sens* ou *Sensations*, *Pl. de l'esprit et du cœur* ou *Sentiments* (cf. 21) ; puis on examine quelles sont leurs causes. — 1° La *sensation agréable* a pour cause l'impression faite par un objet extérieur qui exerce une action favorable à un de nos organes, ou la satisfaction de nos *appétits* (cf. 26) ; elle nous révèle ainsi instinctivement l'état de notre corps et ses rapports avec les objets extérieurs dont il subit l'action ou sur lesquels il agit. De même, le *sentiment agréable* résulte de l'accomplissement d'un acte ou de la satisfaction d'un de nos *penchants*, par exemple, de la curiosité, de l'ambition, de la sympathie, de l'amour de soi (cf. 25). — 2° En général, la *douleur* est un aiguillon qui nous avertit d'éviter une chose nuisible ou de faire un acte nécessaire à notre nature, tandis que le *plaisir* nous engage à recommencer. Ces deux phénomènes ont donc une valeur morale, puisque l'ensemble de tous nos plaisirs constitue le *Bonheur*. — 3° Par suite, il n'y a pas d'émotion complètement indifférente ; seulement, l'émotion qui n'est pas provoquée par l'exercice de notre activité s'affaiblit par la continuité ou par la répétition, tandis que les plaisirs qui naissent de l'activité subsistent et s'accroissent avec elle.

Lire Bouillet, *D. des sciences*, art. *Bonheur*; Charles, *Lect. de phil.*, I, p. 445-453, 456-460, 475-478 ; Bossuet, *Connaissance de Dieu et de soi-même*, I, II.

25. Énumérer et classer les principales *inclinations* de la nature humaine. (1ᵉʳ août 1867.)

26. Définir, classer et caractériser les *sentiments*, les

inclinations, les *appétits,* les *penchants* et les *passions.* (18 nov. 1871.)

Plan. Le plaisir et la douleur supposent des dispositions ou tendances en vertu desquelles l'âme recherche certains objets parce qu'ils favorisent le développement de ses facultés ou l'exercice des fonctions vitales de l'organisme (cf. 23) : on les nomme *Penchants, Appétits, Inclinations.*

On classe les inclinations d'après leurs objets, ou leur origine ou leur forme.

Considérées d'après leurs *objets,* nos diverses inclinations se rapportent à nous-mêmes, ou aux autres hommes ou à Dieu et à tout ce qui se rattache à Dieu, c'est-à-dire au vrai, au beau et au bien. 1° *Appétits :* ces penchants nous portent à la satisfaction des besoins du corps; ils ne sont pas continus, mais périodiques; ils s'annoncent par une sensation quelquefois désagréable. 2° *Inclinations personnelles :* ce sont la *curiosité* (désir de connaître) et l'*ambition* (désir du pouvoir), qui provoquent le développement de l'intelligence et de l'activité; l'*amour de soi,* qui porte l'individu à faire les actes nécessaires à sa conservation. 3° *Inclinations sociales :* elles se rapportent aux hommes en général (*sociabilité, bienveillance, philanthropie*), à un homme (*amitié*), à la patrie (*patriotisme*), à la famille (*amour conjugal, a. paternel* et *maternel, a. filial, a. fraternel*). Leur principe est la *sympathie :* celle-ci nous attire vers les personnes ou même vers les animaux dont les qualités nous agréent; elle nous fait partager leurs plaisirs et leurs peines. Le penchant opposé est l'*antipathie,* principe des affections malveillantes. 4° *Inclinations morales et religieuses :* supérieures aux précédentes, elles nous font rechercher le vrai, le beau, le bien, et aimer Dieu dont provient toute perfection.

Considérés d'après leur *origine,* les penchants sont : 1° *naturels,* liés aux facultés de l'âme dont ils provoquent l'exercice; 2° *acquis,* produits par l'expérience qui nous apprend que certains objets servent à satisfaire nos besoins, ou nés d'une association d'idées qui nous rend agréables des objets propres à réveiller en nous certains souvenirs.

Considérées dans les différentes *formes* qu'elles peuvent prendre, nos tendances ont trois degrés : 1° la simple disposition appelée *penchant, inclination* (quelquefois *sentiment,* dénomination qui confond le penchant et le plaisir né de sa satisfaction); 2° le *désir* ou l'*affection* et l'*aversion ;* 3° l'*amour* et la *haine*, principes de toutes les *passions* (en désignant sous ce nom les inclinations exaltées par l'imagination et fortifiées par l'habitude).

Lire Janet, *Élém. de morale*, ch. II, § 2 ; Bouillet, *D. des sciences*, art. *Désir, Aversion, Passion, Amitié, Amour, Enthousiasme* ; Charles, *Lect. de phil.*, I, p. 428-445, 461-468.

Classification des passions.

27. Des *passions* d'après le Ier chapitre du *Traité de la Connaissance de Dieu et de soi-même*, de Bossuet. (18 novembre 1868.)

Plan. D'après saint Thomas (*Summa theologica*, pars I, quæst. 23), qui s'était lui-même inspiré d'Aristote (*Morale à Nicomaque*, II, v), Bossuet définit les *passions* des *mouvements de l'âme qui, touchée du plaisir ou de la douleur ressentie ou imaginée dans un objet, le poursuit ou s'en éloigne*, et il en admet 11 ; savoir : 6 *passions concupiscibles* (où domine la *concupiscence*, c'est-à-dire le désir), *amour, haine, désir, aversion, joie, tristesse* ; et 5 *passions irascibles* (où domine la *colère*), *audace* ou *courage, crainte, espérance, désespoir, colère*. (Voyez les définitions dans le traité de Bossuet, *Conn. de Dieu*, I, vi.) Puis il les ramène toutes à l'*amour*, désignant ainsi la faculté d'aimer, c'est-à-dire l'ensemble des inclinations naturelles. — Cette théorie de Bossuet donne lieu à deux observations. 1° La définition que Bossuet donne des *passions* confond sous une même dénomination quatre choses différentes : les *penchants* ou *inclinations*, les *désirs*, les *passions* proprement dites (cf. 25) et les *sentiments*, c'est-à-dire les plaisirs et les peines qui naissent de ces trois espèces de dispositions (cf. 21-24). 2° La classification que Bossuet donne des *passions* n'est fondée que sur leurs caractères extérieurs. Quand on examine quelles sont les causes de ces émotions, on est conduit à reconnaître qu'elles supposent des tendances en vertu desquelles l'âme recherche certains objets, parce qu'ils favorisent le développement de ses facultés ou l'exercice des fonctions vitales de l'organisme. C'est de la classification de ces penchants qu'il faut déduire celle des passions (cf. 25).

Lire Charles, *Lect. de phil.*, I, p. 468-472.

THÉORIE DE L'INTELLIGENCE.

Facultés intellectuelles. Opérations intellectuelles.

28. En quoi consistent les principales différences entre la *Sensibilité* et l'*Intelligence ?* (5 août 1870 ;- 19 novembre 1872.)

Plan. L'empirisme a souvent confondu la *Sensibilité* et l'*Intelligence*. Il importe donc de préciser les caractères de ces deux facultés pour les bien distinguer. — Si l'on analyse la *sensation* que détermine en notre âme l'impression produite par un son sur l'organe de l'ouïe et la *perception* de ce même son, on constate les différences suivantes : 1° la *sensation* est un *fait subjectif,* tandis que la *perception* ou *idée* est un *fait objectif* (cf. 18, 32) ; 2° la clarté de la perception est en raison inverse de l'énergie de la sensation ; 3° l'habitude émousse le plaisir ou la peine qui constitue la sensation, tandis qu'elle rend la perception plus facile et plus distincte ; 4° la perception se conserve par le souvenir, tandis qu'il ne reste rien de la sensation ; elle ne reparaît que si elle est excitée par une idée à laquelle elle se trouve associée ; 5° la sensation est un fait variable dans l'individu et divers dans l'espèce, tandis que la perception est un fait invariable dans l'individu et uniforme dans l'espèce, caractères qui sont les conditions de toute science. — On reconnaît également la différence de la Sensibilité et de l'Intelligence en comparant le *sentiment* (cf. 21) et le *jugement* (cf. 72-75).

Lire Bossuet, *Conn. de Dieu*, I, VII, XVII.

29. Énumérer, en les caractérisant d'une manière précise, nos diverses *Facultés intellectuelles*. (20 août 1868.)

30. Classer et caractériser les *Facultés intellectuelles* auxquelles nous devons toute connaissance élémentaire, les éléments ou les principes de toutes nos idées. (14 novembre 1871.)

Plan. L'*Intelligence* est la faculté générale de connaître. Comme elle a plusieurs objets à connaître, elle a plusieurs applications qui constituent les *Facultés intellectuelles*. Ces *objets* sont *contingents, finis, relatifs,* ou *nécessaires, infinis, absolus* ;

les premiers sont connus par l'*expérience*, les seconds par la *raison*. L'expérience comprenant elle-même deux facultés, la perception externe et la conscience, il y a en tout trois facultés intellectuelles, la *perception externe* (cf. 32), la *conscience* (cf. 45) et la *raison* (cf. 47), par lesquelles l'âme connaît le monde extérieur, se connaît elle-même, et connaît les rapports nécessaires qui existent entre les êtres et les rattachent tous à la Cause première. Les connaissances acquises par ces trois facultés sont mises en œuvre par les *opérations intellectuelles* (cf. 31).

Rem. Cette question doit être traitée comme celle de l'*Origine des idées* (cf. 59).

31. Quelles sont les principales *Opérations de l'intelligence*? En exposer la théorie élémentaire. (16 nov. 1870.)

Plan. Nos connaissances doivent leur *origine* à trois facultés intellectuelles, la *perception externe*, la *conscience* et la *raison* (cf. 59) ; mais elles sont d'abord *confuses, obscures, concrètes* et *individuelles* ; pour acquérir une valeur scientifique, il faut qu'elles deviennent *distinctes, claires, abstraites* et *générales* par un ensemble d'*opérations intellectuelles*. Ce sont : l'*attention*, la *comparaison*, l'*abstraction* et la *généralisation*, qui constituent la *formation des idées*. En outre, ces opérations impliquent l'exercice du *jugement*, qui fait partie intégrante de tout acte intellectuel; du *raisonnement*, qui lie entre eux plusieurs jugements; de la *mémoire*, qui conserve les idées précédemment acquises; et de l'*imagination*, qui combine les données de la mémoire (cf. 65 91).

Perception externe. Sens. Idée de la matière.

32. Caractériser par une analyse psychologique la différence des *sensations* et des *perceptions*. (16 nov. 1868.)

Plan. La *Perception externe* est la faculté intellectuelle de connaître l'existence et les qualités des objets extérieurs. — *Conditions physiologiques* : 1° présence d'un objet extérieur en contact avec l'organe ; 2° *impression*, modification produite sur l'organe par l'action de cet objet ; 3° transmission de cette impression au cerveau par les nerfs. — *Conditions psychologiques*: 1° *sensation* éprouvée par l'âme ; 2° *attention*, application de l'intelligence à cette sensation ; 3° *perception* proprement dite, jugement par lequel l'âme, ayant conscience d'être active dans l'attention et passive dans la sensation, affirme que cette sensation est déterminée par une cause extérieure, par un *objet* dont elle se distingue comme *sujet* (*je touche ce corps*). — 1° L'*impression* dépend à la fois de l'action de l'objet et de la disposition de l'organe. 2° La *sensation* est purement *subjective* : c'est un simple *signe* que l'intelligence interprète à l'aide des notions de *cause* et de *substance*. La *perception* est *objective* parce qu'elle implique la distinction du sujet qui connaît et de l'objet qui est connu. 3° La clarté de la perception est toujours en raison inverse de l'énergie de la sensation. 4° L'habitude émousse le plaisir et la peine, tandis qu'elle rend la perception plus facile et plus distincte. 5° A la perception succède le souvenir qui la conserve, tandis qu'il ne reste rien de la sensation ; elle ne reparaît que si elle est excitée par une idée à laquelle elle se trouve associée. 6° La sensation est un fait variable dans l'individu et divers dans l'espèce, tandis que la perception est un fait invariable dans l'individu et uniforme dans l'espèce (cf. 38, 41, 42).

Lire Bouillet, *D. des sciences*, art. *Impression, Sensation, Perception* ; Charles, *Lect. de phil.*, I, p. 100-106, 109-110, 540-541.

33. Analyse des *sensations*. Insister sur la distinction des *sensations externes* et des *sensations internes*. Expliquer en quoi la *sensation* diffère de la *perception* et du *sentiment*. (18 août 1870.)

Plan. Analyse de la *sensation* (cf. 32). — Les *sensations externes* sont toutes déterminées par les *impressions* que les objets extérieurs produisent sur les organes des cinq sens (cf. 36). Les *sensations internes* sont déterminées par les fonctions physiologiques dont l'accomplissement constitue la *vie*.

Distinction de la *sensation* et de la *perception* (cf. 32).
Distinction de la *sensation* et du *sentiment* (cf. 21).
Lire Charles, *Lect. de phil.*, I, p. 117-118.

34. En quoi consiste la différence des *perceptions naturelles* et des *perceptions acquises* ? De l'éducation des sens par l'esprit. (19 novembre 1868.)

35. Comment se forment les *perceptions de la vue* ? (21 octobre 1873.)

36. Des cinq *sens*. Des notions que nous devons à chacun d'eux ou à plusieurs sens. (19 novembre 1867.)

Plan. A l'analyse générale des conditions de la perception il faut joindre l'étude des cinq *sens* (modes de perception desservis par cinq organes spéciaux), examiner quelles notions nous devons à chacun d'eux en particulier (*perceptions naturelles*) et quelles notions nous devons à l'exercice simultané ou successif de deux ou de plusieurs sens (*perceptions acquises*, inductions fondées sur des associations d'idées qui constituent l'*éducation des sens par l'esprit*). — 1° Le *toucher* connaît la résistance et la solidité quand la main presse l'objet ; l'étendue et la forme quand elle en parcourt la surface ; puis (avec le secours de la mémoire), la position, la distance et le mouvement ; enfin (avec la sensation de l'effort musculaire), le poids, la force d'impulsion ou de traction. Outre ces propriétés géométriques, il saisit certaines propriétés physiques, la chaleur, etc. — 2° La *vue* est le sens dont les données demandent le plus de travail pour être interprétées par l'esprit. Par elle seule elle perçoit la lumière, les couleurs, et, par leur moyen, deux dimensions de l'étendue, la longueur et la largeur ; par suite, la forme des figures planes, leur position relative et leur mouvement sur un même plan. En associant l'exercice de la *vue* à celui du *tact*, l'esprit s'habitue à considérer l'étendue visible comme signe de l'étendue tangible : il apprécie la profondeur et la forme réelle des objets par la dégradation de la lumière (théorie des ombres dans le dessin et le lavis) ; la distance, par les lois de la perspective (différence de la grandeur apparente et la grandeur réelle, interposition des objets, netteté de l'image, etc.) ; le changement de distance, et le mouvement, par la variation de la grandeur apparente et de la lumière. L'œil contribue à ce travail par les mouvements au moyen desquels il s'adapte aux différences de dimensions, de distance et de position des objets par la dilatation et la contraction de la pupille. L'emploi des instruments et la connaissance des lois de l'optique étendent le champ de la vue et permettent d'éviter l'erreur dans l'appréciation des sensations visuelles. Enfin, les perceptions de la vue s'associent à celles du goût, de l'odorat et de l'ouïe aussi bien qu'à celles du toucher, de telle sorte qu'à l'aspect d'un objet nous pouvons juger de toutes ses qualités. — 3° L'*ouïe* perçoit l'intensité, le ton, le timbre et la durée du son ; puis, en associant ses notions à celles de la vue et du tact, la nature et la distance de l'objet sonore. — 4° L'*odorat* ne fait connaître que des qualités organoleptiques; mais il rend de grands services en ce qu'il indique instinctivement les objets nuisibles ou attrayants. 5° Le *goût* est le sens le plus borné; ses indications ne sont utiles qu'à la nutrition.

Lire Charles, *Lect. de phil.*, I, p. 107-108, 119-127.

37. Qu'appelait-on dans la philosophie du xvii° siècle le *sensorium commune* (*sens commun*)? Quel est le rôle attribué à cette faculté par la philosophie contemporaine? (20 novembre 1871.)

Plan. 1° D'après Aristote (*Traité de l'âme*), il y a un *sens commun* ou *sens suprême* qui compare les divers genres de sensations, qui en juge la différence et la similitude et en saisit les formes communes, l'étendue, la figure, le nombre et l'unité, le mouvement et le repos, le temps. Cette doctrine est reproduite par Bossuet (*Conn. de Dieu*, I, iv, v), tandis que Descartes désigne par *sens commun* la partie du cerveau où se réunissent les impressions reçues par les organes (*Règles pour la direction de l'esprit*, § xii). Le *sens commun*, dans la signification donnée à ce mot par Aristote et par Bossuet, est la faculté appelée *perception externe*. — 2° Aujourd'hui, le mot *sens commun* a la même acception que l'expression latine *sensus communis* (*Communi sensu plane caret.* Hor.), et désigne la forme la plus simple et la plus générale de la *raison*.

38. Énumérer et classer les *sens* sous le double rapport de l'utilité pratique et de la dignité morale. (27 novembre 1869.)

Plan. Si l'on examine successivement les *perceptions naturelles* et les *perceptions acquises* des cinq sens (cf. 36), on peut les classer comme il suit. 1° Pour les *fonctions vitales*, le toucher le goût et l'odorat ont le plus d'utilité pratique. 2° Pour la *science*, le toucher donne les notions les plus exactes sur les propriétés des corps; mais la vue ouvre à nos investigations un champ illimité. 3° Pour les rapports qui constituent la *société*, l'ouïe seule perçoit la parole, tandis que la vue est bornée au langage des gestes. 4° Pour les *beaux-arts*, deux sens seuls nous servent, la vue (architecture, sculpture, dessin et peinture) et l'ouïe (musique, poésie).

Lire Charles, *Lect. de phil.*, I, p. 120.

39. Montrer que, parmi tous les corps de la nature, *nous ne percevons directement que notre propre corps*. (28 juillet 1873.)

Plan. Analyse de la *perception* (cf. 32). — La conséquence de cette analyse est que les objets n'agissent en aucun cas directement sur l'âme, mais sur les organes qui reçoivent les impressions et les transmettent aux centres nerveux. Ceux-ci seulement agissent sur l'âme. *Voir*, p. ex., c'est simplement *percevoir un état du nerf optique* qui centralise les impressions éprouvées par la rétine. Donc *notre âme perçoit directement notre propre corps et indirectement les corps étrangers*. — Elle distingue en même temps *notre corps* des corps étrangers parce qu'*elle y localise les sensations* (en les rapportant instinctivement aux organes où se produisent les *impressions*), et parce qu'*elle y détermine des mouvements* pour palper un objet ou en parcourir la surface, etc.

Lire Charles, *Lect. de phil.*, I, p. 111-114.

40. De la théorie des *idées-images*. Discuter cette théorie. En indiquer les conséquences. (10 août 1874.)

Plan. Quand nous prenons connaissance des objets extérieurs, nous ne percevons directement que les divers états de notre cerveau (cf. 39), lequel sert d'intermédiaire entre notre esprit et les objets qui agissent sur notre corps. Plusieurs philosophes semblent avoir pressenti confusément ce fait en essayant d'expliquer la perception externe par l'hypothèse d'*images* intermédiaires. D'après Démocrite, les corps émettent continuellement de leur surface quelques-uns des atomes qui les composent : ces émanations, qui en sont les simulacres, les *images* (εἴδωλα), se glissent par le canal des sens jusqu'à l'âme, et lui font connaître par leur contact les objets qu'elles représentent. Cette hypothèse, adoptée par Épicure, a été développée par Lucrèce (*De Rerum natura*, IV, 40-50) :

> Dico igitur rerum effigias tenueisque figuras
> Mittier ab rebus, summo de corpore, earum
> Quæ quasi membranæ vel cortex nominitanda est,
> Quod speciem ac formam similem gerit ejus imago,
> Quojusquomque cluet de corpore fusa vagari.

Les Stoïciens expliquaient la perception externe d'une manière analogue ; regardant l'âme comme corporelle, ils faisaient consister les sensations dans des formes imprimées à l'âme (ἐναῤῥαγίσεις), les actes de l'imagination dans des empreintes semblables à celles qu'un cachet produit sur la cire (ὡς ἐν κηρῷ τυπώσεις), et la mémoire dans la conservation de ces empreintes. Plotin, chef de l'école d'Alexandrie, a fort bien réfuté cette erreur et démontré que la perception des objets extérieurs n'est pas une modification passive de l'âme, qu'elle est un *acte intellectuel* (ἐνέργεια) qui consiste dans la connaissance de l'impression éprouvée par le cerveau et dans le jugement porté sur elle. « Si nous percevions seulement les images des objets visibles, au lieu de voir ces objets mêmes, nous ne verrions que leurs traces et leurs ombres. Alors, les réalités seraient autres que les choses que nous voyons... Il faut qu'il y ait deux choses, l'objet qui est vu et le sujet qui voit; par conséquent, le sujet qui voit l'objet visible doit en être distinct et le voir placé ailleurs qu'en lui-même... Il faut donc distinguer la passion (modification passive du cerveau) et la connaissance de la passion (*Des Sens et de la Mémoire*; *Ennéade* IV, livre VI). » Saint Augustin, adoptant cette théorie, l'a transmise aux Cartésiens qui ont étudié dans ses ouvrages la philosophie platonicienne : Bossuet a développé cette théorie dans la *Connaissance de Dieu et de soi-même* (III, VIII), et Malebranche dans la *Recherche de la Vérité* (I, x) ; Arnauld, dans son livre *Des vraies et des fausses idées* (ch. IV), a réfuté l'erreur des docteurs scolastiques qui, interprétant mal Aristote, admettaient des idées représentatives appelées en latin *species* et *formæ*, et, en français, *espèces* et *formes* soit *sensibles* soit *intelligibles*. Cette erreur a été professée aussi par Locke et combattue par Reid, chef de l'école écossaise. — En résumant les critiques adressées à l'hypothèse des *idées représentatives*, on peut les formuler ainsi. 1° Cette hypothèse est contraire à l'observation des faits (cf. 32). 2° Gassendi en a déduit le matérialisme : « Notre âme ne connaît les corps que par des idées qui les représentent ; or ces idées sont matérielles; donc il faut que l'âme soit elle-même matérielle pour les recevoir. » 3° Hume, de son côté, en a déduit le scepticisme : « La philosophie de Locke nous enseigne que ce qui est présent à l'âme, ce n'est pas l'objet lui-même, mais sa représentation, son image ; nous ne pouvons savoir si cette représentation est produite par l'objet extérieur ou par une force propre à l'âme ou par l'action d'un esprit invisible : car nous ne voyons que cette représentation et point l'objet même. »

Lire Bouillet, *D. des sciences*, art. *Espèces, Perception;* Charles, *Lect. de phil.*, I, p. 149-157.

41. Comment arrivons-nous à la *connaissance de la matière*. Cette connaissance est-elle proprement une *perception* ou une *conception*? (4 août 1869.)

Plan. L'habitude nous fait paraître simple la connaissance de la matière, telle qu'elle nous est représentée par les sens et par l'imagination. L'analyse démontre que cette connaissance est complexe. Je promène ma main sur une table. J'éprouve les deux sensations corrélatives de mon effort musculaire et de la résistance qui lui est opposée. D'un côté, je sais que je veux agir et je sens que je détermine un effort musculaire dans mon corps : je me connais ainsi comme cause par l'exercice de mon activité. D'un autre côté, la table oppose un obstacle à la pression de mes doigts; elle y produit ainsi des impressions tactiles que les nerfs transmettent à un centre nerveux; puis l'état de ce centre nerveux me fait éprouver une sensation de résistance; enfin j'affirme l'existence objective de la matière qui résiste à ma main. — Il y a ici une grande différence entre la connaissance que j'ai de moi-même et celle que j'ai de la matière. Je me connais moi-même intérieurement par la conscience : je sais que je produis un phénomène, et par là je distingue en moi immédiatement et directement une cause active que j'appelle *moi* et un phénomène produit par elle. Je ne connais au contraire la *matière* que par le dehors, par le phénomène de la résistance qui la manifeste à moi; je ne perçois immédiatement et directement que l'état du centre nerveux auquel parviennent les impressions organiques (cf. 39); la sensation qui en résulte est un signe qui me suggère l'affirmation de l'existence d'un objet extérieur. Je fais dans ce cas une *induction* fondée sur l'obstacle opposé au mouvement de mon organe : je sais que j'existe, parce que je sais que j'agis; je crois que la matière existe hors de moi, parce qu'elle agit sur mon corps. Cette induction est immédiate et directe dans ce qu'on nomme les perceptions naturelles; elle est médiate et discursive dans ce qu'on nomme les perceptions acquises (cf. 36). — Par suite, la connaissance de la matière doit beaucoup moins à l'objet qu'au sujet. L'*objet* détermine seulement les impressions organiques, d'où résultent les sensations qui sont de simples signes. Le *sujet* ou le *moi* produit le mouvement volontaire, qui, en rencontrant des points résistants, rend manifeste l'existence de l'*objet* à titre d'*obstacle;* en considérant par la mémoire la continuité de son mouvement à laquelle correspond la continuité des points résistants et des sensations corrélatives, il se représente la *matière* comme une pluralité de choses qui coexistent dans l'espace et forment une *masse tangible*; à l'aide des notions de cause et de substance qu'il acquiert par l'exercice et par la durée de son activité, il conçoit la *matière* comme *force* et comme *substance*; enfin, par son intelligence, il interprète les sensations comme des signes et détermine quelles *qualités* leur correspondent hors de lui (cf. 42).

Résumons-nous. On peut dire que la connaissance de la matière n'est pas une *perception* proprement dite (une connaissance directe et immédiate comme celle que le *moi* a de lui même), qu'elle est une *conception* de notre intelligence, c'est-à-dire qu'elle implique *induction*, *interprétation*, comme nous l'avons expliqué. Mais on peut admettre avec l'école écossaise qu'elle est une *perception*, si l'on entend par là que les sensations nous suggèrent immédiatement l'affirmation de l'existence des objets extérieurs, sans l'intermédiaire d'*images* ou *idées représentatives* (cf. 40).

Lire Charles, *Lect. de phil.*, I, p. 127-130.

42. Qu'entend-on par les *qualités premières* et les *qualités secondes de la matière*? (13 août 1869.)

Plan. La *matière*, d'après l'idée que nous en donne l'expérience, est une pluralité de choses coexistant dans l'espace, quelles que soient d'ailleurs ces choses, atomes, monades ou phénomènes. Elle produit des *impressions* sur les organes des sens; les impressions organiques déterminent à leur tour dans l'âme des *sensations* correspondantes; enfin, autant l'âme éprouve d'espèces de sensations, autant elle attribue par induction de *qualités* à la matière. Cette induction est-elle fondée? Ces qualités sont-elles réelles? On doit se poser cette question : car une même cause produit des impressions différentes sur différents organes (par exemple, l'électricité détermine dans les nerfs tactiles des picotements; dans l'œil, des apparences lumineuses; dans l'oreille, un bourdonnement; sur la langue, des saveurs); réciproquement, des causes différentes déterminent la même impression dans le même organe. — 1° La *saveur* et l'*odeur* dépendent autant de la structure de nos organes que de la nature des corps qu'elles servent à distinguer. C'est pourquoi, en chimie, on les nomme *qualités organoleptiques*. On ne peut les définir; on ne les distingue que par comparaison : saveur sucrée ou salée, etc. — 2° Le *son*, la *lumière*, la *chaleur*, sont également des qualités apparentes des corps. Il n'y a hors de notre âme ni son, ni lumière, ni chaleur ; il n'y a que diverses espèces de *mouvements* dont la physique définit la nature et détermine les lois. — 3° L'exercice du toucher, combiné avec celui de notre force motrice, nous révèle des qualités qui nous paraissent indépendantes du sujet sentant : l'*étendue résistante et tangible*, en palpant un corps et en promenant notre main sur la surface qui nous offre une continuité de points résistants ; le *poids*, en soulevant ce même corps. D'un autre côté, quelques changements qu'éprouvent l'aspect, la figure et l'état d'un corps, la physique et la chimie enseignent que sa *masse* (l'ensemble de ses particules intégrantes) ne varie pas comme son volume, qu'elle conserve le même poids, oppose la même résistance à l'action motrice ou exige la même énergie pour prendre la même vitesse. La matière a donc quelque chose d'absolu et de persistant à travers toutes les modifications qu'elle peut éprouver, savoir, sa *masse* et son *poids*. Par suite, la physique et la chimie résolvent le corps étendu et figuré en un système d'*atomes* ou de particules infinitésimales, centres de forces attractives et répulsives qui les maintiennent à distance les unes des autres dans un état perpétuel de tremblement. — Cette analyse démontre que les qualités de la matière n'ont pas toutes la même valeur. Les qualités apparentes, *saveur, odeur, son, lumière, chaleur*, peuvent s'appeler *qualités secondes* : ce sont de simples *mouvements* de la matière. Les qualités réelles, la *masse* et le *poids* peuvent être appelées *qualités premières*, à condition de reconnaître qu'elles impliquent l'idée de *force motrice*.

Lire Bouillet, *D. des sciences*, art. *Perception, Matière, Espace, Étendue, Force*.

REM. I. Les philosophes n'ont pas toujours distingué avec la même précision les qualités premières et les qualités secondes. Descartes, par exemple, confond l'*étendue tangible* avec l'*étendue abstraite* qu'étudie la géométrie et qui est *divisible à l'infini*, comme l'enseignent Pascal et Euler. En outre, il y a trois systèmes sur l'essence de la matière. 1° Le *Mécanisme* de Descartes, qui rappelle l'*Atomisme* d'Épicure, admet la distinction des qualités premières et des qualités secondes ; mais il fait consister l'essence de la matière dans l'*étendue* seule, et il explique tous les phénomènes physiques, chimiques, physiologiques, par les lois de la Mécanique, c'est-à-dire par des *figures* et des *mouvements*. 2° Le *Dynamisme* de Leibniz n'admet pas la distinction des qualités premières et des qualités secondes : il n'accorde de réalité qu'à la *force*, réduit l'étendue et l'impénétrabilité à de simples rapports (cf. Charles, *Lect. de phil.*, I, p 138-148). 3° L'*Atomisme dynamique* admet la distinction des qualités premières et des qualités secondes : il reconnaît la matière comme constituée par la *force* et par l'*étendue* (cf. Bouillet, *D. des sciences*, art. *Matière, Mécanisme, Dynamisme*).

Rem. II. La question de *l'essence de la matière*, traitée incidemment en Psychologie au sujet de la *Perception externe*, appartient à la *Philosophie des sciences*, une des trois parties de la Métaphysique.

43. De la réalité du monde extérieur. Discuter les objections dont elle a été l'objet. (19 août 1872.)

44. Y a-t-il lieu de mettre en doute la réalité des choses extérieures ? Sur quoi a-t-on pu fonder un doute si extraordinaire et si contraire au sens commun ? (21 nov. 1872.)

Plan. Deux objections ont été faites contre la réalité du monde extérieur : la 1ʳᵉ est dirigée contre la certitude de la Perception extérieure ; la 2° est fondée sur des hypothèses émises par certains philosophes pour expliquer de quelle manière nous connaissons les objets extérieurs, hypothèses qui conduisent à l'*Idéalisme* ou au *Scepticisme*.

1° « Durant le sommeil on croit voir aussi fermement que nous faisons..., et on agit de même qu'éveillé... Qui sait si cette autre moitié de la vie où nous pensons veiller n'est pas un autre sommeil un peu différent du premier ? » (Pascal, *Pensées*). — *Réponse.* La distinction de la veille et du sommeil s'opère immédiatement, comme l'affirme le sens commun, au moment où nous pouvons tout à la fois nous représenter des images et percevoir des objets réels. L'absence seule de toute perception distincte dans le rêve nous livre à l'illusion (cf. Charles, *Lect de phil.*, I, p. 162-163 ; II, p. 23-24).

2° Chez les anciens, Démocrite et Épicure supposèrent que des *images* émises par les objets extérieurs pénètrent jusqu'à l'âme et lui font connaître par leur contact les choses qu'elles représentent. Les Stoïciens assimilèrent la sensation à une *impulsion*, à une *empreinte*. Plotin réfuta parfaitement ces hypothèses en démontrant que la perception consiste dans la connaissance que l'âme prend de l'impression éprouvée par le corps et dans le jugement qu'elle porte sur elle (cf. 40). Cependant, la Scolastique admit des *espèces* intermédiaires entre l'âme et les objets. Dans les temps modernes, Gassendi reprit l'hypothèse d'Épicure. Locke à son tour supposa des *idées représentatives* ou *images* intermédiaires entre les objets et l'esprit. Comme rien ne prouve que ces représentations soient produites par les objets extérieurs, Berkeley en conclut qu'elles résultent d'une force propre à l'âme et que la matière n'existe pas (*Idéalisme*), tandis que Hume en déduisit qu'il n'y a rien de réel que la succession de nos idées (*Scepticisme*). D'un autre côté, Leibniz fut conduit à un idéalisme analogue à celui de Berkeley par son hypothèse de l'*harmonie préétablie*, d'après laquelle les modifications de l'âme correspondent exactement à celles du corps sans que ces deux substances agissent l'une sur l'autre. Enfin, Malebranche supprima également l'action réciproque de ces deux substances l'une sur l'autre par ses *causes occasionnelles* et sa *vision en Dieu*.

On réfute toutes ces hypothèses, comme l'ont fait Arnauld (*Des vraies et des fausses idées*) et Reid (*Recherches sur l'Entendement humain*) par une analyse exacte de la Perception.

Lire Bouillet, *D. des sciences*, art. *Perception, Harmonie préétablie, Causes occasionnelles*; Charles, *Lect. de phil.*, I, p. 149-157, 162-168, II, p. 29-31.

Conscience. Idée du moi.

45. Objet et instruments de la *Perception externe*. Objet et instrument de la *Perception interne*. Comparer entre elles ces deux espèces de Perceptions. (22 novembre 1872.)

Plan. Exister pour l'âme humaine, c'est agir. En agissant, elle connaît les corps par la *Perception externe*, et se connaît elle-même par la *Conscience*, nommée aussi *Perception interne* ou *Sens intime*.

Excitée d'abord par des *impressions organiques* qui déterminent des *sensations*, l'âme réagit, soit par un *effort* pour mouvoir son propre corps qui la met en relation avec les corps étrangers, soit simplement par l'*attention* qu'elle accorde à ses sensations : 1° en mouvant son propre corps, elle le connaît parce qu'elle y *localise ses sensations* (cf. 39); 2° en appliquant son attention à ses sensations, elle perçoit l'existence et les qualités des corps étrangers (cf. 32-42). — De quelque façon que l'âme réagisse, elle ajoute aux sensations un élément qui lui est propre, l'*effort moteur* ou l'*attention;* elle s'y reconnaît et dit d'elle-même *moi* pour se distinguer de tout le reste. En se repliant sur elle-même par la *réflexion*, elle se saisit comme *cause* dans chacun de ses actes, comme *sujet* dans chacune des modifications qu'elle éprouve : elle tire ainsi de son propre fonds les idées de *cause*, de *puissance* ou *faculté*, de *force*, de *substance*, d'*être*, d'*existence*, d'*unité*, de *simplicité*, de *durée*, d'*identité*, etc., qui servent de fondement à la métaphysique (cf. 52, 127). Sa certitude est la condition de toute certitude (cf. 11, 15), comme l'a démontré Descartes en donnant pour principe à la philosophie sa maxime : « Je pense, donc je suis. »

En résumé, la *Perception externe* a pour objet la *matière* et pour instruments les *organes* dont les impressions déterminent les *sensations* auxquelles s'applique l'*attention;* la *Conscience*, ou *Perception interne*, a pour objet l'*âme*, et pour instrument la *réflexion :* car l'âme n'a pas besoin d'organe pour se connaître; il lui suffit de se replier sur elle-même par la *réflexion*.

La Perception externe et la Conscience impliquent ensemble toutes deux l'activité intellectuelle; si leur exercice est volontaire, les idées sont claires (cf. 65); s'il est involontaire comme dans le sommeil, etc , les idées sont obscures (cf. 126). Cette différence se retrouve dans la mémoire parce que, comme le dit Royer-Collard, *on ne se souvient que de soi-même*, c'est-à-dire des actes dont on a eu conscience (cf. 85).

Lire Bouillet, *D. des sciences*, art. *Conscience :* Charles, *Lect. de phil.*, I, p. 82-99.

46. Exposer avec précision quels sont les différents sens du mot *Conscience?* (17 novembre 1868.)

Plan. 1° Lorsque l'âme connaît son existence et ses phénomènes, cette connaissance se nomme simplement *Conscience* (cf. 45). — 2° Lorsqu'à la connaissance de ses actes elle joint leur qualification morale, qu'elle les juge bons ou mauvais, etc., elle se nomme *Conscience morale* (cf. 270).

**Raison. Idée de la Cause première.
Vérités premières. Notions premières.**

47. Qu'appelle-t-on *axiomes* ? Les définir et les caractériser. Classer les principaux axiomes que vous connaissez selon les différentes sciences auxquelles ils appartiennent. (21 novembre 1867.)

48. Qu'appelle-t-on *principes a priori*. En donner des exemples dans les différentes sciences. (10 août 1871 ; 29 juillet 1873, 15 novembre 1874.)

Plan. En même temps que nous percevons par l'*expérience* (*sens* et *conscience*) les *êtres finis, contingents, relatifs*, nous connaissons par la *raison* les *rapports* qui les unissent à l'*Être infini, nécessaire, absolu*. Ces rapports constituent les *vérités premières*. — Pour les définir et les caractériser, on distingue trois espèces de *vérités* (jugements ou propositions) qui jouent dans les sciences le rôle de *principes* (*principia*, qui tiennent le premier rang), parce qu'elles servent à expliquer toutes choses : car expliquer une chose, en donner la *raison*, c'est montrer le *rapport* de cette chose à son principe.

1° *Lois scientifiques*, propositions générales qui dans les sciences énoncent des *vérités contingentes*, comme le principe d'Archimède ; elles sont données par l'*expérience* et par l'*induction* ; ce sont des *jugements synthétiques a posteriori* (cf. 74). Les deux caractères d'être *contingentes* et *a posteriori* les distinguent des *vérités premières*, qui sont *nécessaires* et *a priori*.

2° *Axiomes*, propositions universelles (vraies dans tous les temps et tous les lieux), d'évidence immédiate, servant de base aux démonstrations des mathématiques : ils ont tous pour fondement le *principe d'identité* (*Ce qui est, est*), ou le *principe de contradiction* (*Le même ne peut à la fois être et ne pas être*), qui est la règle de toute déduction ; ce sont des *jugements analytiques a priori*, parce que l'attribut y analyse le sujet et que la vérité énoncée n'est pas due à l'expérience. Le caractère d'être *analytiques* les distingue des *vérités premières* qui sont *synthétiques*.

3° *Vérités premières*, premiers *principes*, *principes a priori* (nommés quelquefois, mais improprement *axiomes*) : le nom de *vérités premières* indique que ce sont des principes d'évidence immédiate, nécessaires et absolus, qui servent de fondement à toutes les sciences; le nom de *principes a priori* indique que ce sont des *jugements synthétiques a priori*, parce que l'attribut ajoute une idée au sujet et que cette synthèse n'est pas due à l'expérience, qui ne donne que le contingent et le relatif, mais à la raison, qui seule conçoit le nécessaire et l'absolu (cf. 74). — Les vérités premières peuvent se ramener aux principes suivants : 1° *principe de causalité*, « Tout ce qui commence a une cause (cf. 53); » 2° *principe de substance*, « Toute qualité suppose une substance (cf. 55); » 3° *principe des causes finales*, « Tout être a une fin (cf. 57). » Leibniz les résume dans le *principe de raison suffisante*, « Rien n'arrive sans qu'il y ait une raison pourquoi cela est ainsi plutôt qu'autrement. » — Les vérités premières sont impliquées dans tous nos jugements, sans avoir besoin d'être conçues sous leur forme abstraite. C'est un point utile à constater pour réfuter les objections de l'empirisme qui en conteste l'*universalité* et la *nécessité*, parce qu'il ne les considère que dans leur expression abstraite, qui est en effet inconnue à la plupart des hommes. C'est là un fait psychologique fort bien établi par Leibniz : « Les propositions générales de raison sont nécessaires. Mais on demandera en répliquant : Où seraient ces idées, si aucun esprit n'existait, et que deviendrait alors le fondement réel de cette certitude des vérités éternelles? Cela nous mène enfin au dernier fondement des vérités, savoir à cet esprit suprême et universel, qui ne peut manquer d'exister, dont l'entendement, à dire vrai, est la région des vérités éternelles, comme saint Augustin l'a reconnu. Et, afin qu'on ne pense pas qu'il n'est point nécessaire d'y recourir, il faut considérer que ces vérités nécessaires contiennent la raison déterminante et le principe régulatif des existences mêmes et, en un mot, les lois de l'univers. Ainsi, ces vérités nécessaires étant antérieures aux existences des êtres contingents, il faut bien qu'elles soient fondées dans l'existence d'une substance nécessaire. *C'est là où je trouve l'original des idées et des vérités qui sont gravées dans nos âmes, non pas en forme de propositions, mais comme des sources dont l'application et les occasions feront naître des énonciations actuelles.* » (*Nouv. Essais.*)

Lire Charles, *Lect. de phil.*, I, p. 220-225, 230, 233, 244-251.

REMARQUE. La question de l'origine des *vérités premières* a donné naissance à trois systèmes.

1° Les philosophes qui professent l'*Empirisme*, d'après lequel tout se réduit à l'expérience des sens et de la conscience, prétendent que l'intelligence humaine ne tire pas les vérités premières de son propre fonds, mais des données de l'expérience. — En Angleterre, Locke a essayé de tout expliquer par la sensation et la réflexion (cf. 61). De nos jours sa doctrine a été reprise et développée par l'*école de l'association des idées*, d'après laquelle les vérités premières ne supposent aucune loi rationnelle de l'esprit ni aucune propriété essentielle des objets, mais se forment par l'accumulation des sensations, des images et des souvenirs; de cette accumulation résulte une *association* en vertu de laquelle l'idée d'une chose suggère l'idée d'une autre chose que l'expérience nous a toujours montrée unie à la première par la continuité de temps et de lieu ou par la ressemblance. Ainsi M. Spencer explique par l'*habitude* tous les principes a priori; M. Stuart Mill réduit la relation de causalité à la *simultanéité* ou à la *succession répétée*; M. Bain explique tout par l'association des phénomènes psychologiques et des phénomènes physiologiques. On réfute ces théories en montrant qu'on ne peut tirer le plus du moins, le nécessaire du contingent, l'universel d'une énumération incomplète de faits particuliers; par suite, que les lois auxquelles ces philosophes essaient de tout ramener n'ont aucun fondement certain, parce que leur induction n'a aucune raison d'être. L'argument décisif de Leibniz contre l'empirisme de Locke a la même valeur contre ses successeurs : « La preuve originaire des vérités nécessaires vient du seul entendement, et les autres vérités viennent des expériences ou des observations des sens. Notre esprit est capable de connaître les unes et les autres; mais il est la source des premières, et quelque nombre d'expériences particulières qu'on puisse avoir d'une vérité universelle, on ne saurait s'en assurer pour toujours par l'induction, sans en connaître la nécessité par la raison. » (*Nouv. Essais*, I, i.) — En France, Condillac, simplifiant la doctrine de Locke par son système de la *sensation transformée*, a enseigné que tout jugement consiste à apercevoir des rapports de ressemblance ou de différence entre des sensations (cf. 64). Le *Positivisme* de notre siècle n'a rien ajouté à ce système. Ainsi M. Taine admet qu'il y a dans l'esprit une faculté d'abstraire ou d'analyser par laquelle, suivant lui, « nous sommes capables de connaissances absolues et sans limites, et nous tenons des données qui non-seulement s'accompagnent l'une l'autre (comme dans la théorie de M. Stuart Mill), mais dont l'une enferme l'autre. » C'est évidemment faire une hypothèse gratuite que de supposer de cette manière que, par l'abstraction et la généralisation, l'esprit peut d'un petit nombre d'expériences particulières tirer une loi universelle (cf. Bouillet, *D. des sciences*, art. *Empirisme, Positivisme*; Charles, *Lect. de phil.*, I, p. 226-229, 232, 236-238).

2° Kant a distingué : 1° l'*expérience* qui consiste dans les phénomènes perçus par les sens, et constitue la *matière* de la connaissance; 2° la *raison* qui lui donne la *forme*, en coordonnant et interprétant les phénomènes à l'aide des premiers principes qui sont des *jugements synthétiques a priori* ; mais les considérant seulement à l'état d'abstractions, il a été conduit par là même à leur refuser toute valeur objective; il les a réduits à n'être que les *lois logiques* de la pensée qui n'atteignent pas la réalité, par suite, qui ne nous permettent pas de rien affirmer sur l'essence de l'univers, de l'âme et de Dieu. Ce système est réfuté par la théorie et par la pratique : car le progrès des sciences et la puissance qu'elles nous donnent sur la nature impliquent que les lois de notre raison sont conformes aux lois de la nature. L'erreur de Kant provient de ce qu'il a considéré les idées indépendamment des objets qu'elles représentent et de l'esprit qui les pense, ce qui est le point de vue de la logique, tandis que le véritable point de vue de la psychologie consiste à se placer au centre de la conscience, où l'esprit se connaît comme sujet dans son rapport avec l'objet matériel qui le limite, et comme être fini et imparfait dans son rapport avec l'Être infini et parfait dont il subit l'action (cf. Bouillet, *D. des sciences*, art. *Idéalisme*).

3° Bossuet (*Conn. de Dieu*, IV, v), Fénelon (*Existence de Dieu*), Malebranche (*Recherche de la vérité*, III, ii, ch. 7), enseignent que les vérités premières nous viennent de Dieu. Cette théorie fait comprendre pourquoi les lois de la pensée sont conformes aux lois de la nature ; mais elle n'explique pas comment et pour quelle part les vérités premières interviennent dans la connaissance (cf. Charles, *Lect. de phil.*, I, p. 265-266).

Ces trois systèmes différents peuvent se concilier dans une doctrine plus large et une psychologie plus complète. 1° L'*expérience* est le point de départ réel de notre développement intellectuel; mais elle n'est pas bornée à la connaissance des *phénomènes*; l'esprit s'y connaît comme *cause* véritable. 2° L'esprit n'est point passif comme une table rase (cf. 61); il développe son activité en coordonnant et interprétant les phénomènes à l'aide des *lois de la raison*; mais ces lois ne sont pas de simples formes de la pensée, elles ont une valeur objective, elles correspondent aux *lois de la nature*. 3° Les choses ne sont intelligibles pour notre intelligence que parce qu'elles ont leur *raison d'être* dans l'intelligence divine comme notre intelligence elle-même; mais la psychologie doit expliquer comment notre esprit connaît les vérités premières par ses rapports avec Dieu, c'est-à-dire, comment tout phénomène complet de conscience comprend trois termes, le *sujet* ou l'*esprit*, l'*objet* ou la *matière*, leur *raison d'être* qui est l'*Être infini et parfait*.

49. Quelle différence y a-t-il entre les *notions premières* et les *vérités premières?* Donner des exemples des unes et des autres. (28 novembre 1872.)

50. Distinguer l'*idée* du *jugement*. Appliquer cette distinction à la définition des *notions premières* et des *vérités premières*. (1ᵉʳ août 1873.)

51. Des *notions premières* et des *vérités premières*. Quelles différences principales existent entre les unes et les autres? A combien d'idées fondamentales peut-on réduire les notions premières? (12 mars 1872.)

Plan. L'acte le plus simple de l'intelligence est le *jugement*, c'est-à-dire l'acte par lequel elle affirme qu'une chose est ou n'est pas d'une certaine manière, comme : *Je pense*. En le décomposant, j'ai deux *idées* ou *notions*, l'idée d'un être que j'appelle *moi*, et l'idée d'un de ses modes, la *pensée*, abstraction faite de toute affirmation relative à l'existence du moi et de la pensée (cf. 72). — Appliquons cette distinction à la définition des vérités premières et des notions premières. 1° Les *vérités premières* appelées aussi *premiers principes*, *principes a priori* (et quelquefois, mais improprement, *axiomes*), sont des *jugements synthétiques a priori* qui servent de fondement à toutes les sciences (cf. 48) : tels sont le *principe de causalité*, le *principe des causes finales*, le *principe de raison suffisante*. 2° Les *notions premières*, appelées aussi *idées nécessaires et absolues*, sont tirées des *vérités premières*, c'est-à-dire des affirmations primitives de la raison sur les rapports des êtres finis et de l'Être infini, rapports qui diffèrent suivant les points de vue sous lesquels nous connaissons les êtres finis. La raison débute par affirmer ces rapports, parce qu'elle ne peut rien comprendre sans l'Être infini, cause première de tout ce qui existe. Ensuite, dans chaque rapport, elle isole du terme qui représente un être fini et contingent le terme qui représente l'Être infini et absolu, et elle a ainsi toutes les notions premières. On peut les ramener aux suivantes : *Cause première* (cf. 50); *Substance en soi*, avec l'*immensité* et l'*éternité* (cf. 55); *Cause finale* et *Raison suffisante*, principe de l'*ordre physique* et de l'*ordre moral* (cf. 57).

Lire Charles, *Lect. de phil.*, I, p. 201-205.

52. De l'origine de l'*idée de cause* et du *principe de causalité*. (16 novembre 1869.)

53. Du *principe de causalité*. Sa vraie formule. Dérive-t-il de l'expérience? (16 novembre 1867; 5 novembre 1872; 29 octobre 1874.)

54. Qu'est-ce que le *principe de causalité?* Est-il *a priori* ou *a posteriori?* Vient-il des sens ou de la conscience ou bien de la raison ? (23 août 1870.)

Dissertation. Le principe de causalité est un des plus importants de la métaphysique. Son origine a de tout temps donné lieu à une controverse entre les philosophes qui prétendent expliquer toutes nos connaissances par l'expérience, et ceux qui soutiennent que l'expérience a besoin d'être complétée par une puissance intellectuelle supérieure. Pour résoudre la question, il faut commencer par déterminer les caractères de ce principe, puis examiner s'il s'explique par les sens ou par la conscience, ou bien s'il suppose une faculté spéciale nommée raison.

Le principe de causalité s'énonce ainsi : *Tout changement suppose une cause* (c'est-à-dire une puissance, une énergie capable de le produire), ou mieux, *Tout ce qui commence a nécessairement une cause.* C'est une vérité première, universelle, nécessaire, absolue; car elle est un des fondements de nos connaissances, elle s'applique à tout ce qui est réel ou possible, elle ne nous permet pas de concevoir qu'il puisse en être autrement, elle est indépendante des temps et des lieux.

Les sens ne nous font saisir dans la nature que des séries de phénomènes qui se suivent et s'accompagnent. Leur observation nous suggère des associations d'idées, mais ne nous découvre aucun rapport de causalité, aucune loi. D'abord, il y a une grande différence entre *causalité* et *succession* ou *concomitance*; c'est pourquoi il est difficile de constater, dans les circonstances d'un phénomène, celle qui est sa condition déterminante. Ensuite, pour établir une *loi*, il faut préalablement admettre le principe qui est le fondement même de toute *induction* : « Dans les mêmes circonstances, partout et toujours, les mêmes causes ont les mêmes effets, et les mêmes moyens ont les mêmes fins. » Donc le principe de causalité ne peut être trouvé par l'induction, puisque l'induction le présuppose. Enfin, l'observation constate ce qui a lieu dans un nombre limité de cas ; elle ne peut établir ce qui doit avoir lieu partout et toujours, ce qui est nécessaire et universel.

La conscience nous fait connaître en nous-mêmes une véritable *cause* par l'exercice de l'activité qui constitue notre essence. L'âme agit sans cesse, soit en elle, quand elle applique ses facultés intellectuelles à un objet, comme dans l'attention ; soit hors d'elle, quand elle meut le corps, comme dans l'effort musculaire pour toucher un objet extérieur. Si l'on analyse ce second phénomène, comme le fait Maine de Biran, on y trouve deux termes et leur rapport : 1° la volition ; 2° la sensation de l'effort musculaire, qui accompagne la volition ; 3° le rapport de la sensation de l'effort musculaire, qui est *effet*, à la volition qui est *cause*. Par là, non-seulement l'âme se connaît comme une personne, en disant d'elle-même *moi*, mais elle connaît aussi son propre corps par l'effort qu'elle fait pour le mouvoir, et l'objet extérieur, par la résistance qu'il oppose au mouvement de la main qui le touche et qui en parcourt la surface. Elle distingue ainsi sa propre énergie des forces extérieures qui limitent son action.

Par la conscience, l'âme apprend qu'elle est la cause de certains phénomènes ; mais elle reconnaît aussi qu'elle n'a qu'une puissance bornée et relative, puisque son effort est toujours arrêté par quelque obstacle ; elle n'est donc qu'une *cause seconde*, c'est-à-dire finie et contingente. D'un autre côté, le rapport qu'elle découvre en elle-même entre sa volonté et ses actes est également contingent ; elle ne peut en tirer le *principe de causalité*, qui est universel, nécessaire et absolu. Il faut donc admettre qu'elle possède, outre la conscience, une faculté intellectuelle qui lui fait connaître l'Être infini et absolu. Sachant qu'elle est une cause seconde, elle ne trouve pas sa raison d'être en elle-même : par suite, en même temps qu'elle perçoit sa propre puissance comme limitée par les forces extérieures sur lesquelles elle agit et dont elle éprouve elle-même l'action, elle reconnaît qu'il y a nécessairement au-dessus d'elle et des forces extérieures la *Cause première* qui est leur raison d'être, parce qu'elle est infinie, nécessaire et absolue. Par là, elle arrive à concevoir le *principe de causalité* sous sa forme rationnelle : *Tout ce qui commence a une cause,* ou bien, *Toute cause seconde suppose une cause première.*

Concluons. Le rapport que la conscience saisit entre la volonté et ses actes ne donne pas le principe de causalité ; il en est simplement l'antécédent psychologique. La raison seule peut concevoir ce qui est infini, nécessaire et absolu.

Lire Bouillet, *D. des sciences*, art. *Cause*; Charles, *Lect. de phil.* I, p. 234-242.

55. Qu'est-ce que le *principe de causalité ?* Qu'est-ce que le *principe de substance ?* Ces deux principes tirent-ils leur origine des sens ? (20 août 1869 ; 25 novembre 1871.)

Plan. Quand nous percevons des phénomènes extérieurs par nos sens, nous les expliquons à l'aide de deux principes, savoir le principe de causalité : *Tout ce qui commence a une cause;* et le principe de la substance : *Toute qualité se rapporte à une substance* (en grammaire : *Tout adjectif se rapporte à un substantif*). Les deux idées de cause et de substance sont étroitement liées ensemble ; car, en percevant un phénomène, nous le rapportons d'abord à une puissance qui le produit ; puis, nous concevons que ce phénomène, succédant à un autre phénomène et constituant ainsi un changement, suppose une puissance qui subsiste (*sub-stat*), c'est-à-dire qui conserve quelque chose d'un et d'identique sous les apparences multiples et diverses qu'elle revêt et qui sont ses qualités. Nous avons ainsi l'idée de *force* ou puissance active, qui s'appelle *cause* en tant qu'elle produit des phénomènes, et *substance* en tant qu'elle tend à persévérer dans l'action qui constitue son existence.

Les deux principes de causalité et de substance sont des vérités premières, universelles, nécessaires et absolues. Elles ne sauraient donc nous être données par les sens qui ne nous font percevoir que des séries de phénomènes. La démonstration qu'on en donne pour le principe de causalité s'applique également au principe de substance (cf. 54).

C'est dans la connaissance qu'elle acquiert d'elle-même

par la conscience que notre âme puise la double notion de *cause* et de *substance*. Par l'effort qu'elle fait pour agir soit en elle-même, soit sur son corps, elle perçoit son énergie personnelle et son unité. Par sa tendance persistante et efficace à l'action qui constitue son existence, elle sait qu'elle dure et qu'elle est identique. Elle se connaît ainsi comme une *force* dans son rapport avec les phénomènes qu'elle produit et qu'elle subit. Mais ce rapport est contingent, comme la nature même de notre âme. Il faut donc l'intervention de la raison pour s'élever de là aux deux principes de causalité et de substance.

A l'aide de ces deux principes, nous jugeons que les phénomènes extérieurs que nous percevons par les sens se rapportent aussi à des *forces*, mais à des forces qui diffèrent essentiellement de notre âme, parce qu'elles n'ont ni intelligence ni spontanéité. Nous concevons ces forces comme *causes*, quand elles agissent sur nos organes ou qu'elles agissent les unes sur les autres; nous les concevons comme *substances*, quand nous considérons leur permanence, que la chimie formule ainsi : *Au milieu de tous les changements des corps, la quantité de matière reste toujours la même.*

Notre âme et les forces dont nous percevons l'action hors de nous sont également finies, relatives, contingentes. En cherchant leur raison d'être, nous ne la trouvons que dans une activité intelligente infinie, absolue, nécessaire, qui est la *Cause première*, comme principe de toute activité, et la *Substance en soi*, comme condition de toute existence; elle possède l'*éternité* et l'*immensité*, en tant qu'elle rend possibles le *temps* et l'*espace*, qui sont les modes d'existence propres aux êtres finis.

Lire Bouillet, *D. des sciences*, art. *Substance, Temps, Espace, Éternité, Immensité*; Charles, *Lect. de phil.*, I, p. 243, 267-271.

56. Quelle différence doit-on faire, dans le langage philosophique, entre ces deux expressions, une *cause seconde* et une *cause première*? (30 juillet 1872.)

Plan. Par la conscience, nous savons que nous sommes une cause substantielle, une force intelligente, qui agit sans cesse et qui tend sans cesse à agir. En appliquant le principe de causalité aux phénomènes que nous percevons par les sens, nous jugeons qu'il y a hors de nous des forces, dépourvues d'ailleurs d'intelligence et de spontanéité, lesquelles agissent sur nos organes ou agissent les unes sur les autres (cf. 55). Or toutes ces forces sont finies, relatives, contingentes, parce qu'elles se limitent réciproquement, qu'elles n'exercent leur action qu'à certaines conditions, qu'elles auraient pu ne pas exister. Elles n'ont donc pas leur raison d'être en elles-mêmes, elles supposent autre chose qu'elles-mêmes, soit qu'on les considère chacune individuellement, soit qu'on les considère toutes ensemble. A ce point de vue, elles s'appellent *causes secondes*, en ce sens qu'elles n'ont pas en elles-mêmes le premier principe des phénomènes qu'elles produisent. Ce premier principe de toute action et de toute existence est la *Cause première*, qui seule explique tout et s'explique par elle-même parce qu'elle est la condition de tout. « La raison suffisante de l'existence de l'univers ne saurait se trouver dans la suite des choses contingentes, parce que la matière étant indifférente en elle-même au mouvement et au repos et à un mouvement tel ou autre, on n'y saurait trouver la raison du mouvement, et encore moins d'un tel mouvement. Et quoique le présent mouvement qui est dans la matière vienne du précédent, et celui-ci encore d'un précédent, on n'en est pas plus avancé, quand on irait aussi loin que l'on voudrait; car il reste toujours la même question. Ainsi, il faut que la raison suffisante, qui n'ait plus besoin d'une autre raison, soit hors de cette suite des choses contingentes, et se trouve dans une substance qui en soit la cause ou qui soit un être nécessaire portant la raison de son existence avec soi ; autrement on n'aurait pas encore une raison suffisante où l'on pût finir. Et cette dernière raison des choses est appelée Dieu. » (Leibniz, *Principes de la nature et de la grâce*, § 8.)

La *Cause première*, étant la raison d'être de toutes choses, est par cela même *absolue*, c'est-à-dire indépendante de toute condition dans son existence et son action; *nécessaire*, c'est-à-dire telle qu'il nous est impossible de supposer qu'elle ait jamais pu ne pas être ou être autrement qu'elle n'est ; *infinie*, c'est-à-dire sans bornes possibles dans son existence et son action ; *immense* et *éternelle*, c'est-à-dire en dehors de l'espace et du temps; enfin *parfaite*, c'est-à-dire complète sans aucune restriction parce qu'elle possède la plénitude de l'être, qu'elle est à la fois la *réalité* suprême et l'*idéal* de toutes choses.

En résumé, l'âme humaine, en se percevant comme force dans son action sur elle-même et sur son corps, se reconnaît en même temps comme cause seconde par rapport à la Cause première, et elle distingue dans la Cause première autant d'attributs qu'il y a de rapports entre les êtres finis et l'Être infini qui est leur raison suffisante.

Lire Bouillet, *D. des sciences*, art. *Idéal, Infini* ; Charles, *Lect. de phil.*, I, p. 172-197.

57. Définir avec exactitude le *principe des causes finales*. En quoi diffère-t-il du *principe de causalité*? Quelles en sont les principales applications? (7 août 1872.)

58. Qu'entend-on par *causes finales*? Doit-on en reconnaître dans la nature? (12 novembre 1869.)

Dissertation. Le *principe de causalité* a pour complément le *principe des causes finales*, qui s'énonce ainsi : *Tout être a une fin*, ou, *Tout ce qui arrive a un but* (ou, sous une forme négative : *Rien n'est en vain dans la nature*). De même que la conscience nous donne la première idée de *cause efficiente* (cf. 52), de même elle nous donne la première idée de *cause finale*. Chaque fois que je produis un acte, non-seulement je sais que je le produis, mais encore je sais que j'ai un but : par exemple, je prends un crayon pour dessiner une figure de géométrie ; en même temps que je me perçois comme cause efficiente de ce mouvement, je me perçois aussi comme cause finale, parce que je trouve en moi-même avec la raison du commencement la raison de la fin où tend mon effort. En effet, je distingue dans ce fait deux termes et leur rapport : 1° l'idée du dessin que je veux tracer sur le papier ; 2° l'ensemble des mouvements par lesquels j'exécute ce dessin ; 3° le rapport entre l'ensemble des mouvements, qui sont les *moyens*, et l'idée du dessin, qui est la *fin*. Ce rapport est contingent et particulier, tandis que le principe des causes finales est nécessaire et absolu. Notre esprit passe de l'un à l'autre de la même manière qu'il passe de l'idée de *cause seconde* à celle de *Cause première* (cf. 56). Quand je me connais comme cause efficiente et comme cause finale, c'est-à-dire comme force intelligente, j'affirme que mon activité est limitée et j'affirme en même temps l'existence d'une activité souverainement intelligente. De là résulte le principe des causes finales. Examinons-en les applications.

Par suite de l'action que les objets extérieurs exercent sur notre corps ou qu'ils exercent les uns sur les autres, nous concevons les forces physiques. L'expérience nous enseigne qu'elles sont dénuées d'intelligence et d'initiative, ce qu'on nomme l'*inertie de la matière*. Par suite, les sciences physiques se bornent à étudier les conditions déterminantes des phénomènes. Mais cette étude n'est possible que si les forces physiques ont des modes d'action réguliers et constants, c'est-à-dire des *lois*, ce qui implique le *principe d'induction* fondé lui-même sur le double principe de causalité et des causes finales ; *Partout et toujours, dans les mêmes circonstances, les mêmes causes ont les mêmes effets, et les mêmes moyens ont les mêmes fins.* L'observation de ces lois constitue l'*ordre physique*, lequel suppose une activité souverainement intelligente et immuable : son intelligence nous assure que tout ce qui arrive a une fin, une raison d'être, des lois ; sa puissance et son immutabilité nous garantissent que ces lois sont observées, que l'ordre règne dans l'univers.

Outre que le principe des causes finales donne l'idée de l'*ordre* aux sciences physiques, il a une application spéciale dans les sciences naturelles qui étudient les *organes* et les *fonctions* des corps vivants : car les termes mêmes dont elles se servent impliquent la relation entre les *moyens* et la *fin*. Le physiologiste, qui étudie l'organisme d'un végétal ou d'un animal, doit tenir compte de l'harmonie du système en même temps qu'il cherche à pénétrer dans son intérieur pour comprendre le mécanisme de chacune de ses parties ; il doit donc, comme le dit M. Cl. Bernard, « admettre une finalité harmonique et préétablie dans le corps organisé, dont toutes les actions partielles sont solidaires et génératrices les unes des autres. »

Telles sont les applications légitimes du principe des causes finales dans les sciences physiques et les sciences naturelles. Ajoutons qu'en morale il sert à déterminer la destinée de l'homme, le bien en soi et l'ordre moral ; qu'en théodicée il sert à démontrer l'action de la Providence divine dans l'ordre physique et l'ordre moral.

Après avoir déterminé les applications légitimes du principe des causes finales, il nous reste à en indiquer les fausses applications. La première erreur est cette maxime reçue dans l'antiquité, que Dieu a fait toutes choses pour nous : *Hominis causa videtur cuncta alia genuisse natura* (Pline l'ancien, *Hist. nat.*, VII, 1) ; évidemment l'homme n'est pas la fin de toutes choses, et il ne connaît pas la fin assignée par Dieu à l'univers. La seconde erreur est celle des philosophes du moyen âge, qui ont décrié les causes finales en fixant arbitrairement la destination des objets et en en déduisant leurs propriétés par des syllogismes. Dans l'ordre des choses, *Dieu a donné simultanément aux êtres leur fin et leur nature;* mais, dans l'ordre de nos connaissances, *nous ne pouvons déterminer la fin d'une chose que par l'étude de sa nature.* Telle doit être la règle de toute explication scientifique.

Lire Bouillet, *D. des sciences,* art. *Cause, Organisation;* Charles, *Lect. de phil.,* I, p. 252-262, et II, p. 100-102.

Classification, origine et formation des idées. Différentes théories proposées sur cette question.

59. Toutes nos *idées* nous viennent-elles des *sens?* (18 août 1868.)

60. Prouver que toutes nos *idées* ne viennent pas des *sens.* (4 août 1870; 10 novembre 1874.)

61. L'esprit est-il une *table rase?* (22 juillet 1873.)

Plan. La question de l'origine de nos connaissances a beaucoup d'importance pour la psychologie, pour la métaphysique et pour la morale. Aussi a-t-elle de tout temps joué un grand rôle en philosophie. Tous les systèmes proposés à cet égard se ramènent à deux principaux. D'après l'un, nommé *Empirisme* ou *Sensualisme,* toutes nos idées viennent directement ou indirectement de l'*Expérience* seule, c'est-à-dire des *Sens* et de la *Conscience.* D'après l'autre, nommé *Idéalisme* ou *Rationalisme,* il est besoin d'admettre l'existence d'une faculté spéciale, nommée *Raison,* pour expliquer l'idée de l'Être infini et de ses rapports avec les êtres finis.

La formule de l'empirisme dans la Scolastique est : *Nihil est in intellectu, quod non fuerit in sensu* (cf. 63); ou : *L'âme est une table rase,* c'est-à-dire ressemble à une tablette enduite de cire où il n'y a rien d'actuellement écrit, et où tout ce qui est tracé vient uniquement des sens. Cette formule a été adoptée par Locke, qui est le chef de l'empirisme moderne. Dans son *Essai sur l'entendement humain,* il enseigne que toutes nos connaissances s'expliquent par les *sens* et la *réflexion :* « Les notions mêmes qui paraissent les plus éloignées de nos sens ou des opérations de notre propre entendement ne sont que des notions que l'entendement se forme, en répétant et en combinant les idées qu'il avait reçues des objets des sens ou de ses propres opérations concernant les idées qui lui ont été fournies par les sens, de sorte que les idées les plus étendues et les plus abstraites nous viennent par la *sensation* et la *réflexion.* »

Pour juger le système de Locke et l'empirisme en général (cf. 47), examinons comment notre esprit acquiert ses idées. — Les objets que nous connaissons ont des caractères opposés : la *matière* et le *moi* sont des *êtres contingents, finis, relatifs* ; Dieu est l'*Être nécessaire, infini, absolu.* Nous devons donc diviser nos idées en deux classes : *Idées contingentes, Idées nécessaires.* Nous devons également admettre qu'elles ont deux origines, que les idées contingentes sont acquises par l'*Expérience* qui comprend les *Sens* et la *Conscience*, et que les idées nécessaires sont acquises par une faculté spéciale nommée *Raison*. 1° Par les *Sens*, nous ne percevons que des phénomènes ; ce sont de simples signes que nous interprétons à l'aide des principes de causalité et de substance, etc. (cf. 41). 2° La *Conscience* n'est pas la simple connaissance de nos opérations intellectuelles ; elle est essentiellement la connaissance que le *moi* a de lui-même comme *cause* dans chacune de ses opérations et comme *sujet* dans chacune de ses modifications (cf. 11, 52). 3° Par les *Sens* et la *Conscience*, nous ne percevons que des *causes secondes*. La *Raison* nous donne l'intuition de la *Cause première*, c'est-à-dire de l'Être nécessaire, infini, absolu, et de ses rapports avec les êtres contingents, finis, relatifs (cf. 47-56).

Cette analyse démontre que nous acquérons nos idées par trois facultés intellectuelles, la *Perception externe*, la *Conscience* et la *Raison*. Elle nous permet de juger l'empirisme. Son erreur est de méconnaître l'activité intellectuelle du *moi*. 1° Il confond la *Perception* avec la *Sensation*. 2° Il ne voit pas dans la *Conscience* une source originale d'idées (cf. 52, 63, 127). 3° Il réduit l'idée de Dieu à une abstraction ou à une négation (cf. 64).

Lire Bouillet, *D. des sciences*, art. *Empirisme, Idées* ; Charles, *Lect. de phil.*, I, p. 169-176.

62. Exposer et discuter la théorie des *idées innées* et celle de la *table rase*. (2 août 1866 ; 22 novembre 1869.)

Plan. Deux théories célèbres sont le point de départ de la philosophie moderne dans la question de l'origine des idées, la théorie des *idées innées* et celle de la *table rase*.

On croyait généralement au moyen âge que l'expérience n'atteignait que les faits de l'ordre physique, et que l'entendement tirait des sensations par un long travail d'abstraction et de raisonnement toutes les notions des choses immatérielles : de là cet axiome de la Scolastique : *Nihil est in intellectu quod non fuerit in sensu* (Rien n'est dans l'entendement qui n'ait été auparavant dans les sens). Descartes comprit que la réalité se connaît par l'expérience et non par un appareil compliqué de syllogismes. Il vit que l'esprit, en rentrant en lui-même, se connaît lui-même intimement et connaît Dieu par la réflexion. Il fut ainsi amené à distinguer dans la troisième de ses *Méditations* trois espèces d'idées : « Entre ces idées, les unes me semblent être nées avec moi (*idées innées*), les autres être étrangères et venir du dehors (*idées adventices*), et les autres être faites et inventées par moi-même (*idées factices*). Car que j'aie la faculté de concevoir ce que c'est qu'on nomme en général une chose, ou une vérité, ou une pensée, il me semble que je ne tiens pas cela d'ailleurs que de ma nature propre ; mais si j'ois maintenant quelque bruit, si je vois le soleil, si je sens de la chaleur, jusqu'à cette heure j'ai jugé que ces sentiments procédaient de quelques choses qui existent hors de moi ; et enfin il me semble que les sirènes, les hippogriffes et toutes les autres semblables chimères sont des fictions et inventions de mon esprit. » — Si l'on examine ce qu'il y a de vrai et de faux dans cette théorie, on trouve que Descartes établit clairement que les sens nous font seulement percevoir les phénomènes extérieurs, que l'âme se connaît elle-même et connaît Dieu par réflexion et non par des syllogismes ; mais il confond sous la dénomination commune d'*idées innées* les données de la conscience et celles de la raison, dont il faut distinguer les objets et déterminer les rapports, en montrant que toute connaissance implique la perception extérieure, la conscience et la raison, et trois termes différents, mais non séparés, la matière, l'âme et Dieu (cf. 56).

On peut ajouter à cette critique que la dénomination d'idées innées prête à l'équivoque. Descartes l'explique dans sa *Réponse à la Xe objection de Hobbes* : « Lorsque je dis que quelque idée est née avec nous ou qu'elle est naturellement empreinte en nos âmes, je n'entends pas qu'elle se présente toujours à notre pensée ; car ainsi il n'y en aurait aucune ; j'entends seulement que nous avons en nous la faculté de la produire. » — Malgré cette explication, Locke employa le premier livre de son *Essai sur l'entendement humain* à combattre les *idées innées*, en les prenant dans le sens d'idées toujours présentes à l'esprit (contrairement à l'affirmation expresse de Descartes), et enseigna que l'esprit est une *table rase*. (Voyez ci-dessus l'exposé de cette théorie et sa réfutation, § 61.)

63. Exposer et discuter la théorie de la *table rase*. Expliquer comment il faut entendre la fameuse *exception* proposée par Leibniz. (29 novembre 1872.)

Plan. Locke, que l'on peut considérer comme le chef de l'empirisme moderne, s'est appliqué à combattre la théorie cartésienne des *idées innées* (cf. 62) et à lui substituer la théorie de la *table rase* (cf. 61). — L'erreur fondamentale de la théorie de Locke est de méconnaître l'activité intellectuelle de l'âme : car, s'il admet qu'outre les *sensations* il y a en nous la réflexion par laquelle nous prenons conscience et de nos sensations mêmes et de nos opérations intellectuelles, il n'y voit pas une source originale de connaissances. Leibniz, en critiquant dans ses *Nouveaux essais sur l'entendement humain* la théorie de Locke, en a fort bien montré le défaut : « Cette *table rase*, dont on parle tant, n'est à mon avis qu'une fiction que la nature ne souffre point, et qui n'est fondée que dans les notions incomplètes des philosophes, comme la *matière première* qu'on conçoit sans aucune forme.... On me répondra peut-être que cette table rase veut dire que l'âme n'a naturellement et originairement que des facultés nues. Mais les facultés sans quelque acte ne sont aussi que des fictions, que la nature ne connaît point et qu'on n'obtient qu'en faisant des abstractions. Car où trouvera-t-on jamais dans le monde une faculté qui se renferme dans la seule puissance sans exercer aucun acte? Il y a toujours une disposition particulière à l'action et à une action plutôt qu'à l'autre. Et outre la disposition il y a une tendance à l'action, dont même il y a toujours une infinité à la fois dans chaque sujet; et ces tendances ne sont jamais sans quelque effet. L'expérience est nécessaire, je l'avoue, afin que l'âme soit déterminée à telles ou telles pensées, et afin qu'elle prenne garde aux idées qui sont en nous... On m'opposera cet axiome reçu parmi les philosophes, qu'*il n'est rien dans l'âme qui ne vienne des sens*; mais il faut excepter l'âme même et ses affections. « *Nihil est in intellectu quod non fuerit in sensu*; excipe : *nisi ipse intellectus*. »

Cette exception a un sens excellent; elle maintient l'activité propre de l'esprit qui tire de son propre fonds les idées fondamentales de la métaphysique et les principes *a priori* de toutes les sciences. Leibniz indique quelques-unes de ces idées dans sa *Monadologie* (§ 30) : Les *actes réflexifs* nous font penser à ce qu'on appelle *moi*, et considérer que ceci ou cela est en nous ; et c'est ainsi qu'en pensant à nous nous pensons à *l'être*, à la *substance*, à l'*immatériel* et à *Dieu* même, en concevant que ce qui est borné en nous est en lui sans bornes. » Néanmoins Leibniz n'a pas donné une énumération méthodique des idées qu'il regarde comme innées (cf. 47), et on peut lui adresser les mêmes critiques qu'à Descartes (cf. 62). Il en est résulté que la polémique de Locke, malgré ses erreurs, a paru victorieuse au xviiie siècle et a préparé le succès de la théorie de Condillac, qui n'est qu'une simplification de sa propre théorie.

Lire Charles, *Lect. de phil.*, I, p. 169-181, 206-210.

64. Exposer et discuter le système de la *sensation transformée*. (1er août 1872.)

Plan. Le système de Locke sur l'origine de nos connaissances, système que l'on appelle souvent la *théorie de la table rase* (cf. 61), consiste à admettre que l'âme a deux sources de connaissances, les *sens*, qui lui donnent la perception des objets extérieurs, et la *réflexion*, qui s'exerce sur les opérations de l'esprit. Comme Locke ne voyait pas dans la réflexion une source originale de connaissances, ainsi que le lui a justement reproché Leibniz, Condillac crut pouvoir simplifier son système en supprimant la *réflexion*. Il enseigna que toutes nos connaissances ne sont que des *sensations transformées*, en ce sens que, d'après son hypothèse, toutes les opérations de l'entendement et de la volonté dérivent de la *sensation* considérée comme *représentative* et comme *affective*. Dans son *Traité des sensations*, il suppose une *statue* animée et qui n'a encore aucune idée ; il ouvre successivement aux diverses impressions dont ils sont susceptibles tous les sens de cette statue ; il examine ce qu'elle doit à l'action de chaque sens considéré isolément, puis à l'action combinée de plusieurs sens, et ainsi, en partant d'une simple sensation d'odeur, il élève graduellement sa statue à l'état d'être raisonnable : « Si nous considérons, dit-il, que se ressouvenir, comparer, juger, discerner, imaginer, avoir des idées abstraites, connaître des vérités générales et particulières, ne sont que différentes manières d'*être attentif* ; qu'avoir des passions, aimer, haïr, espérer, craindre et vouloir, ne sont que différentes manières de *désirer*, et qu'enfin être attentif et désirer ne sont dans l'origine que *sentir*, nous conclurons que *la sensation enveloppe toutes les facultés de l'âme*. » Il en tire cette conséquence : « Le moi de chaque homme n'est que la *collection des sensations* qu'il éprouve et de celles que la mémoire lui rappelle. »

Ce Sensualisme a donné naissance à l'*Idéologie* et au *Positivisme*. C'est Maine de Biran qui a le mieux démontré les erreurs de ce système. La première est de considérer l'homme comme une chose qu'on aperçoit du dehors, ainsi que la matière, tandis que l'esprit, étant immédiatement présent à lui-même, se perçoit intérieurement par la conscience : « Je pense, donc je suis. » La seconde erreur, qui est la conséquence de la première, consiste à nier l'activité essentielle du *moi* et à en faire une collection de sensations, c'est-à-dire de modifications passives, tandis que dès le premier fait de conscience il se connaît lui-même comme cause en même temps qu'il connaît la matière par la résistance qu'elle oppose à son action (cf. 11, 41). La troisième erreur est de réduire l'idée de l'Être infini à une abstraction ou à une négation.

Lire Charles, *Lect. de phil.*, I, p. 68-71.

REMARQUE. Pour l'exposition et la critique des systèmes modernes qui se rattachent à la théorie de la sensation transformée ou qui lui sont analogues, voyez ci-dessus § 11-14 (p. 8), § 47-48 (Remarque, p. 31-32).

Lire Bouillet, *D. des sciences*, art. *Idéologie, Positivisme.*

Attention. Idées claires.

65. Analyser l'*Attention*. Son rôle dans la formation de nos idées. (16 juillet 1874.)

Plan. Nous pouvons exercer nos facultés intellectuelles spontanément ou volontairement. Dans le premier cas, nous considérons les objets extérieurs dans l'ordre où ils s'offrent à nos regards et sans nous arrêter à aucun d'eux. Dans le second cas, nous choisissons entre ces objets, et nous concentrons nos facultés intellectuelles sur un seul d'une manière exclusive et prolongée. L'effort nécessaire pour accomplir cet acte constitue l'*attention*; il est ordinairement accompagné d'une tension des organes; de là résulte la différence de *voir* et de *regarder*, d'*entendre* et d'*écouter*, etc. En s'appliquant à une perception des sens confuse et obscure, l'attention l'isole des autres; elle en discerne et en parcourt les éléments, opération que la logique nomme *analyse*; elle nous donne ainsi une *idée distincte* et *claire*. En s'appliquant à une perception de la conscience, elle produit le même effet et s'appelle *réflexion*, terme qui exprime l'effort par lequel le *moi* se replie en quelque sorte sur lui-même pour reconnaître ce qui lui appartient en propre dans chaque opération. — Toute notion scientifique a pour condition la *clarté*, par suite, exige l'attention ou la réflexion. Cette clarté est plus ou moins facile à obtenir selon que l'objet contient peu d'éléments (par exemple, un triangle) ou est très-complexe (par exemple la structure d'un organe). Elle est indispensable à la certitude. C'est pour cette raison que l'école cartésienne s'est beaucoup attachée à la clarté des idées.

Lire Bouillet, *D. des sciences*, art. *Attention, Clarté*; et *Logique de Port-Royal*, I, ix.

Abstraction. Idées abstraites.

66. De l'*Abstraction* et des idées *abstraites*. En donner des exemples dans les différentes sciences. (15 mai 1867; 19 mars 1874.)

Plan. Pour être réellement une notion scientifique, une *idée* doit être *distincte* et *claire*; elle possède le premier caractère quand son objet nous apparaît séparé des autres, et le second, quand nous discernons tous ses éléments. Elle n'arrive à remplir ces conditions que par le travail de l'esprit sur les premières données de nos facultés intellectuelles, parce que les objets que nous percevons sont toujours complexes. Supposons que j'aie devant moi un dé d'ivoire. 1° Par l'*attention*, je concentre mon intelligence sur cet objet; je le regarde et je le palpe; puis je discerne par la vue sa forme et sa couleur; par le toucher, son poids, son poli, sa solidité, son volume. J'ai ainsi une *idée claire*, mais *complexe*, parce qu'elle est *concrète*, qu'elle représente la substance avec toutes ses qualités. 2° Dans cet ensemble de qualités, il y en a ordinairement une que j'ai besoin de connaître spécialement, p. ex., la forme : en ce cas je considère cette qualité seule indépendamment de toutes les autres, je fais une *abstraction*. Cette opération facilite beaucoup le travail de l'intelligence, puisqu'au lieu de l'appliquer à un ensemble de qualités, comme dans l'attention, on l'applique à une seule. Ainsi, dans un dé d'ivoire, le mathématicien observe la forme cubique et le nombre des plans; le physicien, le poids spécifique; le peintre, la couleur, etc.

Aucune opération n'est plus familière à notre esprit. Dans le langage, si l'on excepte une partie des noms et des pronoms qui désignent des substances prises avec l'ensemble de leurs qualités, tous les mots expriment des idées abstraites de qualités ou de rapports. Dans les sciences, les mathématiques s'exercent exclusivement sur des idées abstraites. La physique emploie aussi l'abstraction en ce sens qu'elle étudie successivement une à une les propriétés de la matière; pesanteur, chaleur, etc. ; mais elle conserve toujours une liaison entre cette propriété abstraite et l'idée concrète de l'objet dont elle l'a tirée; p. ex., quand je dis que la pesanteur est la force qui attire un corps vers le centre de la terre, la pesanteur est une abstraction, un rapport, mais c'est un rapport entre deux choses concrètes, la terre et le corps qu'elle attire. Il en est de même dans les sciences morales. C'est une considération très-importante. Quand on la néglige, on a des *idées incomplètes* ou l'on *réalise des abstractions*, erreur qui consiste à convertir des phénomènes en êtres et à prêter une existence substantielle à des qualités ou à des rapports. Ainsi l'ancienne physique attribuait une existence réelle au froid et au chaud, au sec et à l'humide; certains scolastiques faisaient des *universaux* autant d'*entités;* des physiciens expliquaient avant Descartes beaucoup de phénomènes par des *qualités occultes*, l'ascension de l'eau dans les pompes par l'horreur du vide, etc. C'est une cause d'erreur fréquente dans les systèmes scientifiques.

Lire *Logique de Port-Royal*, I, v.

Comparaison. Idées de rapports.

67. De la *Comparaison*. Son rôle dans la formation de nos connaissances. (12 novembre 1873.)

Plan. Après avoir appliqué son intelligence successivement à plusieurs objets pour s'en former des *idées claires* (cf. 65), on peut examiner si les qualités que l'on a observées dans l'un d'eux se trouvent aussi dans les autres, par suite, chercher leurs *ressemblances* et leurs *différences*, considérer leurs *rapports;* c'est l'œuvre de la *comparaison*. Elle comprend deux éléments distincts, l'un analytique, l'autre synthétique : 1° l'application volontaire de l'esprit aux objets, c'est-à-dire l'*attention*, si l'on considère l'ensemble des qualités (comme le font la zoologie et la botanique dans les classifications naturelles), ou l'*abstraction*, si l'on n'en considère qu'une seule (comme la géométrie, quand elle démontre l'égalité, l'équivalence ou la similitude de deux polygones) ; 2° la perception du rapport, acte essentiellement intellectuel, qui constitue le jugement et le raisonnement (cf. 72-79).

La *comparaison* est la condition de la *généralisation* (cf. 68).

Généralisation. Idées générales.

68. Comment se forment les *idées générales* ? (11 novembre 1867.)

Plan. L'expérience ne nous fait connaître que des individus et des faits particuliers. Mais la répétition d'observations semblables ou analogues nous amène naturellement à comparer, par suite à généraliser. — 1° Pour former des *idées générales abstraites* qui représentent des qualités et des rapports (*étendue, nombre* en mathématiques ; *pesanteur, mouvement, son, chaleur, lumière,* en physique ; *faculté,* etc., en psychologie), il faut étudier une qualité ou un rapport dans une série d'individus ou de phénomènes par *l'abstraction* (cf. 66), discerner les ressemblances et les différences par la *comparaison* (cf. 67), réunir les caractères semblables en une seule idée et lui donner un nom spécial, ce qui est l'œuvre propre de la *généralisation*. — 2° Pour former des *idées générales concrètes* qui représentent des substances considérées avec l'ensemble de leurs qualités (soit des substances simples, *âme, matière ;* soit des substances composées, *corps, végétal, animal, homme*), il faut observer un certain nombre d'*individus* et considérer l'ensemble de leurs qualités par l'*attention* (cf. 65), discerner leurs ressemblances et leurs différences par la *comparaison* (cf. 67), grouper ces individus en plusieurs *espèces* dont chacune réunit les êtres qui se ressemblent par leurs principaux caractères et reçoit un nom spécial, puis former des *genres* avec les espèces par le même procédé qu'on emploie pour former des espèces avec les individus. On a ainsi un *système d'idées générales* : car l'idée de l'*individu* (*Socrate,* etc.) est subordonnée à celle de l'*espèce* (*Homme*), l'idée de l'espèce est subordonnée à celle du *genre* (*Animal*). En multipliant le nombre des groupes constitués par ces idées générales, on obtient une *classification*.

Examinons quels éléments contient chaque idée générale dans le système dont elle fait partie. L'idée du *genre* (*Animal*) renferme les caractères essentiels qui se trouvent dans les espèces subordonnées (les propriétés relatives à l'union de l'*âme* et du *corps,* savoir la *sensibilité* et la *force motrice*) ; l'espèce (*Homme*) joint aux caractères essentiels que possède le genre (*Animal*) un caractère propre qui établit une différence essentielle entre elle et les autres espèces (la qualité de *raisonnable*); quant aux différences accidentelles qui distinguent les *individus* l'un de l'autre, elles sont écartées par la généralisation parce qu'elles n'ont aucun intérêt pour la science. Les rapports qu'offrent ainsi le genre, l'espèce et l'individu par leur subordination réciproque et le nombre des qualités qu'ils possèdent constituent l'extension et la compréhension. L'*extension* d'une idée de genre ou d'espèce est la *propriété de s'étendre à un plus ou moins grand nombre d'individus*; sa *compréhension* est la *propriété de comprendre un plus ou moins grand nombre de qualités*. Ces deux propriétés sont en raison inverse l'une de l'autre. Elles ont une grande importance pour le jugement et le raisonnement.

Valeur des idées générales (cf. 69, 70).
Lire *Logique de Port-Royal*, I, vi.

69. Expliquer cette assertion d'Aristote : *Il n'y a pas de science du particulier*. La rapprocher de cette formule de la philosophie scolastique : *Nulla est fluxorum scientia.* (7 août 1873.)

Plan. L'observation ne nous fait connaître que des individus et des faits particuliers; or la réunion des notions qu'elle nous donne ne constitue pas une science; elle en fournit seulement les matériaux. Toute science est un système d'idées générales formées chacune par la réunion des qualités principales des individus ou des conditions principales des phénomènes (cf. 68). Les qualités accidentelles qui font discerner un individu d'un autre, les circonstances variables qui se rencontrent dans tel ou tel phénomène n'ont aucune valeur ni pour la théorie, qui est inintelligible si elle se perd dans la multiplicité indéfinie des détails, ni pour la pratique, qui est impossible si elle tient compte des moindres différences.

Pour déterminer la valeur des idées générales, il faut en distinguer trois classes : 1° idées générales concrètes de *substances simples* (*âme, matière*) ou de *substances composées* (*corps, végétal, animal, homme*); elles représentent des êtres pris avec l'ensemble des qualités principales qui constituent leur essence; 2° idées générales abstraites de *qualités*; elles représentent des qualités séparées des sujets dans lesquels elles subsistent, soit qu'elles en constituent l'*essence* (*étendue* et *force* de la matière;

sensibilité, intelligence et *activité* de l'âme humaine), soit qu'elles en forment simplement des *modes* (*mouvements* de la matière; *vertus* de l'âme) ; 3° idées générales abstraites de *rapports* ; elles représentent les conditions déterminantes des faits, les *lois* de la nature. — Cette division des idées générales en trois classes contient tout ce qu'il y a d'utile dans les dix *catégories* d'Aristote (*Log. de Port-Royal*, I, III).

En résumé : 1° au point de vue métaphysique, les idées générales représentent les *essences* des espèces qui subsistent au milieu de la succession des individus, et les *lois* qui constituent l'ordre de l'univers au milieu de la multiplicité des phénomènes ; par suite, le plan même de la création conçue par l'intelligence de Dieu et réalisée par sa puissance ; 2° au point de vue scientifique, elles résument tous les êtres et toutes leurs propriétés en *classes* subordonnées et rangées d'après la double loi de l'*extension* et de la *compréhension* (cf. 68); elles substituent ainsi à la confusion et à la multiplicité des observations particulières la simplicité et la clarté, l'ordre et la symétrie ; 3° au point de vue psychologique, elles sont les éléments ordinaires de nos jugements ; elles servent de fondement à la Grammaire générale, qui nous fait retrouver la classification des idées générales dans celle des termes généraux (substantifs, adjectifs, verbes, etc.), sans lesquels il serait impossible aux hommes de s'entendre.

Cet examen démontre la vérité de l'assertion d'Aristote : *Il n'y a pas de science du particulier* ; et celle de cette formule de la philosophie scolastique : *Nulla est fluxorum scientia*.

70. Quelle est la nature et la valeur des *idées générales*? Qu'appelle-t-on dans l'histoire de la philosophie *Nominalisme, Conceptualisme, Réalisme*? (11 nov. 1871.)

71. Est-il vrai de dire, avec quelques philosophes contemporains, qu'une *idée générale* n'est qu'un *mot*? (24 octobre 1873.)

Plan. Quand on a étudié la nature et la valeur des *idées générales* (cf. 69), on peut apprécier les trois opinions qui ont été soutenues à ce sujet dans la philosophie scolastique : 1° (*Nominalisme* de Roscelin). Les genres sont de simples abstractions que l'esprit se forme en rassemblant sous une idée commune ce qu'il y a de semblable en divers individus; ce ne sont que des mots, *nomina* (opinion soutenue encore par des philosophes de notre siècle). 2° (*Conceptualisme* d'Abélard). Les individus constituent l'essence vraie et les genres existent seulement dans les *conceptions* de l'esprit. 3° (*Réalisme* de Guillaume de Champeaux). Les genres sont les seules *entités réelles* et les individus n'ont eux-mêmes d'existence que par rapport à leurs *universaux*. — On peut apprécier ainsi ces trois opinions en réunissant le conceptualisme au nominalisme. 1° Les idées générales qui représentent des qualités et des rapports sont des abstractions, mais elles ne sont pas des conceptions arbitraires de notre esprit; les lois de la pensée correspondent aux lois de la nature (cf. 69). 2° Les idées générales concrètes des substances simples ou composées représentent un élément très-important de la réalité. Sans doute il n'existe dans la nature que des *individus*; il n'y a rien en soi-même d'universel (par exemple, il n'y a pas d'âme raisonnable en général). Mais la distinction des *espèces* est fondée sur l'essence réelle des êtres : car les espèces ne se mêlent pas par la génération; seules elles ont la fixité et la durée. Il en résulte que les caractères essentiels qui constituent les types des espèces représentent les lois et le plan de la nature.

Lire Bouillet, *D. des sciences*, art. *Espèce*; Charles, *Lect. de phil.*, II, 55.

Jugement. Proposition.

72. Quels sont les *trois éléments du Jugement* auxquels correspondent les *trois parties de la Proposition*? (2 août 1873.)

Plan. Toutes les connaissances acquises par la perception externe, par la conscience et par la raison, toutes les opérations intellectuelles qui les modifient ou les combinent supposent un jugement, parce que toutes impliquent une croyance ou une affirmation soit verbale, soit mentale. — *Le jugement est l'acte par lequel l'intelligence affirme qu'une chose est ou n'est pas d'une certaine manière.* Exprimé par le langage, il constitue une *proposition* qui contient 2 *termes* (sujet, attribut) et leur *lien* ou *copule* (verbe). Dans cet exemple : *L'air est pesant*; 1° le *sujet* (l'air) est la chose dont on affirme une manière d'être; 2° l'*attribut* (pesant) est la manière d'être qu'on affirme de cette chose; 3° le *verbe* (est) constitue le lien des 2 termes et représente l'affirmation (même quand il y a négation; car toute négation implique une affirmation : nier, c'est affirmer qu'une chose n'est pas : cf. 73). A ces trois parties de la proposition correspondent les 3 éléments du jugement : 1° l'idée d'un *objet*, c'est-à-dire d'une substance réelle (*air*) ou d'une abstraction conçue sous forme de substance (*vertu*); 2° l'idée de ce que l'on affirme de cet objet, soit une *qualité*, soit simplement l'*existence*; 3° l'affirmation (*est*) qui caractérise le jugement. Cet acte intellectuel est par sa forme une application du principe de substance : *Toute qualité se rapporte à une substance*; de là dérive cette règle logique : *Tout attribut se rapporte à un sujet*; et cette règle grammaticale : *Tout adjectif se rapporte à un substantif.* Ainsi la loi du langage correspond à la loi de la pensée, et la loi de la pensée correspond elle-même à la loi de la réalité, qui se compose seulement des substances et de leurs modes (cf. 55).

Le jugement n'est pas une faculté spéciale; c'est une fonction de la *raison* qui, rapportant tout à l'idée de l'*être*, prononce sur la *vérité* des pensées et sur la *réalité* de leurs objets.

73. Du *Jugement* et de ses diverses espèces. (8 novembre 1868; 27 mars 1874.)

74. Quelles sont les principales espèces de jugements ? Qu'appelle-t-on *jugements analytiques* ou *synthétiques*, *jugements a priori* ou *a posteriori*, *jugements nécessaires* ou *contingents*? (24 août 1870.)

Plan. Analyse du jugement (cf. 72). — D'après cette analyse, on peut diviser les jugements en 4 classes.

1° Au point de vue de la *Qualité* (nature de l'assertion contenue dans le jugement), le jugement est *affirmatif* (*Les gaz sont pesants*) ou *négatif* (*Le mercure n'est pas solide*). Le jugement intuitif est affirmatif, parce qu'il est une croyance spontanée à la réalité. Au contraire, le jugement négatif est réfléchi et comparatif (cf. 75) : nier qu'un objet soit d'une certaine manière, c'est tout à la fois affirmer la réalité d'une chose présente (l'existence du *mercure* dans l'exemple cité), et constater l'absence d'une autre chose à laquelle nous pensons (la qualité de *solidité*); par exemple, accoutumés à voir les métaux à l'état solide, nous remarquons plus l'absence de la *solidité* dans le *mercure* que la présence des autres qualités.

2° Au point de vue de la *Quantité* (nombre des objets auxquels s'étend le jugement), le jugement est *singulier* (*Alexandre est célèbre*), ou *particulier* (*Quelques hommes sont vertueux*), ou *général* (*Les hommes sont mortels*), selon que l'affirmation porte sur un seul objet, sur quelques objets, ou sur une classe entière. Remarquons que, dans la théorie du syllogisme, la proposition où l'affirmation porte sur un seul objet est appelée *universelle* comme celle où l'affirmation porte sur une classe entière d'individus, parce que dans les deux cas le sujet est pris dans toute son extension (cf. 168).

3° Au point de vue de la *Modalité* (manière dont est conçue l'existence des objets), le jugement est *contingent* (*L'air est pesant*), ou *nécessaire* (*Tout changement suppose une cause*). Cette distinction est commune aux jugements et aux idées (cf. 40). Par suite, tout jugement contingent est *a posteriori*, c'est-à-dire est fondé sur l'expérience, soit sur la perception externe (*L'air est pesant*), soit sur la conscience (*L'âme est libre*); tout jugement nécessaire est *a priori*, c'est-à-dire est fondé sur la raison (*Tout changement suppose une cause*).

4° Au point de vue de la *Relation* (rapport entre les idées que le jugement unit), le jugement est *synthétique* ou *analytique*, selon que l'attribut est une idée ajoutée explicitement au sujet ou une idée contenue implicitement dans le sujet. Dans le premier cas, le jugement est *synthétique a posteriori* (*L'air est pesant; L'âme humaine est libre*) ou *synthétique a priori*, comme le principe de causalité et toutes les vérités premières (cf. 47). Dans le second cas, le jugement analytique affirme du sujet un attribut qu'on y trouve naturellement contenu lorsqu'on examine sa compréhension (*Les corps sont étendus*); par suite, le jugement analytique est *a priori* en ce sens qu'il repose sur le *principe de contradiction* comme tous les axiomes (cf. 47); mais il présuppose un jugement intuitif et concret qu'il décompose par abstraction en séparant de la substance une de ses qualités essentielles (cf. 72).

75. Tous les *Jugements* sont-ils, comme on l'a prétendu, le résultat d'une *comparaison*? (27 novembre 1868.)

Plan. Dans les traités de Logique où, d'après Aristote et la philosophie scolastique, le *jugement* est étudié sous forme de *proposition* au point de vue de la théorie syllogistique, il est défini comme le résultat d'une *comparaison* : « Après avoir conçu les choses par nos idées, nous *comparons* ces idées ensemble ; et trouvant que les unes conviennent entre elles et que les autres ne conviennent pas, nous les lions ou délions, ce qui s'appelle affirmer ou nier, et généralement juger (*Logique de Port-Royal*, II, III). » De même Locke enseigne que juger, c'est comparer des idées pour en trouver la *convenance* ou la *disconvenance*. Cette définition n'est admissible que dans la théorie péripatéticienne des 3 opérations de l'esprit, *concevoir*, *juger*, *raisonner* (cf. 173, 178). Quand nous avons acquis une certaine quantité de connaissances qui impliquent toutes autant de jugements, parce que nous ne pouvons connaître un objet sans affirmer son existence, nous décomposons ces jugements en détachant les attributs des sujets et nous avons ainsi des *idées* abstraites ou générales (cf. 68). Alors notre intelligence, passant en revue les séries qu'elle a formées et considérant leurs différents termes sous le double rapport de l'*extension* et de la *compréhension*, les unit ou les sépare dans de nouvelles combinaisons qui constituent des *jugements comparatifs* ; exemple : *L'hydrogène est élastique*.

Après avoir reconnu la part de vérité qui se trouve dans la théorie des jugements comparatifs, il reste à déterminer les caractères psychologiques des *jugements* qui les précèdent et qui en fournissent les matériaux. L'analyse démontre qu'ils sont *immédiats* et *intuitifs*. Examinons ces exemples : *Le fer est solide* ; *Je pense*. Quand j'affirme que *le fer est solide*, je ne commence pas par analyser l'idée de la substance appelée *fer* et l'idée de la qualité appelée *solidité* pour les comparer et reconnaître qu'elles se conviennent ; je ne combine pas deux abstractions dont l'union ne peut donner l'être réel, puisqu'il ne se trouve dans aucune d'elles ; je perçois une substance avec ses qualités essentielles et j'en affirme immédiatement la réalité ; j'ai donc une connaissance intuitive sur la vérité de laquelle je prononce immédiatement ; ensuite, avec la réflexion, je pourrai distinguer la substance de ses qualités et former ainsi un jugement analytique énoncé par une proposition ; il aura l'avantage d'être plus clair que le jugement intuitif et immédiat, mais il lui empruntera toute sa valeur. De même quand j'affirme que *je pense*, je saisis par un acte indivisible de la conscience le *moi* et la *pensée* qui le manifeste ; l'abstraction qui les isole est une opération ultérieure.

En résumé, toutes nos *idées* sont des éléments empruntés à des *jugements intuitifs et immédiats*. Les *jugements comparatifs* qui combinent ces idées ne tiennent que le second rang dans l'ordre psychologique des opérations intellectuelles, quoique l'étude de leurs caractères logiques serve de fondement à la théorie du syllogisme.

Raisonnement déductif. Raisonnement inductif.

76. Montrer en quoi diffèrent la *Raison* et le *Raisonnement*. (31 juillet 1866.)

Plan. Tous nos jugements sont intuitifs ou comparatifs.
Les *jugements intuitifs* ont pour caractère commun l'*évidence immédiate* (cf. 75). — Les uns affirment la réalité d'un fait contingent connu par l'*expérience*, c'est-à-dire par la perception externe (*Le mercure est liquide*) ou par la conscience (*Je pense*). Les autres affirment un rapport nécessaire donné par la *raison* (*Tout changement suppose une cause*) : on les appelle *jugements synthétiques a priori*, *principes a priori*, parce qu'ils doivent leur origine à la raison, et *vérités premières*, parce qu'ils servent de principes à toutes les sciences (cf. 47, 74).

Les *jugements comparatifs* ont un autre caractère (cf. 75). Soit l'exemple : *Une bille d'ivoire est élastique*. Ce jugement ne possède pas l'évidence immédiate comme les précédents. Je compare le sujet et l'attribut ; mais je ne vois pas si ces deux idées se conviennent, je ne saisis pas leur rapport ; il y a entre elles un intervalle vide qui ne me permet pas de les unir. En ce cas, je cherche une troisième idée qui serve d'intermédiaire entre les deux autres, qui les rapproche en se liant successivement à chacune d'elles. J'examine si, parmi les propriétés que possède une bille d'ivoire, il y en a une qui se rattache à l'élasticité ; d'un côté, je trouve qu'une bille d'ivoire a la propriété de rebondir quand elle choque un corps résistant, et d'un autre côté, que la propriété de rebondir par le choc appartient aux corps élastiques. Je fais alors ces trois jugements : *Ce qui rebondit par le choc est élastique; or une bille d'ivoire rebondit par le choc; donc une bille d'ivoire est élastique.* J'ai ainsi un *raisonnement*. Comme on le voit par cet exemple, c'est une *opération intellectuelle qui consiste à établir un rapport entre deux idées au moyen d'une troisième* ; son résultat est une *conclusion d'évidence médiate*, c'est-à-dire un jugement comparatif dont la vérité a pour condition la vérité de deux autres jugements dont elle est la conséquence ; ces deux jugements doivent eux-mêmes posséder l'évidence intuitive ou être les conclusions légitimes de raisonnements précédents ; mais on ne saurait remonter ainsi à l'infini, et toute la suite des raisonnements qu'on peut faire sur un objet doit toujours débuter par des jugements d'évidence intuitive.

De cette analyse il résulte qu'il y a une différence essentielle entre la raison et le raisonnement; c'est que la *raison* nous donne des *jugements synthétiques a priori d'évidence immédiate*, tandis que le *raisonnement* aboutit à des *jugements comparatifs d'évidence médiate*. — Après avoir constaté la différence de la *raison* et du *raisonnement*, il faut encore déterminer leur rapport : car, ainsi que le mot lui-même l'indique, le raisonnement est une application de la raison. En examinant les diverses espèces de raisonnement, on reconnaît que le *raisonnement déductif* implique le *principe d'identité* ou le *principe de contradiction*, et le *raisonnement inductif*, le double *principe des causes efficientes et des causes finales* (cf. 78, 79).

77. Comment a-t-on pu opposer la *Raison* au *Raisonnement*, ainsi que l'a fait Molière en ce vers?

<blockquote>Et le raisonnement en bannit la raison.</blockquote>

(Molière, *Les Femmes savantes*, II, 7.) (9 août 1873.)

Plan. La raison est la faculté intellectuelle qui nous donne les vérités premières, règles de nos actions et de nos pensées. Le raisonnement les applique aux diverses circonstances de la vie et aux recherches de la science. L'erreur est impossible dans les vérités premières de la raison, parce qu'elles sont universelles, nécessaires et absolues; elle est possible dans le raisonnement si l'esprit, au lieu d'enchaîner ses pensées par des rapports rationnels, se détermine par une association fortuite d'idées; dans ce cas le raisonnement est en désaccord avec la raison. — La conduite des hommes aussi bien que leurs opinions offrent des exemples de ce désaccord entre la raison et le raisonnement. Ainsi, dans les *Femmes savantes*, Molière nous montre Philaminte s'occupant de régler la langue française, ce qui ne regarde que l'Académie, et négligeant de régler sa maison, ce qui est son devoir; ses serviteurs l'imitent pour lui plaire; nul ne remplit ses fonctions. Chrysale, qui personnifie le bon sens, exprime sous une forme vive cet abus dans ces deux vers célèbres :

<blockquote>Raisonner est l'emploi de toute ma maison,
Et le raisonnement en bannit la raison.</blockquote>

En effet, le désaccord entre les moyens et les fins est contraire à la raison et engendre le ridicule :

> Et j'ai des serviteurs, et ne suis pas servi.

Si de la pratique nous passons à la théorie, l'histoire de la philosophie nous offre un exemple de l'opposition du raisonnement et de la raison dans la Scolastique. Si, dans cette époque, laissant de côté les travaux de saint Thomas d'Aquin et de quelques hommes remarquables, on examine la querelle du nominalisme et du réalisme, on voit les docteurs, au lieu d'étudier la réalité, s'épuiser en discussions stériles sur des abstractions nommées *causes occultes* ou *formes substantielles*, s'imaginer découvrir et démontrer la vérité à coup de syllogismes, « prendre la paille des termes pour le grain des choses (Leibniz), » faire consister la science dans l'Art de Raymond Lulle qui « enseignait à parler de tout sans rien savoir (Descartes). » On peut donc, pour caractériser tant de sentences vaines, leur appliquer le vers de Molière,

> Et le raisonnement en bannit la raison.

78. Distinguer et comparer les principales *espèces de Raisonnements*. (4 novembre 1867.)

Dissertation. Le raisonnement est une opération intellectuelle qui consiste à établir un rapport entre deux idées au moyen d'une troisième, ou, ce qui revient au même, à passer d'un jugement à un autre. Pour bien comprendre sa fonction, il faut distinguer et comparer ses principales espèces.

La première espèce de raisonnement est le *raisonnement déductif*, ainsi nommé parce qu'il tire (*deducit*) d'un jugement un autre jugement à l'aide d'un jugement intermédiaire; il va de ce qui est plus général à ce qui l'est moins; et quelquefois du même au même, en changeant seulement la forme. — Soit l'exemple : *Tous les gaz sont élastiques ; or l'hydrogène est un gaz ; donc l'hydrogène est élastique.* Ce raisonnement renferme trois idées et trois jugements. Des trois idées, deux sont données par la question que le raisonnement doit résoudre (*L'hydrogène est-il élastique?*) : l'une en constitue le sujet (*hydrogène*), et l'autre en est l'attribut (*élastique*). Pour trouver l'idée moyenne, on cherche un troisième terme qui convienne au premier comme attribut et à l'autre comme sujet ; on le découvre en examinant les propriétés qui appartiennent au premier terme (*hydrogène*) et les espèces qui sont contenues dans le genre constitué par l'autre terme (*élastique*). 1° A ce point de vue, le raisonnement déductif consiste à montrer que l'individu (*hydrogène*) est contenu dans l'espèce (*gas*), et que l'espèce est contenue dans le genre (*élastique*); il se fonde sur l'extension et la compréhension des idées (cf. 68, 175). 2° On peut aussi dire avec Kant qu'il consiste à montrer que le caractère (*élastique*) qui convient à une espèce (*gas*) convient également à une chose contenue dans cette espèce (*hydrogène*). 3° Quand au lieu de considérer les trois idées, on examine le rapport qui lie les trois jugements, il se formule ainsi : le premier jugement établit une règle générale (*Tous les gaz sont élastiques*); le troisième jugement applique cette règle à un cas particulier (*L'hydrogène est élastique*); le second jugement justifie cette application en constatant que la condition posée par la règle générale est remplie (*L'hydrogène est un gaz*)[1]. C'est précisément la fonction que remplit le juge quand il applique la loi : *Celui qui aura commis un assassinat sera puni de mort; or, l'accusé a commis un assassinat; donc l'accusé sera puni de mort*. — D'après Condillac, le rapport des trois jugements dans le raisonnement est l'*identité* ou plutôt l'*analogie*; cette théorie ne convient qu'à la résolution des équations algébriques où il y a une substitution d'équivalents. Ex. : $x = \frac{31 + 2 - 3}{15} = \frac{30}{15} = 2$.

Quel que soit le point de vue sous lequel on considère le raisonnement déductif, il est une application de la raison en ce sens qu'il implique toujours le *principe d'identité*, ou, ce qui revient au même, le *principe de contradiction* (cf. 47); on ne peut, sans se contredire, ne pas attribuer le caractère de l'espèce aux choses qui sont contenues dans cette espèce.

La seconde espèce de raisonnement est le *raisonnement inductif*, ainsi nommé parce qu'il transporte (*inducit*) à tous les temps, à tous les lieux, à toute une classe d'objets semblables ce qui a été observé à tel moment, dans tel endroit, dans un nombre restreint d'objets. Soit l'exemple : « Quand on entoure la boule d'un thermomètre avec un linge imbibé d'eau, l'abaissement du thermomètre indique un refroidissement; quand le linge est imbibé d'éther, liquide plus volatil que l'eau, le re-

---

[1]. La Logique de Port-Royal formule ainsi ce rapport des 3 jugements dans le syllogisme : « L'une des prémisses doit contenir la conclusion et l'autre doit le faire voir. »

froidissement est plus considérable ; or, ce refroidissement coïncide avec l'évaporation de l'eau et de l'éther ; donc l'évaporation des liquides détermine toujours et partout un refroidissement. » En mettant ce raisonnement sous une forme logique, on a : « *L'évaporation de l'eau et de l'éther détermine un refroidissement ; or l'eau et l'éther sont des liquides ; donc l'évaporation des liquides détermine toujours et partout un refroidissement.* » Dans cet exemple, l'esprit s'élève d'un jugement particulier à un jugement général par un jugement intermédiaire qui établit leur équivalence. La conclusion est vicieuse dans la *forme*, puisqu'elle ne résulte pas d'une énumération complète des liquides. Il faut donc qu'elle soit légitimée par la *matière* même du raisonnement, c'est-à-dire par la valeur scientifique des deux jugements qui nous conduisent au troisième, de telle sorte que l'esprit découvre le général dans le particulier. Cette opération intellectuelle dépasse évidemment les limites de l'expérience : elle suppose une donnée de la raison, le double principe des causes efficientes et des causes finales qu'on peut formuler ainsi : *Dans les mêmes circonstances, toujours et partout, les mêmes causes ont les mêmes effets et les mêmes moyens ont les mêmes fins* (cf. 57). Son résultat est une proposition générale, une *loi*.

Au raisonnement inductif se rattache le *raisonnement par analogie* qui conclut de la ressemblance partielle de deux choses à leur ressemblance totale dans la production d'un phénomène déterminé. Ex. : *Les autres hommes ont les mêmes organes que moi ; ils font les mêmes actes ; donc ils doivent posséder les mêmes facultés.*

En comparant le raisonnement inductif et le raisonnement déductif, on voit que le premier donne des jugements généraux, des lois, et que le second en tire les conséquences et les applications. Tous les deux sont des applications de la *raison*, parce que tous deux sont fondés sur des principes rationnels, principes toujours présents à la pensée quoiqu'ils ne soient pas exprimés explicitement.

Lire Charles, *Lect. de phil.* II, p. 108.

79. L'*Induction* est-elle réductible à l'expérience? Ne suppose-t-elle pas un principe rationnel? Quel est ce principe? (23 août 1867; 6 août 1868; 24 novembre 1871.)

Rem. En traitant ci-dessus des diverses espèces de raisonnements, nous avons indiqué quelle est la part de l'*expérience* et quelle est celle de la *raison* dans l'*induction*.

Lire Charles, *Lect. de phil.*, II, p. 60-85.

Mémoire.

80. De la *Mémoire sensible* et de la *Mémoire intellectuelle*. Distinguer et comparer ces deux espèces de mémoire. (23 juillet 1874.)

81. De l'*Imagination* et de la *Mémoire intellectuelle*. Déterminer quels sont leurs rapports et quelles sont leurs différences. (11 août 1867.)

Plan. Pour comprendre les opérations intellectuelles, il est nécessaire de bien déterminer en quoi consiste la *mémoire* et quelles en sont les diverses formes, parce qu'elle est impliquée dans presque toutes. Si j'affirme que j'éprouve une douleur, mon jugement ne suppose qu'une perception instantanée ; mais si j'affirme que je vois un chêne, quoique mon jugement se produise en un seul et unique instant, il énonce une perception dont l'accomplissement a duré quelque temps, parce que je dois parcourir successivement du regard toutes les parties de l'arbre ; il faut donc m'en représenter l'ensemble par la mémoire au moment d'en affirmer l'existence et la nature. A ce point de vue on peut dire avec Pascal que la mémoire est nécessaire pour toutes les opérations de l'esprit.

Quelle que soit l'opération où elle intervienne, la *mémoire* est la faculté de retrouver les notions précédemment acquises. Ces notions peuvent se diviser en deux classes, images et idées : l'*image* est la représentation de l'objet individuel perçu par un des sens ; l'*idée* est l'acte par lequel l'esprit se connaît lui-même et connaît Dieu, ou bien détermine ce qu'il y a de constant et d'universel dans un objet individuel perçu par les sens : p. ex. j'ai l'*image d'un triangle* si je me représente un triangle avec une certaine grandeur de ses angles et de ses côtés, tel que je le dessine sur le papier ; j'ai l'*idée du triangle*, si je sais que tout triangle est un polygone de trois côtés, sans déterminer aucune grandeur des angles et des côtés. A la distinction de l'image et de l'idée correspond celle de la *mémoire sensible*, (*mémoire imaginative, imagination passive*) et de la *mémoire intellectuelle* : la première reproduit les *images* ; la seconde, les *idées*. Cette distinction a été établie par Aristote, développée par Plotin, saint Augustin et l'école cartésienne. Bossuet la définit ainsi dans la *Conn. de Dieu et de soi-même* (ch. I, xii) : « On distingue la *mémoire imaginative*, où se retiennent les choses sensibles et les sensations, d'avec la *mémoire intellectuelle*, par laquelle se retiennent les vérités et les choses de raisonnement et d'intelligence. » Il rattache avec raison cette distinction à celle de l'*imagination* et de l'*entendement* (cf. 82).

La *mémoire sensible* et la *mémoire intellectuelle* sont ordinairement liées entre elles comme la perception extérieure, qui nous donne les *images*, est liée elle-même aux opérations des autres facultés intellectuelles qui nous donnent les *idées*. Le retour de l'image provoque le retour de l'idée, parce qu'elle excite l'activité de l'intelligence, comme la sensation déterminée par l'impression organique fait entrer en action la conscience et la raison avec les opérations qui se rattachent à leur exercice : c'est un des principes de la mnémotechnie (cf. 86). A son tour, l'idée éveille l'image de l'objet auquel elle se rapporte. L'alliance de l'*idée* et de l'*image* se manifeste dans celle de la *pensée* et de la *parole*. Aristote dit que la pensée ne va jamais sans image. On peut dire dans le même sens que la mémoire intellectuelle s'exerce généralement avec la mémoire sensible.

82. Distinguer l'*Imagination* et l'*Entendement*. (14 août 1866 ; 17 août 1869.)

Rem. Distinguer l'*Imagination* de l'*Entendement* revient à distinguer l'*image* de l'*idée* (cf. 81). Cette question est traitée par Bossuet dans la *Connaissance de Dieu et de soi-même*, I, ix-xi (cf. édition Charles, p. 41-47, notes).

Lire Charles, *Lect. de phil.*, I, p. 340-347, 356-358, 361-362, 364-365.

83. Des conditions psychologiques de la *Mémoire*. Analyse du souvenir. (2 août 1867.)

84. Montrer par des exemples la différence de la *réminiscence* et du *souvenir*. Analyser les éléments et les lois du souvenir. (31 octobre 1874.)

85. En quel sens est vrai ce mot de Royer-Collard : « On ne se souvient pas des choses ; on ne se souvient que de soi-même. » (13 novembre 1873.)

Plan. Pour comprendre quelle est la fonction propre de

la mémoire dans les opérations intellectuelles, il faut en déterminer les conditions psychologiques en analysant le souvenir.

Chaque acte de la mémoire comprend, quand il est complet : 1° la *reproduction spontanée* (*souvenir*) ou la *reproduction volontaire* (*rappel*) d'une notion précédemment acquise ; cette notion est une *image* ou une *idée* (cf. 80) ; 2° la *notion du temps* où l'objet du souvenir a été perçu ; quand nous nous souvenons d'une chose, nous reconnaissons qu'un certain temps s'est écoulé depuis le moment où nous avons acquis la notion de cette chose jusqu'au moment où elle nous revient à l'esprit, c'est-à-dire que nous avons duré nous-mêmes, que notre activité a produit une série de phénomènes successifs qui sont passés, tandis qu'elle-même subsiste toujours et apprécie sa propre durée par la continuité de son action ; 3° la *notion de notre identité personnelle* ; en reconnaissant comme antérieurement acquise la notion reproduite actuellement par la mémoire, nous jugeons que le sujet qui a acquis cette notion est le même qui la reproduit en vertu de la continuité de son existence qui est la continuité même de son action. — De cette analyse on peut tirer les conséquences suivantes. 1° Nous ne nous souvenons ni des objets que nous avons perçus, ni de nos sentiments, ni de nos résolutions, ni même de nos idées ; nous nous souvenons seulement des actes intellectuels par lesquels nous avons eu conscience de nos états ou de nos opérations. C'est en ce sens que Royer Collard a dit : « On ne se souvient pas des choses ; on ne se souvient que de soi-même. » Il en résulte que la clarté du souvenir est proportionnée à la clarté de la conscience, parce que la mémoire, comme la conscience, ne s'applique qu'au moi. 2° Nous ne connaissons d'autre *durée* que la nôtre ; c'est la seule attestée par la mémoire. Quand nous jugeons qu'un phénomène extérieur a duré, nous jugeons que nous avons duré nous-mêmes en le voyant, et nous lui appliquons l'idée de durée par induction. En généralisant toutes les durées individuelles, nous concevons l'idée abstraite de *temps* ; c'est le mode d'existence propre aux choses qui changent, comme l'*éternité* est le mode d'existence propre à l'Être immuable, à Dieu. Nous mesurons le temps par notre propre durée, et celle-ci, par la succession des faits dont nous avons conscience. 3° Nous acquérons par la mémoire la notion de notre *identité personnelle* ; mais celle-ci est elle-même la condition de la mémoire : car le souvenir suppose un lien continu entre l'existence passée du moi et son existence présente. 4° Les conditions psychologiques énumérées ci-dessus ne se constatent que dans l'acte complet de la mémoire, qui est le *souvenir*. Souvent, nous reconnaissons que nous avons déjà eu une idée sans pouvoir préciser en quelle circonstance; c'est une *réminiscence*. Souvent aussi par la *mémoire imaginative* ou par la *mémoire intellectuelle* nous avons une *image* ou une *idée* sans aucune notion de temps; p. ex., quand nous entendons prononcer le mot *cheval*, nous en comprenons le sens et nous nous représentons l'animal qu'il désigne sans l'avoir sous les yeux : c'est l'*imagination* ou la *conception* opposée à la *perception*. La distinction que l'esprit établit entre ces deux opérations est un fait primitif et on ne peut l'expliquer en prétendant, comme Descartes, que les perceptions sont mieux suivies que les conceptions, ni en soutenant, comme Condillac, que les premières sont plus vives que les secondes.

Lire Charles, *Lect. de phil.*, I, (sur le souvenir) p. 280-284, (sur la durée et l'identité) p. 89-93, 291-293, (sur la réminiscence) p. 278-279, (sur la conception) p. 272-277.

86. De la *Mémoire*. Lois de la mémoire. Qualités d'une bonne mémoire. Des divers genres de mémoire. De la *mnémotechnie*. (10 août 1870.)

Plan. Pour connaître le rôle que joue la mémoire dans les opérations intellectuelles, il ne suffit pas de savoir qu'elle est la faculté de retrouver et de reproduire les notions antérieurement acquises; il faut encore étudier ses lois, c'est-à-dire savoir de quelles conditions dépend le souvenir. Je suppose que j'apprenne par cœur des vers de Virgile : je dois les lire avec attention et répéter cet acte plusieurs fois, en associant les mots dans l'ordre où je les lis; enfin, au moment où je veux me les rappeler, réfléchir à la liaison que j'ai établie entre les différents termes de la série. Il y a donc : 1° au moment où la notion est acquise, *attention, répétition de l'acte, association des idées*; 2° au moment où la notion est reproduite, *réflexion*, c'est-à-dire effort pour retrouver la liaison des idées. Il résulte de ces lois que le souvenir s'acquiert de la même manière que l'habitude (cf. 108), et que c'est dans l'habitude qu'il faut chercher l'explication des procédés de la mémoire et de l'association des idées (cf. 88). — Cette étude théorique des lois de la mémoire a ses conséquences pratiques. Comme l'exercice de la mémoire suppose trois choses, *apprendre, retenir* et *se rappeler*, les qualités d'une bonne mémoire sont la *facilité à apprendre*, la *ténacité* ou la *sûreté pour retrouver*, la *promptitude au rappel*. Les divers degrés auxquels les esprits possèdent ces qualités constituent les divers genres de mémoire. Ils sont déterminés par l'inégalité de la force de l'attention et par la différence des rapports qui règlent l'association des idées (cf. 88). De là se déduisent les moyens de perfectionner la mémoire, lesquels constituent la *mnémotechnie* : 1° exciter l'attention ; 2° lier les idées par des rapports constants et rationnels.

Lire Bouillet, *D. des sciences*, art. *Mémoire, Mnémotech* ; Charles, *Lect. de phil.*, I, p. 294-301.

87. Marquer par des analyses et par des exemples l'*influence de la Volonté sur la Mémoire*. (14 août 1868.)

Plan. La volonté exerce une grande influence sur la mémoire. Pour s'en rendre compte, il suffit d'étudier les lois de la mémoire, savoir : 1° au moment où la notion est acquise, *attention, répétition de l'acte, association des idées* ; 2° au moment où la notion est reproduite, *réflexion*, c'est-à-dire effort pour retrouver la liaison des idées. Toutes ces conditions sont dans la dépendance de la *volonté* (cf. 86). — Il en est de même des moyens de perfectionner la mémoire : 1° exciter l'attention ; 2° lier les idées par des rapports constants et rationnels (cf. 88).

Lire Charles, *Lect. de phil.*, I, p. 295-296, 329-331.

88. Des différents *rapports par lesquels s'enchaînent nos idées*. (7 novembre 1867.)

89. Quelles sont les principales *lois de l'association des idées*. Montrer l'importance de l'association des idées dans la formation de l'intelligence et du caractère (8 novembre 1872.)

Plan. La mémoire suppose l'*association des idées*, c'est-à-dire la disposition intellectuelle en vertu de laquelle nous lions nos idées dans un certain ordre et nous les reproduisons dans l'ordre où nous les avons liées : par exemple, quand nous apprenons par cœur des vers, le premier mot amène le second, celui-ci le troisième, et ainsi de suite jusqu'à ce que la série soit épuisée. — L'association des idées a trois lois principales : 1° Elle s'établit par la *répétition de l'acte* par lequel nous percevons des objets simultanément ou successivement; elle constitue une tendance à répéter cet acte; par conséquent elle constitue une *habitude intellectuelle*, à laquelle peut se joindre une *habitude organique* (cf. 108). 2° Elle est *spontanée* ou *volontaire*. Dans le premier cas, les idées se représentent à l'esprit dans l'ordre même des sensations déterminées par les objets extérieurs qui ont excité notre attention et donné lieu à un groupe particulier de perceptions. Dans le second cas, l'esprit détermine lui-même l'ordre dans lequel il considère les objets et choisit les rapports sous lesquels il les compare. 3° Les *rapports* par lesquels s'enchaînent nos idées sont *accidentels* ou *rationnels*. La première espèce de rapports a pour cause unique la simultanéité des faits, parce que l'esprit n'examine pas si cette simultanéité résulte d'un ordre naturel ou d'une coïncidence fortuite. La seconde espèce de rapports résulte d'une comparaison dans laquelle l'esprit a été guidé par un principe rationnel : tels sont ceux de temps (histoire), de lieu (géographie), de principe à conséquence (mathématiques), de cause à effet (lois scientifiques), d'analogie (classification), de signe à chose signifiée (langage).

L'association des idées joue un rôle important dans la formation de l'intelligence et du caractère. 1° Elle intervient dans la mémoire, par suite, dans les perceptions acquises. 2° Elle constitue le cours de nos pensées. Quand une perception éveille plusieurs séries d'idées, l'intelligence en choisit une et la suit jusqu'à ce qu'une nouvelle perception éveille un autre ordre de souvenirs. 3° La différence des esprits consiste dans la différence des rapports auxquels ils accordent leur attention et dans l'inégalité de l'application dont ils sont susceptibles. Les hommes superficiels et légers remarquent beaucoup de rapports accidentels et ont une conversation agréable par la variété des détails et l'imprévu des rapprochements, mais ils s'abandonnent à leur imagination sans exercer leur jugement. Au contraire, les hommes sérieux et portés à approfondir les choses ne donnent rien au hasard, concentrent leur attention sur un petit nombre de points, lient étroitement les données de l'expérience à celles de la raison et suivent jusqu'au bout les conséquences d'un principe sans se laisser distraire par rien. On peut expliquer par là la méditation, la rêverie, le rêve et certaines espèces de folie. 4° La liaison des pensées influe elle-même sur la conduite par les sentiments qu'elle éveille. Ainsi s'établit une correspondance naturelle entre les aptitudes intellectuelles, les goûts et les habitudes morales de chaque individu. 5° Les faits psychologiques que nous venons d'énumérer expliquent dans une certaine mesure la conception des œuvres des beaux-arts et les émotions qu'elles produisent. Le propre du poëte et de l'artiste est de trouver facilement toutes les idées associées à l'idée principale qui constitue le sujet donné et les images propres à exciter dans les autres hommes les pensées et les émotions qui s'y rattachent.

Lire Charles, *Lect. de phil.*, I, p. 302-320, 329-345.

Rem. En Angleterre, l'*école de l'association des idées* a essayé d'expliquer par l'association des idées l'origine des vérités premières (cf. 47).

Lire Charles, *Lect. de phil.*, I, p. 320-328.

Imagination.

90. Distinguer la *Mémoire imaginative* de l'*Imagination créatrice*. (13 nov. 1868 ; 22 nov. 1871.)

Dissertation. Le mot *imagination* a plusieurs sens qu'il importe de bien distinguer parce que c'est une faculté complexe, qu'elle remplit plusieurs fonctions dans nos opérations intellectuelles : On désigne ses deux formes principales par les qualifications qu'on leur donne : 1° *imagination passive* ou *sensitive* ; 2° *imagination active* ou *créatrice*.

L'*imagination passive* ou *sensitive* a pour première fonction de continuer et de prolonger la sensation, quand la perception exige un certain temps, parce que nous sommes obligés de parcourir et d'examiner les diverses parties d'un objet (Bossuet, *Conn. de Dieu*, I, v). Elle a pour seconde fonction de conserver et de reproduire les *images* que lui donne l'exercice des cinq sens. On la nomme en ce cas *mémoire imaginative* ou *sensitive* pour la distinguer de la *mémoire intellectuelle* qui reproduit les *idées* précédemment acquises (cf. 80), et qui nous fait connaître notre durée et notre identité personnelle (cf. 83).

Elle remplit le rôle d'intermédiaire entre les sens et les autres facultés intellectuelles, selon qu'elle est excitée par une sensation externe, par une sensation interne ou par une idée. 1° Quand nous éprouvons une sensation externe, l'image produite peut en amener une série d'autres en vertu d'une association (cf. 88). 2° Quand nous éprouvons une sensation interne déterminée par l'état d'un organe ou par un besoin du corps, non-seulement l'image produite éveille une série d'images qui lui sont liées, mais encore elle peut, avec le concours de la sensibilité et de la force motrice, exciter une réaction du cerveau sur les organes. Par suite de cette réaction, nous manifestons nos émotions par le jeu de la physionomie, par nos gestes et par l'attitude générale du corps, ce qui est l'origine du langage naturel ; ou nous produisons une série de mouvements automatiques, comme dans les actes instinctifs et dans les actes habituels ; ou bien nous nous représentons certains objets avec une telle vivacité que nous croyons voir des figures, entendre des sons, etc., parce que les organes des sens concourent à la formation des images par l'ébranlement qu'ils reçoivent du cerveau, comme cela arrive quand nous nous parlons à nous-mêmes, quand une *illusion* nous fait voir des objets autres qu'ils ne sont dans la réalité, quand nous avons un *rêve* ou une *hallucination*. 3° Lorsqu'une idée détermine la production des images, elle peut, en l'absence de la volonté intelligente, fixer la pensée sur une chose, éveiller une tendance correspondante et déterminer ainsi le mouvement des organes ; c'est ce qui arrive dans la *passion*.

Au lieu de subir l'influence exercée par l'action des objets extérieurs ou par l'état des organes, l'*imagination active* ou *créatrice* met en jeu l'activité intellectuelle, soit qu'elle retrouve les images et les reproduise dans un certain ordre, soit qu'elle les combine, soit qu'elle exprime une idée par une forme sensible qu'elle invente. Ces définitions s'expliquent facilement par des exemples. 1° Quand nous lisons dans Virgile la description de la prise de Troie, nous nous représentons le spectacle dépeint par le poëte en nous rappelant les images de faits analogues à ceux qu'il énumère. 2° Sous l'influence d'un sentiment individuel ou passager, nous établissons une liaison spontanée ou réfléchie entre les images qui se présentent à notre esprit, nous en formons un tout qui ne répond à rien de réel ou même de possible. On appelle *fantaisie* ce genre d'imagination ; ses œuvres sont des *fictions*, comme les sirènes de la mythologie grecque, les contes qui n'ont d'autre but que d'amuser et de plaire (cf. 95). 3° Enfin nous pouvons, en présence d'un des objets réels que nous fait connaître l'expérience, concevoir un *idéal* et l'exprimer par une *forme sensible* dont les matériaux nous sont fournis par la mémoire imaginative. C'est là le travail propre de l'*imagination créatrice* ou *poétique*.

Prenons ces vers d'Horace (*Odes*, III, III) :

> Justum et tenacem propositi virum
> Non civium ardor prava jubentium,
> Non vultus instantis tyranni
> Mente quatit solida, neque Auster
> Dux inquieti turbidus Adriæ,
> Nec fulminantis magna manus Jovis;
> Si fractus illabatur orbis,
> Impavidum ferient ruinæ.

Tout ce passage se ramène à une seule idée, *la constance du sage que rien n'ébranle*. L'expression de cette idée consiste à montrer le sage bravant les dangers les plus propres à inspirer la crainte. L'histoire fournissait au poëte latin l'exemple de Régulus (*Atqui sciebat, quæ sibi barbarus Tortor pararet*. III, v, 49), celui de Caton d'Utique (*Et cuncta terrarum subacta, Præter atrocem animum Catonis*. II, I, 23), etc. Il a inventé en concevant le *type de la force d'âme* dont aucun homme ne lui offrait un modèle complet (*Justum et tenacem propositi virum, non... mente quatit solida*). Par la mémoire imaginative, il s'est rappelé des périls capables d'exciter la terreur. Par l'imagination créatrice, il a choisi les plus émouvants, il les a disposés de manière à former une gradation dont le trait final ne saurait être dépassé (*Si fractus illabatur orbis*[1]), enfin il a exprimé en termes aussi concis que frappants la suite d'images qu'il offre au lecteur. La *poésie* de ce passage peut se définir : « l'*idée de la force morale* exprimée par une *forme sensible*, qui consiste dans le choix et l'arrangement des images et des termes auxquels se joint l'harmonie des vers. » Le travail créateur du poëte est donc l'expression d'une idée par une forme sensible qui excite notre imagination et émeut notre sensibilité. De là résulte la *beauté* (cf. 92).

En résumé, l'imagination offre dans son exercice les degrés suivants : 1° conserver et reproduire des images ; 2° les associer entre elles ou les lier à des idées ; 3° former des combinaisons qui ne correspondent à rien de réel ; 4° concevoir une idée et l'exprimer par une forme sensible dont l'expérience fournit les matériaux.

Lire Bouillet, *D. des sciences*, art. *Imagination*; Charles, *Lect. de phil*, I, p. 340-353, 363, 380-389.

---

1. Pascal (*Pensées*) : « Quand l'univers l'écraserait, l'homme serait encore plus noble que ce qui le tue, etc. »

91. Du rôle de l'*Imagination* dans la vie humaine. (10 août 1866.)

Plan. L'imagination joue un rôle important dans la vie humaine. Aussi a-t-on exalté et rabaissé tour à tour cette faculté. Pour apprécier exactement l'influence heureuse ou malheureuse qu'elle exerce, il faut distinguer *l'imagination passive* ou *sensitive*, et *l'imagination active* ou *créatrice* (cf. 90).

L'imagination passive dépend des sensations externes ou internes, par suite, de l'action que les objets extérieurs exercent sur nos organes ou de l'état même de nos organes dont les dispositions résultent de notre constitution native, de la satisfaction que nous donnons aux besoins du corps et des habitudes que nous contractons par notre genre de vie. 1° Elle agit à son tour sur la sensibilité par les plaisirs et les peines dont elle est l'origine et par les désirs qu'elle fait naître. Par suite elle provoque dans le corps des modifications correspondantes et elle y détermine des mouvements qui s'opèrent machinalement. Elle règle le cours de nos idées pendant la rêverie et le sommeil (cf. 90). 2° Au point de vue psychologique, elle exerce une grande influence sur nos déterminations, comme on le voit par le penchant à l'imitation et par la contagion de l'exemple, par l'entraînement des passions et par certains cas de folie. Cependant la volonté peut diriger l'imagination en l'appliquant aux objets qu'elle choisit et y trouver un stimulant pour la recherche de la vérité ou la réalisation du bien.

L'imagination active s'exerce dans une sphère supérieure. 1° Si elle se borne aux combinaisons capricieuses que l'on appelle *fictions* et qui forment le domaine de la *fantaisie* (cf. 95), elle nous transporte dans un monde chimérique, elle nous inquiète par des préjugés ou de vaines craintes, elle nous rend mécontents de notre condition actuelle par une fausse appréciation des affaires de la vie, ce qui est le danger des romans et des utopies. 2° Mais si l'imagination est réglée par la raison, alors elle exerce une influence salutaire sur nos pensées et sur notre conduite. Par la conception de l'*idéal* (cf. 95), elle nous ouvre une source inépuisable de nobles jouissances, elle nous engage à rechercher dans toutes les sphères de l'activité humaine une perfection supérieure à celle que nous offre la réalité; elle suggère au savant d'heureuses hypothèses; à l'artiste des œuvres d'une beauté durable, et à tout homme en général l'idée d'un progrès à accomplir dans la profession qu'il exerce ou dans la vie qu'il mène.

Lire Charles, *Lect. de phil.*, I, p. 359, 378-385.

Notions générales d'Esthétique.

92. Le *beau* peut-il se confondre avec l'*utile* ou avec l'*agréable*. — L'*art* doit-il être exclusivement l'*imitation de la nature?* (8 août 1873.)

Dissertation. On ne peut comprendre le rôle de l'*imagination créatrice* ou *poétique* sans savoir en quoi consiste le *beau* et quel est le but de l'*art*. La science qui traite ces questions est l'*Esthétique*, qu'on nomme aussi la *Science du beau* et la *Philosophie des beaux-arts*. Nous allons donc en analyser et en définir les notions fondamentales.

Pour déterminer en quoi consiste le *beau*, il faut le distinguer de l'*utile* et de l'*agréable*. Prenons quelques exemples. 1° La vue d'une plaine couverte de blé mûr, mais n'offrant qu'une étendue monotone, éveille en nous l'idée d'une chose *utile*, c'est-à-dire propre à satisfaire nos besoins; elle n'excite pas notre admiration, comme le spectacle des glaciers des Alpes. 2° Quand, après une longue marche, des voyageurs rencontrent un ruisseau bordé de peupliers et se reposent sous leur ombrage, le murmure de l'eau courante plaît à leurs oreilles et la verdure du feuillage repose leurs yeux fatigués par les rayons éclatants du soleil. Le site leur paraît *agréable*; il n'éveille pas en eux l'idée de la beauté. 3° Supposons que nous contemplions un chêne, semblable à celui que décrit La Fontaine, qui brave l'effort de la tempête et couvre le voisinage de ses vastes rameaux; sa vue nous donne l'idée de la vigueur qui convient à son espèce : tout en lui nous offre des signes qui manifestent cette qualité, son tronc droit et solide, ses branches fortes et étendues, ses feuilles épaisses, la puissance de sa végétation. Cette expression de la vie propre à cet arbre nous donne l'idée du *beau*, tel qu'il nous apparaît dans la nature. En analysant cette idée du beau, nous trouvons qu'elle renferme deux éléments : le premier est une qualité d'une force invisible qui est conçue par l'intelligence; le second est une forme perçue par la vue ou par l'ouïe; par suite, *la beauté consiste dans l'expression de la qualité de la force invisible par la forme qui tombe sous le sens de la vue ou de l'ouïe et* qui excite en nous la sympathie ou l'amour ou l'admiration. Cette définition donne lieu à plusieurs observations. 1° *La beauté consiste dans l'expression.* Elle s'évanouit si la qualité de la force ne se manifeste point par des signes que l'esprit interprète comme une espèce de langage. Si l'on élimine les sens et l'imagination, il ne reste plus que l'idée pure de la force. C'est pourquoi, comme l'infini est l'objet de la raison et ne peut être figuré, Dieu ne constitue pas la substance de la beauté, comme l'enseigne Platon ; il est en dehors et au-dessus de la beauté, il en est le principe intelligible. 2° Toute *force invisible* qui se manifeste à nous n'est pas belle : il faut qu'elle ait pour caractères la *puissance* et l'*ordre*. 3° La *beauté* résulte d'un certain rapport entre le signe (la *forme sensible*) et la chose signifiée (les *caractères de la force invisible*), rapport qui est jugé par l'intelligence et qui détermine une émotion dans la sensibilité. 4° *Le sentiment du beau* diffère à la fois de la sensation agréable et de tous les autres sentiments (sentiment du vrai, sentiment du bien, sentiment religieux) ; il exclut tout désir, toute jalousie, toute espèce de trouble.

Le beau qui se manifeste dans la nature se nomme le *beau réel.* Il y en a autant d'espèces qu'il y a de forces et de qualités dans ces forces : beau physique, beau intellectuel, beau moral. — Au beau réel est opposé le *beau idéal,* qui est l'objet de l'art.

Pour comprendre quel est le but de l'*art*, prenons un sujet qui a été traité à la fois par la poésie et par la sculpture, la mort de Laocoon. 1° Dans cet épisode de l'Énéide (II, 100-227), Virgile s'est proposé de peindre la terreur superstitieuse causée aux Troyens par cet événement. Il s'applique à mettre en relief les circonstances qui concourent à produire cette terreur, le sacrifice offert à Neptune et le caractère sacré de Laocoon, la grandeur et la force des deux serpents, leur marche assurée, leur attaque contre les deux enfants qu'ils dévorent, leur victoire sur le père qu'ils enlacent de leurs replis et au-dessus duquel ils dressent leurs têtes altières, l'inutilité de la résistance opposée par l'infortuné à qui la douleur fait pousser des cris épouvantables, enfin la retraite des deux monstres qui se réfugient aux pieds de Minerve et se déclarent ainsi les ministres de sa vengeance, parce que Laocoon avait lancé un trait contre le cheval de bois. Ici, Virgile a fait une œuvre d'art en exprimant le caractère dominant de cette scène, en groupant dans l'unité d'action les traits les plus propres à frapper l'imagination et en négligeant les détails secondaires : vivacité des images, énergie des termes, choix et arrangement des mots, coupe et harmonie des vers, tout contribue à l'effet total. 2º Le groupe de l'artiste grec Agésander et de ses deux fils excite la même émotion, autant que le comporte la différence de la poésie et de la sculpture. L'action est successive dans le récit de Virgile; elle est instantanée dans le spectacle que l'artiste nous fait embrasser d'un seul regard. Le moment choisi est le plus pathétique :

> Ille simul manibus tendit divellere nodos,
> Clamores simul horrendos ad sidera tollit.

Les deux enfants, en tournant leurs yeux vers leur père qu'ils semblent implorer, concentrent sur lui toute l'attention du spectateur. Le torse du père déploie toute sa vigueur par la tension des muscles dans un effort suprême. La main droite écarte un repli du serpent qui l'enlace, et la main gauche presse le cou du monstre dont la gueule ouverte annonce la victoire. Le visage indique l'énergie de la volonté qui résiste encore, et la force de la douleur qui va lui faire pousser un cri. Tout l'ensemble du groupe concourt à l'expression d'une lutte terrible, où la douleur maîtrisée par la volonté et l'énergie physique n'altèrent en rien la beauté du corps. Il justifie l'opinion de Pline l'ancien qui lui accorde la palme : « Opus omnibus et picturæ et statuariæ artis præponendum. »

Ces analyses expliquent suffisamment en quoi consiste le *travail créateur de l'art* et conduisent à cette définition : *L'art est une création libre de l'esprit exprimant une idée par une forme, selon les conditions que lui imposent les matériaux qu'il emploie.* Cette définition à son tour nous fournit un principe pour apprécier la théorie qui, d'après la *Poétique* d'Aristote, fait consister l'art exclusivement dans l'*imitation de la nature*. On connaît les vers de Boileau :

> Il n'est point de serpent ni de monstre odieux,
> Qui par l'art imité ne puisse plaire aux yeux ;
> D'un pinceau délicat l'artifice agréable
> Du plus affreux objet fait un objet aimable.

Comme nous l'avons vu, le génie du poëte et de l'artiste consiste à démêler dans un ensemble complexe de phénomènes les traits caractéristiques d'une qualité ou d'un sentiment et à les fixer par l'expression. Il interprète donc la nature, il ne la copie pas. Le peintre même, qui prétend se borner à copier un paysage, met involontairement en saillie telle ou telle qualité qui correspond à sa manière de voir.

Si l'on examine successivement les procédés spéciaux des beaux-arts, on arrive aux conclusions suivantes. L'Architecture, avec ses formes régulières et géométriques, n'imite point la nature. La Sculpture et la Peinture étudient les formes des corps, mais elles ne les représentent que pour exprimer des idées ou des sentiments. La Musique instrumentale et la Musique vocale emploient les sons comme un langage qui interprète les sentiments de l'âme. De même, la Poésie se sert de la parole pour rendre les conceptions et les sentiments que lui suggère l'expérience de la vie; ce n'est point le rapport de la copie au modèle, c'est le rapport du signe à la chose signifiée.

Lire Bouillet, *D. des sciences*, art. *Beau, Esthétique, Poésie, Musique, Architecture, Sculpture, Peinture, (Art) Grec, (Art) Romain, (Art) Italien, Renaissance, (Art) Moderne*; Charles, *Lect. de phil.*, I, p. 390-399, 412-417.

REMARQUE. Le *sublime* est de même nature que le *beau*. Il en diffère seulement en degré. Si l'on fait consister la *beauté* dans *l'harmonie de la puissance et de l'ordre*, on peut dire que, *dans le sublime, la puissance est plus vivement exprimée que l'ordre*. Comme le remarque Jouffroy, le sublime nous cause une émotion forte, mais mêlée de crainte, d'humiliation et d'espérance; la raison en est que le spectacle d'une grandeur et d'une puissance sans limites nous fait oublier leur manifestation sensible et éveille en nous l'idée de l'infini qui nous inspire le sentiment de notre faiblesse.

Lire Charles, *Lect. de phil.*, I, p. 400.

93. Quel est le rôle de l'*Imagination créatrice* dans les beaux-arts? (4 août 1874.)

94. Peut-on dire que l'Imagination crée quelque chose? En quoi consiste le *travail créateur de l'Art*? (16 novembre 1867.)

Plan. En analysant des œuvres d'art (cf. 92), on reconnaît que la fonction propre de l'*imagination créatrice* est d'exprimer une *idée* par une *forme* perceptible aux sens. Elle emprunte ses conceptions à l'*expérience* ou à la *raison*, et les matériaux de la forme à la *mémoire imaginative*. Excitée par le *sentiment* et guidée par le *goût* (c'est-à-dire par le jugement esthétique, qui apprécie les qualités de l'expression), elle débute par l'*inspiration*, acte créateur par lequel elle unit l'idée à la forme suivant les lois d'une harmonie secrète, et elle achève son œuvre par la *réflexion* qui trouve l'habile combinaison des effets et la juste proportion des détails. Son plus haut degré est le *génie* dont le caractère propre est l'invention.

L'étude de l'imagination conduit à comprendre que l'*art* a pour but de démêler dans un ensemble complexe de phénomènes les traits caractéristiques d'une idée ou d'un sentiment et à les fixer par l'expression. — Si l'on classe les *beaux-arts* d'après leur force expressive, on doit les ranger dans l'ordre suivant : (arts de l'ouïe) Poésie, Musique ; (arts de la vue) Peinture et Gravure, Sculpture, Architecture et Art des jardins.

Lire Charles, *Lect. de phil.*, I, p. 402-427.

95. Quelle différence y a-t-il dans la poésie et les beaux-arts entre la *fiction* et l'*idéal*? (30 mars 1874.)

Dissertation. La poésie et les beaux-arts se proposent dans leurs œuvres, ou de plaire par la *fiction*, ou de produire par l'*idéal* une émotion qui élève et qui agrandisse l'esprit. Homère offre dans l'*Odyssée* des exemples qui permettent de saisir la différence de ces deux choses. Quand le poète raconte qu'Éole donne à Ulysse une outre où sont renfermés les vents, que Circé change en pourceaux les compagnons du héros en leur faisant boire un vin empoisonné et les frappant d'une baguette magique, ce sont des fictions. Quand il nous dépeint Ulysse luttant avec une énergie indomptable contre les vagues qui menacent de le briser sur les écueils, et abordant dans l'île des Phéaciens à force d'adresse et de courage, il nous représente l'idéal du héros grec unissant la prudence à la valeur :

> Quid virtus et quid sapientia possit,
> Utile proposuit nobis exemplar Ulyssen. (HORACE, Ep., I, 11.)

De ces exemples et d'autres semblables (cf. 00), on peut déduire la définition de la fiction et de l'idéal.

La *fiction* est une combinaison d'images qui appartient à la *fantaisie*, c'est-à-dire qui est arbitraire, qui est déterminée par une disposition individuelle ou passagère de la sensibilité et de l'imagination, qui n'est pas soumise aux règles générales de l'expérience et de la raison, et qui, par conséquent, ne correspond à rien de réel ou même de possible. La poésie en offre de nombreux exemples : dans Aristophane, les chœurs de Guêpes, de Nuées, d'Oiseaux ; dans Virgile, la description de la Renommée ; dans Ovide, les métamorphoses d'hommes en animaux ; dans les poëmes chevaleresques du moyen âge, les enchantements magiques qu'on retrouve dans le *Roland furieux* de l'Arioste et dans la *Jérusalem délivrée* du Tasse, etc. Souvent la fiction ne s'écarte de la réalité que pour présenter les choses à un point de vue poétique, comme le fait la fable pour instruire, et le conte, pour plaire :

> Dans un roman frivole aisément tout s'excuse ;
> C'est assez qu'en courant la fiction amuse. (BOILEAU.)

Quoi qu'en dise Horace (*Pictoribus atque poetis Quidlibet audendi semper fuit æqua potestas*), la peinture et la sculpture n'ont pas la même liberté que la poésie. La sculpture nous offre, en Assyrie, les rois représentés avec un corps de taureau et des ailes d'aigle ; en Égypte, les dieux avec des têtes d'animaux, les sphinx ; en Perse, les griffons ; en Grèce, les Centaures, les Sirènes, Pégase, la Chimère, etc. ; mais ce sont des symboles plutôt que des conceptions arbitraires de l'imagination. La peinture, au contraire, a des compositions qui appartiennent à la pure fiction ; telles sont les arabesques, déjà connues des Romains, etc.

L'*idéal* est la forme déterminée, individuelle, vivante, d'un être tel qu'il serait à un moment de son existence si, affranchi des obstacles qui entravent son développement dans le monde réel, il déployait en toute liberté et manifestait en toute plénitude les facultés propres à sa nature. Il est l'objet de l'*imagination créatrice* ou *poétique* qui conçoit le caractère essentiel d'un être et le représente en choisissant parmi les éléments de la forme individuelle ceux qui le marquent le mieux (cf. 92). Il ne faut donc pas, avec Platon et ses modernes sectateurs, faire consister l'idéal dans un type abstrait et général, et l'œuvre de l'artiste dans l'imitation de ce type. L'idéal est concret et particulier, non-seulement pour chaque espèce, mais encore pour chaque individu de l'espèce. L'imagination créatrice le conçoit en percevant les individus eux-mêmes, et cette conception varie selon le degré de civilisation et selon les aptitudes du poëte ou de l'artiste.

Boileau a résumé heureusement en quelques vers les conditions de l'idéal dans la poésie et dans les beaux-arts. Il faut d'abord s'inspirer de la nature :

> Rien n'est beau que le vrai, le vrai seul est aimable.

C'est par l'expression que la vérité parle à l'imagination :

> Là, pour nous enchanter, tout est mis en usage :
> Tout prend un corps, une âme, un esprit, un visage...
> Le poëte s'égaie en mille inventions,
> Orne, élève, embellit, agrandit toutes choses,
> Et trouve sous sa main des fleurs toujours écloses.

L'expression doit produire dans notre âme une émotion sans laquelle l'œuvre nous reste indifférente :

> Que dans tous vos discours la passion émue
> Aille chercher le cœur, l'échauffe et le remue.

Il est facile de trouver des exemples à l'appui de cette théorie. Il suffit d'en citer quelques-uns dans la poésie et les beaux-arts. Corneille, mettant en scène la lutte de l'amour et du devoir, a peint l'héroïsme chevaleresque dans le *Cid* et l'héroïsme religieux dans *Polyeucte*. Michel-Ange a représenté la majesté et la puissance du sévère législateur des Hébreux dans son admirable statue de Moïse tenant sous son bras droit les tables de la Loi et caressant de ses mains la longue barbe qui tombe sur sa poitrine. Raphaël a, par ses madones, exprimé l'idéal de la femme, comme il a, par la *Sainte Famille* que possède le Louvre, divinisé la famille humaine.

Après avoir distingué la *fiction* et l'*idéal*, il faut reconnaître que ces deux choses s'allient dans beaucoup d'œuvres. Nous en avons déjà indiqué des exemples dans l'*Odyssée* d'Homère. Nous en trouvons d'autres dans la *Divine Comédie* de Dante : la fiction nous y fait passer en revue dans l'Enfer toutes les formes les plus terribles ou les plus touchantes de la douleur et du désespoir, tandis que l'idéal nous apparaît dans le Paradis sous la figure de Béatrix, éclatante de beauté au milieu des splendeurs célestes.

Lire Bouillet, *D. des sciences*, art. *Idéal, Merveilleux*; Charles, *Leçt. de phil.*, I, p. 307.

96. Quelles sont les différences entre les principes, les moyens et les fins de la *science*, de l'*art* et de l'*industrie* ? (5 novembre 1874.)

Plan. La science, l'art et l'industrie concourent dans

beaucoup d'œuvres, mais diffèrent par leurs principes, leurs moyens et leurs fins. Pour nous en rendre compte, prenons un exemple. Considérons une horloge. 1° Le savant déduit des lois générales de la mécanique et de celles du pendule la forme des roues et du balancier. 2° Le sculpteur façonne le modèle du socle et du sujet qui doit l'orner (par exemple, la *Sapho* de Pradier). 3° Le fabricant fait exécuter et assembler toutes les pièces du mécanisme, tailler le socle de marbre, fondre et ciseler le bronze qui doit l'orner, enfin monter toutes les parties de l'horloge. — On peut de cette analyse tirer les conclusions suivantes. 1° La *science* a pour principe l'intelligence; pour moyen, la méthode; pour but, la *vérité*, c'est-à-dire la connaissance des essences des êtres et des lois qui les régissent. 2° L'*art* a pour principe l'imagination; pour moyen, l'application des règles de l'esthétique; pour but, le *beau* (cf. 92). 3° L'*industrie* a pour principe l'activité humaine; pour moyen, l'habileté pratique du fabricant et de l'ouvrier; pour but, l'*utile*, c'est-à-dire la satisfaction des besoins de l'homme.

Signes et langage. Rapports du langage avec la pensée.

97. Qu'entend-on par *signes*? Des différentes classes de signes selon qu'elles correspondent aux différentes modifications de l'âme : nos besoins, nos désirs, nos idées. Donner des exemples. (8 août 1868.)

Plan. Une théorie des facultés intellectuelles ne saurait être complète sans une théorie corrélative du langage qui, étant l'expression de nos sentiments et de nos pensées, nous facilite les opérations de notre intelligence, établit entre nous et nos semblables cette communauté d'idées qui est la condition de toute société, reçoit le dépôt sans cesse croissant de la science et le transmet aux générations futures. — Le *langage* est un système de signes. Le *signe* est un fait ou un objet perçu par les sens qui fait concevoir un fait ou un objet perçu par la conscience ou rappelé par la mémoire; il implique donc une association d'idées : p. ex., les cris et les pleurs d'un enfant sont pour nous le signe d'une souffrance ou d'un besoin, parce que notre expérience personnelle nous a appris la liaison naturelle du phénomène physiologique et du phénomène psychologique; quant à l'enfant, il crie et pleure d'abord instinctivement en vertu de la réaction spontanée de l'âme sur le corps ; puis, quand il a remarqué que ses cris et ses pleurs font qu'on s'occupe de lui, il les produit avec intention dès qu'il désire quelque chose, il s'en sert comme de signes jusqu'à ce qu'il ait appris à parler. — On peut diviser les signes en trois classes : 1° *signes visibles*, les mouvements et la coloration des diverses parties du visage, les gestes et les attitudes ; 2° *signes oraux*, les cris et la voix articulée ou la parole ; 3° *signes permanents*, l'écriture idéographique et l'écriture phonétique. — Les *signes visibles* ont pour cause l'union de l'âme et du corps : ce sont des faits physiologiques qui expriment directement les faits psychologiques auxquels ils sont liés, nos besoins et nos désirs, et indirectement des sentiments moraux qui, lorsqu'ils ont une certaine énergie, se manifestent par la physionomie, comme la joie et la douleur, l'amour et la haine, l'admiration et le mépris. Les *signes oraux*, c'est-à-dire les sons articulés, sont éminemment propres à exprimer nos idées par la variété des inflexions et des combinaisons dont ils sont susceptibles. — Quant à l'écriture, les *signes permanents* qu'elle comprend expriment toujours des idées, soit directement, en figurant les objets comme l'É. hiéroglyphique, en les indiquant par des symboles comme les chiffres arabes ; soit indirectement en représentant les sons, comme les divers systèmes d'É. phonétique.

Lire Bouillet, *D. des sciences*, art. *Langage, Écriture*.

98. Énumérer les diverses formes du *Langage naturel*. En quoi diffère-t-il du *Langage artificiel*? (8 nov. 1866.)

99. Qu'appelle-t-on *Langage naturel* et *Langage artificiel*? Dans laquelle de ces deux classes doit être rangée la parole humaine? (20 novembre 1869.)

100. Peut-on dire que la *Parole* soit un langage artificiel? (13 novembre 1872.)

Plan. On peut classer de deux manières les signes qui composent le langage, soit d'après leur nature, soit d'après la manière dont l'esprit établit un rapport entre le signe et la chose signifiée. Dans le premier cas, on distingue des signes visibles, oraux, permanents (cf. 97); dans le second, des signes naturels ou artificiels. Cette seconde distinction a besoin d'explication. 1° Les mouvements de la physionomie, les gestes, les attitudes, les cris sont appelés *signes naturels* parce qu'ils représentent les effets constants et nécessaires (ou seulement instinctifs et habituels) des besoins et des désirs de l'âme sur les mouvements et les états apparents du corps et qu'ils se produisent également chez tous les hommes. Mais ces faits n'ont la valeur de *signes* qu'à deux conditions : il faut d'abord que celui qui les produit ait l'intention d'exprimer ses besoins et ses désirs par ses mouvements et ses cris; il faut ensuite que celui à qui ils s'adressent ait appris par son expérience personnelle la relation de ces effets à leur cause. 2° La parole, l'écriture, l'alphabet manuel des sourds-muets, sont appelés *signes artificiels* parce que le rapport qui unit chacun d'eux à la chose signifiée est arbitraire et peut être changé par la volonté. Cependant la *parole* a un caractère mixte, parce qu'elle est naturelle sous un point de vue, artificielle sous un autre. Elle est *naturelle* en ce sens que le langage qu'elle constitue n'est pas un don du dehors qui suppose une révélation spéciale (hypothèse soutenue par de Bonald, de Maistre, de Lamennais), ni une invention tardive et mécanique (hypothèse de l'école empirique du xviii° siècle), mais une création spontanée des facultés humaines agissant dans leur ensemble : la production organique des sons articulés a lieu en vertu de cette loi que tous les actes de la vie intellectuelle et morale déterminent dans le corps des mouvements corrélatifs; une expérience inévitable fait remarquer le lien qui unit les uns aux autres; le besoin de s'exprimer enseigne à se servir des sons avec intention pour manifester ses sentiments et ses pensées; c'est ainsi que l'enfant apprend à parler. D'un autre côté, la parole est *artificielle* en ce sens que l'association de tel son à telle idée est une chose volontaire et variable, de telle sorte que les langues usuelles ne peuvent être comprises sans étude; mais le développement de ces langues n'est pas arbitraire ; il s'explique par des lois physiologiques, psychologiques et logiques que constatent la *linguistique*, la *grammaire comparée* et la *grammaire générale*.

Lire Charles, *Lect. de phil*, II, p. 131-133, 138-146.

101. De l'interprétation des signes expressifs. Comment l'homme apprend-il la valeur des signes? (28 mars 1874.)

Plan. Le langage donne lieu à deux questions qui sont liées ensemble, la production des signes et leur interprétation. L'enfant qui souffre pousse des cris et verse des pleurs en vertu de la réaction naturelle de l'âme sur le corps. Par la répétition du même fait il remarque la corrélation de ses besoins et de ses mouvements organiques ; il voit, en outre, que ces mêmes mouvements font qu'on s'occupe de lui ; alors il les reproduit volontairement, avec l'intention de manifester une douleur ou un désir ; par là, il en fait des signes. Comprenant en quoi consistent des signes, il interprète par analogie les gestes des personnes qui l'entourent. Il imite les sons qu'il entend et il associe ces mêmes sons aux idées des objets qu'on lui désigne ; il apprend ainsi à parler en passant du *langage naturel* au *langage artificiel*. La difficulté de cette éducation ne consiste pas à retenir simplement les mots de la langue maternelle ; elle consiste surtout à analyser la pensée, à opérer des abstractions et des généralisations pour trouver les éléments qui servent à former une multitude de composés. Il y a là un long travail qui correspond au développement de l'intelligence. Aussi, quand on sait parler sa langue maternelle, on apprend avec facilité une autre langue : car, dès qu'on connaît les principes de la grammaire générale, il suffit d'étudier et de retenir des séries de mots en les associant aux termes qui leur correspondent dans la langue maternelle. En résumé, pour apprendre à parler, il faut apprendre à penser.

Lire Charles, *Lect. de phil.*, II, p. 147.

102. L'homme pourrait-il penser sans le secours des mots? (7 novembre 1867.)

Plan. Depuis le xviiie siècle, on a beaucoup agité la question de savoir si l'homme peut penser sans le secours des mots. Pour la traiter méthodiquement, il faut commencer par examiner les rapports logiques et psychologiques du langage avec la pensée. — *Rapports logiques.* Le langage reproduit les formes et les procédés de la pensée. 1° Tout acte intellectuel étant un jugement, toute expression complète d'une pensée constitue une proposition. 2° Tout jugement comprenant une idée de substance concrète ou abstraite, une idée de qualité ou de mode et l'affirmation qui lie ces deux idées, toute proposition a trois éléments, le sujet, l'attribut et le verbe ; c'est là le fondement de la division des parties du discours, substantifs, adjectifs, verbes, etc. — *Rapports psychologiques.* 1° Le langage sert à fixer et à conserver les idées abstraites et générales. 2° Il nous aide à retrouver les idées des choses immatérielles dont nous sommes continuellement distraits par l'attention que nous accordons aux objets extérieurs. 3° Il facilite l'analyse de la pensée, parce que chaque mot n'exprime qu'une idée ; et la synthèse, parce que la phrase, étant une proposition ou une combinaison de propositions, nous oblige de coordonner les idées qui correspondent aux termes. 4° En opérant sur les signes, comme en algèbre, nous simplifions le travail intellectuel lorsque nous nous occupons de saisir les rapports des idées. 5° Chaque mot, en nous rappelant une série d'observations et de comparaisons antérieures, nous dispense de les recommencer à chaque instant. Il s'en suit que nous pouvons avec un petit nombre de termes résumer et coordonner les connaissances que nous avons acquises, de la même manière que nous procédons dans une classification. — Ces considérations conduisent à la solution de la question que nous examinons. Le langage aide la mémoire à fixer, à conserver et à rappeler les idées; il nous permet d'en diriger le cours par l'empire que nous avons sur les mots quand nous parlons mentalement, de telle sorte que le souvenir de l'articulation est réveillé sans qu'il y ait de son. On peut donc dire que, sous ce rapport, il est naturel à l'homme de parler quand il pense. Mais on n'en doit pas conclure que l'homme ne saurait penser sans parler, en ce sens que la parole créerait la pensée. Pour parler, il faut d'abord savoir ce que c'est qu'un signe, il faut ensuite avoir des idées à exprimer. Le langage ne nous donne pas la faculté d'abstraire et de généraliser ; mais il est l'instrument indispensable pour conduire à bonne fin ces deux opérations. Il en résulte que la langue de toutes les sciences se perfectionne par la clarté des idées et la précision des définitions, tandis que, si l'on opère sur les mots au lieu d'opérer sur les idées, on se livre à un travail stérile, comme l'a fait souvent la Scolastique.

Lire Bouillet, *D. des sciences*, art. *Langage* ; Charles, *Lect. de phil.*, II, p. 154-168.

Notions générales de Linguistique.

103. Les langues sont synthétiques avant de devenir analytiques. Voilà une des lois du langage. L'expliquer et la démontrer. (13 août 1873.)

Dissertation. La science que l'on désigne sous le nom de *Linguistique* ou *Philosophie des langues* a pour fondement la *Grammaire comparée*, qui fait partie des études classiques.

Elle étudie les principes et les rapports des langues, les lois phoniques et psychologiques qui président à leur formation et à leurs changements.

Parmi ces lois, une des plus importantes est celle que *les langues sont synthétiques avant de devenir analytiques* : ainsi les langues anciennes, comme le sanscrit, le grec et le latin, sont synthétiques, tandis que les langues modernes, comme les langues romanes dérivées du latin (italien, espagnol, portugais, provençal, français, valaque), sont analytiques. De même l'anglais, dérivé du saxon et du normand, est plus analytique que l'allemand et même que le français.

Exposons d'abord les principes qui doivent servir à résoudre la question proposée.

1° Une *forme synthétique* exprime un groupe d'idées par un groupe de signes (de lettres, de syllabes, de mots), qu'on ne peut décomposer et détacher les uns des autres que par abstraction; p. ex., dans le mot *de-test-abili-s*, dont le radical est *test*, il y a composition (préfixe *de*), dérivation (suffixe *abili*), flexion (*s*, signe du nominatif). Une *forme analytique* remplace une forme synthétique par plusieurs mots : p. ex., *l'odeur des roses* pour *rosarum odor*, et *je suis aimé* pour *amor*. 2° Le français emploie comme le latin la composition (*dé-faire*, *re-faire*), la dérivation (*ferm-ier*, de *ferme*) et la flexion (soit dans les noms où *s* indique le pluriel, soit dans la conjugaison des temps simples des verbes). Il n'est donc pas une langue analytique dans un sens absolu, mais dans un sens relatif, parce qu'il préfère les formes analytiques tandis que le latin préfère les formes synthétiques. 3° Le français est analytique par rapport au latin dans trois points : il remplace par des prépositions les flexions du génitif, du datif et de l'ablatif; il distingue le nominatif de l'accusatif par l'ordre direct de la construction et non par la flexion (*Alexandre vainquit Darius*, pour *Darium vicit Alexander*); il emploie plus fréquemment les verbes auxiliaires dans la conjugaison.

Après avoir exposé sommairement les principes, examinons pourquoi et comment les formes analytiques du français se sont substituées aux formes synthétiques du latin. Ce changement s'explique par deux lois.

1° *Loi phonique.* L'élévation de la voix sur la syllabe frappée de l'accent tonique (*littera*, *avéna*) a pour effet naturel de faire articuler moins distinctement les autres syllabes du mot, quelquefois même de les faire omettre complétement pour diminuer l'effort et arriver à une prononciation plus aisée : p. ex., *compŏsitus* a donné *compŏstus* (Virgile); *pŏsita* a donné *pŏsta* en italien et en espagnol, *pŏste* en français. Les flexions des noms et des verbes ont particulièrement souffert de cette loi dans le latin populaire : les lettres finales *m* et *s*, qui jouent un rôle si important dans la déclinaison et la conjugaison, sont tombées après n'avoir eu pendant longtemps qu'un son sourd et affaibli qui en permettait l'élision dans la poésie (*mortalibu'* = *mortalibus*, *ill' etiam* = *illum etiam*); de là est résultée la nécessité de substituer des formes analytiques aux formes synthétiques des cas.

2° *Loi psychologique*. Autant qu'on en peut juger aujourd'hui par la comparaison approfondie du latin avec le grec et avec le sanscrit, la tendance des premiers hommes a été de désigner les objets et leurs rapports par des formes synthétiques, comme le génitif *rosarum* exprime l'idée principale par le radical *rosa* et l'idée accessoire de genre par le suffixe *rum*. Ce procédé d'*agglutination* a l'avantage de rendre la pensée dans son unité; mais il a cet inconvénient que, les flexions s'altérant par des modifications phoniques en vertu de la loi que nous avons expliquée ci-dessus, leur sens se perd peu à peu. Le besoin de comprendre la valeur des signes employés pour indiquer les idées accessoires de rapports conduit alors l'esprit humain à substituer au système ancien un système nouveau, où la prédominance des formes analytiques donne plus de clarté et de précision. C'est ce qui est arrivé au latin populaire à l'époque de l'empire; il a remplacé le génitif par la préposition *de*, le datif par *ad*, et exprimé toutes les prépositions que sous-entendait la langue savante; il n'a conservé que deux cas, le nominatif et l'accusatif, dont la distinction a subsisté plusieurs siècles dans le vieux français; il a indiqué les fonctions de sujet et de régime direct par la position respective que les mots occupent dans les phrases; enfin il a simplifié la conjugaison par la suppression de plusieurs temps simples et un emploi plus fréquent des auxiliaires. Ce qui prouve que ces changements se sont opérés dans le latin populaire par un travail spontané de l'esprit, c'est qu'ils sont communs à toutes les langues romanes qui en dérivent. Ils démontrent donc la réalité de la loi que nous avions à expliquer.

Lire Charles, *Lect. de phil*, II, p. 137; Egger, *Notions de grammaire comparée*, ch. XVI, XXIII; Bouillet, *D. des sciences*, art. *Langage*, *Linguistique*.

THÉORIE DE L'ACTIVITÉ.

Instinct.

104. Qu'appelle-t-on *Instinct* dans l'animal et dans l'homme? Quelles sont les lois de l'instinct? (3 mai 1869.)

105. Qu'appelle-t-on *Instinct* soit dans les animaux soit dans l'homme? Quels en sont les caractères? Comment le distingue-t-on de l'*Habitude* et de la *Liberté*? (17 août 1868.)

106. Rapports et différences de l'*Instinct* et de l'*Habitude*. (29 juillet 1871.)

Plan. L'activité, qui constitue proprement le fond de notre être, a trois manières de s'exercer, l'*instinct*, la *liberté* et l'*habitude*. Il faut comparer l'instinct aux deux autres modes pour l'en bien distinguer.

Pour définir l'*instinct* et déterminer sa nature, il faut étudier quelques-uns des exemples que nous fournissent la vie de l'animal et l'enfance de l'homme : c'est par instinct que l'oiseau fait son nid, que l'araignée tisse sa toile, que l'abeille construit ses alvéoles; c'est aussi par instinct que l'enfant tète à sa naissance. En analysant ces faits, on reconnaît que l'instinct a les caractères suivants : 1° la force agissante ignore le but des mouvements qu'elle exécute et les moyens de les accomplir; 2° elle atteint sûrement le but que lui prescrit la nature, sans aucune éducation ni expérience préalable, ce qui exclut toute espèce de progrès; 3° elle produit des actes uniformes dans l'espèce et dans l'individu tant que l'organisation et que les circonstances restent les mêmes; 4° elle a une aptitude spéciale pour un ordre particulier de faits; 5° elle est déterminée à accomplir les actes pour lesquels elle a une aptitude spéciale par un ensemble de conditions qui excluent tout choix et toute hésitation : prédisposition à une fin particulière par la construction spéciale de l'organisme; tendance à se servir de cet organisme pour lui faire remplir sa destination; besoin de satisfaire les appétits qui lui correspondent; perfection du sens qui est nécessaire à un genre de vie spécial et délicatesse des impressions qui s'y rapportent; enfin influence exercée sur l'organisme par le milieu qui l'entoure.

En comparant ces lois de l'instinct à celles de la liberté, il est facile d'en saisir la différence. La *liberté* implique délibération, choix du but et des moyens propres à l'atteindre ; elle suppose expérience et éducation ; par suite progrès, comme on le voit par les inventions humaines ; elle se prête avec l'intelligence aux applications les plus diverses dans l'individu et dans l'espèce. L'*instinct* domine dans l'animal ; si, dans les espèces supérieures, l'animal donne des marques d'intelligence, il n'arrive pas à réfléchir, à savoir comme l'homme ce qu'il sent, ce qu'il pense et ce qu'il veut. La liberté est la forme générale de l'activité dans l'homme. — Quant à l'*habitude*, elle naît de la répétition des actes ; elle a son commencement, ses progrès, ses divers degrés de perfection ; elle n'est pas infaillible comme l'instinct quoiqu'elle s'en rapproche beaucoup. Elle ne peut donc en rendre compte. Cependant, comme certaines habitudes développent dans l'organisme des aptitudes corrélatives, elles peuvent se transmettre héréditairement et constituer ainsi dans les générations subséquentes de nouveaux instincts. — En résumé, l'*instinct* caractérise la vie animale, tandis que la vie humaine s'élève de l'instinct à la *liberté* et se crée par l'*habitude* une *seconde nature*.

Lire Bouillet, *D. des sciences*, art. *Instinct* ; Charles, *Lect. de phil.*, I, p. 479-486.

Habitude.

107. Qu'est-ce que l'*Habitude* ? Quelles en sont les principales lois ? (12 mai 1870 ; 14 novembre 1874.)

108. Distinguer et définir les différentes sortes d'habitudes : *H. organiques, H. instinctives, H. intellectuelles, H. morales.* (29 juillet 1872.)

109. Influence de l'*Habitude* sur le développement intellectuel et moral de l'homme. (5 août 1867.)

Plan. L'existence consiste à agir ; elle implique une tendance à persévérer et à demeurer dans ce qui la constitue ; par suite, l'activité a une tendance à répéter les mêmes opérations et à conserver ainsi les dispositions acquises. C'est là ce qui constitue l'*habitude*. Pour en déterminer les lois, il faut distinguer les *habitudes actives* produites par la répétition des mêmes opérations, et les *habitudes passives*, produites par la répétition des mêmes faits affectifs. Voyons leur nature.

1° La répétition des mêmes actes en rend l'exécution plus facile et plus sûre, diminue l'effort nécessaire pour les accomplir et en affaiblit ainsi la conscience, enfin engendre un penchant à les reproduire, penchant qui devient de plus en plus énergique.

2° La répétition ou la continuité des mêmes plaisirs et des mêmes douleurs en affaiblit l'intensité ; de l'affaiblissement des plaisirs naît le besoin d'excitants nouveaux. Cependant le plaisir subsiste ou même augmente quand l'activité qui le produit renaît périodiquement d'elle-même, ou que son objet, tombant dans le domaine de l'imagination, apparaît sous des aspects divers et que, pour une seule affection, il produit une grande variété de modes.

Les lois de l'habitude ont plusieurs applications. 1° Les organes s'accoutument à des mouvements et à des manières d'être qui étaient d'abord pénibles. Les fonctions du corps humain peuvent se régler et les besoins reviennent aux mêmes heures. 2° Quand une habitude est invétérée, les actes qu'elle produit prennent un caractère machinal en même temps qu'ils deviennent presque nécessaires. Ils se rapprochent ainsi de ceux dont l'instinct est le principe, mais ils ne se confondent jamais avec eux, excepté dans l'animal. C'est en ce sens qu'on dit que l'habitude est une *seconde nature* (cf. 104); 3° L'habitude joue un grand rôle dans les opérations intellectuelles : par exemple, elle rend la perception plus sûre et plus claire en même temps qu'elle affaiblit la sensation. La mémoire et l'association des idées en sont les applications les plus importantes. 4° Enfin l'habitude joue un grand rôle dans la moralité : elle règle l'exercice des besoins naturels; elle crée de nouveaux penchants; elle modifie les diverses espèces d'affections ou elle leur donne une force prédominante. Cependant elle reste toujours soumise à l'empire de la volonté qui l'a créée.

Les considérations qui précèdent permettent de déterminer facilement l'influence de l'habitude sur le développement intellectuel et moral de l'homme. Elle modifie profondément les facultés et les dispositions que nous apportons en naissant. Pour s'en rendre compte, il suffit d'examiner les opérations les plus simples de l'esprit, lire et parler ; dans un ordre plus élevé, on n'arrive à bien juger et à bien raisonner que par une pratique constante des règles de la *méthode*. L'habitude est la condition de l'éducation; elle est l'auxiliaire de tout progrès dans les sciences, les arts et l'industrie. Au point de vue de la morale, elle a également une grande importance : elle constitue les *vertus* et les *vices* (cf. 270); en formant les mœurs, elle diminue l'effort qu'exige la pratique du bien et la change en plaisir.

Lire Bouillet, *D. des sciences*, art. *Habitude*; Charles, *Lect. de phil.*, I, p. 534-544.

Volonté.

110. Analyser le fait de la *résolution volontaire*. (25 novembre 1869 ; 4 novembre 1871.)

Plan. La *volition* est un phénomène complexe qui comprend les éléments suivants : 1° se posséder, être maître de ses facultés; 2° concevoir l'acte et les moyens de l'exécuter ; 3° examiner et apprécier les mobiles (comme le désir) et les motifs (comme l'idée du devoir) qui poussent à cet acte ou en détournent; 4° se résoudre librement, c'est-à-dire avec conscience et sans contrainte; 5° exécuter cette résolution par l'exercice de l'activité intellectuelle ou de la force motrice. — Le *désir* précède la volition et appartient à la sensibilité (cf. 111). — *Délibérer* (*concevoir l'acte et les moyens de l'accomplir, examiner et apprécier les mobiles et les motifs*) constitue la *réflexion* et appartient proprement à l'intelligence dirigée par la volonté. — *Se résoudre librement* est le fait qui constitue essentiellement la *volition* ; *se posséder* en est la condition; *commencer l'exécution* en est la conséquence et montre la réalité de l'*intention*. Sous ce rapport la volition peut se définir une *résolution libre accompagnée d'effort*. — *Exécuter* est la conséquence de se résoudre, mais en est distinct : sans doute on ne veut que ce qu'on croit pouvoir; mais il arrive que l'on se trompe à cet égard; on peut toujours prendre une résolution, on ne peut pas toujours l'accomplir, soit que la force physique fasse défaut, soit que l'intelligence se trompe dans la conception des moyens employés, soit que des circonstances extérieures indépendantes de l'agent rendent ses efforts inutiles. — Il résulte de cette analyse que la *résolution volontaire* a pour caractères la *réflexion* et la *liberté*. C'est par là qu'elle se distingue de l'*instinct*.

Lire Janet, *Élém. de morale*, ch. II, § 3 ; Charles, *Lect. de phil.*, I, p. 487-489.

111. Distinction du *Désir* et de la *Volonté*. (3 août 1866.)

Plan. Quand on étudie le fait de la *résolution volontaire*, il est important de bien la distinguer du *désir* qui la précède : car, en les confondant, on commet une erreur qui conduit à nier la liberté. 1° Le désir est une impulsion de la sensibilité qui exclut toute délibération et tout choix; la volonté implique réflexion et liberté (cf. 110); 2° il peut y avoir en même temps plusieurs désirs opposés; la volonté est toujours une; 3° il y a souvent lutte entre la volonté et les désirs; 4° les désirs sont d'autant plus capricieux et plus violents que l'intelligence est moins développée; la volonté exerce un pouvoir d'autant plus régulier et plus constant qu'elle obéit plus à la raison. — Il en résulte que la volonté ne saurait être considérée comme le désir le plus fort, confusion qui est le principe du déterminisme psychologique (cf. 118).

Lire Bouillet, *D. des sciences*, art. *Désir*; Janet, *Élém. de morale*, ch. II, § 3; Charles, *Lect. de phil.*, I, p. 529-530.

112. Du rôle de l'*Intelligence* dans les phénomènes volontaires. Pourrait-il y avoir *Volonté* sans raison? (3 août 1868.)

Plan. Analyse de la résolution volontaire. — Il résulte de cette analyse que la volition implique réflexion; or la réflexion est l'œuvre de l'intelligence (cf. 110). « Je ne veux rien que je ne puisse dire pour quelle raison je le veux (Bossuet, *Conn. de Dieu*, ch. I, vii). » Dans la passion même, l'homme a plus ou moins conscience de ce qu'il fait et du but où il tend. La suppression complète de l'intelligence, ce qui est le cas de la folie, anéantit la liberté et la responsabilité (cf. 288).

113. Apprécier la théorie psychologique de Bossuet qui classe la *Volonté* parmi les *opérations intellectuelles*. (9 août 1867.)

Dissertation. Dans la *Connaissance de Dieu et de soi-même* (ch. I, vii, xviii), Bossuet réunit l'*Entendement* et la *Volonté* sous la dénomination commune d'*opérations intellectuelles, qui sont élevées au-dessus des sens et qui ont pour objet quelque raison qui nous est connue (c'est-à-dire la perception de quelque chose de vrai ou qui soit réputé tel)*. Il motive cette théorie psychologique de la manière suivante : « Il y a deux sortes d'*opérations intellectuelles*, celle de l'*entendement* et celle de la *volonté*. L'une et l'autre a pour objet quelque *raison* qui nous est connue : tout ce que j'entends est fondé sur quelque raison ; je ne veux rien, que je ne puisse dire pour quelle raison je le veux. » Cette théorie est empruntée à saint Thomas, qui l'a lui-même tirée d'Aristote. Ce philosophe considère, dans son traité *De l'âme*, les divers degrés de la vie dans le végétal, l'animal et l'homme ; par suite, il distingue les *fonctions de la vie végétative*, les *opérations sensitives* propres à l'animal et les *opérations intellectuelles* propres à l'homme (cf. Bouillet, *D. des sciences*, art. *Psychologie* ; Bossuet, *Conn. de Dieu*, V, xiii). Cette division est bonne pour la physiologie qui, étudiant la vie par l'observation extérieure, conclut par induction des phénomènes à leur cause ; mais elle ne peut pas servir de fondement à la psychologie, qui doit étudier l'âme par l'observation intérieure (cf. 11).

En acceptant la division d'Aristote et de saint Thomas, à cette époque universellement reçue dans l'école, Bossuet l'a beaucoup améliorée par les emprunts qu'il a faits à la philosophie de Descartes. 1° Il sépare la psychologie de la physiologie (II, xiv ; III, xxii) : « L'âme qui connaît si bien et si distinctement ses sensations, ses imaginations et ses désirs, ne connaît la délicatesse et les mouvements ni du cerveau ni des nerfs. » 2° Il donne pour fondement à la psychologie la connaissance de l'âme par la réflexion (I, xii) : « On distingue entre les pensées de l'âme qui tendent directement aux objets, et celles où elle se retourne sur elle-même et sur ses propres opérations par cette manière de penser qu'on appelle *réflexion*. » 3° Il établit l'unité de l'âme avec une précision qui lui est particulière (ch. I, xx) : « Les *facultés sensitives* nous ont paru dans les opérations des sens intérieurs et extérieurs et dans les passions qui en naissent ; et les *facultés intellectuelles* nous ont aussi paru dans les opérations de l'*entendement* et de la *volonté*. Quoique nous donnions à ces facultés des noms différents par rapport à leurs diverses opérations, cela ne nous oblige pas à les regarder comme des choses différentes. Car l'*entendement* n'est autre chose que l'âme en tant qu'elle conçoit ; la *volonté* n'est autre chose que l'âme en tant qu'elle veut et qu'elle choisit ; de sorte qu'on peut entendre que *toutes ces facultés ne sont au fond que la même âme* qui reçoit divers noms à cause de ses différentes opérations. » 4° Il distingue nettement l'*entendement* de la *volonté* et résume ainsi sa doctrine sur ce point : « L'homme qui a fait réflexion sur lui-même a connu qu'il y avait dans son âme deux puissances ou facultés principales, dont l'une s'appelle *entendement* et l'autre *volonté*, et deux opérations principales, dont l'une est entendre et l'autre vouloir. *Entendre* se rapporte au *vrai*, et *vouloir* au *bien*. Toute la conduite de l'homme dépend du bon usage de ces deux puissances. L'homme est parfait quand, d'un côté, il entend le vrai, et que, de l'autre, il veut le bien véritable, c'est-à-dire la vertu (*Logique*, introduction). » 5° Il définit exactement la liberté (*Conn. de Dieu*, I, xviii) : « *Vouloir* est une action par laquelle nous poursuivons le bien et nous fuyons le mal et choisissons les moyens pour parvenir à l'un et éviter l'autre. Nous sommes déterminés par notre nature à vouloir le bien en général (le bonheur) ; mais nous avons la *liberté* de notre choix à l'égard de tous les biens particuliers, etc. Avant que de prendre son parti, on raisonne en soi-même sur ce qu'on a à faire ; c'est-à-dire qu'on délibère, et *qui délibère, sent que c'est à lui de choisir*. »

Si, tout en distinguant nettement l'*entendement* de la *volonté*, Bossuet les réunit sous le nom d'*opérations intellectuelles*, c'est qu'il leur reconnaît un caractère commun ; dans les *opérations sensitives* (sensations, imagination, passions), l'âme est assujettie à des mouvements du cerveau (III, i-xi) ; mais dans les *opérations intellectuelles*, elle est supérieure au corps ; elle lui commande en déterminant ses mouvements. En effet, l'intelligence n'est attachée par elle-même à aucun organe ni à aucun mouvement du corps ; elle n'en dépend qu'indirectement par sa liaison avec les sens ; pareillement la volonté n'est attachée à aucun organe corporel, et, loin de suivre les mouvements du corps, elle y préside par l'empire qu'elle exerce sur le cerveau (III, xii-xv). — Cette distinction sert à résoudre la question de l'immortalité de l'âme. Si l'on accorde une âme aux bêtes, comme elle n'a que les opérations sensitives assujetties aux organes, elle ne doit pas survivre à la dissolution du corps. Au contraire l'âme humaine, outre les opérations sensitives, possède les opérations intellectuelles qui constituent l'*esprit* (νοῦς, *mens*) ; celles-ci n'étant pas attachées à des organes corporels comme les sensations, l'âme ne doit point perdre la vie en perdant son corps : « Autant que Dieu restera à l'âme, autant vivra notre intelligence ; et quoi qu'il arrive de nos sens et de notre corps, la vie de notre raison est en sûreté (V, xiii, xiv). »

En résumé, la dénomination d'*opérations intellectuelles* a dans Bossuet une valeur plutôt métaphysique que psychologique. Elle n'altère en rien sa théorie de la volonté et de la liberté.

Liberté morale ou Libre arbitre.

114. Énumérer et expliquer les différents sens du mot *Liberté*. (30 juillet 1873.)

115. Définir et distinguer : 1° la *Liberté d'action;* 2° la *Liberté civile* et *politique;* 3° la *Liberté morale*. (17 mars 1874.)

Plan. Pour reconnaître si l'homme possède réellement la *liberté*, il faut distinguer les différents sens de ce mot et déterminer ce qu'on entend quand on affirme que la volonté est libre. — Il y a trois espèces de liberté, la *L. physique*, la *L. civile* et *politique*, la *L. morale*. 1° La *Liberté physique* (*L. corporelle*, *L. d'action*) consiste dans le pouvoir d'agir et de se mouvoir sans obstacle et sans contrainte. 2° La *Liberté civile* est la faculté d'exercer les droits que tout homme doit posséder dans toute société; et la *Liberté politique*, la jouissance des droits que la constitution de l'État reconnaît à chaque citoyen. 3° La *Liberté morale* ou *Libre arbitre* est le pouvoir de se déterminer avec conscience et sans contrainte. Elle subsiste lorsque les deux autres espèces de liberté sont amoindries ou même supprimées. Elle ne doit donc pas être confondue avec elles, comme elle l'a été par Hobbes, etc. (cf. 110).

Lire Janet, *Élém. de morale*, ch. III, § 1; Bouillet, *D. des sciences*, art. *Liberté*; Charles, *Lect. de phil.*, I, p. 490.

116. Des divers phénomènes moraux par lesquels se manifeste la croyance universelle des hommes à l'existence du *Libre arbitre*. (20 août 1867; 28 novembre 1868.)

Plan. Définition du *libre arbitre* (cf. 115). — (*Preuve tirée de la conscience.*) Pour se rendre compte de sa réalité, il suffit de s'observer quand on prend une *résolution volontaire :* on sent qu'on la prend sans contrainte, qu'on peut la garder ou l'abandonner; on la distingue du *désir* qui la précède et de l'*exécution* qui la suit. — (*Preuves tirées de la loi morale, de la délibération, des récompenses et des peines*). Le témoignage direct de la conscience est confirmé par des phénomènes moraux qui manifestent la croyance universelle des hommes à l'existence du libre arbitre. 1° La *loi morale*, fondement rationnel des lois positives, suppose la faculté de l'accomplir, qui est la liberté morale. 2° La *délibération* implique la volonté d'examiner des choses que nous savons en notre pouvoir. 3° Les conseils, les exhortations, les promesses et les menaces qu'on adresse à une personne qui délibère n'ont aucune raison sans la croyance à la liberté morale. 4° Avant de punir ou de récompenser, on examine s'il y a responsabilité, et il n'y a pas de responsabilité sans liberté morale.

Lire Janet, *Élém. de morale*, ch. III, § 2; Charles, *Lect. de phil.*, I, p. 491-503.

Systèmes qui dénaturent ou qui nient la liberté morale.

117. Qu'appelle-t-on *Liberté d'indifférence?* (28 mars 1874.)

Plan. Certains philosophes, comme Reid, croient combattre efficacement le déterminisme (cf. 118) en admettant que l'homme possède la *liberté d'indifférence*, c'est-à-dire qu'il est capable d'agir sans raison, de choisir un parti plutôt que l'autre sans motif. Cette doctrine ne supporte pas l'examen. — 1° La volonté ne peut se déterminer sans motifs : car si la liberté implique absence de contrainte, elle implique aussi réflexion; or réfléchir, c'est examiner pourquoi l'on agit, par suite, avoir une raison, un motif. — 2° De ce qu'on ne se souvient pas d'avoir été déterminé par un motif dans une foule d'actions insignifiantes, on n'en saurait conclure qu'il n'y en a pas. Par cela même que ces actions sont insignifiantes, on n'y applique pas son intelligence; par suite, on n'en a qu'une conscience obscure qui ne laisse pas de souvenir. Ce fait s'explique par les lois de la vie psychologique : on éprouve continuellement des impressions produites soit par l'état des organes, soit par les objets extérieurs; quoiqu'on ne remarque aucune d'elles particulièrement, leur nombre finit par produire un effet notable sur la manière d'être de la sensibilité et de l'imagination; ces deux facultés déterminent à leur tour certains mouvements qu'on exécute machinalement, sans y penser, comme on fait pour tous les actes habituels. C'est un point sur lequel Leibniz insiste avec raison : « Toutes les impressions ont leur effet, mais tous les effets ne sont pas toujours notables ; quand je me tourne d'un côté plutôt que d'un autre, c'est bien souvent par un enchaînement de petites impressions dont je ne m'aperçois pas et qui rendent un mouvement un peu plus malaisé que l'autre. Toutes nos actions indélibérées sont des résultats d'un concours de petites perceptions, et même nos coutumes et passions, qui ont tant d'influence dans nos délibérations, en viennent (*Nouv. Essais*, II, 1). » — 3° En admettant par hypothèse que la liberté d'indifférence existe, elle ne pourrait être opposée au déterminisme. En effet, quand ce système met en question la liberté, il ne s'occupe pas des actions indifférentes, mais de celles où il y a des motifs très certains et très-évidents, par exemple, celles où il y a lutte entre la passion et le devoir.

Concluons : la liberté d'indifférence est impossible en elle-même, contraire à l'observation psychologique, inutile dans la discussion du déterminisme.

Lire Charles, *Lect. de phil*., I, p. 513-514.

118. Le principe rationnel qui veut que tout ait sa *raison*, est-il en contradiction, comme on l'a quelquefois soutenu, avec la libre détermination de la volonté ? (23 mars 1874.)

Dissertation. Dans les discussions auxquelles donne lieu la liberté morale, on invoque souvent le principe rationnel que *tout a sa raison*, principe que Leibniz explique ainsi dans sa *Théodicée* (I, 44) : « *Jamais rien n'arrive, sans qu'il y ait une cause ou du moins une raison déterminante*, c'est-à-dire quelque chose qui puisse servir à rendre raison *a priori* pourquoi cela est existant plutôt que de toute autre façon. Ce grand principe a lieu dans tous les événements, et on ne donnera jamais un exemple contraire ; et quoique le plus souvent ces raisons déterminantes ne nous soient pas assez connues, nous ne laissons pas d'entrevoir qu'il y en a. » Ce principe sert à démontrer que la *liberté d'indifférence* est une chose impossible (cf. 117). Mais il faut concilier son application à la volonté avec ce que l'observation de la conscience nous fait connaître sur son exercice; sans cela on tombe dans le *déterminisme psychologique* dont le système de Leibniz nous offre un exemple.

Rejetant l'autorité même du témoignage de la conscience, comme tous les déterministes, Leibniz fait consister la liberté dans trois conditions : la *spontanéité*, il faut que l'action naisse dans l'être où elle s'accomplit et que le principe n'en soit pas extérieur à lui; la *contingence*, il faut que le contraire de cette action ne soit pas impossible métaphysiquement; l'*intelligence*, il faut que l'être actif sache qu'il agit. Mais il admet que *l'action est nécessairement déterminée par les motifs, que la volonté est soumise à la nécessité morale de suivre toujours l'inclination la plus forte*, ou (ce qui revient au même), *de suivre toujours le plus grand bien.* « La raison que Descartes a alléguée pour prouver l'indépendance de nos actions libres par un prétendu *sentiment vif interne*, n'a point de force. Nous ne pouvons pas sentir proprement notre indépendance, et nous ne nous apercevons pas toujours des causes, souvent imperceptibles, dont notre résolution dépend. C'est comme si l'aiguille aimantée prenait plaisir de se tourner vers le nord; car elle croirait tourner indépendamment de quelque autre cause, ne s'apercevant pas des mouvements insensibles de la matière magnétique... Nous suivons toujours, en voulant, le résultat de toutes les inclinations qui viennent, tant du côté des raisons que des passions, ce qui se fait souvent sans un jugement exprès de l'entendement. *Tout est donc certain et déterminé par avance chez l'homme*, comme partout ailleurs, et l'âme humaine est une espèce d'*automate spirituel*, quoique les actions contingentes en général, et les actions libres en particulier, ne soient pas nécessaires pour cela d'une nécessité absolue, laquelle serait véritablement incompatible avec la contingence. Ainsi, ni la futurition en elle-même, toute certaine qu'elle est, ni la prévision infaillible de Dieu, ni la prédétermination des causes, ni celle des décrets de Dieu, ne détruisent cette contingence et cette liberté (*Théodicée*, I, 50-52). »

Laissant de côté l'*harmonie préétablie* et l'*optimisme* de Leibniz, considérons sa théorie psychologique de la liberté, à savoir, que la volonté suit toujours *le plus grand bien*, l'*inclination prévalente*. Cette théorie est contraire à la loi morale et au témoignage de la conscience. D'un côté, la loi morale nous commande de préférer l'amour du bien en soi à l'amour du plaisir, ce qui implique que nous le pouvons. D'un autre côté, la conscience nous atteste que souvent nous sommes obligés de faire un effort pénible pour accomplir notre devoir; or nous n'éprouverions aucune douleur si nous suivions toujours l'inclination prévalente, comme l'enseigne Leibniz. « Supposons, dit M. Janet, l'homme partagé entre l'amour du bien et l'amour du plaisir, et sacrifiant le second au premier. Faut-il dire qu'il obéit à *la plus forte* de ces inclinations? Non : je dis qu'il obéit à celle qu'il juge *la meilleure*. Entre l'*amour du bien* et l'*appétit* il n'y a pas de commune mesure, et ces deux inclinations ne peuvent se ramener au même poids; autrement, il serait impossible d'expliquer la difficulté de la vertu, l'effort que coûte la victoire sur les passions... C'est parce que nous jugeons tel plaisir plus vrai que tel autre que nous le choisissons, ce qui n'implique pas qu'il soit actuellement le plus vif et le plus entraînant; et c'est pourquoi un tel choix est difficile; et c'est l'effort qu'il nous coûte que nous appelons *liberté*. »

De ces considérations il résulte qu'on ne doit adopter ni la théorie de la *liberté d'indifférence,* ni le *déterminisme.* Il faut cependant concilier le *principe de raison suffisante,* que nous donne la raison, avec l'exercice de la *liberté,* que nous atteste la conscience. Pour atteindre ce but, il est nécessaire de distinguer les volitions des appétits et des passions. L'âme est une force intelligente et libre qui agit sans cesse et qui tend sans cesse à agir; elle produit tel acte plutôt que tel autre, parce qu'elle y est provoquée et excitée par des mobiles ou des motifs; dans la spontanéité, elle suit les impulsions de l'instinct; dans la volonté, elle se représente l'action, le but et les moyens; par suite, elle délibère et choisit entre le bien en soi qui est connu par la raison, et les inclinations qui proviennent de la sensibilité; elle est libre en ce sens qu'elle a la capacité d'agir selon la raison. On peut donc dire que « *la liberté est le pouvoir de s'affranchir des penchants, grâce à la lumière de la raison, et avec le secours du sentiment* (Janet, Morale, p. 506). »

Remarque. On trouvera un résumé clair et précis de la psychologie de Leibniz dans le travail de M. Marion sur ce philosophe : *Essais de Théodicée, Extraits* (Notice sur la philosophie de Leibniz, p. xxxix-xlvi).

119. Qu'appelle-t-on *Liberté d'indifférence?* L'influence *des motifs sur la volonté* constitue-t-elle une objection valable contre la liberté? (14 août 1872.)

120. La *Volonté* peut-elle être comparée à une *balance* qui penche du côté le plus lourd? (21 août 1866.)

Plan. Il y a sur la question de la liberté deux systèmes qui sont deux écueils pour la phi[losop]hie, celui de la liberté d'indifférence et celui qu'on [nomme le dét]erminisme.

Le système de la *liberté [d']indifférence* consiste à admettre que la volonté peut se déterminer sans motifs. — Il est contraire au principe de raison suffisante et à l'observation de la conscience qui nous atteste d'autant plus notre liberté que nous avons une connaissance plus claire des motifs (cf. 117).

Le *déterminisme psychologique* consiste à soutenir que la volonté suit toujours l'*inclination prévalente*, ce qui est la maxime de Leibniz (cf. 118), ou que la volonté cède toujours au *motif le plus fort*, ce qui est la formule vulgaire. On connaît à ce sujet une comparaison souvent répétée : l'âme est une balance et les motifs sont des poids; un seul plateau est-il chargé, il s'incline; y a-t-il des poids sur les deux plateaux, ce sont les plus lourds qui font pencher la balance de leur côté. — On réfute cette hypothèse par cette alternative : ou le motif prépondérant l'emporte parce que notre volonté l'adopte, et dans ce cas il tire sa force de la résolution même au lieu de la produire; ou il l'emporte parce qu'il est le plus fort en lui-même, et dans ce cas sa force doit être évidente par elle-même, ce qui n'est pas. Tous les motifs peuvent se ramener à trois principaux, le plaisir immédiat, l'intérêt et le devoir; or on peut trouver une commune mesure entre deux plaisirs, deux intérêts, deux devoirs; on ne peut en trouver une entre ces trois motifs. — On objecte, en faveur de l'influence des motifs, que tel individu ne songe qu'à son plaisir, que tel autre n'écoute que l'intérêt ou le devoir : en supposant que les présomptions qu'on forme à son égard ne soient point démenties par des déterminations imprévues, comme cela arrive souvent, il est facile de reconnaître que ces présomptions se fondent sur des habitudes contractées depuis longtemps; or les habitudes sont créées par l'exercice de la liberté même; elles ne sauraient donc lui être opposées.

En résumé, toute action a un motif; ce motif conseille ou prescrit d'agir, mais il n'entraîne pas nécessairement; ce n'est point une cause efficiente, ce n'est point une force capable d'action; c'est une idée et rien de plus.

Lire Charles, *Lect. de phil.*, I, p. 511-513.

121. De l'influence des passions, des habitudes, du tempérament et des circonstances extérieures sur l'activité humaine. Démontrer que cette influence ne détruit pas la Liberté. (25 novembre 1868.)

Plan. Lorsque l'on examine quelle influence les motifs

exercent sur la volonté humaine, on peut en passer en revue les diverses espèces et considérer en particulier ceux auxquels l'opinion générale attribue le plus d'importance dans la pratique. On dit souvent que chaque homme est entraîné par son *caractère* à accomplir les actes qui sont d'accord avec ce caractère. On résume sous ce nom les passions, les habitudes, le tempérament et toutes les circonstances extérieures, comme l'éducation, le climat et le milieu. En analysant la nature de chacune de ces choses, on reconnaît que toutes peuvent modifier l'action de la liberté, mais qu'elles ne la détruisent pas.

Lire Janet, *Élém. de morale*, ch. III, § 3.

122. Qu'est-ce que le *Fatalisme*? Cette doctrine peut-elle se concilier avec la *responsabilité morale*? (26 juillet 1873.)

Dissertation. On nomme *fatalisme* ou *déterminisme* la doctrine qui, rapportant toutes choses à la seule nécessité, nie la liberté morale, c'est-à-dire le pouvoir de faire le bien ou le mal, de choisir entre l'un et l'autre. On distingue : 1° le *déterminisme physique* et *physiologique*; 2° le *déterminisme psychologique*; 3° le *déterminisme métaphysique* et *théologique*.

1° Dans la nature, la production de tous les faits mécaniques, physiques et chimiques, est invariablement déterminée par des *conditions définies*, qui sont leurs causes prochaines; il en est de même de tous les faits qui, dans les animaux, se rapportent aux fonctions organiques; par suite, l'ensemble de tous les phénomènes qui se produisent dans le monde sensible forme un enchaînement continu et indissoluble. Si l'on comprend les phénomènes psychologiques dans ce vaste mécanisme, ou si même on les identifie avec les phénomènes physiologiques, la responsabilité morale de l'individu est anéantie avec sa liberté. C'est l'objection qu'on adresse justement à la théorie des Stoïciens d'après lesquels, toute action étant un mouvement et tout mouvement exigeant une cause qui en rende raison, tous les événements qui se produisent, y compris les résolutions de la volonté, sont les effets d'événements antérieurs; les phénomènes de tout genre dont se compose l'univers forment donc une chaîne de causes non interrompue dont chaque anneau a sa place déterminée par la nécessité. Chez les modernes, l'école empirique arrive au même résultat par diverses théories : Hume réduit la causalité à la succession constante de deux faits; M. Stuart Mill nie la certitude intime de la conscience que nous avons d'être la cause de nos actes, quand nous sentons que notre énergie produit un effort pour mouvoir nos membres; M. Moleschott définit la volonté « l'expression d'un état du cerveau produit par la somme des influences extérieures qui à chaque moment déterminent l'homme; » M. Taine en conclut que la vertu et le vice sont des produits comme le sucre et le vitriol. — Toutes ces théories anéantissent la responsabilité humaine, et réduisent les peines et les récompenses à n'être que les recettes de l'hygiène sociale. Leur erreur commune est d'assimiler l'observation interne de la conscience à l'observation externe des sens, et les phénomènes psychologiques aux phénomènes physiques et physiologiques (cf. 11-14). Or tout ce qui tombe sous l'observation des sens est fatal. La liberté morale ne se trouve que dans le sein de cette cause qui se connaît elle-même intérieurement, tandis qu'elle ne connaît la matière que par ses manifestations externes; c'est par le sentiment de cette activité continue que nous sentons en nous le pouvoir de résister à nos désirs et d'obéir à la raison.

2° Dans l'étude des conditions de la volonté, certains philosophes admettent qu'elle est déterminée nécessairement soit par l'*inclination prévalente*, comme l'enseigne Leibniz (cf. 118), soit par *le motif le plus fort*, ce qui est la formule vulgaire (cf. 119). Ce déterminisme détruit aussi la liberté et par suite la responsabilité. Cependant Leibniz, dans sa *Théodicée* (I, 67-73), combat cette conséquence : « Il est vrai qu'on parle vulgairement comme si la nécessité de l'action faisait cesser tout mérite et tout démérite, tout droit de louer et de blâmer, de récompenser et de punir; mais il faut avouer que cette conséquence n'est point absolument juste. » Il allègue qu'il est permis de tuer un furieux, de détruire les animaux nuisibles, qu'on punit les chiens et les chevaux pour les corriger; et il en conclut que les châtiments appliqués aux hommes sont légitimes, si la crainte des peines sert à faire s'abstenir du mal, ou même si la justice n'est fondée que sur la convenance qui demande l'expiation d'une mauvaise action. — Ces explications dénaturent complètement l'idée de châtiment : « Si les punitions n'étaient de la part de la société que des moyens de défense, ce seraient des *coups*, ce ne seraient pas des *punitions*, etc. (Janet, *Élém. de morale*, III, § 2, p. 46). » Le déterminisme psychologique est donc incompatible avec la responsabilité humaine.

3° On nie souvent la liberté humaine, parce qu'elle est ou paraît être incompatible avec une doctrine métaphysique ou une croyance religieuse à laquelle on subordonne tout, sans tenir compte du témoignage de la conscience. C'est ce qu'on appelle proprement *fatalisme* (de *fatum*, parole, décret de la divinité). 1° Le *fatum mahometanum* consiste à croire que les événements sont tellement déterminés et liés que, quoi que l'on puisse faire, tel événement arrivera (Leibniz, *Théodicée*, I, 55). 2° Le *fatalisme métaphysique* est celui de Spinosa et des panthéistes d'après lesquels tous les phénomènes de l'univers, par conséquent, les actions de l'homme, suivent de l'essence des choses avec une nécessité géométrique ou logique. 3° Le *fatalisme théologique* est propre à certains théologiens qui s'autorisent de leurs spéculations sur la grâce pour admettre la *prédestination*, doctrine d'après laquelle Dieu aurait déterminé à l'avance les élus et les réprouvés, les saints et les impies, choisissant les uns par un acte de faveur et abandonnant les autres à la damnation éternelle. — Tous ces systèmes, en tant qu'ils nient le libre arbitre, détruisent la responsabilité humaine, comme le déterminisme dont nous avons parlé précédemment.

Lire Bouillet, *D. des sciences*, art. *Déterminisme, Destin, Panthéisme, Prédestination*; Charles, *Lect. de phil.*, I, p. 504-512.

123. Comment a-t-on essayé de concilier la *Prescience divine* avec la *Liberté humaine?* (7 novembre 1873.)

Plan. La métaphysique et la psychologie ont besoin d'être rapprochées quand on examine les moyens de concilier la *prescience divine* avec la *liberté humaine*. D'un côté Dieu, étant une intelligence parfaite, doit connaître d'avance toutes nos résolutions, tous nos actes. D'un autre côté, la conscience nous atteste que nous sommes libres. Comment comprendre la liaison de ces deux vérités? On peut se borner aux considérations suivantes. 1° « Quiconque connaît Dieu ne peut douter que sa providence, aussi bien que sa puissance, ne s'étende à tout; et quiconque fera un peu de réflexion sur lui-même connaîtra sa liberté avec une telle évidence, que rien ne pourra obscurcir l'idée qu'il en a; et on verra clairement que deux choses qui sont établies sur des raisons si nécessaires ne peuvent se détruire l'une l'autre... Quand donc nous nous mettons à raisonner, nous devons d'abord poser comme indubitable que nous pouvons connaître très-certainement beaucoup de choses, dont toutefois nous n'entendons pas toutes les suites. C'est pourquoi la première règle de notre logique, c'est qu'il ne faut jamais abandonner les vérités une fois connues, quelque difficulté qui survienne, quand on veut les concilier; mais qu'il faut au contraire, pour ainsi parler, tenir toujours fortement comme les deux bouts de la chaîne, quoiqu'on ne voie pas toujours le milieu, par où l'enchaînement se continue. » (Bossuet. *Traité du Libre arbitre*, ch. IV, V). 2° Le mot *prescience* indique une opération de l'intelligence humaine plutôt qu'un acte de l'intelligence divine : celle-ci, étant parfaite, ne *prévoit* pas comme nous, mais *voit* toutes choses par un seul et même acte qui embrasse à la fois le passé, le présent et l'avenir. 3° La connaissance que Dieu a des faits futurs ne leur ôte pas leur caractère de *contingence*. 4° Si l'idée que nous avons de notre liberté et celle que nous avons de la perfection de Dieu sont également certaines, elles ne sont pas également claires. Pour les concilier, il faudrait avoir une connaissance absolue de l'intelligence divine, et nous n'en avons qu'une connaissance incomplète. Le problème est donc insoluble pour nous, parce qu'étant finis nous ne pouvons comprendre l'infini, de même qu'ayant une existence successive et changeante nous ne pouvons comprendre le rapport du temps à l'éternité.

Lire Bouillet, *D. des sciences*, art. *Prescience*; Charles, *Lect. de phil.*, I, p. 515-522.

THÉORIE DE LA VIE PSYCHOLOGIQUE.

Harmonie des facultés de l'âme.

124. Après avoir distingué les trois Facultés principales de l'âme, montrer comment elles s'unissent dans tous les phénomènes psychologiques. (11 août 1868.)

Plan. Pour avoir une théorie exacte des facultés psychologiques, il faut d'abord les distinguer (cf. 18, 28), puis examiner leurs rapports. En effet, jamais l'une d'elles ne s'exerce sans les autres; le concours de chacune d'elles est nécessaire à la production du phénomène total; seulement l'une d'elles y prédomine : la Sensibilité, dans le désir et la passion (cf. 26); l'Intelligence, dans la perception (cf. 32-35); l'Activité, dans la détermination volontaire (cf. 110). De là résulte l'influence réciproque que nos trois facultés exercent l'une sur l'autre. La variété de leur développement constitue la différence du caractère dans les âges, les individus et les peuples divers.

Lire Bossuet, *Conn. de Dieu*, I, xx (édit. Charles, p. 68).

125. Dans quel ordre se développent les Facultés de l'âme dans le cours de la vie humaine ? (21 nov. 1871.)

Plan. Quand l'homme est arrivé à l'âge de raison, les trois facultés s'exercent simultanément (cf. 124). Mais si l'on embrasse l'ensemble de la vie psychologique, on voit que chaque faculté a plusieurs aptitudes qui se manifestent successivement. 1° L'enfant s'applique à connaître les corps qui l'entourent et qui agissent sur lui ; il fait ainsi l'éducation de ses sens (*Perception externe*) ; il se préoccupe des besoins du corps (*Appétits, Sensations*), et il cherche à les satisfaire par les actes et les mouvements qui sont en son pouvoir (*Instinct*). 2° Dès que le développement du corps facilite la satisfaction de ses besoins, de plus nobles penchants s'éveillent dans l'âme ; la *Sensibilité intellectuelle et morale* provoque le développement de l'Intelligence et de l'Activité, qui produit les plaisirs et les peines de l'esprit et du cœur. L'*Intelligence* subit longtemps l'influence de l'*Imagination*, qui établit une transition entre les choses corporelles et les choses spirituelles ; puis, gouvernée par la Volonté, elle analyse par l'*attention* les objets extérieurs ; ou, se repliant sur elle-même, elle permet à l'âme de se connaître par la *réflexion*, et de concevoir clairement les notions fondamentales de la *Raison*. L'*Activité*, stimulée par la Sensibilité et par l'Imagination, éclairée par la Raison, développe toute son énergie créatrice ; la *Volonté* apprend à ne se déterminer qu'après délibération, au lieu de se décider instantanément, et fait de l'homme une personne libre et morale qui se possède et se gouverne. Mais il ne suffit pas d'acquérir, il faut encore conserver. La *Mémoire* garde les données de l'expérience, et l'*Habitude* diminue l'effort en même temps qu'elle rend l'exécution plus prompte et plus sûre. 3° Ce sont ces deux facultés qui dominent quand, les organes étant affaiblis ou altérés par l'âge, l'énergie créatrice semble s'éteindre.

Le développement des facultés de l'âme humaine correspond à la destinée que la morale lui assigne (cf. 128).

Lire Horace, *Art poétique*, 150-178, et Boileau, *Art poét.*, III, 373-388.

Activité continue de l'âme.
La veille. Le sommeil.

126. Est-il vrai de dire avec Descartes que *l'âme, étant une chose pensante, pense toujours ?* (7 mai 1870 ; 4 novembre 1873.)

Plan. C'est une maxime de l'école cartésienne que *l'âme, étant une chose pensante, pense toujours.* Pour apprécier la vérité de cette maxime, il faut la prendre dans le sens de Descartes : « Je suis, j'existe ; cela est certain. Mais combien de temps ? autant de temps que je pense... Qu'est-ce qu'une chose qui pense ? c'est une chose qui doute, qui entend, qui conçoit, qui affirme, qui nie, qui veut, qui ne veut pas, qui imagine aussi et qui sent. » (*Méditation* 2e).

Examinons cette maxime. 1° Au point de vue de la théorie, l'âme est une force dont l'essence est d'agir (cf. 127) ; donc elle ne pourrait cesser d'agir sans être anéantie ; par conséquent, elle doit toujours *agir*, ou, en prenant le mot *penser* dans le sens étendu que lui donne Descartes pour désigner l'ensemble des opérations psychologiques, elle doit toujours *penser*. — 2° Au point de vue de l'expérience, la proposition de Descartes a été contestée par Locke, qui pose en principe que l'homme ne saurait penser sans s'en apercevoir. Leibniz démontre que ce principe est faux (*Nouv. Essais*, II, 1) : « Il ne s'ensuit pas de ce qu'on ne s'aperçoit pas de la pensée qu'elle cesse pour cela d'exister ; car autrement on pourrait dire par la même raison qu'il n'y a point d'âme pendant qu'on ne s'en aperçoit point... On n'est point sans quelque sentiment faible pendant qu'on dort, lors même qu'on est sans songe. Le réveil même le marque ; et plus on est aisé à être éveillé, plus on a de sentiment de ce qui se passe au dehors, quoique ce sentiment ne soit point assez fort pour causer le réveil... Toutes les impressions ont leur effet ; mais tous les effets ne sont pas toujours notables. »

La théorie de Descartes et de Leibniz a été confirmée par les recherches que l'on a faites sur le *sommeil*.

1° Au point de vue physiologique, le sommeil suspend généralement les fonctions de relation et ralentit plus ou moins les fonctions de nutrition ; mais, cette multitude de petits mouvements qui concourent à la vie, le soulèvement de la poitrine, le battement du cœur et des artères, le cours du sang et des liquides, l'état des principaux viscères, sont des causes capables de provoquer des sensations plus ou moins obscures.

2° Au point de vue psychologique, l'état de l'âme pendant le sommeil ne peut être observé directement. En effet, le sommeil consiste dans l'absence de l'attention et de la réflexion qui caractérisent la veille; or ce sont les conditions de la mémoire; leur interruption a pour conséquence de rendre le souvenir très-obscur ou de le supprimer. On ne peut donc, comme l'a fait Locke, affirmer que l'âme n'a point pensé pendant le sommeil parce qu'elle ne s'en souvient pas au réveil. On peut établir la réalité du contraire par des observations indirectes : le dormeur exécute des mouvements et va même jusqu'à prononcer des paroles dont il ne garde pas la mémoire; les agitations du sommeil influent sur les dispositions tristes ou gaies de la veille; la possibilité de se réveiller à l'heure que l'on a fixée implique l'appréciation du temps; une sensation insolite, même légère, peut provoquer le réveil, ce qui suppose une certaine vigilance; enfin, toute la vie du corps aboutit au centre cérébral, et l'âme, étant intimement unie au corps, doit en ressentir les mouvements. L'activité de l'âme suit donc son cours pendant le sommeil; seulement, elle est instinctive et spontanée; elle est dirigée par l'imagination, et se manifeste par des rêves agréables ou pénibles et par des mouvements plus ou moins importants selon les circonstances.

La conclusion de ces considérations est que *l'âme pense toujours*, conformément à la théorie de Descartes, et par suite, que *l'âme exprime toujours son corps*, selon l'expression originale de Leibniz.

Lire Bouillet, *D. des sciences*, art. *Sommeil*; Charles, *Lect. de phil.*, I, p. 360-378.

REMARQUE. La théorie des *perceptions inconscientes* joue un rôle important dans la psychologie de Leibniz. Ce philosophe s'en sert pour répondre aux objections de Locke contre les *idées innées* (cf. 47, 63), pour réfuter le système de la *liberté d'indifférence* (cf. 117); enfin, comme ci-dessus, pour expliquer l'*activité de l'âme pendant le sommeil* et, en général, les formes inférieures de la vie psychologique (cf. Marion, *Extraits de la Théodicée*, Notice, p. xxxvii). Cette théorie est indépendante du *déterminisme* de Leibniz (cf. 118) et de son hypothèse de l'*harmonie préétablie* (cf. 44).

SPIRITUALITÉ DE L'AME.

Unité du principe des facultés de l'âme. Personnalité humaine.

127. De la notion du *moi*. Caractères distinctifs de cette notion. Son importance en Psychologie et en Morale. (3 août 1874.)

128. Montrer combien la connaissance de l'*activité libre* est importante pour les sciences morales. (20 mars 1872.)

Dissertation. Tous les phénomènes psychologiques impliquent la notion du *moi*, c'est-à-dire de la force qui a conscience d'elle-même, dont l'essence est l'activité intelligente et volontaire. Cette notion est le principe fondamental de la Psychologie et de la Métaphysique, de la Morale et du Droit naturel.

On divise souvent la Psychologie en deux parties : *Psychologie expérimentale*, qui se borne à décrire et à classer les opérations de l'âme; *Psychologie rationnelle*, qui établit la spiritualité et l'immatérialité de l'âme. Cette division peut être acceptée à la condition expresse de ne pas admettre, avec certains philosophes, que l'âme ne nous est connue que par ses actes et ses modifications, que nous concluons de là sa nature, soit en appliquant l'induction aux phénomènes, comme le font la physique et la chimie, soit en tirant les conséquences de certaines définitions, comme le fait la géométrie. Au contraire, l'âme se saisit comme *cause* dans chacun de ses actes, comme *sujet* dans chacune de ses modifications, et l'exprime en disant : *je sens, je pense, je veux*. C'est donc par l'analyse seule qu'il faut constater et déterminer en quoi consiste le *moi* (cf. 11-14).

Quand par la réflexion je décompose un phénomène complet de conscience, je distingue deux éléments opposés, l'*objet* et le *sujet*. Une excitation venue du monde extérieur détermine un changement dans mon corps, une impression à la suite de laquelle j'éprouve une sensation. Je réagis en produisant un effort musculaire dans l'organe. Par là, j'ai l'intuition simultanée de deux termes : je perçois extérieurement l'*objet*, c'est-à-dire ce qui me résiste et qui excite ma sensation, et je perçois intérieurement le *sujet*, c'est-à-dire *moi* qui produis un effort et qui éprouve une sensation. De plus, ces deux termes se limitant l'un l'autre, j'affirme que je suis une *force finie*, et j'affirme par là même l'existence d'une *force infinie* qui est Dieu (cf. 56).

Considérons maintenant le rôle de la notion du *moi* en Psychologie. Dans le fait de l'effort musculaire, je me connais comme *force motrice*. Je sais en outre qu'en produisant cet effort j'ai un but et je me détermine par moi-même ; par conséquent, je me connais comme *cause intelligente et libre*. Mon existence consistant à passer sans cesse d'un phénomène à un autre, je sais à chaque instant que j'agis, que je tends à agir, que mon essence consiste ainsi dans *l'activité intelligente et libre*. De plus, je me distingue de tous les phénomènes qui se succèdent : ils sont multiples, et j'ai conscience d'être *un* et *simple*. Ils sont passagers, et, par l'union de la mémoire et de la conscience, je connais que je dure, que je suis *identique*. Je puis ainsi définir ce que j'appelle *je* ou *moi :* « le *moi* est une force une et identique qui a conscience d'elle-même, *vis sui conscia.* » Si je compare le moi avec ce qui est hors de lui, le sujet avec l'objet, je remarque que le moi se connaît comme un et simple dans chaque fait de conscience, tandis que l'objet m'apparaît comme une pluralité de choses coexistant dans l'espace (quelle que soit la nature de ces choses, monades, atomes ou phénomènes), pluralité qui constitue la matière : donc le moi est *immatériel*. De plus le moi n'est pas simplement une force motrice ; il est une cause intelligente et libre ; or l'activité intelligente et libre constitue la *spiritualité ;* donc le moi est l'*esprit*. Enfin, si je cherche ce qu'est le moi par rapport à l'âme, je comprends que *le moi est l'âme se connaissant elle-même*, disant d'elle-même *je* ou *moi*. Donc la Psychologie est la science de l'âme en tant qu'elle se connaît elle-même, la science d'une force intelligente et libre qui a conscience d'elle-même dans chacun de ses actes et dans chacune de ses modifications, de telle sorte qu'on ne peut étudier les phénomènes psychologiques sans cette force, ni cette force sans les phénomènes psychologiques.

La connaissance du *moi*, c'est-à-dire de la force intelligente et libre, n'est pas seulement le fondement de la Psychologie ; elle est aussi le fondement de la Métaphysique. Pour que cette science ne se borne pas à spéculer sur des abstractions, sur l'*être* en général, etc., comme l'a fait la Scolastique, elle doit partir de la réalité. Or la réalité que nous connaissons le mieux, c'est le *moi*, l'être actif et vivant que nous sommes. C'est de lui que nous tirons les idées de *cause*, de *force*, de *puissance*, de *substance*, d'*être*, d'*unité*, d'*identité*, de *durée*, etc., idées à l'aide desquelles nous concevons les êtres inférieurs et la matière en raisonnant par analogie, tandis qu'avec ces mêmes idées nous analysons la notion de l'Être infini, et nous lui attribuons par la raison comme absolues les perfections que nous trouvons en nous-mêmes limitées et relatives, puissance, intelligence et amour. Cette méthode conduit en outre à réfuter d'une manière solide le matérialisme, le panthéisme et le scepticisme.

Si nous passons des parties spéculatives de la philosophie aux parties pratiques, Morale et Droit naturel, nous trouvons que la notion de l'activité intelligente et libre leur sert également de fondement. En effet, le *moi* constitue la *personne humaine*, comme l'*activité intelligente et libre* est le principe du *Devoir* et du *Droit*. Il en résulte que la loi de l'homme est de développer sa personnalité, d'agir en être intelligent et libre, de réaliser la perfection dont sa nature est susceptible, et de se rapprocher ainsi de Dieu qui est le type de la personnalité et le Bien suprême.

Lire Charles, *Lect. de phil.*, I, p. 317-321, 343-347.

129. Prouver par l'analyse des conditions de la *pensée* et de la *responsabilité* que *le principe des faits psychologiques doit être un, simple et identique*. (26 mars 1874.)

Plan. Par la conscience, le principe des phénomènes psychologiques, le *moi*, se connaît directement comme une force une, simple et identique, qui est intelligente et libre (cf. 127). Par l'analyse des conditions de la pensée et de la responsabilité, on constate les lois de l'activité intellectuelle et on voit qu'elles sont inexplicables sans l'unité et l'identité de ce même principe. — 1° Chaque acte de connaissance implique la distinction de l'objet et du sujet (cf. 127). Je considère la carte de l'Asie. L'objet a des parties qui représentent chacune une région. Le sujet est un et simple, parce qu'il embrasse la totalité par l'unité de conscience, et qu'il communique à la *pensée* son unité et sa simplicité. Supposons, malgré le témoignage de la conscience, que le moi soit composé ; ou chaque partie du principe pensant pensera une partie de l'objet, et l'unité de la pensée s'évanouira ; ou bien, chaque partie se représentera l'objet total, et il y aura autant d'idées du même objet qu'il y aura de parties, ce qui est contraire à l'expérience intime. On peut faire le même raisonnement sur la sensation et sur la volonté. — 2º La mémoire a pour seul objet le moi. Par elle, le moi sait qu'il subsiste depuis un certain temps et qu'il est toujours la même personne : c'est par la connaissance qu'il a de son existence qu'il acquiert la notion de la durée et qu'il l'applique aux autres choses (cf. 85). Supposons encore, contrairement à notre expérience personnelle, que le moi ne soit, comme l'imagine l'empirisme, qu'une série, qu'une collection de phénomènes. Dans quoi se succéderont ces phénomènes et qui en fera l'addition ? Si le principe pensant ne demeure pas le même au milieu de la succession des phénomènes, la mémoire sera évidemment impossible, puisque rien ne reliera le présent au passé ; avec elle disparaîtra la *responsabilité* qui implique que la personne punie ou récompensée est la même qui a exécuté l'action digne de la punition ou de la récompense (cf. 288).

Il résulte de cette analyse que l'*unité*, la *simplicité* et l'*identité du moi*, connues avec évidence par la conscience et par la mémoire, sont les conditions nécessaires de la pensée, de la perception, de la volonté, de la mémoire et de la responsabilité. Elles servent à démontrer la distinction de l'âme et du corps (cf. 130). Ainsi se justifie cette assertion de Descartes (cf. 183) : « Je vois clairement qu'il n'y a rien qui me soit plus facile à connaître que mon esprit. »

> Je sens en moi certain agent ;
> Tout obéit dans ma machine
> A ce principe intelligent.
> Il est distinct du corps, se conçoit nettement,
> Se conçoit mieux que le corps même. (LAFONTAINE, X, 1.)

Lire Charles, *Lect. de phil.*, II, p. 323, 334-345, 361-362.

REMARQUE. Le premier ouvrage où la démonstration de l'unité et de l'identité de l'âme se trouve exposée ainsi d'une manière rigoureuse et complète est le célèbre traité de Plotin : *De l'immortalité de l'âme* (*Ennéade* IV, livre VII ; traduction Bouillet, t. II, p. 414-452). Saint Augustin lui a fait des emprunts (cf. Bouillet, *D. des Sciences*, art. *Psychologie*).

Immatérialité et spiritualité de l'âme.
Distinction de l'âme et du corps.

130. Distinguer par leurs caractères l'âme et le corps. (2 août 1870.)

Plan. 1° En s'étudiant, l'homme distingue en lui deux classes de phénomènes très-différents. Les uns, comme la circulation du sang, sont perçus par les *sens* et étudiés par la Physiologie. Les autres, comme sentir, penser, vouloir, sont perçus par la *conscience* et étudiés par la Psychologie (cf. 8). 2° On sait que les phénomènes physiologiques sont des mouvements ou des modifications du *corps*, mais on ne peut découvrir que par induction quel est le principe qui en détermine la production : de là résulte qu'il y a sur ce point trois hypothèses, l'Animisme, le Vitalisme, l'Organicisme. Il n'en est pas de même du principe des phénomènes psychologiques : la connaissance de la sensation, de la pensée et de la volonté est inséparable de la connaissance du principe qui sent, qui pense et qui veut : celui-ci se perçoit directement comme *cause* dans chacun de ses actes et comme *sujet* dans chacune de ses modifications; il dit de lui-même *je* ou *moi :* « je sens, je pense, je veux. » Il se perçoit en même temps comme un et identique. Or il n'est autre chose que l'âme ayant conscience d'elle-même. Celle-ci peut donc se définir une force une et identique qui a conscience d'elle-même, *vis sui conscia* (cf. 127-129).

Après avoir défini l'essence de l'âme, il reste à examiner si elle peut être une partie du corps ou une fonction du cerveau. 1° Chaque organe est composé et ses molécules intégrantes se renouvellent sans cesse; l'âme au contraire est une, simple et identique; donc elle ne peut être une partie du corps. 2° Tout phénomène cérébral est un mouvement, c'est-à-dire un changement de position dans l'espace, un déplacement de molécules les unes par rapport aux autres, comme la vibration d'une corde en offre l'exemple. Si l'âme est une fonction du cerveau dans le sens où la vibration d'une corde est une fonction de cette corde, elle n'est qu'un rapport, elle n'a aucune réalité par elle-même, et l'on ne peut point comprendre comment l'âme, qui par hypothèse n'a aucune réalité par elle-même, a conscience de son existence une et continue et l'affirme en disant : je sens, je pense, je veux. Si l'expérience démontre que certaines opérations psychologiques ne peuvent s'effectuer sans le concours du cerveau, il s'ensuit que ce concours est une condition de ces opérations, mais non qu'il en est la cause.

De cette discussion, il résulte que l'âme est distincte du corps. Cette distinction se résume en deux caractères, l'immatérialité et la spiritualité. 1° L'*immatérialité* de l'âme consiste en ce qu'elle est une force une et identique, sans aucun rapport de ressemblance avec l'étendue et la figure, avec rien qui puisse se représenter aux sens ou à l'imagination. 2° La *spiritualité* consiste dans l'activité intelligente et libre, dont la formule est : *vis sui conscia*. Si, avec le système nommé Dynamisme, l'on admet que la matière est composée de forces unes et identiques, par conséquent immatérielles, l'âme humaine se distingue d'elles en ce que celles-ci sont simplement des forces motrices tandis qu'elle est un *esprit*, c'est-à-dire qu'elle possède l'activité intelligente et libre.

Lire Bouillet, *D. des sciences*, art. *Ame*; Charles, *Lect. de phil.*, II, p. 320-347; Bossuet, *Conn. de Dieu et de soi-même*, III, xxi, xxii (cf. édit. Charles, p. 178-186, notes).

Lois de l'union de l'âme et du corps.

131. Quelles sont les *lois de l'union de l'âme et du corps*? (6 novembre 1869.)

132. En quoi consiste la question si controversée des *rapports du physique et du moral*? (5 novembre 1873.)

133. Exposer les principaux faits par lesquels se manifeste l'*influence du physique sur le moral*, et réciproquement, l'*empire du moral sur le physique*. (17 nov. 1869.)

Plan. Pour bien comprendre la condition actuelle de l'âme humaine, il ne suffit pas de la distinguer du corps et de définir la spiritualité qui constitue sa nature; il faut encore déterminer quelles sont les lois de l'union de l'âme et du corps, ou, ce qui revient au même, quels sont les rapports du physique et du moral, ou bien encore, quelle est l'influence du physique sur le moral et quel est l'empire du moral sur le physique. Dans cette étude, il faut combiner les données de la Psychologie avec celles de la Physiologie, comme dans toutes les questions mixtes de la sensation, de la perception externe, de l'imagination passive et de l'effort musculaire.

1° *Influence du physique sur le moral, du corps sur l'âme.* Pour connaître les objets extérieurs par les sens et agir sur eux par sa force motrice, l'âme se sert du système cérébro-spinal auquel aboutissent les nerfs sensitifs et dont partent les nerfs moteurs. Toutes les impressions viennent se réunir à un centre commun qui est le cerveau ; celui-ci est l'organe de l'âme toutes les fois qu'elle s'applique aux choses matérielles, c'est-à-dire dans la sensation externe ou interne, la perception externe, la mémoire, l'imagination, l'appétit et la passion. Tout dérangement dans les fonctions du cerveau trouble les opérations de l'intelligence. L'état des autres organes influe à son tour sur le cerveau et détermine par son intermédiaire les dispositions de l'imagination passive, principalement dans la rêverie, le sommeil, le délire, l'hallucination, la folie, l'idiotisme.

2° *Influence du moral sur le physique, empire de l'âme sur le corps.* Si l'âme sent continuellement l'état des organes, elle agit aussi sans cesse sur eux par son empire sur les nerfs moteurs. Les mouvements qu'elle détermine sont instinctifs, volontaires ou habituels. En outre, elle a plus ou moins conscience de son action, selon qu'elle intervient dans les fonctions de relation, qui dépendent du système cérébro-spinal ; ou dans la respiration, qui s'opère par les nerfs pneumogastriques. Quant aux fonctions de la nutrition et de la circulation du sang, qui dépendent du système ganglionnaire, elles ne subissent qu'indirectement l'influence de l'âme par suite de la coordination et de la sympathie des divers centres nerveux ; ainsi, une émotion morale agit sur le cerveau et, par son intermédiaire, sur les battements du cœur. — En résumé, l'empire de l'âme sur le corps se ramène à deux points principaux : elle exerce sa force motrice d'une manière volontaire, mais intermittente ; elle imprime une excitation inconsciente, mais continue, à toutes les fonctions de la vie organique dont l'accomplissement plus ou moins régulier lui fait éprouver des sensations agréables dans la santé et pénibles dans la maladie. Par suite, si l'âme, comme le dit Leibniz, exprime toujours l'état du corps (cf. 126), réciproquement le corps exprime l'état de l'âme par les attitudes du corps et l'expression changeante des traits, ce qui est le principe du langage naturel.

Lire Bouillet, *D. des sciences*, art. *Ame*; Charles, *Lect. de phil.*, II, p. 366-370, 384-393.

Remarque. Il y a trois systèmes sur l'union de l'âme et du corps, l'*Animisme*, le *Vitalisme* et l'*Organicisme*. L'école cartésienne, faisant consister uniquement l'essence du corps dans l'*étendue* et celle de l'âme dans la *pensée*, n'a pu expliquer l'action de l'esprit sur la matière; de là les hypothèses des *causes occasionnelles* et de l'*harmonie préétablie*. Pour résoudre toutes ces difficultés, il faut admettre que toute substance est une *force* (cf. 55).

Lire ces articles dans Bouillet, *D. des sciences*.

134. Développer et, s'il y a lieu, critiquer cette définition de M. de Bonald : « L'âme est une intelligence servie par des organes. » (10 août 1869.)

Plan. On a souvent cité cette définition de M. de Bonald : « L'âme est une intelligence servie par des organes. » Examinons si, comme c'est la prétention de son auteur, elle exprime exactement la nature de l'âme et ses rapports avec le corps. — 1° Définir l'âme une *intelligence* revient à dire avec Descartes que l'essence de l'âme est la *pensée* (cf. 126). Or les mots *intelligence* et *pensée* ont un sens trop vague pour exprimer avec précision la nature de l'âme. Être, c'est agir. L'essence de l'âme est l'activité intelligente et volontaire. Elle est une *force qui a conscience d'elle-même*. — 2° Définir l'âme une *intelligence*, c'est lui refuser implicitement le pouvoir d'agir sur le corps; de là résulte l'assertion, que c'est une *intelligence servie par des organes*, assertion qui signifie qu'il y a une simple correspondance entre les pensées de l'âme et les mouvements du corps, comme entre les ordres d'un maître et les actions d'un serviteur. Or cette théorie n'est point conforme à la réalité et n'explique point la vie, non plus que les hypothèses des *causes occasionnelles* ou de l'*harmonie préétablie*. L'union de l'âme et du corps consiste en ce que l'âme agit sans cesse sur le corps et que le corps réagit sans cesse sur l'âme (cf. 133). En définissant l'âme une *force qui a conscience d'elle-même*, on rend possible l'action de l'âme, parce qu'on lui reconnaît le pouvoir de mouvoir les organes qui sont véritablement ses *instruments*, comme l'indique l'étymologie du mot. Saint Augustin a bien indiqué ce pouvoir de l'âme dans sa définition : *Substantia quædam rationis particeps, regendo corpori accommodata*. Bossuet a eu tort de la modifier (*Conn. de Dieu et de soi-même*, IV; éd. Charles, p. 191, note).

Des différents systèmes qui nient la distinction de l'âme et du corps.

135. Exposer et discuter les principales objections du Matérialisme contre la distinction de l'âme et du corps. (22 novembre 1867.)

Dissertation. La question de la distinction de l'âme et du corps a donné naissance à deux systèmes, le Spiritualisme et le Matérialisme.

Le *Spiritualisme* établit que, si nous interrogeons l'expérience, nous distinguons en nous deux modes d'observation : les *sens*, par lesquels nous percevons notre corps ; la *conscience*, par laquelle le *moi* se perçoit comme cause ou comme sujet dans chacun des phénomènes qu'il s'attribue, se reconnaît comme un et identique dans la complexité et la variabilité de ses actes et de ses modes. Il a pour instrument le cerveau ; mais il ne saurait se confondre avec lui parce qu'il est un et identique, tandis que la substance du cerveau est composée d'une multitude de molécules, et, comme le corps entier, change continuellement par le départ et le remplacement des molécules qui la composent. Or le *moi* n'est autre chose que l'âme ayant conscience d'elle-même ; son essence est l'*activité intellectuelle et libre*, qui constitue ce qu'on nomme la *spiritualité* (cf. 127-133).

Cette distinction de l'âme et du corps est niée par le *Matérialisme*. Ce système doit son nom à ce qu'il a pour fondement l'hypothèse suivante : « Les sens sont le seul moyen de connaître ; par suite, il n'y a de réel que ce qui tombe sous les sens, c'est-à-dire la *matière*. » Le matérialisme le plus célèbre dans l'antiquité est celui d'Épicure, qui composait l'âme d'atomes (cf. 228), et expliquait toutes nos connaissances par son hypothèse des *idées images* (cf. 40) ; son principal argument était l'influence que l'état des organes exerce sur nos facultés intellectuelles et morales. De nos jours, le matérialisme a pris une forme scientifique qui s'appelle le *Positivisme* ; il fait consister l'âme dans l'ensemble des fonctions du cerveau et de la moelle épinière ; il donne pour argument que le cerveau est l'organe de l'intelligence dans la sensation, l'imagination, etc., et il en conclut que la pensée n'est qu'un mouvement.

On réfute le matérialisme par les arguments suivants. 1° Le matérialisme se contredit : il proclame la nécessité de pratiquer la méthode expérimentale, et il rejette le témoignage de la conscience dont l'autorité est antérieure à celle des sens; cette contradiction est d'autant plus choquante que c'est par l'observation intérieure, et non par la loupe et le scalpel, que l'on constate l'existence du sentiment, de la pensée et de la volonté (cf. 11-14). 2° La pensée et la responsabilité sont impossibles si le principe des faits psychologiques n'est un, simple et identique (cf. 129-130). 3° L'influence du physique sur le moral est incontestable (cf. 131-133). Mais, si certains phénomènes physiologiques sont les conditions de certains phénomènes psychologiques (sensation, perception externe, imagination, langage, etc.), on n'en saurait conclure qu'il y ait identité. Le concours des organes est nécessaire à l'âme pour entrer en rapport avec les objets extérieurs et pour s'en représenter les images; mais il est impossible qu'elle s'en serve pour se connaître elle-même par la conscience et pour connaître Dieu par la raison, parce que ni le moi ni Dieu ne peuvent être représentés par aucune image. 4° Dire que la pensée est une espèce de mouvement, par exemple, une vibration de molécules analogue à la vibration de l'air dans la production du son, c'est avancer une chose inconcevable : le mouvement est un phénomène extérieur, perçu par les sens, tandis que la pensée est un fait intérieur, perçu par la conscience ; un mouvement est rectiligne ou circulaire, tandis qu'une pensée est claire ou obscure, vraie ou fausse ; il y a donc une contradiction complète entre les conditions et les qualifications du mouvement et de la pensée. 5° Le matérialisme, qui prétend ramener la pensée à un phénomène vital, ne peut expliquer la vie elle-même. Si l'on admet que les phénomènes vitaux soient susceptibles de s'expliquer par les lois de la physique et de la chimie, il ne s'ensuit pas que ces lois expliquent la production même de l'organisme; car la vie suppose une force qui coordonne tous les phénomènes mécaniques, physiques et chimiques de l'organisme, de manière à former un système dont toutes les parties soient solidaires et concourent à une seule et même fin. « S'il fallait définir la vie d'un seul mot qui mît en relief le caractère qui distingue nettement la science biologique, je dirais : la *vie*, c'est la *création*. Quand un poulet se développe dans un œuf, ce n'est point la formation du corps animal, en tant que groupement d'éléments chimiques, qui caractérise naturellement la force vitale. Ce groupement ne se fait que par suite des lois qui régissent les propriétés physico-chimiques de la matière ; mais ce qui est essentiellement du domaine de la vie, et ce qui n'appartient ni à la physique, ni à la chimie, ni à rien autre chose, c'est l'idée directrice de cette évolution vitale: Dans tout germe vivant, il y a une idée créatrice qui se développe et se manifeste par l'organisation. Pendant toute sa durée, l'être vivant reste sous l'influence de cette même force vitale créatrice, et la mort arrive lorsqu'elle ne peut plus se réaliser (Cl. Bernard). » 6° Le matérialisme ne peut même pas expliquer ce que c'est que la *matière* à laquelle il ramène toutes choses. S'il définit la matière *ce qui tombe sous nos sens*, cette définition est inadmissible, parce que la connaissance de la matière n'est pas une perception, mais une conception (cf. 41), qu'il faut distinguer en elle l'apparence et la réalité (cf. 42). S'il la réduit à l'*étendue*, il ne lui laisse aucun caractère qui la distingue de l'espace; il la rend ainsi divisible à l'infini, de telle sorte qu'elle s'évanouit en une espèce de poussière aussi inconcevable qu'impalpable. S'il ajoute la *force* à l'étendue pour rendre possible l'hypothèse des *atomes*, il attribue à la matière une chose dont il emprunte l'idée, non aux sens, mais à la conscience, ce qui est en contradiction formelle avec son principe. 7° En général, le matérialisme prétend expliquer le connu, qui est l'esprit, par l'inconnu, qui est la matière ; par suite, il ramène le supérieur à l'inférieur, la pensée à la sensation, la sensation à l'impression organique, et l'impression organique au mouvement dont il ne peut rendre raison, s'il s'en tient aux données des sens.

Lire Bouillet, *D. des sciences*, art. *Matérialisme, Positivisme, Matière, Ame*; Charles, *Lect. de phil.*, II, p. 348-366, 384.

REMARQUE. Les fausses hypothèses professées dans l'antiquité sur la nature de l'âme ont été exposées avec précision et réfutées dans une argumentation aussi rigoureuse que complète par Plotin. Nous avons cité ci-dessus (p. 109) son célèbre traité *De l'immortalité de l'âme*. On en trouvera un résumé succinct dans le *D. des sciences* de Bouillet, art. *Psychologie*.

PSYCHOLOGIE COMPARÉE.

136. Y a-t-il, entre les facultés qui se manifestent dans l'homme et celles qui se manifestent chez l'animal, assez d'analogies pour que l'on puisse fonder sur elles une *Psychologie comparée*? Quelles sont les principales de ces analogies? Quelles sont les différences essentielles et irréductibles? (25 octobre 1873.)

Plan. La connaissance que l'âme a d'elle-même comme force ayant conscience d'elle-même (*vis sui conscia*) est le principe fondamental de la métaphysique. De là l'âme peut s'élever à l'Être infini et parfait en lui attribuant comme illimitées les perfections qui sont limitées en elle. De là aussi elle peut descendre aux êtres inférieurs en retranchant à l'activité intelligente et libre qui la constitue les perfections que n'exige pas l'accomplissement des actes qu'exécutent ces êtres. Cette étude se nomme la *Psychologie comparée*; son objet est de déterminer en quoi consiste l'âme de l'animal.

Examinons d'abord la méthode à suivre dans cette étude. Par la conscience, je me connais comme cause intelligente et libre. Par l'induction, j'attribue aux autres hommes une force intelligente et libre semblable à la mienne, parce que je les vois faire les mêmes mouvements, exprimer les mêmes émotions, désigner les mêmes objets par les mêmes signes et communiquer ainsi avec moi par la parole. En raisonnant par analogie, je dois admettre que les animaux dont l'organisation se rapproche le plus de la mienne peuvent posséder quelques-unes de mes facultés à un degré plus ou moins élevé, proportionnellement à la nature plus ou moins parfaite des mouvements qu'ils exécutent. — En appliquant cette méthode, nous constatons qu'il y a entre l'homme et l'animal de nombreuses analogies, mais aussi des différences essentielles. Passons en revue nos facultés et voyons ce que nous pouvons accorder à l'animal. 1° Il éprouve des sensations, et il a des appétits; 2° il se représente les objets extérieurs, il en conserve et en lie les images par la mémoire et l'imagination sensitive, dont les consécutions machinales, comme le remarque fort justement Leibniz, ne doivent pas être prises pour des raisonnements; 3° il possède la spontanéité, entendue comme le pouvoir de produire des mouvements instinctifs ou habituels, sans réflexion ni liberté (cf. 104).

Si l'on considère les différences essentielles entre l'homme et l'animal, on trouve qu'on doit refuser à celui-ci : 1° le sentiment moral ; 2° la pensée, entendue comme la faculté d'avoir des *idées* abstraites et générales qui sont les conditions du jugement et du raisonnement et qui s'expriment par la parole, tandis que les *images* s'expriment par des signes particuliers qui ne forment pas un langage ; 3° la liberté et la responsabilité morale. Avant tout, l'animal manque de la faculté caractéristique de l'esprit humain, celle de réfléchir et de dire *moi* ; par suite il n'est pas une *personne*, il est une *chose*.

Ces considérations conduisent à accorder à l'animal une *âme sensitive*, pour employer le langage d'Aristote et de saint Thomas, dont le nom indique l'infériorité par rapport à l'*âme raisonnable* de l'homme (cf. 139).

Lire Bouillet, *D. des sciences*, art. *Ame des bêtes* ; Charles, *Lect. de phil.*, II, p. 380-383.

137. Exposer la théorie cartésienne des *animaux-machines* et de l'*automatisme des bêtes*. Discuter cette hypothèse. (12 août 1869 ; 13 août 1870.)

138. De l'*âme des bêtes*. Quelles sont les diverses opinions sur cette question ? (4 août 1871.)

139. Exposer le chapitre V de Bossuet sur la *différence entre l'homme et la bête*. (17 août 1867.)

Dissertation. La question de l'âme des bêtes a joué un rôle célèbre dans l'école cartésienne. Descartes, n'admettant pas dans sa métaphysique d'intermédiaire entre la pure étendue, essence des corps, et la pure pensée, essence de l'âme humaine, fut conduit à expliquer par les seules lois de la mécanique (c'est-à-dire par des figures et des mouvements), non-seulement les phénomènes de la physique et de la chimie dont il eut raison de bannir les *qualités occultes* de la Scolastique, mais encore la *vie* elle-même ; opinion qui lui fit concevoir les animaux comme des machines et des automates : « Bien qu'il y ait plusieurs animaux qui témoignent plus d'industrie que nous en quelques-unes de leurs actions, on voit toutefois que les mêmes n'en témoignent point du tout en beaucoup d'autres ; de façon que ce qu'ils font mieux que nous ne prouve pas qu'ils ont de l'esprit, car à ce compte ils en auraient plus qu'aucun de nous et feraient mieux en toute autre chose ; mais plutôt qu'ils n'en ont point et que *c'est la nature qui agit en eux selon la disposition de leurs organes :* ainsi qu'on voit qu'une horloge, qui n'est composée que de roues et de ressorts, peut compter les heures et mesurer le temps plus justement que nous avec toute notre prudence. » (*Disc. de la méthode*, V⁰ partie). — Cette opinion a été soutenue par Malebranche (*Recherche de la vérité*, V, III) et par Port-Royal, mais elle a été vivement critiquée par Mme de Sévigné et par La Fontaine qui l'a exposée avec une précision admirable dans ses *Fables* (X, I). Bossuet, sans l'adopter ni la rejeter complétement, est celui qui a le mieux approfondi la question de l'âme des bêtes dans la *Conn. de Dieu et de soi-même* (chap. V, *De la différence entre l'homme et la bête*). En joignant à ses considérations sur ce sujet celles de Leibniz, on a tous les éléments nécessaires pour résoudre les difficultés et apprécier l'hypothèse de Descartes.

Bossuet réfute les arguments de Montaigne, Charron, Gassendi et leurs sectateurs pour rabaisser l'homme au niveau de la bête et ne mettre entre eux qu'une différence du plus au moins, savoir : les animaux font toutes choses convenablement aussi bien que l'homme, et ils lui sont semblables à l'extérieur. 1° Autre chose est d'agir convenablement, autre chose de connaître la convenance. A la suite des impressions que nous recevons des choses extérieures, nous exécutons, sous l'influence de l'instinct et de la passion, beaucoup de mouvements nécessaires à notre conservation. Ce sont des mouvements de cette nature que produisent les animaux ; ils sont d'ailleurs susceptibles de contracter des habitudes, mais jamais de raisonner. L'homme seul connaît par la raison Dieu et toutes les vérités premières qui sont liées à cette idée ; seul il invente ; seul il possède la réflexion et la liberté. 2° La ressemblance des organes n'est pas complète, surtout pour le cerveau ; le fût-elle, on n'en peut conclure l'identité du principe intérieur. — Quant au principe intérieur des animaux, il y a deux opinions à cet égard. D'après la première opinion, celle de saint Thomas, l'homme seul a une *âme raisonnable*, un *esprit immortel* (*mens*, νοῦς); les animaux n'ont qu'une *âme sensitive*, dépourvue de réflexion et de liberté, incapable des opérations intellectuelles, et, par suite, ne paraissant point pouvoir subsister indépendamment du corps. D'après la seconde opinion, celle de Descartes, la vie des animaux n'étant qu'un mécanisme, on n'a pas besoin de démontrer que leur âme n'est ni spirituelle ni immortelle, « mais cette opinion entre peu dans l'esprit des hommes ; ceux qui la combattent concluent de là qu'elle est contraire au sens commun. »

Il faut aller plus loin que Bossuet et rejeter l'hypothèse de Descartes, sans se laisser arrêter par les raisons morales et religieuses qu'il allègue en sa faveur : « Après l'erreur de ceux qui nient Dieu, il n'y en a point qui éloigne plus les esprits faibles du droit chemin de la vertu que d'imaginer que l'âme des bêtes soit de la même nature que la nôtre, et que, par conséquent, nous n'ayons rien à craindre ni à espérer après cette vie, au lieu que, lorsqu'on sait combien elles diffèrent, on comprend beaucoup mieux les raisons qui prouvent que la nôtre est d'une nature entièrement indépendante du corps, et que, par conséquent, elle n'est pas sujette à mourir avec lui. » On répond à ce raisonnement que, si les analogies qui existent entre les mouvements de l'homme et ceux de l'animal ne prouvent pas dans ce dernier l'existence d'une âme, très-inférieure d'ailleurs, le matérialisme peut en conclure et en a conclu après Descartes que tous les phénomènes psychologiques propres à l'homme doivent s'expliquer par les phénomènes physiologiques qui les accompagnent (cf. 135) : car le mécanisme de Descartes ôte toute autorité à l'induction par laquelle j'attribue à mes semblables les mêmes facultés que je constate en moi par la conscience. Il faut donc admettre avec Leibniz que, partout où il y a des signes d'intelligence et de sensibilité, ou même seulement de pouvoir moteur, il y a une force distincte des organes. Les raisons morales qui prouvent l'immortalité de l'âme humaine sont inapplicables à une pareille force, parce qu'elle n'a point conscience d'elle-même et que l'immortalité implique la durée de la conscience. On ne pourrait, comme le remarque judicieusement Leibniz, lui accorder qu'une simple indestructibilité semblable à celle de la matière.

Lire Charles, *Lect. de phil.*, II. p. 377-380 ; Bossuet, *Conn. de Dieu*, ch. V (cf. éd. Charles, p. xxxi-xxxvii, 220-231).

REMARQUE. Dans les chapitres I, III, V, de la *Conn. de Dieu et de soi-même*, Bossuet a donné un traité de psychologie aussi remarquable par la pensée que par le style. Cependant plusieurs de ses théories ont besoin d'être expliquées, précisées, complétées ou réformées. Par suite, pour étudier cet ouvrage avec fruit, il est indispensable d'avoir recours à l'excellent travail que M. Charles a composé pour son édition de Bossuet.

LOGIQUE

Objet. Utilité. Méthode.

140. Expliquer par des exemples cette maxime de Descartes : « Ce n'est pas assez d'avoir l'esprit bon ; le principal est de l'appliquer bien. » (12 novembre 1867.)

Plan. Dans la première partie de son *Discours de la Méthode*, Descartes, avant de formuler ces quatre règles dont l'application a tant d'importance dans la philosophie et dans les autres sciences, expose par quelles considérations il a été conduit à chercher une voie nouvelle et de quelle utilité il est de donner à l'esprit une bonne direction. Sa pensée se résume dans cette maxime : « Ce n'est pas assez d'avoir l'esprit bon ; le principal est de l'appliquer bien. » — Pour en comprendre le sens, il faut examiner les lois de l'intelligence humaine. Elle est naturellement capable d'atteindre la vérité ; mais les procédés qu'elle suit spontanément sont par cela même obscurs. Ils ont donc besoin d'être éclaircis par la réflexion pour acquérir toute leur puissance. La pratique d'une bonne méthode ajoute à la force de notre intelligence, comme le levier à celle de notre bras. Bacon dit fort bien à ce sujet : « Nec manus nuda, nec intellectus sibi permissus multum valet ; instrumentis et auxiliis res perficitur, quibus opus est non minus ad intellectum, quam ad manum. Atque ut instrumenta manus motum cient aut regunt, ita et *instrumenta mentis intellectui aut suggerunt aut cavent.* » (*Novum Organum*, I, ıı ; éd. Bouillet, t. II, p. 0).

Quand nous abordons l'étude d'une science difficile, la logique naturelle devient insuffisante ; il faut tracer à notre esprit une marche sûre, pour qu'il ne s'égare point par inexpérience et qu'il ne s'épuise pas en stériles efforts. Si les hommes ont exécuté de grands travaux avant de connaître les lois de la mécanique, ils ont cependant fait de grands progrès depuis qu'ils en possèdent la théorie. De même, dans la marche de la science, chaque pas a toujours pour antécédent un progrès dans les principes de la logique. La révolution dont Socrate fut le promoteur doit être regardée comme la conséquence de la dialectique qu'il créa et à laquelle il donna pour maxime : « Connais-toi toi-même. » De même, Bacon et Descartes ont inauguré les progrès de l'esprit humain dans les temps modernes ; le premier, en formulant les règles de la méthode expérimentale dans les sciences physiques et naturelles ; le second, en formulant les règles de la méthode démonstrative dans les mathématiques et dans les sciences philosophiques.

Lire *Logique de Port-Royal*, premier discours ; Bouillet, *D. des Sciences*, art. *Logique* ; Charles, *Lect. de phil.*, II, p. 11-13.

REMARQUE. A ce sujet se rattachent les questions suivantes :

1° *La Logique est-elle une science ou un art ?* — Lire Bouillet, *D. des Sciences*, art. *Logique* ; Charles, *Lect. de phil.*, II, p. 1-10 ; *Logique de Port-Royal*, 1re partie.

2° *Quelle est la méthode de la Logique ?* — La théorie du syllogisme, qui compose toute la Logique d'Aristote, est exposée par la méthode déductive. Les autres questions sont traitées par la méthode inductive et déductive : l'induction érige en règles les procédés par lesquels nos facultés intellectuelles découvrent naturellement la vérité ; la déduction en tire les conséquences. — Lire Charles, *Lect. de phil.*, II, p. 13.

3° *En quoi la Logique présuppose-t-elle la Psychologie ?* — La Logique emprunte à la Psychologie la connaissance des facultés intellectuelles auxquelles elle donne des règles. Cette question se rattache ainsi à la précédente.

THÉORIE DE LA VÉRITÉ.

Vérité, erreur, évidence, certitude, probabilité, doute.

141. Qu'appelle-t-on *vérité, erreur, ignorance, certitude, foi, probabilité, doute, science, opinion ?* (13 nov. 1869.)

Plan. Avant de tracer les règles de la méthode, la logique doit d'abord établir que l'esprit humain est capable de distinguer la vérité de l'erreur, et déterminer comment il peut arriver à la certitude. Pour résoudre cette question importante, il faut définir avec exactitude les idées sur lesquelles roule la discussion entre le Dogmatisme le Scepticisme.

1° *La Vérité est la conformité de notre jugement avec ce qui*

PROBABILITÉ. 123

est. L'*Erreur* est le contraire ; elle suppose une connaissance incomplète de la réalité, tandis que l'*Ignorance* est l'absence de toute notion (cf. 151-157). — 2° *L'Évidence est la clarté avec laquelle une chose se présente à l'esprit.* Elle produit la *Certitude, état de l'esprit qui affirme irrésistiblement qu'une chose est ou n'est pas, parce qu'il en a une intuition claire* (cf. 142-144). — 3° *La Foi est,* soit *la croyance au témoignage ou à l'autorité d'autrui* (cf. 221-223), soit *la croyance à la vérité de la révélation divine* (cf. *Port-Royal,* IV, ch. XII). — 4° *La Probabilité est le caractère d'un jugement fondé sur des motifs qui approchent plus ou moins de ceux qui produisent la certitude* (cf. 142). — 5° *Le Doute est l'état de l'esprit qui n'a aucun motif d'affirmer ou de nier,* quand une chose n'est point probable et néanmoins n'est pas impossible, c'est-à-dire n'implique pas contradiction et n'est pas contraire aux lois bien connues de la nature. — 6° *La Science est une connaissance certaine,* tandis que l'*Opinion est un jugement fondé sur une simple probabilité* (cf. 143).

L'évidence, la certitude, la science et la foi sont les fondements du *Dogmatisme* ; la probabilité et l'opinion, du *Probabilisme* ; le doute, du *Scepticisme* (cf. 158-163).

142. De la *probabilité.* La distinguer de la *certitude.* Dans quel cas est-elle mesurable par le calcul ? (24 oct. 1874.)

Plan. Supposons qu'on mette dans une urne 100 boules blanches, puis qu'on en ôte 30 et qu'on les remplace par des noires. Dans le premier cas, il y a *certitude* de tirer une boule blanche. Dans le deuxième cas, il y a possibilité de tirer une boule blanche ou une noire ; mais, si l'on examine les chances qu'il y a de tirer une boule blanche ou une boule noire, on trouve que les chances en faveur d'une boule blanche sont plus nombreuses, qu'elles constituent une *probabilité.* — L'analyse de cet exemple conduit aux conclusions suivantes. 1° La *certitude* est l'état de l'esprit qui affirme irrésistiblement qu'une chose est ou n'est pas, parce qu'il en a une intuition claire ; elle correspond à l'*évidence* (cf. 144). La *probabilité* est le caractère d'un jugement fondé sur des motifs qui approchent plus ou moins de ceux qui produisent la certitude. 2° La certitude n'admet pas de degrés ; elle est une et invariable. Au contraire, la probabilité peut diminuer ou augmenter indéfiniment.

Dans les mathématiques, on représente la certitude par l'unité, et la probabilité par une fraction dont le numérateur est le nombre des chances favorables et le dénominateur le nombre de toutes les chances possibles : dans l'exemple cité ci-dessus, la probabilité d'une boule blanche égale $\frac{70}{100}$, et la probabilité d'une boule noire égale $\frac{30}{100}$. — Pour que la probabilité soit ainsi mesurable par le calcul, il faut que l'on sache énumérer et évaluer les circonstances qui peuvent influer sur l'arrivée d'un événement, soit qu'on les détermine *a priori*, comme dans les loteries, les jeux de hasard, etc., soit qu'on les détermine *a posteriori* par la comparaison d'un grand nombre d'observations, comme dans les assurances sur la vie, etc. — Toutes les fois que les chances ne sont pas des faits de l'ordre physique susceptibles d'être évalués en nombres, on doit se borner à une estimation logique et renoncer à une exactitude mathématique. Ainsi, dans les sciences morales, on se borne à apprécier le pour et le contre, à examiner la possibilité et la vraisemblance, sans prétendre arriver à une précision rigoureuse. C'est ce que l'on fait pour le témoignage (*cf.* 221).

Lire Bouillet, *D. des Sciences*, art. *Probabilité*.

143. Quelle différence y a-t-il entre l'*opinion* et la *science*? Citer des exemples. (18 mars 1874.)

Plan. Dans l'étude des systèmes, il est important de bien distinguer ce qui constitue le domaine de la science et ce qui appartient à l'opinion. — 1° La *science* est une connaissance certaine, non seulement parce qu'elle est évidente (p. ex. : Je pense, donc j'existe), mais encore parce qu'elle a pour objet, soit ce qu'il y a de fixe et de général dans la nature, les essences et les lois (cf. 69), soit les rapports universels et immuables des êtres contingents avec Dieu qui en est la raison suffisante (p. ex. : Tout ce qui commence a une cause; Tout être a une fin). — 2° Au contraire, l'*opinion* est un jugement fondé sur une simple probabilité, soit parce que l'esprit n'a qu'une connaissance incomplète de l'objet qu'il examine et qu'il est ainsi obligé de se borner à une hypothèse (cf. 209), soit parce que la contingence d'un événement futur répugne à toute détermination certaine (p. ex., la prévision du temps).

Lire Charles, *Lect. de phil.*, I, p. 199-201.

Différentes espèces d'évidence et de certitude.

144. Distinguer par des analyses et des exemples l'*évidence sensible*, l'*évidence rationnelle* et l'*évidence morale*. (20 mars 1874.)

Plan. La *science* a pour caractère l'*évidence* : on nomme ainsi la clarté avec laquelle une notion se présente à l'esprit. On en distingue plusieurs espèces. Prenons ces trois exemples : « 1° Le mercure se dilate par la chaleur ; 2° Je pense, donc je suis (Descartes) ; 3° Tout ce qui commence a une cause. » En analysant les caractères de ces jugements, nous voyons qu'ils sont dus à trois facultés intellectuelles, perception externe, conscience, raison. Nous sommes ainsi conduits à admettre qu'il y a trois espèces d'évidence : 1° l'*évidence sensible* ou *physique*, propre aux perceptions des sens (Sciences physiques et naturelles ; cf. 216) ; 2° l'*évidence morale*, propre aux perceptions de la conscience (Sciences morales, cf. 217 ; Sciences historiques, etc., cf. 223) ; 3° l'*évidence rationnelle* ou *métaphysique*, propre aux vérités premières de la raison et aux axiomes ; à la clarté elle joint la nécessité (cf. 47).

Les trois espèces d'évidence dont nous venons de donner les définitions constituent l'*évidence immédiate* ou *intuitive*, qui est la condition de l'*évidence médiate* ou *discursive* acquise soit par l'*induction*, soit par la *déduction* qui est le seul procédé des Mathématiques, mais qui s'emploie aussi dans les Sciences physiques et les Sciences morales (cf. 192). Descartes a formulé avec précision les caractères de l'évidence immédiate et ceux de l'évidence médiate en distinguant deux manières de connaître, l'intuition et la déduction. « Par *intuition* j'entends la conception d'un esprit attentif, si distincte et si claire qu'il ne lui reste aucun doute sur ce qu'il comprend, ou, ce qui revient au même, la conception évidente d'un esprit sain et attentif, conception qui naît de la seule lumière de la raison, et qui est plus sûre, parce qu'elle est plus simple que la déduction elle-même... C'est ainsi que chacun peut voir intuitivement qu'il existe, qu'il pense... La *déduction* est l'opération qui, d'une chose dont nous avons la connaissance certaine, tire des connaissances qui s'en déduisent nécessairement : car il est un grand nombre de choses qui, sans être évidentes par elles-mêmes, portent cependant le caractère de la certitude, parce qu'elles sont déduites de principes vrais et incontestés par un mouvement continuel et non interrompu de la pensée, avec une intuition distincte de chaque chose. » (*Règles pour la direction de l'esprit*, règle III.)

A l'*évidence* correspond la *certitude*, état de l'esprit qui affirme irrésistiblement qu'une chose est ou n'est pas parce qu'il en a une intuition claire. Elle a autant d'espèces : *certitude immédiate* (qui est *sensible*, *morale* ou *rationnelle*), et *certitude méd 'e* (qui est *déductive* ou *inductive*).

Lire Charles, *Lect. de phil*, II, p. 108.

145. Y a-t-il d'autres certitudes que celles des *sens* et du *raisonnement*? Quelles sont ces certitudes? Quel en est le principe? Quelles en sont les règles? (18 juillet 1874.)

Plan. L'*Empirisme*, dont le *Positivisme* contemporain est la forme actuelle, admet *a priori* qu'il n'y a point d'autre espèce de certitude que celle des *sens* et celle du *raisonnement* (cf. 47).

Cette hypothèse se réfute par un examen attentif des faits. De même que la psychologie démontre que nos idées ont trois origines, les *sens*, la *conscience* et la *raison* (cf. 59), de même la logique démontre qu'il y a trois espèces de certitude qui leur correspondent, la *certitude sensible* ou *physique*, la *certitude morale*, la *certitude rationnelle* ou *métaphysique* (cf. 144).

Le principe commun de ces trois espèces de certitude est l'*évidence intuitive* (cf. 141, 144), qu'on nomme *critérium de certitude* (cf. 146).

Les règles applicables à ces diverses espèces de certitude peuvent se formuler ainsi : 1° Consulter chacune de nos facultés intellectuelles, *sens*, *conscience*, *raison* (qui nous donnent la certitude intuitive ou immédiate), *raisonnement inductif* et *raisonnement déductif* (qui nous donnent la certitude discursive ou médiate), sur les choses qui sont exclusivement de son domaine; p. ex., ne pas essayer, comme le Positivisme, de déterminer à l'aide des sens les faits psychologiques qui ne peuvent être connus que par la conscience; 2° Éviter les causes logiques et morales de nos erreurs (cf. 151-157).

Lire Bouillet, *D. des Sciences*, art. *Positivisme*.

REMARQUE. Les considérations que nous avons exposées (p. 8) sur le Sensualisme de Condillac et le Positivisme contemporain s'appliquent à notre sujet. Voy. aussi la comparaison des sens et de l'entendement, § 153, p. 132.

Fondement de la certitude.

146. Qu'entend-on par *critérium de certitude*? Quels sont les divers principes auxquels on attribue ce rôle? (14 novembre 1867.)

Plan. On appelle *critérium* le caractère par lequel l'esprit distingue le vrai du faux et arrive ainsi à la certitude. Le seul et unique critérium de la vérité est sa propre *évidence*, comme l'a établi Descartes (*D. de la méthode*, II). Les autres principes qu'on a proposés comme critériums sont insuffisants, et, loin de pouvoir remplacer l'évidence intuitive, ils la présupposent.

1° (Aristote) *Principe de contradiction* : « Le même ne peut pas à la fois être et ne pas être sous le même rapport. » — Cette règle n'est applicable qu'à la déduction (cf. 192-193).

2° Au principe de contradiction Kant ajoute le *Principe de raison suffisante* de Leibniz : « Rien n'arrive sans raison suffisante, c'est-à-dire rien n'arrive sans qu'il soit possible à celui qui connaîtrait assez les choses de rendre une raison qui suffise pour déterminer pourquoi elles doivent exister ainsi et non autrement. » — Ce critérium n'est applicable qu'aux vérités dérivées ; les vérités premières sont elles-mêmes des principes, comme le dit Leibniz : « Le fondement de notre certitude à l'égard des vérités universelles et éternelles est dans les idées mêmes... Le fondement de la vérité des choses contingentes et singulières est dans le succès qui fait que les phénomènes des sens sont liés justement comme les vérités intelligibles le demandent. » (*Nouv. Essais*, IV, IV.)

3° (Pascal) *Véracité divine* : « Personne n'a d'assurance, hors de la foi, s'il veille ou s'il dort. » (*Pensées*.) — L'esprit ne croit à la révélation que parce qu'il juge cette croyance raisonnable.

4° (Reid) *Sens commun* (cf. 149).

5° (Lamennais) *Consentement universel* (cf. 150).

De cet examen il résulte que le seul critérium est l'*évidence intuitive* (cf. 144). Nous ne pouvons que suivre notre raison : « Le véritable usage de la raison qui est en moi est de ne rien croire sans savoir pourquoi je le crois et sans être déterminé à m'y rendre sur un signe certain de vérité. » (Fénelon, *Lettre I sur l'existence de Dieu et sur la religion*).

Lire Bouillet, *D. des sciences*, art. *Critérium*; Charles, *Lect. de phil.*, II, p. 52-53.

147. Du *principe d'identité* ou *de contradiction*. Son rôle en logique. Est-il le critérium de la vérité ? (8 août 1874.)

Plan. Le *principe d'identité* s'énonce ainsi : « Ce qui est, est. » Exprimé sous une forme négative, il constitue le *principe de contradiction* : « Le même ne peut pas à la fois être et ne pas être sous le même rapport; » ou : « Il est impossible que la même chose soit et ne soit pas dans le même temps et dans les mêmes conditions. » Sous une autre forme également négative, il constitue le *principe de l'exclusion du milieu* : « Une chose est ou n'est pas; il n'y a pas de milieu. »

Le principe d'identité est le fondement commun des *axiomes mathématiques* et, en général, des *jugements analytiques a priori* (cf. 47, 73). — Par suite, le principe d'identité est le critérium de la vérité dans la *déduction* (cf. 192-193).

Lire Charles, *Lect. de phil.*, I, p. 248-251.

148. Quel est le *fondement de la certitude dans les raisonnements inductifs* ? (30 juillet 1874.)

Plan. Exemple et analyse d'un raisonnement inductif. — Cette analyse conduit à reconnaître que le fondement de la certitude de tout raisonnement inductif est le double principe des causes efficientes et des causes finales qu'on peut formuler ainsi : « Dans les mêmes circonstances, toujours et partout, les mêmes causes ont les mêmes effets, et les mêmes moyens ont les mêmes fins. » — Pour le développement, voir ci-dessus § 78, p. 61.

149. Qu'entend-on par *sens commun* ? Montrer que, s'il est des choses parfaitement démontrées qui sont au-dessus du sens commun, rien ne saurait cependant lui être contraire. (2 août 1869.)

Plan. On entend par *sens commun* la forme la plus simple et la plus générale de la raison (appelée *bon sens* dans son application aux faits particuliers) : c'est la faculté par laquelle tous les hommes, malgré l'inégalité naturelle des aptitudes intellectuelles et la différence des opinions, conçoivent et reconnaissent les vérités premières, les principes de la morale et les données élémentaires des sens et de la conscience. D'un côté, on ne doit pas, comme l'École écossaise, prendre le sens commun pour critérium au lieu de l'évidence intuitive à laquelle seule il doit sa valeur, ni réduire la philosophie à éclaircir les vérités du sens commun, ce qui anéantit la science. D'un autre côté, on ne doit pas, comme l'École positiviste, admettre que le sens commun ne puisse exercer de contrôle sur les théories philosophiques. Sans doute il y a des vérités parfaitement démontrées qui sont au-dessus du sens commun; p. ex. : « De tous les corps de la nature, nous ne percevons directement que notre propre corps (cf. 39); Le son, la chaleur, la lumière et toutes les qualités secondes ne sont que des mouvements de la matière (cf. 42). » Mais on a le droit d'invoquer le sens commun contre les philosophes qui mettent en doute la réalité des choses extérieures (cf. 43-44), et en général contre les conséquences absurdes ou immorales de certains systèmes tels que le scepticisme, le matérialisme, le panthéisme et les utopies socialistes. Si tous les hommes ne peuvent comprendre et apprécier les théories métaphysiques et les raisonnements subtils, ils peuvent parfaitement juger un système par ses conséquences quand elles sont en contradiction avec des vérités évidentes, quand elles aboutissent à la négation de la liberté, du devoir et du droit, de la propriété, de la famille et de la société, des croyances religieuses, etc.

Lire Bouillet, *D. des Sciences*, art. *Sens commun*; Charles, *Lect. de phil.*, I, p. 9-10.

150. Qu'entend-on par *consentement universel* ? Ses principales applications aux diverses questions philosophiques. Appréciation de la valeur de cet argument. (21 août 1867.)

Plan. Le *consentement universel* est l'accord universel des hommes sur une vérité. Quand il est bien constaté par l'étude comparée des langues, des mœurs et des institutions, il peut être invoqué en philosophie comme une preuve indirecte: « *Consensio omnium gentium lex naturæ putanda est* (Cicéron, *Tusculanes*, I, 13). » Il a pour fondement le *sens commun* (cf. 149). Il doit donc, comme lui, n'être invoqué que pour établir des faits et des principes d'une appréciation facile, surtout ceux de l'ordre moral : la croyance à la liberté et à la spiritualité de l'âme, la confiance en la véracité de l'intelligence, la croyance à l'existence de Dieu, la distinction du bien et du

6.

mal. Pour confirmer son autorité, il faut bien le distinguer des préjugés universels, comme la croyance à la légitimité de l'esclavage.

Lamennais a proposé le *consentement universel* comme *critérium de la certitude*. On lui a justement objecté que, si les raisons individuelles sont impuissantes, leur accord ne peut pas constituer une autorité infaillible. D'ailleurs, quand un individu consulte impartialement sa raison, il juge d'après l'évidence qui est la même pour tous les hommes (cf. 144).

Causes logiques et morales des erreurs.

151. En combien de classes peut-on diviser nos *erreurs*? Quels sont les principaux moyens d'y remédier? Donner des exemples. (21 mars 1872.)

152. Qu'appelle-t-on *erreurs des sens*? Expliquer comment il est vrai de dire que l'erreur n'est jamais dans le sens lui-même, mais dans le jugement. (19 août 1869, 8 août 1872.)

Plan. La théorie de la *Vérité*, de l'*Évidence* et de la *Certitude* n'est pas complète sans celle de l'*Erreur*. — *L'Erreur consiste à affirmer ce qui n'est pas ou à nier ce qui est*. Elle suppose une connaissance incomplète de la réalité, tandis que l'*ignorance* est le défaut de toute notion (cf. 141).

Bacon, dans le *Novum Organum*, divise les erreurs en quatre classes : *Erreurs communes à tous les hommes, E. propres à chaque individu, E. provenant du langage, E. provenant des systèmes (Idola tribus, I. specus, I. fori, I. theatri)*. Les deux premières classes manquent de précision (cf. Charles, *Lect. de phil.*, II, p. 44-46).

L'école cartésienne classe les erreurs avec plus de précision et de clarté par l'analyse des facultés intellectuelles. C'est ainsi que procèdent Descartes (*Méditation* 4ᵉ), Bossuet (*Conn. de Dieu*, I, xvi), la *Logique* de Port-Royal, Malebranche (*Recherche de la Vérité*), Leibniz (*Nouv. Essais*, IV, xx). — En résumant leurs analyses, on peut diviser les erreurs en 4 classes : (*Erreurs logiques*) E. d'induction, E. de déduction, E. du langage ; (*Erreurs morales*) E. des passions et E. d'inattention.

1° *Erreurs d'induction*. Si l'on passe en revue les *sens*, la *conscience*, la *raison*, on reconnaît qu'une faculté intuitive ne nous trompe jamais, qu'elle ne peut être suppléée ni redressée par une autre. L'erreur provient de ce que nous ajoutons aux faits primitifs en les interprétant. On en peut dire autant de la *mémoire*. Quant à l'*imagination*, c'est un simple pouvoir représentatif; nous nous trompons en ajoutant à ses fictions des affirmations fondées sur une *induction*.

Cette théorie se vérifie en examinant ce qu'on nomme les *erreurs des sens*. Leurs données se divisent en *perceptions naturelles* et *perceptions acquises*, inductions fondées sur des associations d'idées qui constituent l'éducation des sens par l'esprit (cf. 34). En les étudiant, on trouve que les sens ne nous trompent pas dans les perceptions naturelles, mais que c'est l'esprit qui se trompe en interprétant mal les données des sens dans les perceptions acquises. Nous associons, p. ex., les données de la vue à celles du tact, et nous concluons de la forme visible à la forme tangible. Nous apercevons un bâton plongé dans l'eau et nous le jugeons courbé : la vue ne nous trompe pas, puisqu'elle perçoit l'image telle qu'elle doit être d'après les lois de la réfraction ; c'est l'esprit qui se trompe quand, par ignorance de ces lois, il conclut de la forme visible à la forme tangible qui ne peut être connue avec certitude que par le toucher. (Cf. Lafontaine, VII, xviii; *Logique de Port-Royal*, I, xi ; Charles, *Lect. de phil.*, I, p. 158-162.)

2° *Erreurs de déduction*. Elles constituent ce qu'on nomme les *sophismes* (cf. 190).

3° *Erreurs du langage* (cf. 154).

4° *Erreurs des passions* (cf. 155-157).

Moyens de remédier aux erreurs. Les remèdes aux erreurs sont indiqués par leurs causes mêmes : 1° Appliquer les règles de la méthode, de l'induction et de la déduction ; 2° Définir les termes scientifiques dont on se sert ; 3° Éviter les émotions causées par les sensations trop vives, par les passions et par l'imagination ; 4° Ne pas juger avec précipitation et avec prévention ; n'affirmer comme vrai que ce qui est évidemment tel ; 5° Suspendre provisoirement son jugement, si l'on n'a qu'une simple probabilité. — Cette dernière règle, excellente en théorie, n'est pas toujours possible à observer dans la pratique, où le soin de notre vie et nos intérêts nous obligent à prendre une décision sur des choses au sujet desquelles nous ne pouvons arriver à la certitude.

Rem. L'ouvrage le plus complet et le plus profond sur les causes de nos erreurs et les moyens d'y remédier est le célèbre *Traité de la Recherche de la Vérité*, par Malebranche.

153. Que pensez-vous de cette proposition de la *Logique de Port-Royal?* « Les choses que l'on connaît par l'esprit sont plus certaines que celles que l'on connaît par les sens. » (11 août 1874.)

Plan. Descartes termine sa *Méditation seconde* par la conclusion suivante : « Puisque c'est une chose qui m'est à présent manifeste que les corps mêmes ne sont pas proprement connus par les sens ou par la faculté d'imaginer, mais par le seul entendement, et qu'ils ne sont pas connus de ce qu'ils sont vus ou touchés, mais seulement de ce qu'ils sont entendus ou bien compris par la pensée, je vois clairement qu'il n'y a rien qui me soit plus facile à connaître que mon esprit. » De cette théorie, la *Logique de Port-Royal* (IV, 1) a tiré : « Les choses que l'on connaît par l'esprit sont plus certaines que celles que l'on connaît par les sens. » Cette maxime présentée sous une forme aussi générale n'a pas la clarté et la précision de la théorie de Descartes. On ne peut la comprendre et l'apprécier que par le développement des deux propositions suivantes : « 1° Quand l'on distingue les perceptions naturelles des perceptions acquises, on reconnaît que les sens ne nous trompent pas, mais que c'est l'esprit qui se trompe en interprétant mal les données des sens. Par suite, dans les perceptions naturelles, la certitude des sens est immédiate comme celle de la conscience et de la raison (cf. 152). 2° La matière ne nous est connue que par le dehors, par ses phénomènes ; il en résulte que sa connaissance est plutôt une conception qu'une perception (cf. 41). L'esprit, au contraire, se connaît lui-même intérieurement, se perçoit lui-même comme cause ou comme sujet dans chaque phénomène de conscience (cf. 11). »

Lire Bossuet, *Conn. de Dieu*, I, vii, xvii; éd. Charles, p. 36, 62.

154. *Des erreurs qui ont leur origine dans le langage. Des moyens d'y remédier.* (18 novembre 1867.)

Plan. Les causes réelles de nos erreurs doivent être cherchées dans le travail de la pensée (cf. 151-153), et non dans le langage qui n'en est que l'image. Boileau a dit justement :

> Ce que l'on conçoit bien s'exprime clairement
> Et les mots pour le dire arrivent aisément.

Cependant le langage peut réagir sur l'intelligence dont il exprime les conceptions, s'il n'a point reçu d'elle les qualités nécessaires pour en être l'instrument fidèle. Il peut arriver que nous n'attachions pas aux mots un sens précis, d'où résultent l'obscurité et la confusion dans nos idées. Il peut arriver aussi que nous croyions sans fondement connaître un objet parce que nous en connaissons le nom. — Le moyen de remédier à ces inconvénients est de bien définir les termes scientifiques dont on se sert, et de fonder ces définitions sur une analyse exacte des caractères essentiels des objets dont on parle. Il ne faut pas croire, avec Condillac, qu'une science n'est qu'une langue bien faite. Ce n'est pas la langue qui fait la science ; c'est la science qui en se développant donne à la langue les qualités nécessaires : la *précision* pour l'analyse, dont le but est la clarté, et l'*analogie* pour la synthèse, dont le but est d'établir des rapports rigoureusement déterminés entre les idées qui composent un système. On en a des exemples dans le langage des mathématiques et dans la nomenclature de la chimie.

Lire Bacon, *Novum Organum*, I, LIX-LX (éd. Bouillet, t. II, p. 22) ; *Logique de Port-Royal*, I, XI-XII ; Bouillet, *D. des sciences*, art. *Langage*.

155. De l'*influence des passions sur l'entendement*. Erreurs qui en dérivent. (9 novembre 1868 ; 25 août 1870.)

156. Qu'appelle-t-on *sophismes d'amour-propre, d'intérêt, de passion*? (22 juillet 1874.)

Plan. Les causes réelles de nos erreurs doivent être cherchées dans le travail de la pensée (cf. 151-154). Les *passions* n'ont qu'une influence indirecte sur les actes de l'entendement. Voici en quoi elle consiste. Pour bien saisir la vérité, il faut avoir des *idées claires* ; par suite, appliquer son *attention* à l'objet qu'on étudie (cf. 65). L'attention consiste dans la direction donnée par la volonté aux facultés intellectuelles ; mais la volonté a besoin d'être elle-même excitée par quelque *désir* : car si une étude ne nous intéresse pas, nous ne nous y appliquons pas, nous nous abandonnons à notre paresse naturelle. Or, parmi nos inclinations, les unes nous portent vers l'objet de notre étude, comme le désir de trouver la vérité, le désir de nous rendre utiles aux autres hommes, l'amour de la gloire, etc.; d'autres nous en détournent, comme le goût pour les plaisirs des sens; d'autres nous engagent à ne considérer dans un objet que ce qui nous plaît, comme l'amour-propre qui nous attache opiniâtrément à nos opinions. — Des considérations qui précèdent, il résulte qu'il faut éviter en général ce qui trouble l'attention ou la détourne de son objet, les émotions causées par les sensations trop vives, par les passions et par l'imagination, et surtout s'affranchir de toute partialité. En un mot, on doit soumettre ses passions à la raison, mais non les détruire : car l'impassibilité si vantée par les Stoïciens n'est que l'apathie. La Fontaine dit avec raison (XII, xv) :

> Ils ôtent à nos cœurs le principal ressort ;
> Ils font cesser de vivre avant que l'on soit mort.

Lire *Logique de Port-Royal*, III, xx; Bossuet, *Conn. de Dieu*, I, xvi (éd. Charles, p. 58-61).

157. La Rochefoucauld a dit : *L'esprit est souvent la dupe du cœur.* Tout en reconnaissant la vérité de cette maxime, ne peut-on pas la retourner et dire que *souvent le cœur est la dupe de l'esprit?* (18 novembre 1869.)

Plan. 1° La Rochefoucauld a, dans une de ses *Maximes* (cii), signalé sous une forme vive et spirituelle l'influence des passions sur nos jugements : *L'esprit est souvent la dupe du cœur.* Molière a dit dans le même sens, en s'inspirant de Lucrèce (*Misanthrope*, II, v) :

> L'amour, pour l'ordinaire, est peu fait à ces lois,
> Et l'on voit les amants vanter toujours leur choix.
> *Jamais leur passion n'y voit rien de blâmable,*
> *Et dans l'objet aimé tout leur devient aimable;*
> Ils comptent les défauts pour des perfections
> Et savent y donner de favorables noms.

Pour démontrer la justesse de la maxime formulée par La Rochefoucauld, il suffit d'analyser l'*influence des passions sur l'entendement* (cf. 155).

2° On peut retourner aussi cette maxime, et dire que *le cœur est souvent la dupe de l'esprit*. Cette vérité est exprimée sous une forme ingénieuse dans ces vers de La Fontaine (IX, vi) :

> Le cœur suit aisément l'esprit...
> Pygmalion devint l'amant
> De la Vénus dont il fut père.
> Chacun tourne en réalités,
> Autant qu'il peut, ses propres songes.
> L'homme est de glace aux vérités;
> Il est de feu pour les mensonges.

Cette maxime se démontre par la même méthode que la précédente, en analysant l'*influence de l'imagination sur les passions* (cf. 155-156). — On peut ajouter que cette maxime a son application en littérature. Quand les auteurs dramatiques veulent émouvoir la passion, ils s'adressent à l'imagination et et l'intéressent assez par la vraisemblance pour qu'il y ait illusion. C'est la règle donnée par Boileau (*Art poét.*, III, 50) :

> L'esprit n'est pas ému de ce qu'il ne croit pas.

Dogmatisme. Probabilisme. Scepticisme.

158. En quoi consistent le *Dogmatisme*, le *Probabilisme*, le *Pyrrhonisme* ou *Scepticisme*? (4 août 1868.)

159. Qu'est-ce que la *probabilité*? En quoi diffère-t-elle de la *certitude*? Qu'appelle-t-on *Probabilisme*? (3 août 1871.)

Plan. On définira la *Certitude*, la *Probabilité*, et le *Doute* (cf. 141). — Ces trois états de l'intelligence humaine ont donné naissance à trois systèmes. Le *Dogmatisme*, tel qu'il se trouve dans les écrits de Bacon, de Descartes, etc., professe que l'esprit humain peut arriver à la *certitude* et que la vérité a pour critérium l'*évidence* (cf. 146). Le *Scepticisme* prétend que l'esprit doit s'en tenir au *doute*, sans rien affirmer (cf. 160). Le *Probabilisme* constitue une doctrine intermédiaire d'après laquelle l'esprit ne peut atteindre dans ses jugements que la *probabilité*.

Chez les anciens, le Probabilisme a été professé par Arcésilas et Carnéade, chefs de la nouvelle Académie. Ceux-ci, pour faire accepter leur thèse, attaquaient à la fois le *doute* des Pyrrhoniens et le *critérium* des Stoïciens (φαντασία καταληπτική, *vision compréhensive*, c'est-à-dire perception qui nous fait *comprendre* l'objet et dont l'évidence détermine notre *assentiment*). — Chez les modernes, le Probabilisme a pris diverses formes : *casuistique* indulgente pour le relâchement des mœurs, combattue par Pascal dans ses *Provinciales*; critique contemporaine plus ingénieuse et plus brillante que solide, qui, professant que tout est changeant et relatif dans l'humanité, dénie toute autorité aux principes dans les lettres, les beaux arts et les sciences, et met au même rang la vraisemblance et la vérité; *indifférence morale* d'auteurs qui suivent la mode au lieu de former le goût public, et d'historiens qui se bornent à expliquer les événements sans les juger d'après les règles de la morale et du droit, ou qui, ce qui est pire, enseignent que le succès justifie tout.

Sous toutes ses formes, le Probabilisme a les mêmes défauts : en logique, il se détruit lui-même en détruisant la *certitude* qui est la mesure de la *probabilité*, comme l'unité l'est d'une fraction ; en métaphysique, il anéantit la *science* en lui substituant l'*opinion* ; en morale, il nous enlève la *force d'âme* en ôtant au *devoir* son caractère absolu.

Formes principales du scepticisme ancien et moderne.

160. Quelles sont les différentes *formes du Scepticisme*? Les énumérer, les classer, les réduire. (23 nov. 1872.)

161. Définir le *Scepticisme*? Classer les *arguments* sur lesquels il s'appuie, et indiquer la méthode par laquelle on peut répondre à ces arguments. (15 nov. 1873.)

162. Exposer et réfuter les objections du Scepticisme contre la certitude de la connaissance humaine. (21 nov. 1868.)

163. Que peut-on répondre à l'argument sceptique tiré de la *contradiction des opinions humaines*? (5 nov. 1869 ; 27 nov. 1871.)

Dissertation. Le *Scepticisme* est la doctrine des philosophes qui soutiennent que l'homme doit s'en tenir au *doute*, sans rien affirmer. Il a pris diverses formes à différentes époques. 1° Dans l'antiquité, le *Scepticisme absolu* a été professé par Pyrrhon (dix raisons d'*époque*, c'est-à-dire dix motifs de *suspension du jugement*), par Ænésidème (cinq *tropes*, c'est-à-dire cinq motifs de doute fondés sur les *variations* des hommes et des choses; polémique contre l'idée de *cause*). Dans les temps modernes, Montaigne a résumé sous une forme vive (*Essais*, II, xii) les arguments du Pyrrhonisme d'après Sextus Empiricus (*Hypotyposes* ou *Institutions pyrrhoniennes, Contre les mathématiciens*). 2° Pascal, dans ses *Pensées*, s'est servi des arguments de Montaigne pour attaquer la raison humaine au profit de la foi et de la révélation (*Scepticisme théologique*). 3° Le *Scepticisme relatif*, qui conteste la certitude d'une partie de nos connaissances en se basant sur l'Empirisme, a été professé par Berkeley (*Idéalisme*, négation du monde extérieur); par Hume qui, tirant les conséquences rigoureuses de la doctrine de Locke sur les *idées représentatives*, nie toute *causalité* et réduit l'esprit à n'être qu'une *succession d'idées* (cf. 40, 43); par Kant qui, dans sa *Critique de la raison pure*, aboutit au même résultat en refusant toute valeur objective aux *principes a priori* de la raison (cf. 47, p. 33).

Les *arguments* du Scepticisme peuvent se ramener à quatre. 1° L'*objet* de la connaissance est variable (par exemple, les êtres organisés sont dans un changement perpétuel), en sorte que l'esprit ne peut se prendre à rien de fixe. 2° Le *sujet* qui connaît varie lui-même sans cesse par la santé et la maladie, par la veille et le sommeil; comment constater qu'il n'est pas le jouet d'une illusion, d'une hallucination perpétuelle ? 3° La *connaissance* varie comme l'objet et le sujet, parce qu'elle est relative à tous deux. On le voit par la *contradiction des opinions humaines* : la morale et les lois dépendent de la coutume, de l'éducation, du climat ; nos prétendues sciences ne sont que des systèmes arbitraires, des hypothèses gratuites, dont les auteurs sont en contradiction les uns avec les autres. 4° Enfin l'intelligence ne peut démontrer qu'elle voit les choses telles qu'elles sont, que la pensée a une valeur objective.

La réponse que l'on fait à ces quatre arguments peut se résumer ainsi. 1° La science n'étudie que les *essences* et les *lois* (cf. 69). 2° L'esprit distingue parfaitement la veille et le sommeil; l'objection même le prouve (cf. 41). Or, dans l'état de veille et de santé, il lie ses idées par les lois de la conscience et les principes de la raison, qui ne varient pas selon les circonstances et les individus. 3° Malgré la contradiction des opinions humaines, il y a des faits et des principes admis par tous, qui constituent le *sens commun* et le *consentement universel* (cf. 149-150). Dans les mathématiques, l'esprit humain est infaillible et ajoute à ses connaissances antérieures sans y changer jamais autre chose que la forme (cf. 214). Si, dans les sciences physiques et naturelles, il change des lois ou des définitions précédemment admises, c'est que la découverte de nouvelles données, sans infirmer les observations ou les expériences précédentes, exige des formules plus compréhensives ou plus générales. Les progrès de l'art et de l'industrie prouvent que nous connaissons réellement l'ordre de la nature : car, sans cette connaissance, nous ne pourrions faire servir ses forces à la satisfaction de nos besoins. Quant aux sciences morales, elles reposent sur la constatation de faits tout aussi évidents que les faits physiques, puisque nous ne pouvons connaître la matière ou Dieu sans nous connaître d'abord nous-mêmes. L'opposition des systèmes s'explique par la diversité des points de vue, parce que l'un étudie une partie de la vérité et l'autre une autre. 4° Demander à l'intelligence de démontrer sa propre véracité, c'est demander une chose impossible, parce que toute démonstration implique la véracité de l'intelligence; mais on en trouve une preuve indirecte dans le succès de nos inventions, comme nous l'avons expliqué ci-dessus.

Les causes du Scepticisme sont le spectacle de la diversité et de la mobilité des opinions, la recherche des problèmes qui dépassent la portée de notre esprit, l'abus de la spéculation, l'adoption d'un système qui explique mal l'origine de nos connaissances (cf. 59). Ses conséquences sont l'indifférence dans la spéculation et l'apathie dans la pratique (cf. 164).

Lire Charles, *Lect. de phil.*, II, p. 32-37.

MÉTHODE GÉNÉRALE.

Autorité. Examen.

164. Qu'appelle-t-on le *doute méthodique* dans la philosophie de Descartes? En quoi se distingue-t-il du *doute des Sceptiques?* (6 août 1867.)

165. Qu'est-ce que Fénelon appelle le *doute universel du vrai philosophe?* Importance de ce doute pour la recherche de la vérité. Différence de ce doute et du *doute absolu.* (15 novembre 1869; 17 novembre 1874.)

Dissertation. La Scolastique pratiquait rigoureusement la *méthode d'autorité*. En vertu de la maxime : *Non disputatur de principiis* (On ne discute pas les principes), maxime vraie quand les principes sont évidents, mais fausse quand on l'applique indistinctement à tout ce qu'on emprunte à un auteur réputé infaillible (*Aristote l'a dit*), elle puisait sans critique les matériaux de ses démonstrations dans les écrits d'Aristote et se bornait à leur donner la forme syllogistique. Pour faire faire à l'esprit humain de nouveaux progrès, il fallait l'affranchir de cette servitude en le rappelant à lui-même, à l'étude de sa nature et de ses idées. C'est ce que fit Descartes en constituant la *méthode d'examen* par sa première règle : *Ne recevoir jamais aucune chose pour vraie que je ne la connaisse évidemment être telle.* Par cette règle, il établit que la vérité a pour critérium l'évidence (cf. 146) et que toute proposition qui n'est pas claire et évidente doit être tenue pour douteuse. Il faut donc, au début de toute étude scientifique, pour débarrasser l'esprit de tout préjugé, passer en revue les opinions admises sans examen sur l'objet même de la recherche et tenir pour douteux tout principe qui n'est pas clair et évident. En Astronomie, p. ex., il faut rejeter les apparences et ne tenir pour vrai que ce qui est démontré tel, si l'on veut comprendre la rotation de la terre et sa révolution autour du soleil. C'est en cela que consiste le *doute méthodique* de Descartes, et qu'il se distingue du *doute absolu*.

Le *doute absolu* de Pyrrhon repose sur cette hypothèse que l'homme ne peut arriver à la vérité : en ce cas, la sagesse consiste dans la tranquillité d'âme (*ataraxie*), qui est l'indifférence dans la spéculation et l'apathie dans la pratique. Au contraire, le *doute méthodique* est fondé sur cette conviction que l'esprit humain arrive à la vérité quand il s'applique à discerner le certain de l'incertain, qu'il évite toute prévention et toute précipitation, et qu'il suit les règles de la méthode. C'est ce qu'ont enseigné Pascal (cf. 166), Arnauld, Fénelon, Malebranche. Arnauld dit avec justesse : « Le peu d'amour que les hommes ont de la vérité fait qu'ils ne se mettent pas en peine la plupart du temps de distinguer ce qui est vrai de ce qui est faux... *La vraie raison place toutes choses dans le rang qui leur convient ; elle fait douter de celles qui sont douteuses, rejeter celles qui sont fausses, et reconnaître de bonne foi celles qui sont évidentes*, sans s'arrêter aux vaines raisons des Pyrrhoniens (*Log. de Port-Royal*, 1er discours). » Fénelon explique le doute méthodique au début de la 2e partie de son *Traité de l'existence de Dieu* : « Il me semble que la seule manière d'éviter toute erreur est de douter sans exception de toutes les choses dans lesquelles je ne trouverai pas une pleine assurance. » Malebranche, dans sa *Recherche de la Vérité* (VI, 2e p., ch. II), applique judicieusement le doute méthodique à la *Physique* d'Aristote. — Au reste, il ne faut pas concevoir ce doute comme portant universellement sur toutes choses, ainsi que le fait Descartes (*D. de la méthode*, IV ; *Méditation* 1re) ; il va trop loin sous ce rapport, quoiqu'il fasse exception pour la religion (*D. de la méthode*, III, 1re règle). Il suffit de nous affranchir de tout préjugé, d'éviter cette précipitation qui se contente d'apparences, et de ne nous rendre qu'à l'évidence dans ce que nous apprenons des autres comme dans ce que nous trouvons par nous-mêmes.

Ajoutons que l'antécédent historique du doute méthodique est *l'ironie socratique*, qui avait pour principe : *Tout ce que je sais, c'est que je ne sais rien*. — Le doute méthodique répond aussi au vœu de Bacon qui souhaite voir un homme assez courageux pour renoncer à toutes les opinions vulgaires, pour faire table rase et pour s'appliquer à l'étude de la nature elle-même : « Nemo adhuc tanta mentis constantia et rigore inventus est, ut decreverit et sibi imposuerit *theorias et notiones communes penitus abolere*, et intellectum abrasum et æquum ad particularia de integro applicare. » (*Novum Organum*, I, xcvii ; éd. Bouillet, t. II, p. 58.)

Remarque. Le *Scepticisme* rend les mêmes services que le doute méthodique s'il se borne à la *critique* et qu'il montre les défauts du *Dogmatisme absolu*. Il faut dire avec Pascal : « La dernière démarche de la raison est de reconnaître qu'il y a une infinité de choses qui la surpassent. »

166. De *l'autorité en matière de philosophie*. Exposer l'opinion de Pascal sur cette question. (13 nov. 1867.)

167. L'antiquité et la généralité des opinions doivent-elles servir de règle à notre raison dans les sciences physiques et mathématiques ? Quelle est, sur ce point, l'opinion de Pascal exposée dans le fragment *De l'autorité en matière de philosophie* ? (25 août 1868.)

Plan. Dans sa *Préface du Traité sur le vide* (préface intitulée par Bossut : *De l'autorité en matière de philosophie*), Pascal, conformément à la doctrine cartésienne, distingue la *méthode d'autorité*, applicable à la théologie seule, parce qu'elle n'admet pas d'innovations, et la *méthode d'examen* (expérience et raisonnement), nécessaire aux sciences physiques (comprises alors dans la philosophie), parce qu'elles ne s'augmentent que par des découvertes perpétuelles. « Les secrets de la nature sont cachés ; quoiqu'elle agisse toujours, on ne découvre pas toujours ses effets : le temps les révèle d'âge en âge, et quoique toujours égale en elle-même elle n'est pas toujours également connue... Toute la suite des hommes, pendant le cours de tant de siècles, doit être considérée comme un même homme qui subsiste toujours et qui apprend continuellement... Ceux que nous appelons *anciens* étaient véritablement *nouveaux* en toutes choses, et formaient l'enfance des hommes proprement. »

Démontrer que l'opinion de Pascal doit être suivie (cf. 104).

Remarque. On peut rapprocher de ces pensées celles de Bacon (cf. 168) et celles de Descartes (*D. de la méthode*, VI) : « Je m'assure que les plus passionnés de ceux qui suivent maintenant Aristote se croiraient heureux s'ils avaient autant de connaissance de la nature qu'il en a eu... Ils sont comme le lierre, qui ne tend pas à monter plus haut que les arbres qui le soutiennent, et même souvent qui redescend après qu'il est parvenu jusques à leur faîte. »

168. Expliquer cette maxime de Bacon : *Veritas temporis filia, non auctoritatis.* » (18 novembre 1872.)

Plan. Bacon, avant Descartes et Pascal, a travaillé à substituer l'expérience et le raisonnement à l'autorité des anciens, particulièrement d'Aristote. Il s'exprime à ce sujet dans les mêmes termes que Pascal (cf. 166) : « Homines a progressu in scientiis detinuit et fere incantavit *reverentia antiquitatis*, et *virorum, qui in philosophia magni habiti sunt, auctoritas...* De *antiquitate* autem opinio, quam homines de ipsa fovent, negligens omnino est et vix verbo ipsi congrua ; mundi enim senium et grandævitas pro antiquitate vere habenda sunt ; quæ temporibus nostris tribui debent, non *juniori ætati mundi, qualis apud antiquos fuit.* Auctores vero quod attinet, *summæ pusillanimitatis est auctoribus infinita tribuere,* auctori autem auctorum, atque adeo omnis auctoritatis, Tempori, jus suum denegare. Recte enim *Veritas Temporis filia dicitur, non auctoritatis.* » (*Novum Organum*, I, LXXXIV ; éd. Bouillet, t. II, p. 45.)

Cette opinion de Bacon s'explique et se démontre exactement comme celle de Pascal (cf. 166).

Rem. I. Bacon et Pascal ont pu trouver dans Sénèque quelques-unes des idées qu'ils ont exposées sur ce sujet : « Non semel quædam sacra traduntur. Eleusin servat quod ostendat revisentibus. Rerum natura sacra sua non simul tradit... Ex quibus aliud hæc ætas, aliud quæ post nos subibit, dispiciet (*Quæst. nat.*, VII, XXXI)... Isti qui nunquam tutelæ suæ fiunt, in ea re sequuntur priores, quæ adhuc quæritur ; nunquam autem invenietur, si contenti fuerimus inventis... Qui ante nos ista moverunt, non domini nostri, sed duces sunt. Patet omnibus veritas, nondum est occupata : multum ex illa etiam futuris relictum est (*Epist.*, XXXIII). »

Rem. II. Au même sujet se rattachent les pensées suivantes

de Bacon et de Descartes. 1° « Certo sciant homines artes inveniendi solidas et veras adolescere et incrementa sumere cum ipsis inventis (Bacon). » 2° « C'est quasi le même de ceux qui découvrent peu à peu la vérité dans les sciences que de ceux qui, commençant à devenir riches, ont moins de peine à faire de grandes acquisitions qu'ils n'en ont eu auparavant, étant plus pauvres, à en faire de moindres (Descartes, *Discours de la méthode*, VI). »

Analyse. Synthèse.

169. Quels sont les différents sens des mots si souvent employés d'*analyse* et de *synthèse* ? (25 août 1869.)

Dissertation. La *méthode* est l'ensemble des procédés que doit suivre l'intelligence humaine pour la découverte et pour la démonstration de la vérité. Il y en a deux qu'elle est obligée d'employer, quel que soit l'objet qu'elle étudie ; ce sont l'*Analyse* et la *Synthèse*. On en distingue deux espèces, selon qu'on *observe* ou qu'on *raisonne*.

1° *Analyse et Synthèse expérimentales*. Dans l'observation et dans l'expérience, l'Analyse décompose un objet ou un phénomène, le résout en ses éléments et ceux-ci en d'autres jusqu'à ce qu'elle parvienne à des éléments simples. La Synthèse considère les rapports de ces éléments et leur mode d'union, cherche comment les choses s'assemblent et se combinent. — Dans une fleur hermaphrodite complète, p. ex., l'Analyse distingue les éléments organiques, le calice, la corolle, les étamines, les pistils ; puis, dans l'étamine, le filet, l'anthère, le pollen ; dans le pistil, l'ovaire, le style et le stigmate. La Synthèse détermine les rapports qu'ont entre eux ces éléments, la position qu'occupent les filets des étamines (Ét. monadelphes, diadelphes, polyadelphes), le nombre des étamines et leur grandeur proportionnelle (Ét. didynames, tétradynames), leur point d'insertion au niveau de la base de l'ovaire ou au-dessus ou sur le pistil même (Ét. hypogynes, périgynes, épigynes), etc. On arrive ainsi à connaître clairement et complétement l'ensemble et les détails. — L'Analyse implique abstraction ou division mentale, et la Synthèse, comparaison : c'est par ces deux opérations qu'en psychologie on décrit, p. ex., la perception externe. L'Analyse peut exiger une division matérielle : telle est, en chimie, la décomposition de l'eau. Elle peut n'avoir pas de Synthèse qui lui corresponde : telle est, en anatomie, la dissection des organes. De son côté, la Synthèse peut n'être pas précédée de l'Analyse : telle est, en chimie, la découverte d'une combinaison qui n'existe pas dans la nature.

En général, l'Analyse et la Synthèse expérimentales sont inséparables parce qu'elles se complètent et se contrôlent l'une l'autre. Toutes deux servent concurremment à la découverte et à la démonstration de la vérité.

2° *Analyse et Synthèse rationnelles.* Dans la déduction, l'Analyse consiste à chercher quelles conséquences résultent des données de la question, jusqu'à ce qu'on parvienne à une proposition reconnue vraie d'ailleurs et qui de plus soit telle qu'on puisse, en revenant sur ses pas, démontrer par la Synthèse que la solution trouvée est une conséquence de cette proposition. — Soit à résoudre la question : « Est-ce un devoir de cultiver notre intelligence ? » L'Analyse nous donne les propositions suivantes : « Cultiver notre intelligence, c'est développer une de nos facultés ; développer nos facultés, c'est leur faire remplir les fonctions qui sont dans leur nature ; faire remplir à nos facultés les fonctions qui sont dans leur nature, c'est réaliser leurs fins ; réaliser les fins de nos facultés, c'est accomplir le bien qui nous est propre ; accomplir le bien qui nous est propre, c'est remplir notre devoir ; donc cultiver notre intelligence, c'est remplir notre devoir. » La Synthèse donne ensuite : « Remplir notre devoir, c'est accomplir le bien qui nous est propre, c'est réaliser les fins de nos facultés, etc. » Dans cet exemple, l'Analyse remonte de la question au principe qui la résout. Elle peut aussi descendre de la proposition donnée à ses conséquences, jusqu'à ce qu'elle arrive à une proposition évidemment vraie ou fausse. Soit la question : « L'homme est-il libre ou non ? » En raisonnant sur cette alternative, l'Analyse donne : « 1° Si l'homme est libre, il a le pouvoir d'observer la loi morale ; s'il a ce pouvoir, il mérite une punition quand il viole la loi morale et une récompense quand il l'observe ; par suite, les principes moraux donnés par la raison trouvent leur application, et la raison est satisfaite. 2° Si l'homme n'est pas libre, il n'a pas le pouvoir d'observer la loi morale ; s'il n'a pas ce pouvoir, il ne mérite pas de punition quand il viole la loi morale ; par suite, les principes moraux donnés par la raison restent sans application possible ; or cette conclusion implique contradiction ; donc elle est contraire à la raison. » L'Analyse rationnelle sert à la découverte de la vérité, et la Synthèse, à la démonstration. On les emploie souvent sous la forme syllogistique (cf. 184).

En Mathématiques, l'Analyse sert principalement à résoudre les problèmes (p. ex., *Inscrire à un cercle un hexagone régulier*); elle s'emploie aussi dans la démonstration indirecte nommée *réduction à l'absurde* (cf. 195). La Synthèse s'emploie dans la démonstration directe des théorèmes (p. ex., *Les trois angles d'un triangle valent deux angles droits*).

En résumant toutes les applications de l'Analyse dans le raisonnement, on voit que le mot d'*Analyse* ne signifie pas ici *décomposition*, comme dans l'observation, mais *résolution* ; car *résoudre* une question, c'est *remonter* au principe de la proposition donnée ou *descendre* à ses conséquences. L'Analyse peut donc suivre deux voies, l'une ascendante et l'autre descendante. La Synthèse au contraire n'en suit jamais qu'une seule ; elle *descend* du principe à la proposition donnée.

Lire Bouillet, *D. des sciences*, art. *Analyse* ; Charles, *Lect. de phil.*, II, p. 88-90, 125-128.

170. Exposer les quatre règles de la méthode données par Descartes. (9 août 1866.)

171. Analyser les quatre règles du *Discours de la méthode* de Descartes et les réduire à l'essentiel de la méthode qu'elles contiennent. (7 novembre 1874.)

Dissertation. La *méthode générale* renferme deux parties : l'une, *critique* et *négative*, affranchit l'esprit de toutes les opinions erronées qu'il pourrait avoir ; l'autre, *dogmatique* et *positive*, lui enseigne à trouver la vérité et résume en quelques règles simples toutes les méthodes particulières. Descartes a parfaitement rempli cette double tâche dans les quatre règles qu'il donne dans le *Discours de la méthode* : 1° *Ne recevoir jamais aucune chose pour vraie que je ne la connaisse évidemment être telle, c'est-à-dire éviter soigneusement la précipitation et la prévention, et ne comprendre rien de plus en mes jugements que ce qui se présentera si clairement et si distinctement à mon esprit que je n'aie aucune occasion de le mettre en doute.* Cette règle renferme deux parties, l'une négative, et l'autre positive, le doute méthodique et le critérium de vérité. Le *doute méthodique* affranchit l'esprit de toutes les opinions erronées (cf. 164); il correspond à l'*ironie* de Socrate et à la *partie critique* (*pars destruens*) du *Novum Organum* de Bacon. Le *critérium* *de vérité* est l'*évidence* : il sert à reconnaître ce qui est hors de doute et de discussion, ce qui n'a pas besoin d'être démontré et qui sert à démontrer tout le reste, les axiomes, les principes de la raison, les faits principaux de la conscience et de la perception externe. 2° *Diviser chacune des difficultés que j'examinerai en autant de parcelles qu'il se peut et qu'il est requis pour la mieux résoudre.* C'est le précepte de l'*analyse* (cf. 109). 3° *Conduire par ordre mes pensées en commençant par les objets les plus simples et les plus aisés à connaître, pour monter peu à peu comme par degrés jusqu'à la connaissance des plus composés, et supposant même de l'ordre entre ceux qui ne se précèdent pas naturellement les uns les autres.* Cette règle indique l'*ordre* à suivre dans l'analyse et prépare la synthèse. L'esprit, en étudiant les faits et les vérités élémentaires, doit suivre leur ordre naturel (cf. 3). S'il n'y trouve pas d'ordre naturel, il doit établir un ordre artificiel qui l'aide à saisir et à se rappeler les rapports de ces éléments (tel est l'ordre suivi dans l'étude des parties de la physique). 4° *Faire partout des dénombrements si entiers et des revues si générales que je sois assuré de ne rien omettre.* C'est la règle de la *synthèse* ; elle doit ne rien omettre et ne rien supposer, comme l'explique Descartes : « *Pour le complément de la science, il faut, par un mouvement continu de la pensée, parcourir tous les objets qui se rattachent à notre but et les embrasser dans une énumération suffisante et méthodique...* Si je veux prouver par énumération combien de sortes d'êtres sont corporels, ou de quelle manière ils tombent sous les sens, je n'affirmerai pas qu'il y en a tant, et non davantage, si je ne sais avec certitude que je les ai tous compris dans mon énumération et distingués les uns des autres. »

Ces quatre règles si importantes ont été développées par Descartes dans les *Règles pour la direction de l'esprit* et dans la *Recherche de la vérité par la lumière naturelle*. Elles s'appliquent à l'observation et à l'expérience aussi bien qu'aux spéculations mathématiques et métaphysiques. Descartes en a montré les applications fécondes dans la philosophie par ses *Méditations*, et dans les autres sciences par d'admirables découvertes dans la géométrie analytique, la physique céleste, la mécanique, l'optique et la physiologie.

Concluons avec Malebranche (*Recherche de la Vérité*, VI) : « Il ne faut raisonner que sur des idées claires et évidentes, et ne passer jamais aux choses composées avant d'avoir suffisamment examiné les simples dont elles dépendent. »

172. Qu'appelle-t-on *système* soit *naturel* soit *scientifique*. La science, ayant pour objet de reproduire la nature, doit avoir des systèmes. Quel est le péril des *systèmes scientifiques?* Quel est l'abus de l'*esprit systématique?* (20 novembre 1873.)

Plan. 1° La *nature* nous présente partout des *systèmes*, c'est-à-dire des assemblages de parties qui se coordonnent et qui dépendent les unes des autres ; soit dans le monde physique, comme le système planétaire, l'organisation des végétaux et celle des animaux ; soit dans le monde moral, comme le système des facultés de l'âme humaine, l'organisation de la famille et de la société.

2° La *science* décompose par l'*analyse* chacun de ces ensembles afin d'en étudier les divers éléments, et elle les reconstitue par la *synthèse* en signalant les rapports qui les unissent. Elle forme ainsi des *systèmes* qui ont pour but d'expliquer et de reproduire l'ordre qui existe dans les œuvres de la nature ; c'est-à-dire elle coordonne les propositions qui énoncent les lois et les causes des phénomènes ou qui définissent les essences spécifiques des êtres ; elle les enchaîne en les rattachant à des principes de manière à constituer une *doctrine* philosophique, une *théorie* géométrique, physique, chimique ou physiologique, une *classification naturelle* de botanique ou de zoologie ; puis elle crée une *nomenclature* appropriée aux essences qu'elle définit ou aux rapports qu'elle reconnaît. Ainsi la philosophie rattache ses démonstrations à la distinction de l'expérience et de la raison, de la matière et de l'esprit, etc. ; la géométrie établit une longue suite de propositions qu'elle déduit l'une de l'autre ; l'astronomie explique par l'attraction tous les phénomènes célestes ; la botanique et la zoologie résument et coordonnent les caractères spécifiques des êtres dans des généralisations appelées *systèmes* ou *méthodes*.

Tout *système scientifique* doit, pour être exact, observer les règles de l'analyse et de la synthèse (cf. 169), ne pas négliger une classe de faits, ne pas en dénaturer les caractères pour l'expliquer par une hypothèse. C'est le reproche qu'on adresse à la théorie de la sensation transformée de Condillac (cf. 62), à la doctrine du positivisme contemporain, etc. Si l'abus de l'*esprit systématique* conduit à ces erreurs, il a les mêmes inconvénients que l'abus de l'esprit philosophique (cf. 1, p. 2).

MÉTHODE DÉDUCTIVE.

Objet. Opérations et procédés.

173. Qu'entendait-on, dans l'ancienne Logique, par les *trois opérations de l'esprit*? Expliquer les caractères propres à chacune d'elles et leurs rapports. (9 août 1872.)

Plan. D'après Aristote, qui a le premier donné les règles de la *méthode déductive*, toute science est une démonstration, or une *démonstration* est composée de syllogismes ; un *syllogisme*, de 3 propositions ; une *proposition*, de 2 *termes* (sujet et attribut). Il y a donc, à ce point de vue, 3 opérations de l'esprit : 1° *concevoir*, c'est-à-dire saisir le sens des *mots* qui expriment des *idées* de substance ou de mode, entendre les *termes* qui servent de *sujet* ou d'*attribut* dans une proposition (*hydrogène, pesant*) ; 2° *juger*, c'est-à-dire affirmer ou nier une *idée* d'une autre *idée*, assembler ou disjoindre 2 *termes* dont l'un est *sujet* et l'autre *attribut*, faire une *proposition* (L'*hydrogène est pesant*) ; 3° *raisonner*, c'est-à-dire établir un rapport entre 2 *idées* au moyen d'une 3°, former avec 3 *termes* pris chacun deux fois successivement (*gaz, hydrogène, pesant*) 3 *propositions* telles que la 3° (*conclusion*) soit la conséquence de la 1° (*majeure*) et que la 2° (*mineure*) le fasse voir, construire un *syllogisme* (Tout *gaz est pesant* ; or l'*hydrogène* est un *gaz* ; donc l'*hydrogène est pesant*).

Il en résulte que la théorie de la démonstration, embrassée dans toute son étendue (telle qu'elle a été traitée dans l'antiquité par Aristote et au moyen âge par la Scolastique), a trois parties où elle étudie successivement : 1° les *idées* et les *termes* ; 2° le *jugement* et la *proposition* ; 3° le *raisonnement* et le *syllogisme*. La Logique actuelle étudie seulement la *compréhension* et l'*extension des idées et des termes* (cf. 175), la *proposition* (cf. 176-183) et le *syllogisme* (cf. 184-191), parce que la Psychologie explique la formation des *idées claires, abstraites* et *générales* (attention, abstraction, généralisation ; cf. 65-71) et la nature des *termes* qui les expriment (langage ; cf. 102), analyse le *jugement* et le *raisonnement* considérés comme actes intellectuels (cf. 72-79).

Lire Bossuet, *Connaissance de Dieu et de soi-même*, I, xiii, et *Logique*, I, iv.

174. Analyse critique de la division des quatre *opérations de l'esprit* que suppose la division de la *Logique de Port-Royal* (introduction) : *concevoir, juger, raisonner, ordonner*. (10 août 1867.)

Plan. Cette question se traite comme la précédente. Il suffit d'ajouter les considérations suivantes. — Bossuet admet 3 opérations de l'esprit : *concevoir, juger, raisonner*. Arnauld y ajoute une 4ᵉ opération, *ordonner*, c'est-à-dire disposer les propositions ou les syllogismes de manière à constituer une *démonstration*. Il n'y a réellement que 3 opérations psychologiques, comme l'explique Bossuet. *Ordonner* est une opération purement logique, qui comprend la *déduction* (cf. 192-194) et la *démonstration* (cf. 195-197). Mais Arnauld a raison de diviser la *Logique de Port-Royal* en 4 parties (*Idées, Jugement, Raisonnement, Méthode*) qui reproduisent le plan de l'*Organon* ou Logique d'Aristote : 1° *Catégories* (étude des *termes* qui jouent le rôle de *sujet* ou d'*attribut*); 2° *De l'Interprétation* (Proposition); 3° *Premiers Analytiques* (Syllogisme); 4° *Deuxièmes Analytiques* (Démonstration). C'est la marche qu'on doit suivre pour exposer la méthode déductive.

Remarque. Quoique, dans la *Logique de Port-Royal*, Arnauld suive le plan de l'*Organon* d'Aristote, il emprunte plus à la doctrine cartésienne qu'à la doctrine péripatéticienne.

Extension et compréhension des idées générales.

175. De la *généralisation*. Comment se forment les *idées générales*. Qu'appelle-t-on la *compréhension et l'extension* des idées générales? Donner des exemples. (6 mai 1870; 10 août 1870.)

Dissertation. Les sciences se composent d'*idées générales* (cf. 69). Il y a dans toute idée deux choses à considérer : 1° sa *matière*, c'est-à-dire la connaissance d'un objet tel qu'il existe indépendamment de notre pensée ; 2° sa *forme*, c'est-à-dire le mode sous lequel notre esprit conçoit cet objet dans une classification de nos idées coordonnées et systématisées par la généralisation : *individu, espèce, genre;* c'est l'*idée générale* telle que la considère la logique, ce que la Scolastique appelait l'*universel*.

Pour former un système d'idées générales, il faut comparer

les qualités d'un certain nombre d'*individus* et réunir ceux-ci d'après leurs ressemblances en des groupes nommés *espèces* ; puis opérer sur ces espèces comme on a opéré sur les individus pour obtenir des *genres* (cf. 68). — Chacune des idées générales qui fait partie de ce système a deux propriétés : 1° la *compréhension*, ensemble des principaux attributs qu'elle renferme et qui peuvent être affirmés d'elle comme *sujet* ; 2° l'*extension*, ensemble des sujets dont elle peut être affirmée comme *attribut*. Ex. 1° *L'âme est une force sensible, intelligente et libre*. Dans cette proposition, l'idée d'*âme* est *sujet* ; elle est prise dans sa *compréhension*, qui est constituée par les attributs *sensible, intelligente et libre*. 2° *Socrate, Platon*, etc., *sont hommes*. Dans cette proposition, l'idée d'*homme* est *attribut* ; elle est prise dans son *extension*, qui est constituée par les *individus* dont se compose le genre humain. — La compréhension et l'extension, essentiellement relatives, sont en raison inverse : moins une idée contient d'attributs, plus il y a de sujets auxquels elle s'applique. Il en résulte que le genre suprême (comme *être*) ne peut être qu'attribut, que l'individu (comme *Socrate*) ne peut être que sujet ; et que les espèces intermédiaires (comme *animal, homme*) peuvent seules remplir la double fonction de sujet et d'attribut.

Sur la double propriété de la compréhension et de l'extension sont fondés les deux principes qui déterminent les rapports des idées générales dans le raisonnement : 1° *Le caractère qui convient ou répugne au genre convient ou répugne également aux espèces* (Déduction) ; 2° *Le caractère qui convient ou répugne à toutes les espèces d'un même genre convient ou répugne au genre lui-même* (Induction).

Dans toute démonstration scientifique, on détermine la *compréhension* de l'idée sur laquelle on raisonne au moyen de la *définition*, et son *extension*, au moyen de la *division* (cf. 182).

Dans le même but, Porphyre a distingué ce que la philosophie scolastique a nommé les *cinq universaux* : le *genre* (animal), l'*espèce* (homme), la *différence spécifique* (raisonnable) ajoutée à l'idée du genre pour déterminer l'espèce dans la définition (*L'homme est un animal raisonnable*), le *propre* (la *parole*, propriété qui se rattache à l'essence d'animal raisonnable), l'*accident* qui représente les diverses manières d'être appelées *modes*.

Lire *Logique de Port-Royal*, I, vii ; Bossuet, *Logique*, I (vi-xli, *Des idées* ; xlii-xliii, *Des termes*).

Notions de Grammaire générale.

176. Qu'appelle-t-on, en Logique, *Grammaire générale?* (29 juillet 1874.)

Plan. En Logique, la théorie du syllogisme présuppose la théorie de la proposition (cf. 178), et celle-ci à son tour implique la connaissance des mots qui peuvent remplir les fonctions de sujet, d'attribut et de copule, c'est-à-dire du nom substantif (avec le pronom), du nom adjectif et du verbe. C'est pourquoi la *Logique de Port-Royal*, II, I, II) débute dans la théorie de la proposition par quelques principes de *Grammaire générale* empruntés à l'ouvrage connu sous le nom de *Grammaire de Port-Royal*, et dont Lancelot fut le principal auteur.

1° Les *noms substantifs* signifient des choses, soit des êtres concrets comme *terre, soleil*; soit des abstractions, des manières d'être que l'on conçoit sans les rapporter à un certain sujet, comme *sagesse, blancheur*. Il en est de même des *pronoms* qui tiennent la place des noms, comme l'indique l'étymologie. 2° Les *noms adjectifs* signifient exclusivement des abstractions, des modes des êtres concrets, la qualité, la quantité, la relation, comme *bon, double, grand*. 3° Les verbes expriment l'affirmation et l'existence (cf. 177).

177. Du rôle du *verbe* dans l'analyse de la proposition d'après la *Logique de Port-Royal*. (13 août 1868.)

Plan. En général, la proposition contient 2 termes (*sujet, attribut*) et leur lien ou copule qui est le *verbe* (cf. 178). On distingue le verbe substantif et le verbe attributif. 1° Le *verbe substantif* exprime l'*affirmation* et par cela même l'*existence*: *L'air est pesant*. Quelquefois il n'est pas accompagné d'attribut : *Je suis*; dans ce cas, il se borne à affirmer l'existence de l'être considéré avec tous ses attributs. Il y joint la désignation de la *personne*, du *nombre*, et du *temps*; d'où suit que l'infinitif et le participe ne sont pas à proprement parler des modes du verbe, parce que le premier exprime l'idée de l'existence sans affirmation, et que le second n'est qu'un adjectif verbal. 2° Le *verbe attributif* joint à l'idée de l'être une manière d'être : *Je pense* équivaut à *Je suis pensant*. Il peut être *actif, passif* ou *neutre*.

Lire *Logique de Port-Royal*, II, II; Bossuet, *Logique*, II, II.

Théorie de la proposition.

178. Théorie de la *proposition*. Ses éléments. Ses diverses espèces. Importance de cette théorie pour la théorie du syllogisme. (22 novembre 1867.)

Dissertation. La théorie du *syllogisme* présuppose celle de la *proposition*, qui est l'expression logique d'un jugement (cf. 184). — Considérée dans ses différents éléments, la *proposition simple* contient 2 *termes* et leur *lien* ou *copule* : le *sujet* ou la chose de qui l'on affirme, l'*attribut* ou la chose que l'on affirme; le *verbe*, qui *lie* les deux termes en affirmant l'attribut du sujet. Exemple : *L'hydrogène* (sujet) *est* (copule ou verbe) *compressible* (attribut).

On distingue les diverses espèces de propositions : 1° suivant leur qualité et leur quantité; 2° suivant leur opposition ; 3° suivant leur conversion (cf. 179); 4° suivant leur simplicité, leur composition et leur complexité (cf. 180).

On nomme : 1° *qualité*, la propriété qu'a une proposition d'être *affirmative* ou *négative*, c'est-à-dire d'unir l'attribut au sujet ou de l'en séparer; 2° *quantité*, la propriété d'être *universelle* ou *particulière*, selon que l'attribut est affirmé ou nié de tout le sujet, pris dans toute son extension (*Les corps sont pesants; Platon est éloquent* [1]); ou qu'il est affirmé seulement d'une partie du sujet dont l'extension est restreinte par le mot *quelque* ou son équivalent (*Quelques hommes sont vertueux*).

Si l'on combine ces deux caractères, on a 4 sortes de propositions désignées par les lettres A, E, I, O, savoir : A, *universelle affirmative* (*Les corps sont pesants*); E, *universelle négative* (*Nul homme n'est infaillible*); I, *particulière affirmative* (*Quelque homme est vicieux*); O, *particulière négative* (*Quelque homme n'est pas vicieux*).

On nomme *opposées* deux propositions qui, ayant même sujet et même attribut, diffèrent en qualité ou en quantité. — 1° Les *contradictoires* diffèrent en qualité et en quantité : l'une est toujours vraie (*Tout homme est animal*), et l'autre fausse (*Quelque homme n'est pas animal*). — 2° les *subalternes* diffèrent en quantité. Si l'universelle est vraie (*Tous les hommes*

---

[1]. *Platon est éloquent*, constitue une *proposition singulière;* mais la proposition singulière compte pour *universelle* dans la théorie du syllogisme, parce que l'attribut est affirmé ou nié de tout le sujet.

sont mortels), la particulière l'est aussi (*Quelque homme est mortel*); mais on ne peut établir la réciproque. Si la particulière est fausse (*Quelque homme est infaillible*), l'universelle l'est aussi (*Tous les hommes sont infaillibles*). — 3° Les *contraires* diffèrent en qualité, mais sont universelles. Elles ne peuvent jamais être vraies ensemble (*Tout homme est animal; Nul homme n'est animal*); mais elles peuvent être fausses toutes deux (*Tout homme est juste; Nul homme n'est juste*). — 4° Les *subcontraires* diffèrent en qualité, mais sont particulières. Elles peuvent être vraies toutes deux (*Quelque homme est juste; Quelque homme n'est pas juste*); mais elles ne peuvent être fausses toutes deux. — Cette théorie de l'opposition sert pour le dilemme et pour la réduction à l'absurde (cf. 105).

Lire *Logique de Port-Royal*, II, III, IV; Bossuet, *Logique*, II, VII, VIII, X.

179. Qu'est-ce que la *conversion des propositions* dans la *Logique de Port-Royal*? (13 août 1874.)

Plan. La *conversion des propositions* sert à juger de la bonté d'un syllogisme dans la théorie d'Aristote et de la Scolastique (cf. 186). Elle consiste à transposer les termes, c'est-à-dire à faire du sujet l'attribut et réciproquement, en conservant à la proposition le même sens. Pour obtenir ce résultat, on ne doit jamais donner à un des deux termes, dans la nouvelle combinaison, une quantité plus grande qu'il n'avait dans la première. — 1° La *conversion simple* consiste à prendre l'attribut pour sujet sans aucun changement. Elle a pour condition que le sujet et l'attribut aient la même extension. Elle s'applique à l'universelle négative (*Nul homme n'est parfait = Nul être parfait n'est homme*), et à la particulière affirmative (*Quelques hommes sont justes = Quelques êtres justes sont hommes*). Elle ne s'applique à l'universelle affirmative que dans le cas où le sujet et l'attribut sont équivalents, ce qui est le cas de la *définition* (*Tout homme est animal raisonnable = Tout animal raisonnable est homme*; cf. 182). — 2° La *conversion par accident* consiste à changer l'universelle affirmative en particulière affirmative, en ajoutant à l'attribut pris pour sujet le mot *quelque* (*Tout homme est animal = Quelque animal est homme*). La raison en est qu'ordinairement l'attribut d'une proposition affirmative est pris particulièrement; ainsi, *Tout homme est animal*, signifie, *Tout homme est quelque animal.* — Quant à la proposition particulière négative, elle ne peut se convertir, parce que son attribut est toujours pris universellement ; p. ex., si l'on dit, *Quelque homme n'est pas musicien*, il ne s'en suit pas qu'on puisse dire, *Quelque musicien n'est pas homme*.

Lire *Logique de Port-Royal*, II, xvii-xx; Bossuet, *Logique*, II, ix.

180. Marquer par des exemples la différence des *propositions simples, composées, complexes*, d'après la *Logique de Port-Royal*. (11 novembre 1874.)

Plan. Pour bien comprendre la quantité et la qualité des propositions, il faut distinguer les simples, les composées, les complexes. — 1° La proposition est *simple*, quand elle n'a qu'un sujet et qu'un attribut (cf. 178). — 2° La proposition est *composée*, quand il y a plusieurs sujets ou attributs. Tantôt cette composition est explicite (*Les solides, les liquides et les gaz sont pesants*); telle est la nature des propositions *copulatives, disjonctives, conditionnelles, causales, relatives, discrétives*, dont les noms marquent des relations diverses entre plusieurs sujets ou attributs. Tantôt cette composition est plus ou moins cachée, et on ne la découvre qu'en exposant le sens; d'où le nom d'*exponibles* donné à ces propositions, qu'on divise en *exclusives, exceptives, comparatives, inceptives ou désitives*. Prenons comme exemple ce vers de Juvénal : *Nobilitas sola est atque unica virtus*; il équivaut à ces deux propositions : *La vertu fait la noblesse, et toute autre chose ne rend point vraiment noble*. — 3° La proposition est *complexe*, quand elle a un sujet ou un attribut complexe, c'est-à-dire modifié par d'autres termes ou par des propositions incidentes (soit déterminatives, soit explicatives). Ex. : *Dieu, qui est juste* (sujet complexe), *doit récompenser la vertu*. Si la complexion tombe sur le verbe, l'affirmation est modifiée. Ex. : *Je soutiens que la terre est ronde*; la proposition principale est, *La terre est ronde*; l'addition, *Je soutiens*, ne fait que confirmer l'assertion. Les propositions de cette espèce s'appellent *modales* à cause du *mode* de l'affirmation qui est, soit *nécessaire* (*Il est* NÉCESSAIRE *que les rayons d'un cercle soient égaux*, proposition qu'on peut remplacer par : *Tous les rayons d'un cercle sont égaux*), soit *contingente*, soit *possible*, soit *impossible*.

Lire *Logique de Port-Royal*, II, v-xiii; Bossuet, *Logique*, II, iv, v, vi.

7.

181. Qu'appelle-t-on *axiomes*? Quelle est la différence entre les *axiomes* et les *vérités démontrées*? Montrer l'importance de la règle suivant laquelle *on ne demande en axiomes que des choses parfaitement évidentes*. (15 nov. 1871.)

Plan. On distinguera et on définira les *axiomes* et les *vérités premières* (cf. 47). — Ce sont des propositions d'*évidence immédiate*, tandis que les vérités démontrées sont d'*évidence médiate* (cf. 76). Elles sont les conditions de tout raisonnement (cf. 192). — Pascal, dans l'*Art de persuader*, donne 2 règles pour les *axiomes* : « 1° N'omettre aucun des principes nécessaires sans avoir demandé si on l'accorde, quelque clair et évident qu'il puisse être. 2° Ne demander en axiomes que des choses parfaitement évidentes d'elles-mêmes. » La 1re règle enseigne qu'il est inutile de discuter avec une personne, si l'on n'est pas d'accord avec elle sur les principes ; la 2°, que, si les principes ne sont pas clairs et évidents, les conclusions qu'on en tire n'ont aucune valeur. Cette vérité est expliquée dans la *Logique de Port-Royal* (IV, vi).

Lire Bossuet, *Logique*, II, xii.

182. De la *définition*. Différence de la *définition de mot* et de la *définition de chose*. Règles de l'une et de l'autre. Donner des exemples. (20 nov. 1868 ; 3 août 1870.)

183. Utilité des *définitions*. Quelles choses doivent être définies? Règles de Pascal. (7 novembre 1866.)

Dissertation. La *définition* est une proposition qui détermine le *sens d'un mot* (*Déf. nominale*), comme : *La géométrie est la science de l'étendue*; ou l'*essence d'une chose*, c'est-à-dire l'ensemble de ses principaux attributs, par suite, la *compréhension de l'idée* que nous en avons (*Déf. réelle*), comme : *L'âme est une force sensible, intelligente et libre* (cf. 175).

Quoique la *définition de mot* soit arbitraire, elle doit remplir deux conditions : 1° Ne pas changer sans raison la signification d'un mot reçu ; 2° Être claire et fondée sur l'analogie.

Dans les mathématiques, la *définition de chose* exprime conception formée par synthèse ; p. ex. « Un *triangle est polygone de trois côtés*. Elle a une évidence immédiate et e précède la déduction parce qu'elle lui sert de principe.

Dans les sciences expérimentales, la *définition de chose* se fonde sur l'analyse de ses principaux caractères, comme : *L'âme est une force sensible, intelligente et libre* ; ou sur la détermination de ses conditions essentielles, comme : *L'attraction est la propriété par laquelle toutes les parties de la matière tendent les unes vers les autres.* Par suite, elle doit être placée après les observations ou les expériences qu'elle résume.

La définition de chose a trois règles : 1° Être *claire*, c'est-à-dire n'employer que des termes dont le sens soit connu et précis ; 2° Être *universelle* et *propre*, c'est-à-dire convenir à tout le défini et seulement au défini ; 3° Être une *proposition réciproque*, c'est-à-dire avoir un attribut équivalent au sujet, de sorte qu'on puisse la *convertir* en transposant les termes (cf. 179) et dire : *Un polygone de trois côtés est un triangle.* Cette condition est facile à remplir si la définition repose sur une classification ou une division. Elle se fait alors par le *genre prochain* et la *différence spécifique* ; ex. : *Un rectangle est un parallélogramme* (G. prochain) *qui a les angles droits* (D. spécifique). Il en résulte qu'on ne peut définir ni l'individu, ni le genre le plus élevé, ni l'idée simple.

Quant à l'emploi des définitions, Pascal a donné trois règles qui n'ont pas besoin d'explication : « 1° N'entreprendre de définir aucune des choses tellement connues d'elles-mêmes, qu'on n'ait point de termes plus clairs pour les expliquer ; 2° Ne laisser aucun des termes un peu obscurs ou équivoques sans définition ; 3° N'employer dans la définition des termes que des mots parfaitement connus ou déjà expliqués. »

De ces considérations il résulte que les définitions sont nécessaires à la démonstration, soit pour expliquer la signification d'un mot (*Déf. nominale*), soit pour déterminer l'essence de la chose sur laquelle porte la discussion (*Déf. réelle*). Dans les mathématiques, elles jouent le rôle de principes pour la déduction. Dans les sciences expérimentales, elles résument les données de l'observation ou de l'expérience, et la déduction peut en tirer des conséquences ou des applications. Dans les sciences naturelles, elles sont souvent remplacées par des *descriptions*.

Lire *Logique de Port-Royal*, I, xii-xiv ; II, xvi ; IV, iv, v ; Bossuet, *Logique*, II, xiii.

Rem. La définition par le genre prochain et la différence spécifique suppose la *division*, proposition qui énumère les espèces contenues dans un genre ; ex. : *Tout triangle est ou scalène ou isocèle ou équilatéral.* La division doit être *adéquate*, *distincte, immédiate.* Il ne faut pas la confondre avec l'*analyse* ni avec la *partition.*

Lire *Log. de Port-Royal*, II, xv ; Bossuet, *Logique*, II, xiv ; Bouillet, *D. des sciences*, art. *Division.*

Théorie du syllogisme. Figures. Modes. Sophismes.

184. Théorie du *syllogisme*. (21 août 1867.)

Plan. Le *syllogisme* est l'expression du *raisonnement déductif* (cf. 78, 192), comme la *proposition* est l'expression du *jugement* (cf. 72, 178), comme un *terme* est l'expression d'une *idée* (cf. 175). C'est un argument composé de 3 *termes* pris chacun deux fois, et formant par leur combinaison 3 *propositions* telles que, les deux premières (*prémisses*) étant posées, la troisième (*conclusion*) s'en suit nécessairement. Ex. : *Tout gaz est pesant* (majeure, qui contient le *grand terme*) ; *or l'hydrogène est un gaz* (mineure, qui contient le *petit terme*) ; *donc l'hydrogène est pesant* (conclusion, qui réunit le *petit terme* et le *grand terme*). Le *grand terme* (*pesant*) doit son nom à ce qu'il exprime l'idée la plus générale ; le *petit terme* (*hydrogène*), à ce qu'il exprime l'idée la moins générale ; le *moyen terme* (*gaz*), à ce qu'il remplit un rôle intermédiaire. — Le *syllogisme* peut être *simple* ou *conjonctif*, *catégorique* ou *hypothétique*.

Le principe général par lequel, sans aucune réduction aux *figures* et aux *modes* (cf. 186), on peut juger de la bonté ou du défaut de tout syllogisme est la règle suivante : *L'une des prémisses doit contenir la conclusion, et l'autre doit le faire voir* (Port-Royal, III, x). Cette règle est fondée sur le *principe d'identité* ou le *principe de contradiction* (cf. 147).

Rem. La théorie du *Syllogisme catégorique*, du *S. conjonctif* et du *S. hypothétique* est dans *Port-Royal*, III, i, ii, ix-xiii.

185. *Quantité* et *Qualité des propositions.* Si deux prémisses sont particulières ou négatives, que doit-on conclure? (12 août 1873.)

Plan. La Scolastique a, d'après Aristote, fondé les règles du syllogisme sur la *quantité* et la *qualité* des propositions. — Définition de ces deux propriétés logiques (cf. 178). — De ces définitions suivent les règles de déduction, qui déterminent la conclusion du syllogisme. Elles sont expliquées dans la *Logique de Port-Royal* (III, iii), et dans la *Logique* de Bossuet (III, v).

186. Quelle différence y a-t-il entre les *modes* et les *figures du syllogisme* ? Combien y a-t-il de *figures* ? En quoi consistent-elles ? Quels sont les *modes concluants* dans les deux premières figures ? (17 août 1872.)

Plan. Pour trouver les règles du syllogisme, Aristote a procédé analytiquement par l'examen de toutes les combinaisons possibles. En commentant son travail, la Scolastique a distingué 64 modes et 4 figures (3 figures seulement d'après Aristote et les logiciens qui regardent les 5 modes de la 4ᵉ figure comme des modes indirects de la 1ʳᵉ figure).

Les 64 *modes* sont les 64 combinaisons que forment trois à trois les 4 espèces de propositions (cf. 178). Les 4 *figures* sont les 4 positions possibles du moyen terme dans les prémisses. Dans la 1ʳᵉ figure, on reconnaît 4 modes directs concluants (ou 4 modes directs et 5 modes indirects, si l'on fait rentrer la 4ᵉ figure dans la 1ʳᵉ) ; dans la 2ᵉ figure, 4 modes qui concluent tous négativement ; dans la 3ᵉ figure, 6 modes qui concluent tous particulièrement ; dans la 4ᵉ figure (si on ne la ramène pas à la 1ʳᵉ), 5 modes qui concluent particulièrement ou négativement. (Ces 19 modes sont énumérés et expliqués par des exemples dans la *Logique de Port-Royal*, III, v-viii).

Pour reconnaître quels sont les 19 modes concluants, on peut procéder par *synthèse*, en appliquant la règle de *Port-Royal* (cf. 184), ou par *analyse*, en appliquant la théorie d'Aristote. D'après sa démonstration, la 1ʳᵉ figure (où le moyen est sujet de la majeure et attribut de la mineure) est seule complète, parce qu'elle a par ses modes directs (BArbArA, CElArEnt, DArII, FErIO) des conclusions dans les 4 espèces de propositions (A,E,I,O ; cf. 178) ; et elle est parfaite, parce qu'on n'a aucun changement à faire subir aux prémisses pour que l'évidence de la conclusion apparaisse clairement. Il en résulte que les 15 modes des trois autres figures ne sont valides, qu'autant qu'on les réduit aux 4 modes de la 1ʳᵉ figure par différents changements indiqués dans les formules mnémotechniques de la Scolastique : (2ᵉ figure) CESArE, CAMEStrES, FEStInO, BArOCO, (3ᵉ figure) DArAPtI, FElAPtOr, DISAMIS, DAtISI, BOCArdO, FErISOn, (4ᵉ figure) BArbArI, CAlEntES, DIbAtIS, FESPAMO, FrESISOM, (ou BArAlIPton, CElAntES, DAbItIS, FAPESMO, FrISESOMorum, modes indirects de la 1ʳᵉ figure) ; où chaque lettre initiale (B,C,D,F) indique le mode de la 1ʳᵉ figure auquel se doit faire la réduction ; C, la réduction à l'impossible ; M, la métathèse ou transposition des prémisses ; P, la conversion par accident ; S, la conversion simple. (Cf. Bossuet, *Logique*, III, ix.)

La Scolastique a beaucoup abusé de la méthode syllogistique. Cependant celle-ci ne mérite pas l'abandon dans lequel elle est tombée depuis Bacon et Descartes. On ne peut point se passer du syllogisme dans la déduction et l'argumentation. Sans doute on emploie moins la forme logique du syllogisme que ses formes oratoires (cf. 187) ; mais chaque fois qu'un raisonnement est obscur et compliqué, il est nécessaire de le mettre *en forme*, c'est-à-dire de le réduire à trois propositions pour reconnaître si la conséquence est bien déduite.

187. Définir et distinguer, en donnant des exemples, le *syllogisme*, l'*enthymème*, le *sorite* et le *dilemme*. (11 novembre 1872.)

188. Qu'appelle-t-on en Logique les *dilemmes*? En donner des exemples. (30 novembre 1868.)

Plan. La composition d'un discours et, à plus forte raison, celle d'une dissertation philosophique exige l'emploi de l'*argumentation*, qui est l'art de se servir des arguments pour établir une vérité ou combattre une erreur. Les *arguments* sont les formes logiques du raisonnement déductif. Voici les principaux.

Syllogisme (cf. 184). Exemple oratoire : « Qui peut ne pas aimer les lettres ? Ce sont elles qui enrichissent l'esprit, qui adoucissent les mœurs ; ce sont elles qui polissent et perfectionnent l'humanité. L'amour propre et le bon sens suffisent pour nous les rendre précieuses et nous engager à les cultiver. » (Batteux.) — Forme logique : « Il faut aimer ce qui nous rend plus parfaits ; or les belles-lettres nous rendent plus parfaits ; donc il faut aimer les belles lettres. »

Enthymème. Définition et exemples (*Logique de Port-Royal*, III, xiv ; Bossuet, *Logique*, III, xi).

Sorite. Définition et exemples (*Logique de Port-Royal*, III, i ; Bossuet, *Logique*, III, xii).

Dilemme. Définition, exemples et règles (*Logique de Port-Royal*, III, xvi ; Bossuet, *Logique*, III, xv).

Lire Bouillet, *D. des sciences*, art. *Enthymème*, *Dilemme*.

189. Qu'entend-on par *enthymème*, *épichérème*, *prosyllogisme*, *sorite*, *dilemme*? Qu'est-ce qu'un *argument ad*

hominem, un *argument a fortiori*, une *réduction à l'absurde*? (8 novembre 1869.)

Plan. *Enthymème, sorite, dilemme* (cf. 187).

Prosyllogisme. C'est un argument composé de 2 syllogismes placés à la suite l'un de l'autre, de telle sorte que la conclusion du premier serve de majeure au second.

Epichérème. Définition et exemples (*Port-Royal*, III, xv).

Argument ad hominem. Il s'adresse à l'adversaire en se servant contre lui de ses propres concessions. Bossuet dit aux impies : « Où a-t-on pris que la peine et la récompense ne soient que pour les jugements humains, et qu'il n'y ait pas en Dieu une justice dont celle qui reluit en nous ne soit qu'une étincelle ? » Voici l'argument complet : « Les impies reconnaissent qu'il y a une justice humaine ; donc ils doivent reconnaître qu'il y a une justice divine, ou nier que la justice humaine ait sa raison d'être (ce qui implique contradiction). »

Argument a fortiori (ou *a majori*). On conclut du plus au moins, du grand au petit. Ex. : « Que si Dieu accorde aux prières les prospérités temporelles, combien plus leur accorde-t-il les vrais biens, c'est-à-dire les vertus ! » (Bossuet.) — Cf. Bossuet, *Logique*, III, xx.

Réduction à l'absurde. Elle prouve la vérité d'une proposition par l'impossibilité de son contraire (cf. 195). En voici un exemple oratoire : « Les absurdités où ils tombent en niant la religion deviennent plus insoutenables que les vérités dont la hauteur les étonne ; et pour ne vouloir pas croire des mystères incompréhensibles, ils suivent l'une après l'autre d'incompréhensibles erreurs. » (Bossuet.) — Cf. Bossuet, *Logique*, III, xiv.

190. Des diverses manières de mal raisonner que l'on nomme *sophismes*. Quelles sont les principales sources des mauvais raisonnements? Donner des exemples. (9 novembre 1866.)

REMARQUE. Cette question est traitée complétement dans la *Logique de Port-Royal*, III, xix. — On trouve en outre, dans les traités de rhétorique, des exemples oratoires des différentes espèces de sophismes.

Lire Bouillet, *D. des sciences*, art. *Paralogisme, Sophisme, Ignorance du sujet, Cercle vicieux, Pétition de principe, Cause (fausse), Énumération imparfaite, Induction défectueuse, Équivoque, Paradoxe.*

191. Examiner le sophisme de logique qui consiste à *supposer vrai ce qui est en question*, ou *pétition de principe*. Donner des exemples de ce genre de sophisme. (1ᵉʳ mai 1869.)

Remarque. Cette question fait partie de la précédente.

Théorie de la déduction.

192. Distinguer par des traits précis la *déduction* et l'*induction*. (7 août 1866; 4 mai 1868.)

193. Comparer la *déduction* et l'*induction*. Ces deux espèces de raisonnements sont-elles entièrement opposées? Peut-on à un certain point de vue réduire l'une à l'autre? (22 mars 1872.)

Dissertation. Les méthodes spéciales des diverses sciences se ramènent à la *méthode déductive* et à la *méthode inductive*, qui sont caractérisées par l'emploi de la *déduction* et par celui de l'*induction*. Il importe de bien déterminer la différence de ces deux procédés : car si l'on pouvait réduire l'un à l'autre, on détruirait par là même la distinction des deux méthodes.

La *déduction* tire (*deducit*) d'une proposition générale une proposition moins générale à l'aide d'une proposition intermédiaire, comme le fait l'argument appelé *syllogisme* (cf. 78, 184), ou reproduit une proposition sous des formes différentes qui simplifient l'expression du rapport, comme le fait l'algèbre dans la *résolution des équations* (cf. 78). Dans le 1ᵉʳ cas, il y a un rapport de *contenance*; dans le 2ᵉ, un rapport d'*équivalence*. Il s'ensuit que le fondement de la déduction est le principe d'identité : *Ce qui est, est*; ou le principe de contradiction : *Le même ne peut pas à la fois être et ne pas être sous le même rapport* (cf. 147). — En vertu de ce principe, la déduction est soumise aux règles suivantes : 1° Elle doit se composer de propositions dont la qualité et la quantité soient bien déterminées pour que leur rapport soit évident (cf. 178); 2° Elle doit partir d'une proposition générale qui établisse un principe (axiome ou vérité première, définition ou division, proposition générale obtenue par l'expérience, ou même proposition déjà démontrée, s'il y a une longue suite de raisonnements, comme en géométrie); 3° Il faut que la conclusion soit reliée à ce principe par une proposition intermédiaire, comme dans le syllogisme (cf. 78, 184), ou par plusieurs propositions intermédiaires, comme dans le sorite (cf. 187). — On voit par ces règles que la déduction a une *évidence médiate*, parce que cette évidence résulte du rapport établi entre plusieurs jugements qu'on a disposés dans l'ordre propre à faire ressortir leur liaison (cf. 144).

L'*induction* transporte (*inducit*) à tous les temps, à tous les lieux, à toute une classe d'objets semblables ce qui a été observé à tel moment, dans tel endroit, dans un nombre restreint d'objets. Elle donne une proposition générale, une *loi* (cf. 78). Elle a pour fondement le double principe des causes efficientes et des causes finales ainsi formulé : *Dans les mêmes circonstances, toujours et partout, les mêmes causes ont les mêmes effets et les mêmes moyens ont les mêmes fins* (cf. 79). — En vertu de ce principe, elle est soumise aux règles suivantes qui résument les préceptes donnés par Bacon dans son *Novum Organum* : 1° Généraliser avec prudence, c'est-à-dire faire un nombre suffisant d'observations, éliminer les circonstances variables, puis formuler en une proposition générale le rapport invariable que l'on a constaté ; 2° Regarder la généralisation comme une *loi* ou comme une *hypothèse*, selon qu'elle est certaine ou simplement probable d'après le nombre et l'importance des observations que l'on a faites (cf. 209).

Le *raisonnement par analogie*, qui conclut de la ressemblance partielle de deux choses à leur ressemblance totale dans la production d'un phénomène déterminé, est soumis aux mêmes règles que l'induction ; mais ses conclusions n'ont dans la plupart des cas qu'une valeur hypothétique (cf. 209).

En comparant l'induction et la déduction, on voit que la première donne des propositions générales, des lois, et que la seconde en tire les conséquences et les applications. On est conduit ainsi à résoudre ces deux questions : 1° La déduction peut-elle se ramener à l'induction ? 2° L'induction peut-elle se ramener à la déduction ?

Pour ramener la déduction à l'induction, M. Stuart Mill dit : « Aucun raisonnement du général au particulier ne peut comme tel rien prouver, parce que d'un principe général on ne peut inférer d'autres faits particuliers que ceux que le principe même suppose connus. » Cette objection, souvent reproduite, dénature à la fois la fonction de la déduction et celle de l'induction. Soit l'exemple : « L'acide prussique tue les animaux ; or l'homme est un animal ; donc l'acide prussique tue l'homme. »

La proposition générale (L'acide prussique tue les animaux) est fondée par induction sur les expériences auxquelles les physiologistes ont soumis des animaux domestiques ; elle est vraie sans que l'acide prussique ait déjà fait périr un homme. Pour qu'il y eût cercle vicieux, il faudrait que la proposition générale, telle que l'esprit la pense, fût celle-ci : « L'acide prussique tue tous les animaux, y compris l'homme.» Donc la déduction, qui ramène un cas particulier à la règle générale, ajoute à nos connaissances.

L'induction à son tour peut-elle se ramener à une opération déductive? W. Hamilton donne à l'induction la forme d'un syllogisme ayant pour proposition générale une énumération complète des faits. Or cette énumération est impossible, parce que nous concluons du passé à l'avenir ; et inutile, parce qu'un seul fait bien observé peut servir à l'établissement d'une loi. Il n'y a donc pas de conclusion proprement dite des faits aux lois, puisque l'étendue de la conclusion excéderait celle des prémisses. Sans doute elle est légitimée par ce principe sous-entendu : « Les mêmes causes produisent toujours et partout les mêmes phénomènes ; » mais ce sous-entendu ne suffit pas pour ramener l'induction à une opération déductive.

La déduction et l'induction sont donc deux procédés complètement distincts.

Lire Charles, *Lect. de phil.*, II, p. 68, 117-118.

194. Quelle différence existe entre *convaincre* et *persuader*? (20 août 1866.)

Plan. Pour bien comprendre en quoi consiste la *méthode déductive et démonstrative*, il est nécessaire de déterminer quelle différence existe entre convaincre et persuader.

1° *Convaincre*, c'est établir une liaison entre une proposition dont la vérité est connue, et une autre proposition dont la vérité est inconnue. La Logique en donne les règles dans la méthode démonstrative (cf. Pascal, *Art de persuader*).

2° *Persuader* est une œuvre beaucoup plus complexe que convaincre : c'est à la fois instruire par l'argumentation, plaire par les mœurs et toucher par les passions ; c'est s'adresser à la fois au raisonnement, à l'imagination et à la sensibilité. La Rhétorique en donne les règles dans l'invention (cf. Fénelon, *Dialogues sur l'Éloquence*).

Ces considérations montrent quelle différence existe entre la Logique et la Rhétorique, et quels sont leurs rapports. (Cf. Quintilien, *De l'Institution oratoire*, V, 1.)

Théorie de la démonstration.

195. Théorie de la *démonstration*. Ses diverses espèces. Ses règles. (12 août 1870; 8 novembre 1873.)

Dissertation. Il ne suffit pas de connaître l'ensemble des procédés qui constituent la *méthode déductive et démonstrative*. Il faut encore savoir les mettre en œuvre. C'est le travail propre de la *démonstration*. La *déduction* se borne à tirer régulièrement la conséquence d'une proposition générale, conséquence vraie si la proposition générale est vraie (comme dans les théorèmes de géométrie), conséquence fausse si la proposition générale est fausse (comme dans la réduction à l'absurde). La *démonstration* fait plus : elle trouve, choisit et dispose les idées, les jugements et les raisonnements qui sont les éléments de la déduction (cf. 192); elle donne à celle-ci la direction nécessaire pour atteindre le but proposé. — A ce point de vue on distingue plusieurs espèces de démonstrations.

1° La *démonstration directe*, comme l'indique son nom, établit une vérité par des preuves tirées de la nature même de la chose dont il s'agit; elle a deux procédés, l'*analyse* et la *synthèse rationnelles* (cf. 169); la 1re sert surtout pour l'invention; la 2e, pour l'enseignement.

2° La *démonstration indirecte*, nommée aussi *réduction à l'absurde* (ou *démonstration par l'impossible*) suit une autre marche; elle prouve une vérité en faisant voir l'absurdité de l'hypothèse contraire (cf. 173); dans ce but, elle lui applique la déduction et en tire rigoureusement les conséquences jusqu'à ce qu'elle arrive à une conséquence qui soit manifestement absurde, c'est-à-dire qui implique contradiction, qui soit contraire à un axiome ou à une vérité déjà admise, ou qui énonce une impossibilité. — On l'emploie en philosophie pour réfuter des systèmes qui ont des conséquences contraires au sens commun (cf. 149); Socrate en a donné des exemples par son *ironie*. — Les mathématiques se servent aussi de la réduction à l'absurde, mais elles ne doivent en faire usage qu'à défaut de la démonstration directe (p. ex. dans les réciproques), parce que la réduction à l'absurde ne montre pas la véritable raison de ce qu'on est obligé d'admettre, comme l'enseigne la *Logique de Port-Royal* (IV, IX).

Sous toutes ses formes, la démonstration donne l'*évidence médiate*, comme la déduction (cf. 192).

Les règles de la démonstration relatives à l'*invention*, c'est-à-dire à la découverte de la vérité, ont été expliquées par Descartes dans ses *Règles pour la direction de l'esprit* et résumées dans la *Logique de Port-Royal* (IV, II), savoir : « 1° Examiner les conditions qui marquent et désignent l'inconnu, conditions qui nous déterminent à chercher une chose plutôt qu'une autre et qui peuvent nous faire juger, quand nous l'aurons trouvée, que c'est ce que nous cherchions ; 2° Examiner ce qu'il y a de connu, parce que c'est par cela qu'on peut arriver à la connaissance de l'inconnu. »

Les règles de la démonstration relatives à l'*exposition* ou à l'*enseignement* de la vérité comprennent les règles des définitions (cf. 182-183), des axiomes (cf. 181), et de la déduction (cf. 192). — Pascal y ajoute 3 règles : « 1° N'entreprendre de démontrer aucune des choses qui sont tellement évidentes d'elles-mêmes qu'on n'ait rien de plus clair pour les prouver (cf. *Log. de Port-Royal*, IV, IX) ; 2° Prouver toutes les propositions un peu obscures, et n'employer à leur preuve que des axiomes très-évidents ou des propositions déjà accordées ou démontrées ; 3° Substituer toujours mentalement les définitions à la place des définis, pour ne pas se tromper par l'équivoque des termes que les définitions ont restreints. » (*Art de persuader*).

La démonstration est le procédé fondamental des sciences déductives telles que les Mathématiques, la Théologie, la Jurisprudence, etc. En outre, elle remplit un rôle important dans les Sciences physiques et les Sciences morales ; elle y sert à tirer les conséquences des notions données par l'observation et généralisées par l'induction.

196. Est-il vrai de dire avec Pascal que *la méthode la plus parfaite consisterait à définir tous les termes et à prouver toutes les propositions?* (5 août 1872.)

Plan. Il y a pour l'esprit humain deux espèces d'évidence : 1° l'évidence immédiate ou intuitive qui est propre aux données de la perception externe, de la conscience et de la raison (cf. 136) ; 2° l'évidence médiate ou discursive qui est acquise par la déduction.

L'étude des procédés de la méthode déductive et démonstrative fait voir que l'évidence médiate de la déduction est fondée sur des principes (axiomes ou vérités premières, définitions, propositions générales) dont le caractère est l'évidence intuitive, par conséquent, sur des principes indémontrables (cf. 192, 195). Aristote a fort bien vu cette vérité : « Il est impossible de tout démontrer. Il faudrait pour cela aller à l'infini, de sorte qu'il n'y aurait pas même de démonstration (*Métaphysique*, IV, IV). » Descartes a parfaitement expliqué cette théorie dans son *Discours de la méthode* et en a donné de mémorables exemples dans ses *Méditations*. Il a également montré, dans ses *Règles pour la direction de l'esprit*, que l'*intuition* est une connaissance plus simple et plus sûre que la *déduction* dont elle est toute la force, parce que les principes ne sont connus que par intuition et les conséquences que par déduction (cf. 144). Leibniz reconnaît aussi que la connaissance démonstrative n'est qu'un enchaînement de connaissances intuitives (*Nouv. Essais*, IV, II).

Cette théorie permet d'apprécier l'assertion de Pascal que *la méthode la plus parfaite consisterait à définir tous les termes et à prouver toutes les propositions* (*De l'esprit géométrique*). Elle se réfute par les considérations suivantes : 1° Pascal demande une chose impossible, parce que toute démonstration suppose des principes indémontrables ; le scepticisme seul peut admettre le contraire. 2° La méthode la plus parfaite serait de connaître toutes choses par intuition, seul mode de connaissance que nous puissions attribuer à Dieu. 3° L'erreur de Pascal paraît provenir de ce qu'il a confondu ici la raison, qui donne les vérités intuitives, avec le raisonnement, qui ne donne que des vérités déductives.

Lire Charles, *Lect. de phil.*, II, p. 108.

197. Distinguer la *méthode démonstrative* et la *méthode expérimentale*. De l'union de ces deux méthodes dans les diverses sciences. (4 novembre 1868.)

Plan. Les procédés employés par les sciences se ramènent tous à deux méthodes principales ; la 1re, la *méthode déductive et démonstrative*, a pour bases la déduction et la démonstration (cf. 192-195) ; la 2e, la *méthode expérimentale et inductive*, a pour bases l'expérience et l'induction (cf. 198).

Les Sciences physiques (cf. 216) et les Sciences morales (cf. 217-220) emploient concurremment les deux méthodes, tandis que les Mathématiques se servent exclusivement de la méthode déductive (cf. 215), et les Sciences naturelles, ainsi que la Chimie, de la méthode expérimentale (cf. 216).

MÉTHODE EXPÉRIMENTALE

Objet. Opérations et procédés.

198. Définir la *méthode expérimentale* employée dans les *sciences positives*. (19 août 1867.)

199. Qu'entend-on par *méthode expérimentale*? En donner les règles. Citer des exemples. (7 novembre 1871; 6 novembre 1874.)

Dissertation. Dans le *Novum Organum*, Bacon a le premier indiqué nettement le but et la portée de la méthode qu'emploient les sciences physiques et les sciences naturelles, et qu'on nomme *méthode expérimentale* et *méthode inductive* à cause des procédés qui y jouent le rôle principal : « L'homme, serviteur et interprète de la nature, n'agit et ne comprend que dans la proportion de ses découvertes expérimentales et rationnelles sur les lois de cette nature... La science de l'homme est la mesure de sa puissance, parce qu'ignorer la cause c'est ne pouvoir produire l'effet. On ne triomphe de la nature qu'en lui obéissant, et ce qui, dans la spéculation, porte le nom de cause, devient une règle dans la pratique. » (*Novum Organum*, I, J, III; éd. Bouillet, t. II, p. 9.) Pour atteindre ce but, Bacon a proposé deux procédés : l'*expérience savante*, l'art de dérober par des observations ou des expériences habilement combinées les secrets de la nature et de la forcer industrieusement à se trahir ; et l'*interprétation de la nature* ou la *nouvelle logique*, l'art d'instruire l'esprit par la comparaison des faits, d'en découvrir les lois, ce qui constitue proprement l'*induction*. Malheureusement, si Bacon a bien indiqué le but et la portée de la méthode expérimentale, il ne l'a pas formulée en quelques règles simples et générales, comme celles que Descartes a données dans son *Discours de la méthode*; il l'a surchargée de préceptes compliqués, sans les éclaircir par des exemples empruntés aux connaissances scientifiques de son temps.

En s'aidant des travaux qu'on a faits depuis Bacon sur cette partie de la logique et des modèles que fournissent les écrits des savants, on peut ramener à cinq les procédés employés dans la méthode expérimentale : *observation et expérimentation, classification, induction et raisonnement par analogie, hypothèse, déduction* (cf. 210).

1° L'*observation* consiste à considérer attentivement et à distinguer par un examen approfondi les caractères essentiels des objets ou les conditions déterminantes des phénomènes. Elle emploie l'*analyse* pour décomposer les objets ou les phénomènes en leurs éléments ; et la *synthèse* pour saisir les rapports de ces éléments et leur mode d'union. L'*expérience* fait plus : elle provoque artificiellement la production d'un phénomène ou elle en modifie les conditions pour en rendre l'étude plus facile ou plus féconde (cf. 200).

2° La *classification naturelle* résume et coordonne les propriétés générales et les caractères essentiels des objets (cf. 201).

3° L'*induction* et le *raisonnement par analogie* ramènent la multiplicité des phénomènes particuliers à des *lois*, propositions générales énonçant les *conditions définies qui déterminent invariablement la production d'un phénomène* (cf. 206).

4° L'*hypothèse* supplée à l'induction et à l'analogie quand ces deux procédés ne donnent pas de résultats certains ; elle indique la direction à suivre dans les observations et les expériences et conduit souvent à des découvertes (cf. 209).

5° La *déduction* tire les conséquences et les applications des lois découvertes par l'induction et l'analogie. Elle constitue un procédé intégrant des sciences positives (cf. 205), toutes les fois que les données peuvent être soumises au calcul comme dans la physique mathématique (chaleur, son, lumière, etc.).

Observation. Expérimentation.

200. Distinguer l'*observation* de l'*expérimentation*. (14 novembre 1866.)

Dissertation. Le premier devoir de la méthode expérimentale est de s'appliquer à connaître deux choses : 1° les qualités des objets telles qu'elles nous apparaissent par les sensations qu'ils produisent en nous ; 2° les actions que les objets exercent les uns sur les autres. Elle y arrive par l'*observation* et par l'*expérimentation*.

L'*observation* consiste à considérer attentivement et à distinguer par un examen approfondi les caractères essentiels des objets ou les circonstances déterminantes des phénomènes, soit qu'on les découvre fortuitement comme cela arrive dans l'apparition des étoiles filantes et la chute des aérolithes, soit qu'on les recherche en vertu d'une idée préconçue, comme le fait un astronome qui détermine l'ascension droite et la déclinaison d'un astre, ou un botaniste qui étudie la structure des organes d'un végétal. Ici on emploie l'*analyse* pour décomposer les objets ou les phénomènes en leurs éléments, et la *synthèse* pour saisir les rapports de ces éléments et leur mode d'union (cf. 169).

On doit dans l'observation se conformer aux règles suivantes : 1° Voir les faits tels qu'ils sont, sans y rien ajouter, sans en rien retrancher, en écartant ce qui est étranger ; 2° Ne pas observer au hasard, s'attacher d'abord aux faits les plus saillants et procéder avec ordre dans leur étude ; 3° Ne s'arrêter dans l'analyse qu'aux éléments indivisibles ; 4° Noter exactement le nombre des éléments, leurs caractères et leur ordre ; 5° Chercher à obtenir des évaluations précises, si c'est une quantité appréciable, en notant exactement le temps, la grandeur, le poids et le nombre ; 6° Regarder les perceptions acquises comme simplement probables, pour éviter les erreurs où elles nous jettent quand nous ignorons une loi de la nature (cf. 152) ; 7° Corriger l'imperfection des organes par le soin de les maintenir dans un état sain, par l'exercice, par la pratique des préceptes techniques, enfin par l'emploi des instruments. Ce dernier point est de la plus grande importance. C'est par la découverte de nouveaux instruments autant que par l'usage d'une bonne méthode que les sciences positives ont fait des progrès si rapides dans les temps modernes. Dans l'astronomie expérimentale, p. ex., le télescope a fait reconnaître que la voie lactée est composée d'une multitude d'étoiles, et le spectroscope a permis de déterminer la nature chimique des corps qui constituent les atmosphères lumineuses des astres ; dans la physique, chaque théorie n'a été établie qu'à l'aide d'instruments spéciaux, pendule, thermomètre, baromètre, électroscope, pile, verres concaves et convexes, etc. Dans la chimie, on n'est arrivé à l'analyse quantitative qu'à l'aide de la balance ; enfin, dans la physiologie, on a reconnu de nos jours qu'on ne peut faire d'observations vraiment scientifiques qu'en empruntant à la physique et à la chimie leurs instruments ou en en créant de nouveaux. Après les instruments, rien ne sert plus à rendre les observations faciles et fécondes que les collections de minéralogie, de botanique et de zoologie qui permettent d'établir des comparaisons ; sans elles, il eût été impossible de fonder dans notre siècle l'anatomie et la physiologie comparées.

OBSERVATION. EXPÉRIMENTATION.

Quelque talent qu'on déploie dans l'analyse des faits tels que les offre la nature, l'observation est toujours inférieure à l'*expérimentation* qui provoque artificiellement la production d'un phénomène ou en modifie les conditions, pour en rendre l'étude plus facile ou plus féconde. Par elle, on se donne le spectacle d'un phénomène toutes les fois qu'on a besoin de l'examiner ou de le démontrer. Prenons pour exemple la rosée : 1° je fais voir par l'expérimentation, quand je le veux, que la rosée a pour cause un refroidissement qui condense en gouttelettes la vapeur d'eau contenue dans l'atmosphère ; je mets un morceau de glace dans un verre d'eau et celui-ci se couvre immédiatement de rosée ; 2° si je désire ensuite constater que ce refroidissement est produit par le rayonnement pendant les nuits calmes et sereines, j'ai recours à l'observation et je suis obligé d'attendre que le cours des choses amène les conditions météorologiques de ce refroidissement.

L'expérimentation, comme on vient de le voir, a sur l'observation l'avantage d'augmenter notre sphère d'action. On doit donc la pratiquer toutes les fois qu'on le peut. — Elle offre un second avantage : dans l'observation, les phénomènes se présentent avec toute leur complexité ; dans l'expérimentation, non seulement je produis chaque phénomène quand je veux l'étudier isolément, mais encore je peux isoler ou réunir ses éléments, retrancher ou ajouter une circonstance, afin de constater quelle est sa condition déterminante et d'arriver ainsi à découvrir sa loi (cf. 206). C'est ce que Bacon nomme *productio, compulsio, inversio, variatio, translatio experimenti* (cf. *De augmentis scientiarum*, V. II, 6-13 ; éd., Bouillet, t. I, p. 253). Soit la loi de Mariotte : je *prolonge* l'expérience, en augmentant les pressions d'une à trois atmosphères, la température restant la même ; je la *pousse*, en opérant au delà de trois atmosphères ; je la *renverse*, en débutant par une pression inférieure à une atmosphère et en la diminuant successivement ; je la *varie*, en opérant à des températures différentes ; je la *transporte*, en passant de l'air à d'autres gaz. Tels sont les procédés qu'on applique dans les sciences physiques.

Les considérations que nous venons d'exposer conduisent à distinguer deux sortes de sciences : 1° les *sciences d'observation*, où l'homme se borne à contempler la nature sans agir sur elle ; 2° les *sciences expérimentales*, où l'homme produit, dans les conditions qu'il détermine lui-même, les phénomènes qu'il veut étudier (cf. 216).

Classification.

201. Des *classifications naturelles*. Prendre des exemples dans la science. (24 août 1868.)

202. Des *classifications* soit *naturelles*, soit *artificielles*. Montrer leur différence par des exemples détaillés. (26 novembre 1867 ; 7 novembre 1871.)

Dissertation. Dès que l'homme a acquis sur un ensemble d'objets un certain nombre de notions, il sent le besoin de les disposer dans un ordre déterminé pour les retenir et les communiquer aisément. On reconnaît dans le mécanisme des langues, dans les travaux administratifs, une foule de généralisations systématiques que suggère aux hommes la logique naturelle. Ce sont les produits spontanés de la *classification*, opération qui consiste à *distribuer méthodiquement en genres et en espèces les objets d'une science d'après leurs ressemblances et leurs différences*.

Il y a des classifications purement *indicatives* qui ne servent qu'à faire trouver un objet sans en donner aucune connaissance : telles sont celles des dictionnaires. Elles n'ont d'autre règle que la commodité.

Les classifications scientifiques sont à la fois *indicatives* et *instructives* : elles sont artificielles ou naturelles. La Botanique et la Zoologie en offrent les exemples les plus remarquables.

Les *classifications artificielles* sont fondées sur quelques caractères choisis arbitrairement : tel est, en Botanique, le système de Linné qui ne considère que les organes sexuels des végétaux. Les classifications de ce genre n'offrent d'utilité que dans l'enfance de la science, quand on a besoin d'établir *a priori* quelque ordre dans un grand nombre d'objets que l'on a à étudier. Elles les font mal connaître, parce qu'elles les rapprochent souvent d'une manière bizarre malgré leur éloignement naturel. Leur principal inconvénient, c'est qu'elles disposent ceux qui les suivent à n'examiner dans les objets que les caractères qui se rapportent au système adopté. Enfin, par cela seul qu'on peut les imaginer à volonté, elles se succèdent rapidement, fatiguent l'esprit par la diversité de la nomenclature et portent ainsi le trouble dans la science.

Les *classifications naturelles* sont fondées sur l'ensemble des caractères constitutifs des objets, de manière à les rapprocher ou à les éloigner suivant les degrés de ressemblance qu'ils ont entre eux. Leurs règles se réduisent à deux: 1° Ranger les êtres en séries d'après leurs *affinités respectives,* c'est-à-dire les distribuer de telle sorte que les espèces qui ont le plus d'analogie entre elles se trouvent toujours les plus rapprochées et que leur éloignement indique leurs différences, ce qui établit une sorte de passage plus ou moins marqué de chaque groupe au groupe suivant; 2° Diviser et subdiviser chaque série d'après la *subordination des caractères,* c'est-à-dire en raison de leur constance et de leur généralité, de leur importance physiologique et du rôle qu'ils jouent dans la vie d'une espèce d'êtres. Ces conditions sont remplies à différents degrés, pour la Botanique, par les systèmes d'Ant. Laur. de Jussieu et de M. Brongniart, et pour la Zoologie, par les systèmes de Cuvier, de De Blainville, etc. Ces systèmes sont perfectibles : car cette nécessité même d'étudier à fond les objets dont on s'occupe fait qu'à mesure qu'on découvre de nouveaux rapports, il faut modifier les classifications ; modifications qui tendent de plus en plus à les rapprocher de la perfection à laquelle elles ne pourraient parvenir que si l'homme n'ignorait rien de tout ce qui se rapporte aux êtres classés.

Ces classifications sont à la fois indicatives et instructives. 1° Elles servent à discerner une chose vue pour la première fois et dont le nom est inconnu. En partant des caractères qu'elle porte pour les chercher en tête des divisions, on arrive aisément à trouver sa place et son nom dans le système. 2° De plus, pour la connaître en elle-même et dans ses rapports avec les autres, il suffit de récapituler tous les caractères d'espèce, de genre, etc., par lesquels nous sommes conduits au nom de l'objet : nous avons ainsi son caractère total, tel que le donnerait une description complète, avec cette différence que dans la classification ce caractère total se trouve décomposé en une série de caractères subordonnés qui expriment les divers degrés de ressemblance de l'objet avec les autres. — Supposons qu'on ait à définir le lièvre. Si l'on dit que le *lièvre* appartient à l'embranchement des *animaux vertébrés*, à la classe des *mammifères*, à l'ordre des *rongeurs*, au genre *lepus*, on saura par la première dénomination que ce n'est ni un insecte ni un mollusque ni aucun autre animal sans squelette intérieur; par la seconde, on exclura de la comparaison les poissons, les reptiles et les oiseaux; par la troisième, on distinguera le lièvre des neuf dixièmes des mammifères ; lorsqu'on aura

déterminé de la même manière le genre auquel il appartient, on n'aura plus qu'à le comparer à un très-petit nombre d'animaux dont il diffère par quelques traits plus ou moins saillants.
— On voit par là comment les classifications naturelles sont à la fois indicatives et instructives. Toutefois, si elles sont utiles parce qu'elles coordonnent les idées générales de la science, il ne faut pas oublier qu'elles n'expriment la réalité que d'une manière imparfaite, parce rien n'est isolé dans la nature, que tout y tient de tout.

Les procédés employés ici par l'esprit humain sont, comme dans toutes les autres opérations logiques, l'analyse et la synthèse. 1° Pour établir une classification naturelle, on suit une *marche analytique*: on compare des groupes d'individus et on les réunit en *espèces*, les espèces en *genres*, les genres en *familles*, les familles en *ordres*, les ordres en *classes*, les classes en *embranchements*, dont l'ensemble constitue le *règne minéral*, le *règne végétal*, le *règne animal*; puis or établit la nomenclature, de telle sorte que le nom du *genre* exprime les propriétés communes aux espèces qu'il contient, et que la qualification ajoutée au genre désigne la différence caractéristique de l'*espèce*. 2° Pour enseigner la classification ou pour s'en servir, comme dans l'exemple du lièvre cité plus haut, on suit une *marche synthétique*: on descend graduellement des divisions les plus élevées aux espèces et aux variétés.

Lire Charles, *Lect. de phil.*, II, p. 56-59.

203. Montrer le lien de la *généralisation* et de la *classification*. (8 novembre 1874.)

204. Quel est le rôle des *idées générales* dans les *classifications*? Comment se forment les idées générales? Comment se subordonnent-elles entre elles? Donner des exemples. (19 novembre 1873.)

205. Des *genres* et des *espèces*. Méthode pour les déterminer scientifiquement. Quelle est la valeur et la portée des *idées générales*? (17 mai 1867.)

Plan. Le principal travail de la pensée consiste à former des idées générales et à établir entre elles des rapports.

1° Pour former des idées générales, on compare un certain nombre d'objets pour discerner leurs ressemblances et leurs différences, réunir les caractères semblables en une idée et lui donner un nom spécial (cf. 68). — 2° On se borne ordinairement à distribuer les idées générales par groupes systématisés sous le double rapport de la compréhension et de l'extension (cf. 162); mais dans la botanique et la zoologie, où le système adopté pour le groupement des idées générales a le plus d'importance, il faut déterminer les genres et les espèces par une méthode scientifique : c'est l'œuvre des *classifications naturelles* (cf. 201).

Pour juger la valeur et le rôle des idées générales dans une classification naturelle, il faut considérer deux choses très-importantes pour les sciences positives : la première, c'est qu'il n'existe dans la nature que des *individus*; la seconde, c'est que la distinction des *espèces* est fondée sur les caractères essentiels des individus et sur les lois de la nature. En effet, *l'espèce est un ensemble d'individus possédant des caractères communs qu'ils transmettent par voie de reproduction à d'autres individus capables de conserver ces caractères fondamentaux, tout en étant susceptibles de variations secondaires.* Il en résulte que les caractères essentiels qui constituent le *type* de chaque espèce ne représentent pas des conceptions arbitraires de notre esprit, mais les lois et le plan de la nature, parce que les espèces ne se mêlent pas par la génération et ont le double privilège de la fixité et de la durée.

Lire Bouillet, *D. des sciences*, art. *Espèce*.

Induction. Analogie.

206. Comment s'élève-t-on à l'idée de *loi* dans les sciences de la nature? Qu'est-ce qu'une *loi physique*? En quoi les lois physiques diffèrent-elles de la *loi morale*? (5 mai 1869; 26 juillet 1872.)

Dissertation. De même que la *classification* ramène la multiplicité des individus que renferme la nature à un nombre limité de *types* dont chacun représente les *caractères essentiels d'une espèce*, de même l'*induction* ramène la multiplicité des phénomènes particuliers à un nombre limité de *lois*, propositions générales énonçant les *conditions définies qui déterminent invariablement la production des phénomènes*. Telles sont, en astronomie, les lois de Képler; en physique, les lois de la pesanteur; en chimie, la loi des proportions multiples.

Pour déterminer une *loi*, il faut, d'après la définition, constater la liaison constante d'un phénomène avec un autre phénomène (cf. 216). D'après Bacon (*Nov. org.*, II, xi; éd. Bouillet, t. II, p. lxix), on la découvre en examinant si le 1er phénomène détermine la production du 2e par sa *présence*, s'il le supprime par son *absence*, si en variant il le fait varier dans des *proportions* correspondantes. Soit la loi de Mariotte : « Les volumes d'un gaz sont en raison inverse des pressions qu'il supporte. » Pour la vérifier, on soumet successivement une masse d'air enfermée dans un vase clos à une pression de 2, 3, 4, 5 atmosphères ; on trouve que le volume de cette masse devient successivement 1|2, 1|3, 1|4, 1|5 de ce qu'il était primitivement. Dans cet exemple, l'induction consiste à affirmer que la loi subsiste pour toutes les valeurs de la pression d'une à cinq atmosphères, affirmation qui porte sur une infinité de valeurs, tandis que le nombre des expériences est nécessairement fini.

Les préceptes que Bacon donne pour constater l'existence d'une *loi* peuvent se résumer dans ces deux règles : 1° Généraliser avec prudence, c'est-à-dire faire un nombre suffisant d'observations, éliminer les circonstances variables, puis formuler en une proposition générale le rapport invariable que l'on a constaté ; 2° Regarder la généralisation comme une *loi* ou comme une *hypothèse*, selon qu'elle est certaine ou probable d'après le nombre et la valeur des observations que l'on a faites (cf. Charles, *Lect. de phil.*, II, p. 62-66).

Les mêmes règles s'appliquent au *raisonnement par analogie*, qui conclut de la ressemblance partielle de deux choses à leur ressemblance totale dans la production d'un phénomène déterminé ; mais ses conclusions n'ont dans la plupart des cas qu'une valeur hypothétique (cf. 209). La physique en offre un exemple dans l'assimilation de l'électricité, du galvanisme et du magnétisme.

La *loi physique*, considérée dans son principe philosophique, est la manière fixe dont une cause produit son effet. Elle suppose donc une force dont l'exercice a été réglé par une puissance suprême et immuable qui, en donnant aux êtres leur nature et leurs propriétés, a par là même établi l'ordre universel et constant en vertu duquel la condition d'un phénomène détermine toujours et partout la production de ce phénomène. C'est cette même puissance qui en donnant à l'homme la raison et la liberté lui a imposé la *loi morale*, qui est l'obligation morale de vouloir le bien (cf. 255).

En comparant les caractères de la *loi physique* et ceux de la *loi morale*, on trouve que toutes deux ont leur principe en Dieu. Elles diffèrent entre elles en trois points. 1° La raison nous fait connaître directement la loi qui doit servir de règle à notre volonté, tandis qu'elle nous dit seulement que les forces de la matière ont des lois ; nous sommes réduits à chercher celles-ci péniblement par l'expérience aidée de l'induction. 2° La loi physique est invariablement observée par les forces de la matière, parce que celles-ci ne sont pas libres ; au contraire, la loi morale peut être violée, parce que nous sommes libres ; donc, quand nous accomplissons des actes conformes à cette loi, ce n'est point par *nécessité*, c'est par *respect* pour cette loi, par obéissance volontaire à l'*obligation morale* (cf. 255). 3° La loi physique représente ce que *fait* un agent dépourvu d'intelligence et de liberté ; la loi morale représente ce que *doit faire* un agent intelligent et libre : c'est pour cela qu'on la nomme le *devoir*.

207. En quoi la *méthode expérimentale* diffère-t-elle de l'*empirisme* ? (1ᵉʳ mai 1868.)

Plan. Il y a en Logique deux méthodes qui contribuent d'une manière inégale aux progrès de l'esprit humain, la *méthode empirique* et la *méthode expérimentale*.

La *méthode empirique* se borne à observer et à recueillir des faits sans les interpréter ni déterminer leur place dans l'ensemble de la science, comme le faisait l'ancienne alchimie.

La *méthode expérimentale* joue un rôle plus important dans l'œuvre qu'accomplissent les sciences positives : par une conception claire du problème qu'elle se propose de résoudre, elle détermine d'une manière rationnelle la direction que doivent suivre les investigations, elle indique les expériences à faire, elle rapproche et interprète les faits à mesure qu'ils s'accumulent, elle s'élève à leurs lois et à leurs causes par l'induction et l'analogie, elle en déduit les conséquences et les applications, enfin, elle conçoit les hypothèses dont la vérification expérimentale peut amener une découverte (cf. 209).

En comparant l'empirisme à la méthode expérimentale pour déterminer exactement leur valeur respective, on voit que l'empirisme n'est pas faux, mais insuffisant : « Il est beaucoup de travailleurs qui n'en sont pas moins utiles à la science, quoiqu'ils se bornent à lui apporter des faits bruts ou empiriques. Cependant le vrai savant est celui qui trouve les matériaux de la science, et qui cherche en même temps à la construire en déterminant la place des faits et en indiquant la signification qu'ils doivent avoir dans l'édifice scientifique... L'expérimentateur qui ne sait pas ce qu'il cherche ne comprend pas ce qu'il trouve. » (Cl. Bernard, *Rapport sur la Physiologie*).

Bacon exprime la même pensée par une comparaison ingénieuse. Il assimile les partisans de la *méthode empirique* à des *fourmis qui amassent des provisions qu'elles consomment ensuite* ; ceux de la *méthode rationaliste*, à des *araignées qui tirent de leur substance des toiles fragiles* ; ceux d'une *méthode mixte* (c'est-à-dire la *méthode expérimentale et inductive*), à l'*abeille, qui tire des fleurs la matière du miel, mais qui, par un art qui lui est propre, la travaille et la digère*. (*Novum Organum*, I, xcv ; éd. Bouillet, t. II, p. 57.)

La méthode expérimentale et inductive conduit seule au vrai but de la science, qui est la découverte des *lois* et des *causes* (cf. 208).

208. Expliquer cet aphorisme de Bacon : *Vere scire, per causas scire.* (1ᵉʳ avril 1873.)

Dissertation. L'*empirisme* se borne à observer les phénomènes (cf. 207) ; la *méthode expérimentale et inductive* en recherche les causes comme l'enseigne Bacon (*Novum Organum*, II, ii ; éd. Bouillet, t. II, p. 83) : « C'est une bonne maxime que *la science véritable est la science des causes* (Recte ponitur vere scire esse per causas scire). » Pour comprendre le sens et la portée de cet aphorisme, il ne suffit pas de reconnaître que la méthode expérimentale et inductive peut seule construire l'édifice de la science ; il faut encore examiner quelles sont, d'après Bacon, les causes que l'on doit chercher à découvrir dans l'étude des phénomènes dont la nature est le théâtre.

Aristote, dans sa *Métaphysique*, reconnaît quatre causes, la *matière* ou *substance*, la *forme* ou *essence*, la *cause efficiente* et la *cause finale*. Bacon n'en admet qu'une dans l'étude des sciences physiques, la *forme*, qu'il définit *la loi d'après laquelle se produisent les opérations simples de la nature* : « Licet in natura nihil vero existat præter *corpora individua*, *edentia actus puros individuos ex lege* ; in doctrinis tamen, illa ipsa lex, ejusque inquisitio et inventio atque explicatio pro fondamento est tam ad sciendum quam ad operandum. » Pour apprécier cette définition, voyons ce qu'est la loi dans la théorie actuelle de la science. On s'accorde à reconnaître que *la loi consiste dans les conditions définies qui déterminent invariablement la production d'un phénomène.* C'est là aujourd'hui le principe du *déterminisme scientifique.* On y retrouve l'idée de Bacon formulée avec plus de précision d'après l'épreuve des procédés qui ont constitué les sciences physiques dans les temps modernes (cf. 206).

Suit-il de cette théorie qu'on doive se borner exclusivement à la recherche des *lois,* comme l'entendait Bacon et comme l'affirme l'école empirique contemporaine? Il suffit de jeter un coup d'œil sur les problèmes agités par les sciences physiques pour se convaincre qu'on n'a pas abandonné la recherche des quatre causes indiquées par Aristote.

1° Le *principe de substance* (cf. 55) est appliqué spécialement dans les expériences de la chimie sous cette forme : *Au milieu de tous les changements des corps, le poids de la matière reste toujours le même.* — La recherche des *corps simples* n'est que la détermination des diverses espèces de substances matérielles, parce que la diversité de la matière est la cause première des phénomènes chimiques.

2° Quoique la théorie de l'*essence de la matière* appartienne proprement à la métaphysique, cependant il n'est point de physicien ni de chimiste qui ne se forme de la matière une certaine idée destinée à le guider dans ses recherches. De là est née l'hypothèse des *atomes* (cf. 42). De là sont nés aussi les deux systèmes appelés Mécanisme et Dynamisme (cf. 224).

3° Le *principe de causalité* joue un rôle important. Il a deux applications principales : d'abord nous concevons que *la production de chaque phénomène est invariablement déterminée par des conditions définies qui constituent sa loi, qu'il existe une causalité enchaînant l'un à l'autre les phénomènes qui se trouvent toujours ensemble;* ensuite, la physique admet de vraies *causes efficientes* dans les théories du son, de la chaleur et de la lumière, quand elle explique ces trois phénomènes par des *mouvements* qui supposent dans la matière une *force motrice* réelle (cf. 52).

4° Enfin, le *principe des causes finales* est indispensable à l'anatomie et à la physiologie dans l'étude de toutes les *fonctions* des organes (cf. 57).

Ainsi expliqué, l'aphorisme cité par Bacon indique toujours le véritable but de la science.

REMARQUE. On peut consulter sur ce sujet J. F. W. Herschel : *Discours sur l'étude de la philosophie naturelle*, le meilleur commentaire du *Novum Organum* de Bacon ; M. Cl. Bernard, *Introduction à la médecine expérimentale* ; M. Janet, *Les problèmes* du XIX° *siècle* ; de Rémusat, *Bacon*.

Hypothèse.

209. De l'*hypothèse*. Du rôle de l'hypothèse dans la méthode expérimentale. (17 août 1870 ; 1er août 1871.)

210. De l'emploi de l'*hypothèse* dans les sciences positives. A quelles conditions l'hypothèse scientifique devient-elle une *loi* ? (25 novembre 1867.)

211. Qu'appelle-t-on une *hypothèse* ? Quelles sont les conditions de la vérification des hypothèses scientifiques ? Donner des exemples. (18 novembre 1873.)

212. De l'*hypothèse*. Son utilité et ses dangers. Caractères d'une bonne hypothèse. (25 juillet 1873.)

Dissertation. Toutes les fois qu'une induction ou qu'une analogie n'est pas certaine, mais seulement probable, elle constitue une *hypothèse* au lieu d'une loi. Deux choses sont ici à considérer, l'*invention* et la *vérification*.

Il n'y a pas de règles spéciales à donner pour concevoir, à propos d'une observation, une idée juste et féconde qui soit pour l'expérimentateur une sorte d'intuition, qui l'amène à considérer un fait sous un point de vue nouveau ou à saisir un rapport qu'il n'avait pas aperçu auparavant. C'est ainsi que la vue d'une lampe qui oscillait suggéra à Galilée la conception du pendule qui décrit des oscillations égales dans des temps égaux : cette idée dut lui apparaître comme une sorte de révélation subite.

L'hypothèse une fois conçue, on peut dire comment on procède pour la vérifier. Dans ce but, on observe les règles suivantes. 1° On examine si l'hypothèse rend compte de toutes les circonstances du fait pour lequel on l'a imaginée et de tous les faits de même nature dont on acquiert la connaissance en continuant ses investigations : p. ex., dans la théorie de la lumière, on a abandonné l'hypothèse de l'*émission* imaginée par Newton, et l'on a adopté l'hypothèse des *ondulations* imaginée par Descartes, parce que celle-ci explique seule tous les phénomènes de l'optique. 2° On déduit les conséquences de l'hypothèse par le raisonnement ou par le calcul, et l'on examine si elles sont confirmées par les observations ou les expériences qu'indique la théorie : p. ex., l'hypothèse des lois de la gravitition est admise aujourd'hui comme une vérité scientifique parce qu'elle explique tous les mouvements des planètes; on a au contraire abandonné l'hypothèse d'après laquelle la chaleur, la lumière et l'électricité seraient des fluides, parce que de nombreuses expériences ont démontré que ce sont de simples mouvements de la matière (cf. 216).

L'hypothèse a son utilité et ses dangers. Elle est stérile quand, ainsi qu'on l'a fait dans l'antiquité et surtout au moyen âge, on se contente de la vraisemblance sans avoir recours à l'observation. Au contraire, elle est très-féconde en découvertes quand on la vérifie au moyen des expériences qu'elle suggère. Pour interroger la nature, pour interpréter les faits qu'elle nous offre, il faut être guidé par des idées préconçues, c'est-à-dire par des hypothèses auxquelles on est conduit par quelqu'une des notions rationnelles de cause efficiente, de cause finale, de substance et d'essence (cf. 208). « Le savant complet est celui qui embrasse à la fois la théorie et la pratique expérimentale : 1° il constate un fait; 2° à propos de ce fait une idée naît dans son esprit ; 3° en vue de cette idée, il raisonne, il institue une expérience, en imagine et en réalise les conditions matérielles ; 4° de cette expérience résultent de nouveaux phénomènes qu'il faut observer et ainsi de suite... Une idée anticipée ou une hypothèse est donc le point de départ nécessaire de tout raisonnement expérimental; sans cela, on ne saurait faire aucune investigation ni s'instruire; on ne pourrait qu'entasser des observations stériles. Si l'on expérimentait sans idée préconçue, on irait à l'aventure; mais d'un autre côté si l'on observait avec des idées préconçues, on ferait de mauvaises observations et l'on serait exposé à prendre des conceptions de son esprit pour la réalité (Cl. Bernard). » C'est l'emploi de ces procédés qui a conduit à de grandes découvertes Archimède, Képler, Galilée, Descartes, Huyghens, Leibniz, Cuvier, et tant de savants contemporains. L'école de Bacon a donc eu tort de condamner l'usage des hypothèses, et Newton a eu tort de dire : *Hypotheses non fingo*; car son principal titre de gloire est d'avoir appliqué le calcul à l'hypothèse de la gravitation.

Lire Charles, *Lect. de phil.*, II, p. 94-98.

APPLICATION DE LA MÉTHODE

AUX DIFFÉRENTES SCIENCES.

213. Énumérer, définir et classer les différentes sciences. (9 août 1871.)

Plan. Pour appliquer les règles des différentes méthodes que distingue et décrit la Logique, il faut énumérer, définir et classer les différentes sciences auxquelles elles s'appliquent.

Une *science* est un ensemble de connaissances contrôlées et systématisées par l'application d'une méthode ; par suite, la classification des sciences doit être fondée sur la nature spéciale des facultés intellectuelles que chacune d'elles met en jeu. — Dans son ouvrage intitulé *De augmentis scientiarum*, Bacon a proposé une division fondée sur l'emploi de la Mémoire, de la Raison et de l'Imagination, division adoptée avec quelques modifications dans l'*Encyclopédie*. — Elle a été abandonnée dans notre siècle à cause des justes critiques dont elle a été l'objet, et, après divers essais sur ce sujet, on s'accorde généralement aujourd'hui à diviser les sciences en deux grandes classes d'après la nature de leurs objets et des facultés qui connaissent ces objets, savoir : les *Sciences cosmologiques* qui étudient l'*univers* par l'observation extérieure et le raisonnement ; et les *Sciences noologiques* ou *philosophiques* qui étudient l'esprit humain par l'observation interne et le raisonnement, et s'élèvent de la connaissance de l'esprit humain à celle de Dieu par la raison.

1° Les *Sciences cosmologiques* se divisent en Sciences abstraites ou Sciences exactes (Mathématiques ; cf. 214) et en Sciences concrètes ou expérimentales (Sciences physiques et Sciences naturelles ; cf. 216).

2° Les *Sciences philosophiques* se divisent en Sciences morales et politiques (cf. 217), et en Sciences historiques (cf. 221-223).

Les Lettres et les Beaux-arts forment des branches spéciales qui se rattachent à la science philosophique appelée Esthétique, tandis que les Arts mécaniques et industriels se classent d'après les matières qu'ils mettent en œuvre et les sciences dont ils sont les applications.

Lire Bouillet, *D. des sciences*, art. *Science*.

Application de la méthode aux mathématiques.

214 Qu'appelle-t-on *sciences exactes?* En quoi consiste la méthode de ces sciences? A quoi faut-il attribuer l'exactitude qui les caractérise? (27 novembre 1867.)

215. Les vérités mathématiques sont-elles des vérités d'expérience? (17 juillet 1874.)

Plan. Les *mathématiques pures* sont la science des quantités ou des grandeurs considérées d'une manière abstraite, savoir le *nombre* dans l'Arithmétique et l'Algèbre, l'*étendue* dans la Géométrie, le *mouvement* dans la Mécanique. Elles emploient la *méthode démonstrative*, dont Descartes a formulé les règles dans ses *Règles pour la direction de l'esprit*; Pascal, dans l'*Art de persuader*; la *Logique de Port-Royal*, dans sa IV° partie (ch. III-XI), savoir : poser des axiomes, établir des définitions, en tirer les conséquences (cf. 195). Les idées sur lesquelles elles spéculent sont des constructions arbitraires, que l'esprit opère lui-même à l'aide d'un petit nombre de notions abstraites. Leurs définitions n'expriment que nos conceptions et ne reposent pas sur les données de l'expérience, comme celles des sciences physiques et naturelles ; p. ex., la géométrie définit le cercle parfait, et il n'y a point de cercle parfait dans la nature. — De là résultent deux propriétés qui caractérisent les mathématiques. 1° Les vérités mathématiques ne sont pas trouvées et prouvées à l'aide de l'expérience. Elles consistent dans les conséquences que l'esprit tire des principes (axiomes, définitions) qu'il établit *a priori* et des constructions qu'il imagine à l'aide de ces principes. Elles reposent sur le *principe d'identité* (cf. 147). Elles sont nécessaires, mais leur nécessité est hypothétique ; p. ex: « S'il existe un triangle (tel que le définit la géométrie), la somme de ses trois angles vaut deux angles droits.» Au contraire, en métaphysique, la nécessité des vérités dues à la raison est absolue ; p. ex. : « Tout ce qui commence a une cause. » 2° Les *mathématiques pures*, spéculant sur des quantités abstraites, sont par cela même des *sciences exactes*, en ce sens qu'elles doivent tout au raisonnement et rien à l'expérience, que les vérités qu'elles démontrent n'admettent aucune restriction. Les *mathématiques appliquées*, au contraire, spéculant sur des quantités concrètes, ne relèvent pas uniquement du raisonnement; elles empruntent des données à l'expérience, et leurs théories ont besoin d'être confirmées par elle ; par suite, les vérités qu'elles démontrent peuvent admettre certaines restrictions et n'être qu'approximatives ; au point de vue abstrait, $2+2=4$; au point de vue concret, on ne saurait trouver quatre unités (p. ex., quatre journées de travail) parfaitement égales, et le calcul ne donne ainsi que des résultats approximatifs. Il en résulte que l'on commet de graves erreurs si l'on essaie d'appliquer rigoureusement dans la pratique les formules que donne la théorie pure.

Lire Bouillet, *D. des sciences*, art. *Mathématiques*.

Application de la méthode aux sciences physiques et aux sciences naturelles.

216. Quelle différence existe entre les *sciences physiques* et les *sciences naturelles* ? (28 mars 1873.)

Dissertation. Les sciences positives emploient la *méthode expérimentale* (cf. 198), en y joignant la déduction (cf. 192, 197) Pour comprendre l'application de ces procédés, passons en revue d'abord les sciences physiques, puis les sciences naturelles.

L'Astronomie, réduite à la mécanique céleste, est la science physique la plus simple. Elle observe les positions et les mouvements des astres à l'aide des instruments dont l'optique donne la théorie, détermine les orbites de ces astres à l'aide de la géométrie analytique, et les explique en empruntant à la physique la loi de l'attraction. Tout s'y réduit donc à l'*observation* et à la *déduction* dont le *calcul* n'est qu'une forme. Mais l'Astronomie devient une science complexe quand elle étudie la constitution physique d'un astre, p. ex., la constitution physique du soleil, comme l'a fait récemment M. Faye (*Annuaire du bureau des longitudes*, 1873, 1874) ; elle suppose alors la connaissance générale de la physique et de la chimie, particulièrement de l'analyse spectrale.

La Physique étudie les phénomènes généraux qui se produisent dans tous les corps, c'est-à-dire les mouvements, les changements d'état, de forme, etc. Elle a pour but de découvrir les *lois*, c'est-à-dire les relations constantes qui existent entre deux éléments de nature différente (cf. 206). Pour les déterminer, elle emploie l'*observation* et l'*expérimentation*, à l'aide d'instruments spéciaux pour arriver à des évaluations exactes, puis le raisonnement sous la forme de l'*induction* et de l'*analogie*. Lorsque les lois trouvées empiriquement peuvent être traduites en nombres, on y applique le *calcul*, et l'*analyse mathématique* donne toutes les conséquences qui peuvent dériver de chaque loi. La concordance des résultats déduits par l'analyse et de ceux fournis par l'observation ou par l'expérience est un indice en faveur de la réalité de cette loi; mais ce n'est qu'après avoir fait ainsi un grand nombre de vérifications qu'on peut la regarder comme exacte. L'énoncé de cette loi et le développement rationnel de toutes ses conséquences constituent alors l'explication des phénomènes qui en dépendent, et cette explication prend le nom de *théorie*. En général, on nomme *théorie physique* l'ensemble des lois au moyen desquelles on parvient à expliquer la dépendance qui existe entre les effets et les causes d'une certaine classe de phénomènes. Mais toutes les lois qui composent une théorie physique peuvent n'être que les corollaires d'une loi unique. Pour la découvrir, l'analyse mathématique part d'une *hypothèse* à laquelle la connaissance de tous les phénomènes semble conduire, la traduit en langage algébrique et en déduit les conséquences. Si l'hypothèse admise est la cause réelle de la classe des phénomènes que l'on considère, elle doit expliquer tous les faits connus, puis en indiquer d'autres que l'expérience n'avait pas encore fait connaître, et dont elle vérifie la réalité. Si ces faits sont nombreux et importants, ils prouvent la justesse de l'hypothèse qui a servi de point de départ. C'est de cette manière qu'on a reconnu dans l'optique que l'hypothèse cartésienne des ondulations devait être admise au lieu de l'hypothèse de l'émission imaginée par Newton (cf. 209-212.)

La Chimie étudie les phénomènes qui se passent au contact des corps, en tant que ces phénomènes amènent un changement complet dans la constitution de ces corps. Par l'*analyse qualitative* et *quantitative*, elle isole les éléments qui les constituent et en détermine les proportions; puis, par la *synthèse*, elle reproduit ces composés ou elle forme de nouvelles combinaisons qui n'existent pas dans la nature. Comme la physique, elle emploie l'*observation* et l'*expérimentation* (cf. 200), l'*induction* et l'*analogie* (cf. 206), enfin l'*hypothèse* (cf. 209); elle emploie aussi la *déduction*, mais sous la forme ordinaire que celle-ci a dans la démonstration (cf. 192) et non sous celle de l'analyse mathématique, comme le fait l'optique, etc.

Tandis que les *Sciences physiques* étudient les propriétés

générales de la matière, les *sciences naturelles* décrivent les caractères des corps inorganiques qui composent notre globe et des êtres organisés qui vivent à sa surface ; elles déterminent leurs lois et leurs relations mutuelles. Elles emploient aussi la *méthode expérimentale*, mais elles se distinguent par le rôle prépondérant qu'elles accordent à l'*observation* qui leur fournit leurs matériaux, et à la *classification* qui les résume dans la Minéralogie et la Géologie, la Botanique et la Zoologie (cf. 201-205). Cependant de nos jours on est parvenu à employer aussi l'*expérimentation*. Dans la Minéralogie, on a reconstitué par le travail du laboratoire des cristaux et des roches conformément au mode de formation qui était jusque là resté à l'état d'hypothèse. Dans la Botanique et la Zoologie, on a déterminé la valeur et la fixité des caractères des espèces par les variations artificielles, etc. Enfin, laissant à l'Anatomie l'usage exclusif de l'*observation*, la Physiologie a trouvé le moyen d'introduire l'*expérimentation* dans ses recherches, et elle est arrivée par elle à d'importantes découvertes qui, comme l'a démontré M. Cl. Bernard, doivent exercer la plus heureuse influence sur les progrès des sciences médicales.

Des considérations qui précèdent on peut tirer ces conclusions.

1° Les Mathématiques, les Sciences physiques et les Sciences naturelles sont étroitement liées. Les mathématiques sont indispensables à l'astronomie et à la physique. La chimie emprunte à la physique ses théories de la chaleur, de l'électricité, etc. Les sciences naturelles ne peuvent rien expliquer sans la physique et la chimie. Il en est de même pour les méthodes. La méthode expérimentale a pour complément nécessaire soit l'analyse mathématique, soit la déduction qui est la forme la plus générale de la méthode démonstrative. En passant des mathématiques aux sciences physiques, on va de l'abstrait au concret ; en passant des sciences physiques aux sciences naturelles, on va du simple au composé.

2° Toutes ces sciences concourent ensemble à constituer les éléments de la *Philosophie des sciences* ou *Philosophie de la nature* qui résume leurs théories et les ramène aux principes de la *Métaphysique* (cf. 224). En effet, la physique et la chimie ne se bornent pas à découvrir les lois des phénomènes, elles essaient d'en déterminer les causes réelles (cf. 208) ; d'où les deux systèmes appelés *Mécanisme* et *Dynamisme*. De même la physiologie admet qu'il y a, au-dessus des faits physiques et chimiques des fonctions vitales, une force créatrice de l'organisme ; d'où les trois systèmes appelés *Animisme, Vitalisme, Organicisme.*

Lire Bouillet, *D. des sciences,* art. *Astronomie, Physique, Chimie, Histoire naturelle, Physiologie* ; *Mécanisme, Dynamisme* ; *Animisme, Vitalisme, Organicisme.*

Application de la méthode aux sciences morales et politiques.

217. De la certitude propre aux *vérités de l'ordre moral* (10 novembre 1871.)

218. Montrer que les *vérités de l'ordre moral* ne sont pas susceptibles du même genre de démonstration que les vérités mathématiques et que les vérités de l'ordre physique. (7 août 1869.)

Plan. On nomme *Sciences philosophiques,* ou *Sciences morales et politiques* : 1° la *Psychologie* (avec la *Linguistique*) ; 2° la *Logique* (avec la *Grammaire générale*) ; 3° la *Métaphysique* (*Philosophie des sciences* ou *Ph. de la nature, Théodicée* ou *Théologie naturelle*) ; 4° l'*Esthétique* ou *Philosophie des Beaux-arts* (avec la *Poétique* et la *Rhétorique*) ; 5° la *Morale* ; 6° le *Droit naturel* ou *Philosophie du droit* (dont dépendent le *Droit positif,* la *Jurisprudence,* l'*Économie sociale,* la *Politique*) ; 7° la *Philosophie de l'histoire* (à laquelle se rattachent les *Sciences historiques*) ; 8° l'*Histoire de la Philosophie.*

Les Sciences morales ont une méthode mixte, en ce sens qu'elles emploient concurremment la *méthode expérimentale* pour constater les faits et les principes, et la *méthode démonstrative* pour en tirer les conséquences et les applications ; mais la méthode expérimentale des Sciences morales diffère complétement de la méthode expérimentale employée dans les Sciences physiques et naturelles (cf. 219) ; et leur méthode démonstrative se fonde sur d'autres principes que la méthode démonstrative employée dans les mathématiques (cf. 220).

Les Sciences morales ont aussi une certitude qui leur est propre, la *certitude morale,* qui est immédiate ou intuitive quand elle est acquise par la *conscience* (*Je pense, donc je suis*) ; et médiate ou discursive, quand elle résulte soit de l'induction et de l'analogie, soit de la déduction (cf. 144), comme celle que produit le témoignage (cf. 221).

219. Qu'appelle-t-on *sciences morales*? En quoi les sciences morales diffèrent-elles des sciences physiques. (1ᵉʳ août 1866.)

Plan. Définition des Sciences morales (cf. 217-218).

Les *Sciences morales* ont pour fondement la connaissance du *moi* ou de l'*esprit*, qui se perçoit lui-même intérieurement par la conscience comme cause ou comme sujet dans chacune de ses modifications, tandis que les Sciences physiques ont pour fondement la connaissance de la matière que nous percevons extérieurement par les phénomènes qui tombent sous les sens (cf. 11-14). De là résulte une différence essentielle dans la méthode.

1° Les *Sciences physiques* constatent les phénomènes sensibles par l'*observation* ou par l'*expérimentation*, les divisent en groupes par la *classification*, découvrent leurs lois par l'*induction* ou les conjecturent par l'*hypothèse*, en tirent les conséquences et et les applications par la *déduction* (cf. 216).

2° Les *Sciences morales* constatent aussi par l'*observation* les phénomènes psychologiques qui forment leur domaine (cf. 11), suppléent à l'*expérimentation* par des procédés équivalents (cf. 15-17), divisent des phénomènes en groupes par la *classification*, découvrent leurs lois par l'*induction*, en tirent les conséquences et les applications par la *déduction*. Mais elles ne sont pas limitées, comme les Sciences physiques, à la perception des phénomènes; la conscience perçoit une cause réelle, le *moi* ou l'*esprit*, par une intuition directe, sans aucune hypothèse, et la connaissance de cette cause est le principe sur lequel se fonde la métaphysique pour déterminer la nature des êtres inférieurs et de la Cause première (cf. 224, 230).

3° Enfin, la différence de la méthode a pour conséquence nécessaire une différence dans le mode de démonstration. Tandis que les Sciences physiques démontrent une loi par l'observation ou l'expérimentation de faits qu'elles décrivent ou qu'elles mettent sous les yeux, les Sciences morales démontrent les vérités expérimentales qui leur sont propres par l'analyse psychologique, dont chacun peut constater la fidélité en consultant ses souvenirs, en réfléchissant à ses sensations, à ses pensées et à ses actes, en contrôlant son observation personnelle par tous les moyens que la psychologie lui donne pour en confirmer et pour en compléter les résultats (cf. 15-17).

220. En quoi l'*évidence géométrique* diffère-t-elle de l'*évidence morale* ? (6 novembre 1873.)

Plan. Les *Sciences morales* emploient la *méthode démonstrative* comme les *Mathématiques*; mais il y a une grande différence dans l'application qu'elles en font.

Les *Mathématiques pures*, appelées aussi *Sciences exactes*, spéculent sur des abstractions, sur les conceptions que l'esprit se forme des grandeurs ou quantités indépendamment de l'expérience (cf. 215). Elles ont pour principes les *axiomes* et les *définitions* qui forment des *jugements analytiques a priori*, et qui se fondent ainsi, comme la *déduction* elle-même, sur le *principe de contradiction* (cf. 147). Par suite, l'*évidence géométrique* a pour caractère une *nécessité hypothétique*; p. ex., la conception d'un cercle parfait implique nécessairement que le diamètre est double du rayon; mais cette conception même d'un cercle parfait est une pure hypothèse, parce qu'il n'y a pas de cercle parfait dans la nature.

Les *Sciences morales*, au contraire, étudient l'ensemble des êtres réels, l'âme, la matière, Dieu; elles en déterminent l'essence et tous les rapports; puis elles en tirent les conséquences. Elles ont pour principes, soit des vérités contingentes données par l'expérience (p. ex. : Je pense, donc je suis), soit des vérités nécessaires données par la raison et formant des *jugements synthétiques a priori* (p. ex. : Tout ce qui commence a une cause (cf. 47). Leurs définitions n'expriment pas les conceptions idéales de l'esprit, mais les données de l'analyse psychologique (p. ex. : L'âme est une force qui a conscience d'elle-même). Par suite, l'*évidence morale* est fondée sur l'expérience interne, sur la connaissance immédiate et directe que l'esprit a de lui-même. Elle communique son caractère à toutes les vérités qui se déduisent de cette connaissance.

De ces considérations il résulte qu'on ne doit pas appliquer à la philosophie la méthode démonstrative des mathématiques, comme Spinosa l'a essayé dans son *Éthique*, mais que la philosophie a sa méthode propre aussi bien dans la démonstration que dans l'expérience (cf. 11-14; *Remarque*, p. 9-10).

REMARQUE. L'*évidence morale* s'applique au *témoignage* (cf. 217) : « Lorsqu'on croit quelque chose sur le témoignage d'autrui, ou c'est Dieu qu'on en croit, et alors c'est la *foi divine*; ou c'est l'homme, et alors c'est la *foi humaine*. » (Bossuet, *Conn. de Dieu et de soi-même*, I, XIV; éd. Charles, p. 53.)

Application de la méthode aux sciences historiques.

221. Des règles du *témoignage humain* selon qu'il s'applique à des *doctrines* ou à des *faits*. (4 nov. 1869.)

222. Exposer les règles de la *critique des témoignages*. Appliquer ces règles spécialement à la *critique historique*. (30 novembre 1869 ; 22 octobre 1873.)

Plan. Chaque homme ne peut ni observer ni juger tous les faits par lui-même ; il est obligé d'avoir recours soit au témoignage, soit à l'autorité de ses semblables.

Croire au *témoignage* d'un homme, c'est admettre par induction qu'il a observé un fait et qu'il le rapporte comme nous le ferions nous-mêmes. C'est là une source importante de connaissance à laquelle nous sommes obligés d'avoir recours dans les questions judiciaires, dans l'histoire et la géographie, dans les sciences physiques et naturelles, et, en général, dans les circonstances où notre expérience personnelle nous fait défaut.

Les règles relatives au *témoignage humain* concernent les faits et les témoins. 1° Les *faits* doivent être *possibles*, c'est-à-dire ne pas impliquer contradiction, ou bien n'être pas inconciliables avec une loi de la nature parfaitement constatée (condition dont l'appréciation exige une grande réserve). 2° Les *témoins* doivent s'être trouvés placés dans les circonstances convenables pour bien voir et bien entendre ce qu'ils rapportent (*capacité*) ; raconter exactement les faits, parce qu'ils sont honnêtes ou qu'ils n'ont point d'intérêt à altérer la vérité (*véracité*) ; faire une déposition intelligible, c'est-à-dire qui ne se contredise pas et qui ait toutes ses parties bien liées entre elles (*clarté*).

Croire à l'*autorité* d'une personne, c'est admettre par induction qu'elle est capable de bien juger une chose et qu'elle nous fait connaître exactement son opinion. Cette croyance est le fondement de l'éducation. Elle nous guide dans tous les actes de la vie où nous ne possédons pas l'instruction nécessaire pour nous décider par nous-mêmes ; c'est ainsi que nous avons recours à un expert, à un médecin, pour ce qui concerne leur science ou leur art. Enfin, dans l'étude des sciences, nous devons, avant de nous livrer à aucune recherche, prendre connaissance de ce qui a été trouvé avant nous.

Les règles applicables à l'*autorité* sont les mêmes que les règles applicables au témoignage : *capacité, moralité, clarté*. L'appréciation de la *capacité* est difficile quand nous jugeons une personne plus instruite que nous. Dans la conduite de la vie, nous sommes obligés de nous en tenir à une simple probabilité; nous devons alors éviter avec soin de juger d'après des caractères extérieurs le mérite d'un homme que nous ne connaissons pas ; c'est là une cause fréquente de préjugés et d'erreurs. — Quant aux doctrines scientifiques, il faut n'en admettre aucune sans un examen approfondi, et reconnaître l'évidence pour unique critérium de la vérité (cf. 166-168).

223. Donner les règles de la *critique historique*. (5 août 1868.)

Plan. La *critique historique* est l'application scientifique des règles relatives au témoignage (cf. 222). Son but est de constater la réalité des faits dont l'exposé constitue l'histoire. Pour cela, il faut apprécier la valeur des sources où celle-ci peut puiser. — 1° La *tradition orale* a toujours besoin d'être contrôlée par l'étude des monuments : car les récits sont sujets à s'altérer en passant de bouche en bouche; l'imagination populaire modifie ou transforme les détails des événements, et crée ainsi des légendes telles qu'on en trouve dans les chansons de geste sur Charlemagne. — 2° Les *monuments* sont tous les objets propres à établir la réalité d'un fait, comme les édifices, les statues, les armes, les ustensiles, les médailles, les inscriptions, les documents écrits. L'*Archéologie*, la *Numismatique* et la *Paléographie* enseignent à vérifier l'authenticité et l'intégrité des monuments, à en tirer des preuves ou des inductions, à lire et à interpréter les médailles, les inscriptions et les documents écrits. La *Chronologie* leur assigne leur place dans la suite des temps. — 3° Les *relations écrites* sont la source la plus féconde où puise l'histoire. La 1re règle est de constater l'*authenticité* et l'*intégrité* de chaque ouvrage, c'est-à-dire d'examiner s'il a été réellement écrit par l'auteur auquel on l'attribue (s'il a été cité par des écrivains postérieurs, s'il offre le style et les idées de l'époque); puis, s'il n'a pas subi d'altérations ou d'interpolations dans les transcriptions successives qu'il a subies (ce qu'il appartient à la *Philologie* d'apprécier par les règles qui lui sont propres). La 2° règle est de déterminer le degré de confiance que mérite l'auteur, s'il remplit les trois conditions qu'on exige de tout témoin, *capacité*, *moralité* et *clarté* (cf. 222).

Lire Bouillet, *D. des sciences*, art. *Histoire*.

MÉTAPHYSIQUE

Objet. Division. Méthode.

224. Qu'est-ce que la *Métaphysique* ? Montrer que la Philosophie, comme la plupart des sciences, a un côté spéculatif et un côté pratique. Établir cette distinction par des exemples. (3 août 1869.)

Dissertation. La plupart des sciences ont une partie *spéculative*, qui a pour but d'accroître la somme de nos connaissances sans s'occuper de leur utilité, et une partie *pratique*, qui des théories tire des conséquences et des applications soit pour les actes de la vie, soit pour la satisfaction des besoins de l'homme. C'est ainsi qu'on distingue les Mathématiques pures et les Mathématiques appliquées, la Physique mathématique et la Physique expérimentale (p. ex., la télégraphie électrique), la Physiologie et la Médecine. De même la Philosophie a des parties purement spéculatives, la Psychologie et la Métaphysique, et des parties spécialement pratiques, la Logique, l'Esthétique, la Morale, le Droit naturel.

La *Métaphysique* est la *science de l'essence des choses*. Elle a pour objet de déterminer ce qu'est l'âme humaine, ce qu'est la nature, ce qu'est Dieu, et quels sont leurs rapports. Tel est le domaine que lui ont toujours assigné les plus grands philosophes ; Platon (*République* et *Timée*), Aristote (*Métaphysique*), Plotin (*Ennéades*), saint Thomas d'Aquin (*Summa theologiæ*), Descartes (*Méditations*), Malebranche (*Entretiens sur la Métaphysique*), Bossuet (*Connaissance de Dieu et de soi-même, Élévations sur les mystères*), Leibniz (*Théodicée, Monadologie*), Maine de Biran (*Fondements de la Psychologie*, etc).

Passons à la méthode. La Scolastique débutait par des spéculations abstraites sur l'*être* considéré en général, la *substance*, l'*essence* et la *qualité*, la *cause efficiente* et la *cause finale*, les *relations*, le *possible* et l'*impossible*, le *contingent* et le *nécessaire*, etc. ; puis, à l'aide du raisonnement déductif, elle appliquait ces notions à l'âme, à la matière et à Dieu, pour déterminer leur nature et leurs rapports. On en peut juger par les résumés qu'on trouve dans J.'S Gravesande (*Introduction à la philosophie*) et Buffier (*Traité des premières vérités*). Avec une pareille méthode, la Métaphysique n'est qu'une étude de mots, étude aussi stérile que rebutante. On ne peut en effet atteindre la réalité concrète par la combinaison de notions abstraites. C'est ce qu'a fort bien compris le véritable fondateur de la métaphysique moderne, Descartes. Laissant l'appareil compliqué des syllogismes dans lequel le moyen âge faisait consister toute la science, il s'est placé au centre même de la réalité, dans la conscience que l'esprit a de lui même. Il a reconnu que, si l'observation externe se borne à la connaissance des phénomènes, il n'en est pas de même de l'observation interne ; que l'*esprit*, en réfléchissant sur lui-même, saisit à la fois la pensée et l'être qui pense : « Je pense, donc je suis. » Par suite il a, dans ses *Méditations*, donné un modèle de la méthode applicable à la métaphysique, savoir l'*analyse psychologique* complétée par l'*induction* et par la *déduction*. Mais s'il a bien indiqué le point de vue propre à la métaphysique, savoir, le point de vue de la *réflexion subjective*, il n'a pas poussé assez loin l'analyse : il s'est arrêté à l'étude de la *pensée* en général. Leibniz et Maine de Biran ont approfondi son principe en se plaçant au centre même de la vie spirituelle, qui consiste dans l'*activité intelligente et libre* (cf. 127).

Il résulte des considérations précédentes que la métaphysique spiritualiste a pour objet la connaissance de la réalité complète (l'*âme*, la *matière*, *Dieu*), et pour moyen l'*expérience intime de l'activité intelligente et libre* qui constitue essentiellement l'*esprit*. Elle débute par l'analyse du *fait primitif de conscience* où le *moi*, le *sujet*, appliquant sa puissance à mouvoir le corps auquel il est uni, se connaît comme cause de l'effort volontaire dans son opposition avec l'*objet* extérieur qui résiste à sa puissance et lui fait obstacle ; se trouvant ainsi limité, il affirme qu'il est une *force finie*, et il affirme par la même l'existence d'une *force infinie* qui est Dieu (cf. 127-128).

L'étude de ces trois termes constitue trois parties dans la métaphysique.

La *Psychologie rationnelle* a pour objet le *moi*, la force intelligente et libre qui constitue notre être. Nous tirons de là les idées de *cause efficiente* et de *cause finale*, de *force*, de *puissance* (cf. 52, 57), de *substance* et d'*être* (cf. 55), d'*unité* et d'*identité* (cf. 129), de *durée* et de *temps* (cf. 85), etc., idées à l'aide desquelles nous concevons les êtres inférieurs et la matière en raisonnant par analogie, tandis qu'avec ces mêmes idées nous analysons la notion de l'Être infini, et nous lui attribuons par la raison comme absolues les perfections que nous trouvons en nous-mêmes limitées et relatives, *puissance, intelligence* et *amour*.

La *Philosophie de la nature* ou *Philosophie des sciences* a pour objet l'essence des corps, telle qu'elle est considérée dans les théories les plus élevées des sciences positives (Astronomie, Physique, Chimie, Physiologie). Après avoir déterminé la valeur des quantités abstraites sur lesquelles spéculent les mathématiques (*unité* et *nombre, étendue* et *espace*), elle distingue de l'*infini* réel, qui est Dieu, l'*indéfini* qui est le fondement du *calcul des infiniments petits*, et elle assigne ainsi à cette théorie son sens véritable. Ensuite, interprétant les données des sens à l'aide des notions de *substance*, de *force* et de *temps* qu'elle emprunte à la psychologie (cf. 52-56, 85), elle démontre quelle est l'essence de la *matière* et des *atomes* (42), et part de là pour expliquer en quoi consistent la *masse*, le *poids*, le *mouvement* et la *vitesse*. Passant à l'étude de la vie, elle fait voir que c'est la force créatrice de l'*organisme* (57, 135). Enfin, résumant les lois les plus générales de l'univers, elle en détermine le *plan* et l'*évolution* (cf. 239). A ces vues théoriques sur l'ensemble des êtres inorganiques et organisés, elle joint l'examen des systèmes qui s'y rattachent et dont les plus célèbres sont : en physique et en chimie, le *Mécanisme* et le *Dynamisme*; en physiologie, l'*Animisme*, l'*Organicisme* et le *Vitalisme*, les hypothèses sur la formation des *espèces* et sur la *génération* (cf. Bouillet, *D. des sciences*, art. *Unité, Étendue, Espace, Infini; Substance, Force, Temps; Matière, Atomicité; Vie, Organisme; Mécanisme, Dynamisme; Animisme, Organicisme, Vitalisme; Espèce, Génération.*)

La *Théodicée* démontre l'existence et les attributs de Dieu (cf. 224). Elle constitue la partie la plus élevée de la Métaphysique, parce que Dieu est la raison d'être de tout ce qui existe et que la question de la Providence est étroitement liée à celle de notre destinée.

Les considérations que nous venons d'exposer conduisent à cette conclusion : *L'objet de la Métaphysique est de connaître l'homme et la nature pour s'élever à la connaissance de Dieu.*

Lire Bouillet, *D. des sciences*, art. *Métaphysique*.

THÉODICÉE

Objet. Division. Méthode.

225. Qu'appelle-t-on, dans les sciences philosophiques, la *Théodicée*? Quelles questions contient-elle? Dans quel ordre ces questions doivent-elles être traitées? (10 mai 1870.)

Dissertation. Lorsque nous nous étudions nous-mêmes ou que nous étudions ce qui nous entoure, nous trouvons au bout de toutes nos théories la nécessité de reconnaître l'existence d'un premier principe, Dieu, cause première et raison première de l'existence et des qualités de tous les êtres, parce que nous ne pouvons comprendre et expliquer la nature des choses contingentes si nous ne les rattachons à une puissance nécessaire et absolue, infinie et parfaite. La partie la plus élevée de la *Philosophie première* (pour employer l'expression d'Aristote et de Descartes) est donc la *science qui traite de l'existence et des attributs de Dieu*. Elle a reçu des noms divers chez les anciens, *Physique*, *Théologie*, *Métaphysique*; et chez les modernes, *Théologie naturelle* (dénomination employée surtout en Angleterre), *Théodicée* (dénomination empruntée au titre de l'ouvrage où Leibniz répond aux objections de Bayle contre la *justice de Dieu*). Descartes, qui le premier a démontré en français l'existence et les attributs de Dieu (en séparant la Théologie naturelle de la Théologie proprement dite basée sur la révélation), s'est borné à donner pour titre à son principal ouvrage sur ce sujet: *Méditations sur la Philosophie première*, c'est-à-dire *sur l'existence de Dieu et l'immortalité de l'âme*. Les auteurs qui ont traité après lui le même sujet, comme Malebranche (*Entretiens sur la Métaphysique*), Bossuet (*De la Connaissance de Dieu et de soi-même*), Fénelon (*De l'Existence et des attributs de Dieu*), n'ayant pas adopté une dénomination commune, on a fini par prendre celle de *Théodicée* autorisée par l'ouvrage de Leibniz.

Après avoir défini l'objet de la Théodicée et déterminé quelle place elle occupe dans l'ensemble des sciences philosophiques, examinons quelles questions elle contient, dans quel ordre ces questions doivent être abordées et par quelle méthode elles doivent être traitées.

L'idée de Dieu nous est donnée par la raison en même temps que celle de notre causalité personnelle nous est donnée par la conscience (cf. 224). Mais cette intuition, étant obscure, a besoin d'être éclaircie par l'*analyse*. De là est née la distinction des diverses preuves, qui sont les divers points de vue sous lesquels la raison conçoit l'Être suprême et qu'il faut réunir pour avoir de lui une connaissance aussi complète que possible. La division généralement adoptée comprend les *preuves physiques*, tirées de l'ordre et de l'existence de l'univers ; les *preuves métaphysiques*, tirées de l'idée rationnelle de l'Être infini et parfait ; les *preuves morales*, tirées de la loi morale et de sa sanction.

L'exposition de ces preuves se complète par leur histoire. — Pythagore signale l'*ordre* qui règne dans l'univers et Anaxagore reconnaît qu'il a pour cause l'*Intelligence divine*. Socrate en donne une démonstration populaire ; Platon et Aristote, une démonstration scientifique, l'un par sa théorie des *idées*, l'autre par sa théorie du *premier moteur* (cf. 240) Le christianisme y ajoute la notion de *créateur*. Ces preuves sont expliquées ou complétées par Plotin, saint Augustin, saint Thomas, Descartes, Bossuet, Malebranche, Fénelon, Leibniz, Kant.

Cette *analyse*, où la théorie est contrôlée par l'histoire, conduit à l'étude des différents attributs de Dieu. Ensuite la *synthèse* réunit tous ces attributs de Dieu dans la définition de la Providence, détermine ses rapports avec l'ordre physique et avec l'ordre moral, puis explique l'origine du mal métaphysique, du mal physique et du mal moral.

La méthode employée pour traiter ces questions résulte de leur nature même. Elle part des données de la *raison* ; puis, à l'aide de l'*induction* et de la *déduction*, elle détermine la nature de Dieu (cf. 237) : « Partout où quelque degré de réalité se présente à nous dans la nature, nous transportons par la pensée cette réalité dans l'absolu, et Dieu est ainsi le lien de toutes les *idées* et de toutes les *essences* ; il contient éminemment et sous la raison de l'infini tout ce que l'âme et la nature possèdent de perfections incomplètes (Janet). »

Lire Bouillet, *D. des sciences*, art. *Dieu, Théologie* ; Charles, *Lect. de phil.*, I, 195, et II, p. 394-400

EXISTENCE DE DIEU.

Preuves physiques.

226. Exposer avec précision la preuve de l'existence de Dieu, dite des *causes finales*. (17 août 1866; 5 mai 1868.)

227. Exposer et discuter l'argument des *causes finales* appliqué à la démonstration de l'existence de Dieu. (1ᵉʳ août 1874.)

Plan. La preuve de l'existence de Dieu, dite des *causes finales*, est la plus ancienne et la plus populaire. — On peut la formuler ainsi en résumant le plan de la 1ʳᵉ partie de l'ouvrage de Fénelon : 1° Toute chose dans laquelle il y a de l'*ordre* (c'est-à-dire où se révèle un ensemble de *moyens* propres à atteindre une *fin*) suppose une cause intelligente et libre; 2° or il y a de l'ordre dans l'univers, et cet ordre ne provient pas de la matière parce qu'elle n'a ni intelligence ni liberté; 3° donc l'ordre de l'univers a pour cause première une puissance intelligente et libre, et, puisqu'il forme un seul système, cette cause est unique. — 1° La majeure s'explique par notre expérience personnelle : nous savons qu'il nous faut de l'intelligence pour agir avec intention. La raison nous élève de là au principe des *causes finales* en vertu duquel elle affirme que *tout être a une fin;* or, comme il est propre à l'intelligence d'ordonner des moyens en vue d'une fin, cette vérité première se ramène à celle-ci : *toute chose a pour principe une activité intelligente.* La majeure est donc une vérité première dont l'analyse donne immédiatement la conclusion. 2° La mineure se prouve par l'étude de l'organisme humain ; en se bornant à cet exemple, on évite les erreurs scientifiques auxquelles peuvent conduire des aperçus trop généraux, comme ceux de Fénelon (cf. 57). Quant à la réalité des causes finales dans l'organisme, elle n'est contestée que par les philosophes qui s'y trouvent obligés par leur système, comme Épicure, etc. (cf. 228). 3° La conclusion nous conduit à la notion d'une intelligence ordonnatrice de l'univers, mais non à celle d'un Dieu tout-puissant, créateur de tous les êtres; il faut donc la compléter par les preuves métaphysiques auxquelles elle prépare l'esprit, comme l'expliquent Bossuet (*Conn. de Dieu et de soi-même,* IV, i-iv) et Fénelon (*De l'Existence de Dieu,* I, ch. 1).

Lire Bouillet, *D. des sciences*, art. *Cause finale, Dieu* ; Xénophon, *Mémoires sur Socrate*, I et IV; Janet *Élém. de morale*, ch. XVIII ; Charles, *Lect. de phil.*, II, p. 442-456.

228. Exposer la théorie des *atomes* dans la philosophie d'Épicure. (31 mars 1873.)

229. Quelle est la réponse de Fénelon aux objections des Épicuriens dans la première partie du traité *De l'Existence de Dieu*? (17 novembre 1866.)

Plan. La preuve de l'existence de Dieu, dite des *causes finales*, a été combattue dans l'antiquité par Épicure sous prétexte d'assurer le bonheur de l'homme en le délivrant des maux causés par la *superstition*, comme l'expliquent Cicéron (*De Natura deorum*, I, xvii) et Lucrèce (*De Rerum natura*, I, 63-103). Dans ce but, réduisant les dieux qu'il reconnaît à n'être que des fantômes impuissants, Épicure prétendit rendre compte de tout ce qui existe dans l'univers par la théorie des atomes qu'il emprunta à Démocrite : « Les *atomes* sont des éléments solides et indivisibles, éternels et indestructibles, se mouvant dans le vide, et formant par des combinaisons fortuites tous les objets que contient l'univers ; l'âme n'est qu'un agrégat d'atomes plus déliés et plus mobiles. » Épicure modifia légèrement cette théorie en attribuant aux atomes une forme courbe ou crochue et un mouvement oblique (*clinamen*), afin qu'ils pussent s'attacher les uns aux autres. D'après lui, il n'y a pas de causes finales: les choses n'ont été faites dans aucun dessein; mais l'homme les a tournées à son usage.

Cette théorie, comme le montre Fénelon (*De l'Existence de Dieu*, I, ch. iii), ne donne une explication scientifique ni de la nature visible ni de l'âme humaine. 1° L'hypothèse de combinaisons en nombre infini implique contradiction : nul composé successif et divisible ne peut être l'infini véritable. 2° Supposer que les atomes sont éternels et qu'ils possèdent le mouvement par eux-mêmes, c'est supposer gratuitement ce qui est en question. 3° Les lois du mouvement, qui conservent l'ordre de l'univers, ne s'expliquent point par le *hasard* qui est la négation de toute cause et de toute raison ; elles supposent une cause efficiente et finale, une activité intelligente, sans laquelle la science de la nature visible est impossible. 4° Quant à ce mouvement oblique, *clinamen*, imaginé pour expliquer la formation du monde et la liberté de l'âme humaine, c'est une hypothèse subsidiaire inconciliable avec la *nécessité* et avec le *fatalisme* qu'implique la théorie des atomes.

La théorie des atomes est abandonnée aujourd'hui : car l'atomisme chimique n'a aucun rapport avec elle. Cependant on trouve dans le matérialisme contemporain des hypothèses aussi contraires à la raison et à l'expérience que celle d'Épicure, quoiqu'elles aient la prétention d'être l'expression complète de la science humaine. D'après elles, le monde s'explique par la nécessité de ses lois; il accomplit son évolution par le jeu fatal de ses propres forces (cf. 249). La réfutation que Fénelon a donnée de la théorie des atomes peut s'appliquer à ces hypothèses.

Preuves métaphysiques.

230. Expliquer comment il faut entendre cette parole de Bossuet : « La *connaissance de nous-mêmes* nous élève à la *connaissance de Dieu*. » (23 mars 1872.)

Plan. « La sagesse, dit Bossuet au début de son *Traité de la Conn. de Dieu et de soi-même*, consiste à connaître Dieu et à se connaître soi-même. La connaissance de nous-mêmes nous doit élever à la connaissance de Dieu (I, éd. Charles, p. 1). Rien ne sert tant à l'âme, pour s'élever à son auteur, que la connaissance qu'elle a d'elle-même et de ses opérations intellectuelles (IV, v, p. 204). » En réfléchissant à sa propre nature, l'âme sait qu'elle existe par cela seul qu'elle pense. Elle remarque qu'elle est un *être fini et imparfait*, parce qu'elle est sujette à l'erreur, au péché et à la douleur; or elle ne juge qu'elle est un être fini et imparfait qu'en se comparant à l'*Être infini et parfait* qui est Dieu.

L'idée d'une nature infinie et parfaite, principe et fin de notre activité, n'est pas une notion abstraite et générale, acquise par l'expérience ou formée par l'imagination : car elle contient toute réalité ; on n'y peut rien ajouter, rien retrancher. Elle vient donc de l'objet même qu'elle représente. Elle est corrélative à la notion que l'âme a d'elle-même (cf. 231, 233). Tel est le fondement des *preuves métaphysiques* et des *preuves morales de l'existence de Dieu*.

La même méthode sert aussi à déterminer ses *attributs*, comme l'enseigne Descartes : « Pour connaître la nature de Dieu autant que la mienne en était capable, je n'avais qu'à considérer, de toutes les choses dont je trouvais en moi quelque idée, si c'était *perfection* ou non de les posséder, et j'étais assuré qu'aucune de celles qui marquaient quelque imperfection n'était en lui, mais que toutes les autres y étaient. » Par cette méthode, tout à la fois inductive et déductive, on démontre que Dieu possède la puissance, l'intelligence et l'amour de la perfection qui est son essence même.

En résumant les considérations qui précèdent, on est conduit à cette conclusion que, Dieu étant le principe et la fin de l'âme humaine, c'est dans la connaissance de nous-mêmes que nous découvrons par la raison les éléments de la connaissance de Dieu. Si l'on consulte l'histoire de la philosophie, on voit que c'est en étudiant l'activité spirituelle de l'âme que Socrate, Platon, Aristote, Descartes, Bossuet, et leurs successeurs sont arrivés à concevoir Dieu comme une activité intelligente et libre, comme un esprit infini, comme une personne souverainement parfaite (cf. 56, 127). La science de l'esprit humain est donc le fondement de la métaphysique.

231. Des raisons qui prouvent l'*existence de Dieu* d'après la quatrième partie du *Discours de la méthode*. (12 août 1867.)

Dissertation. Dans la quatrième partie du *Discours de la méthode*, Descartes commence par révoquer toutes choses en doute, non pour imiter en cela les sceptiques qui ne doutent que pour douter, mais pour trouver un fondement solide à la métaphysique. Il prend bientôt garde que, pour douter, il faut qu'il pense, par suite, qu'il existe : *Je pense, donc je suis*. Quand il a ainsi constaté son existence par une simple intuition de l'esprit, il remarque que, s'il ne peut douter de cette vérité, c'est qu'elle a pour caractère l'*évidence*; il en conclut qu'il peut prendre pour règle générale que « les choses que nous concevons fort clairement et fort distinctement sont toutes vraies. »

Après avoir établi que la métaphysique a pour fondement la *connaissance de nous-mêmes* et pour règle l'*évidence*, Descartes s'élève de là à la *connaissance de Dieu* (cf. 230). « Faisant réflexion sur ce que je doutais et que, par conséquent, mon être n'était pas tout parfait, je m'avisai de chercher d'où j'avais appris à penser à quelque chose de plus parfait que je n'étais, et je connus évidemment que ce devait être de quelque nature qui fût en effet plus parfaite... Tenir cette idée du néant, c'était chose manifestement impossible. Et pour ce qu'il n'y a pas moins de répugnance que le plus parfait soit une suite et une dépendance du moins parfait, qu'il n'y en a que de rien procède quelque chose, je ne la pouvais tenir non plus de moi-même : de façon qu'il restait qu'elle eût été mise en moi par une nature qui fût véritablement plus parfaite que je n'étais, et même qui eût en soi toutes les perfections dont je pouvais avoir quelque idée, c'est-à dire qui fût Dieu. A quoi j'ajoutai que, puisque je connaissais quelques perfections que je n'avais point, je n'étais pas le seul être qui existât, mais qu'il fallait de nécessité qu'il y en eût quelque autre plus parfait, duquel je dépendisse et duquel j'eusse acquis tout ce que j'avais. » — Cette démonstration consiste à constater que l'idée de notre être borné nous suggère l'idée de l'Être parfait qui est Dieu lui-même, que cette intuition de la raison accompagne la connaissance que nous avons de nous-mêmes par la conscience, qu'elle a pour cause et pour objet Dieu présent à notre esprit. Donc notre esprit, en se pensant lui-même, pense Dieu comme la condition et la raison d'être de sa propre réalité, et non comme un idéal abstrait auquel il attribuerait arbitrairement l'existence, ainsi que l'ont soutenu certains philosophes depuis Descartes jusqu'à nos jours (cf. 233).

A cette première preuve Descartes joint une seconde preuve qui n'ajoute rien à sa démonstration en lui donnant une forme géométrique. « Revenant à examiner l'idée que j'avais d'un Être parfait, je trouvais que l'existence y était comprise en même façon qu'il est compris en celle d'un triangle que ses trois angles sont égaux à deux droits; et que, par conséquent, il est pour le moins aussi certain que Dieu, qui est cet être si parfait, est ou existe, qu'aucune démonstration de géométrie le saurait être. » — Le défaut de cet argument est de séparer par une abstraction, pour les réunir ensuite, les deux idées de *perfection* et d'*existence*. Elles sont primitivement unies dans notre intelligence comme celles de notre pensée et de notre existence (*Je pense, donc je suis*), et c'est là le fondement rationnel de notre croyance à l'existence de Dieu. Leibniz a aggravé le défaut de cet argument en le mettant sous forme de syllogisme; il a ainsi donné prise à la critique de Kant.

Pour conclure, le mérite de la métaphysique de Descartes consiste dans la première preuve, dans laquelle il explique que l'âme humaine, en se connaissant elle-même par la conscience, a par la raison l'intuition de l'Être infini et parfait.

Lire Bouillet, *D. des sciences*, art. *Dieu, Idéal, Infini*; Charles, *Lect. de phil.*, I, p. 177, 183, 186-188, II, p. 401-404, 409-421.

232. Quelles sont les *preuves de l'existence de Dieu* exposées par Bossuet dans le chapitre IV du *Traité de la Connaissance de Dieu et de soi-même?* (13 novembre 1866; 26 novembre 1872.)

Dissertation. Dans le chapitre IV du *Traité de la Connaissance de Dieu et de soi-même,* Bossuet applique cette maxime de sa *Lettre au pape Innocent XI* (éd. Charles, p. xxxvii) : « La philosophie consiste principalement à rappeler l'esprit à soi-même, pour s'élever ensuite comme par un degré sûr jusqu'à Dieu. » Il se sert des idées exposées dans les chapitres précédents sur l'âme, le corps et leur union, pour démontrer l'existence de Dieu et déterminer les rapports qu'il y a entre lui et nous. Nous allons passer en revue les différentes preuves qu'il expose.

Preuve physique tirée des causes finales (§ i-iv). « Tout ce qui montre de l'*ordre*, des proportions bien prises, et des *moyens* propres à faire de certains effets, montre aussi une *fin* expresse; par conséquent, un dessein formé, une intelligence réglée et un art parfait (§ i, p. 190). » En appliquant ce principe à l'étude du corps humain, nous reconnaissons qu'il est l'ouvrage d'un dessein profond et admirable. Si nous examinons ensuite l'âme raisonnable, nous trouvons qu'elle possède toutes les facultés nécessaires à son union avec le corps : elle est avertie de ses besoins par les sensations; elle les juge par la raison qui comprend les rapports des choses; enfin, elle règle les mouvements extérieurs des organes par une volonté maîtresse d'elle-même et capable d'user, selon la raison, des organes, des sensations et des connaissances mêmes.

Preuves métaphysiques. — 1° *Preuve platonicienne tirée des vérités premières et empruntée à saint Augustin* (§ v, p. 204). « Rien ne sert tant à l'âme pour s'élever à son auteur que la connaissance de ses opérations intellectuelles. » L'entendement a pour objet les *vérités éternelles* qui concernent les sciences ou la morale. Ces vérités supposent une intelligence où elles subsistent; or, par leur nature même, elles sont indépendantes de la connaissance que nous en avons; par suite, elles doivent être entendues par une autre intelligence que la nôtre, éternelle et immuable comme elles. Elles sont donc quelque chose de Dieu, ou plutôt elles sont Dieu même. — 2° *Preuve cartésienne tirée de l'idée de l'Être parfait* (§ vi, p. 209). L'âme est sujette à l'ignorance, au doute et à l'erreur ; elle est donc imparfaite. Or l'imparfait suppose le parfait dont il est déchu, comme le moins suppose le plus dont il est la diminution. Donc, s'il y a une intelligence imparfaite, il doit y avoir une intelligence parfaite (cf. 251).

Preuves morales. — 1° *Idée du devoir* (§ v, p. 207). Parmi les vérités éternelles qui nous viennent de Dieu est l'idée du *devoir*. « C'est dans cette lumière supérieure que nous voyons aussi si nous faisons *bien* ou *mal*, c'est-à-dire si nous agissons ou non *selon les principes constitutifs de notre être*. Là donc nous voyons, avec les autres vérités, les *règles invariables de nos mœurs*; et nous voyons qu'*il y a des choses d'un devoir indispensable*, et que, dans celles qui sont naturellement indifférentes, le vrai devoir est de s'accommoder au plus grand bien de la société humaine. Ainsi un homme de bien laisse régler l'ordre des successions aux lois civiles; mais il écoute en lui-même une *loi inviolable* qui lui dit qu'il ne faut faire de tort à personne, et qu'il vaut mieux qu'on nous en fasse que d'en faire à qui que ce soit. » — 2° *Idée du bonheur* (§ vi, p. 211). L'observation de la règle morale a pour condition une *volonté droite* par laquelle l'âme s'applique à connaître et à aimer le souverain bien pour lui devenir conforme en participant à sa perfection et à son bonheur. Comme l'idée du devoir, l'idée du *bonheur* nous élève à Dieu. « L'idée même du *bonheur* nous mène à Dieu : car si nous avons l'idée du bonheur, puisque nous n'en pouvons voir la vérité en nous-mêmes, il faut qu'elle nous vienne d'ailleurs; il faut, dis-je, qu'il y ait ailleurs une nature vraiment bienheureuse, parfaite, pleine de tout bien; et cette nature bienheureuse, parfaite, pleine de tout bien, qu'est-ce autre chose que Dieu ? »

Toutes ces preuves se ramènent à cette vérité que Dieu est la *raison primitive de tout ce qui existe*, le principe de l'ordre qui montre à notre intelligence la nature gouvernée par des règles immuables et impose à notre volonté la loi morale.

La plus importante de ces preuves est celle tirée de l'idée de l'Être parfait. Bossuet l'a empruntée à Descartes; mais il l'a formulée à sa manière. Il l'a développée avec beaucoup de force et d'éloquence dans ses *Élévations* (cf. 233).

Remarque. En joignant aux preuves que Bossuet donne de l'existence de Dieu la théorie qu'il expose sur les rapports de l'âme humaine avec Dieu, on a une véritable théodicée. Pour en bien apprécier la nature et la valeur, il est nécessaire de consulter l'édition de M. Charles, l'introduction, l'argument analytique et les notes du chapitre IV.

9.

233. Que voulait dire Bossuet quand il écrivait ces paroles souvent citées? « Le parfait est le premier et en soi et dans nos idées, et l'imparfait, en toutes façons, n'en est qu'une dégradation. » (16 août 1872.)

Dissertation. Dans son *Traité de la Connaissance de Dieu et de soi-même* (IV, § VI, p. 209), Bossuet développe la première preuve que Descartes a donnée de l'existence de Dieu dans la IV° partie de son *Discours de la méthode* (cf. 231). « Dès là que notre âme se sent capable d'entendre, d'affirmer et de nier, et que d'ailleurs elle sent qu'elle ignore beaucoup de choses, qu'elle se trompe souvent, et que souvent aussi, pour s'empêcher d'être trompée, elle est forcée à suspendre son jugement et à se tenir dans le doute; elle voit à la vérité qu'elle a en elle un bon principe, mais elle voit aussi qu'il est imparfait et qu'il y a une sagesse plus haute à qui elle doit son être. En effet le parfait est plus tôt que l'imparfait, et l'imparfait le suppose, comme le moins suppose le plus, dont il est la diminution, etc. »
Cette preuve revient à dire que notre âme n'a pas sa raison d'être en elle-même, parce qu'elle est imparfaite; que, par suite, elle tient son existence et ses qualités de la Cause première qui a sa raison d'être en elle-même, parce qu'elle est parfaite. Dans ses *Élévations à Dieu sur les mystères*, Bossuet complète cette preuve en réfutant l'objection qui lui était faite : « On dit : *Le parfait n'est pas; le parfait n'est qu'une idée de notre esprit qui va s'élevant de l'imparfait qu'on voit de ses yeux, jusqu'à une perfection qui n'a de réalité que dans la pensée.* C'est le raisonnement que l'impie voudrait faire dans son cœur. Insensé! qui ne songe pas que *le parfait est le premier, et en soi, et dans nos idées;* et que *l'imparfait, en toutes façons, n'en est qu'une dégradation.* Dis-moi, mon âme, comment entends-tu le néant, sinon par l'être ? Comment l'imperfection, si ce n'est par la perfection dont elle déchoit ? Mon âme, n'entends-tu pas que tu as une raison, mais imparfaite, puisqu'elle ignore, qu'elle doute, qu'elle erre et qu'elle se trompe?... Comment entends-tu dans la volonté le déréglement et le vice, si ce n'est comme privation de la règle, de la droiture et de la vertu? Il y a donc primitivement une intelligence, une science certaine, une vérité, une inflexibilité dans le bien, une règle, un ordre, avant qu'il y ait une déchéance de toutes ces choses : en un mot, il y a une perfection avant qu'il y ait un défaut... Voilà donc un être parfait; voilà Dieu, nature parfaite et

heureuse. Le reste est incompréhensible; et nous ne pouvons même pas comprendre jusqu'où il est parfait et heureux, pas même jusqu'à quel point il est incompréhensible. »

La démonstration de Bossuet donne lieu aux remarques suivantes. — 1° Dans l'ordre de l'existence, le *parfait* est avant l'*imparfait*; mais, dans l'ordre de nos idées, ces deux termes apparaissent en même temps à notre pensée parce que nous ne connaissons pas l'un sans l'autre. — 2° On a repris de nos jours l'objection combattue par Bossuet, et l'on a prétendu que l'*idéal* est incompatible avec la réalité et n'a d'existence que dans notre pensée. Cette objection suppose que nous ne connaissons rien que par l'expérience et que l'expérience n'atteint que de simples phénomènes; par conséquent, que toute notion rationnelle n'est qu'une abstraction. Cette hypothèse est démentie par une étude approfondie de l'âme humaine. Cette étude nous apprend que la *perfection* consiste dans l'action, que l'action propre à l'âme consiste dans l'effort volontaire qui a plus de réalité qu'aucune sensation n'en saurait présenter : en effet, par la conscience de l'effort volontaire l'âme se connaît comme une puissance personnelle et intelligente, comme une cause efficiente et une cause finale. Or, en même temps que l'âme connaît sa propre action, elle connaît aussi l'action intime que Dieu exerce sur le développement de ses facultés. De ce rapport qui n'est pas une conception abstraite, puisqu'il est constaté par l'expérience de la conscience, la raison dégage l'idée concrète d'une *force infinie et parfaite*, qui possède la plénitude de l'existence et de l'activité parce qu'être et agir sont une même chose. — 3° La *perfection* est une *conception abstraite* quand elle représente le *modèle idéal d'un être*. Elle est au contraire la *réalité véritable* quand elle consiste dans l'*ensemble des qualités effectives d'un être*, comme l'intelligence, la liberté, etc. : car elle est le seul contenu effectif que renferme l'idée de l'*être*. Or c'est là le sens du mot *perfection* dans Descartes, Bossuet et Leibniz : « La *perfection* n'est autre chose que la grandeur de la réalité positive prise précisément, en mettant à part les limites ou bornes dans les choses qui en ont; et là où il n'y a pas de bornes, c'est-à-dire en Dieu, la perfection est absolument infinie. » (Leibniz, *Monadologie*, § 41.)

Lire Bouillet, *D. des sciences*, art. *Dieu, Idéal*; Charles, *Lect. de phil.* I, p. 177, 183, 192-196, et II, p. 407-409; Caro, *L'idée de Dieu*, p. 300-310, 490-500.

234. Quel est le sens de cette proposition développée dans le *Traité de la Connaissance de Dieu et de soi-même?* « *L'image de Dieu* s'achève en l'âme par une *volonté droite.* » (12 novembre 1872.)

Dissertation. Dans le chapitre IV du *Traité de la Connaissance de Dieu et de soi-même*, après avoir montré comment la connaissance de nous-mêmes nous élève à la connaissance de Dieu, Bossuet fait voir que la connaissance de Dieu nous apprend à son tour à nous mieux connaître nous-mêmes par rapport à celui dont nous tenons l'être ; par suite, à chercher notre véritable fin, qui est la perfection et le bonheur.

L'âme est l'*image de Dieu* en ce sens qu'elle est une nature intelligente. Elle est capable d'entendre la vérité, de penser les choses telles qu'elles sont, mais elle n'est pas comme Dieu la vérité même (§ VIII, p. 213). « L'intelligence et l'objet en moi peuvent être deux ; en Dieu, ce n'est jamais qu'un. Car il n'entend que lui-même, et il entend tout en lui-même, parce que tout ce qui est et qui n'est pas lui est en lui comme dans sa *cause*. Mais c'est une cause intelligente qui fait tout par raison et par art, qui, par conséquent, a en elle-même, ou plutôt qui est elle-même l'*idée* et la *raison primitive de tout ce qui est*. Et toutes les choses qui sont hors de lui n'ont leur être ni leur vérité que par rapport à cette idée éternelle et primitive. » Dieu étant la vérité, toutes les fois que l'âme cherche et trouve la vérité, elle est éclairée par Dieu et lui devient conforme (§ IX, p. 216). Elle doit donc se tourner à la vérité, c'est-à-dire vouloir l'entendre (§ X, p. 218). « L'âme est *droite* par cette volonté, parce qu'elle s'attache à la règle de toutes ses pensées, qui n'est autre que la vérité. Là s'achève aussi la *conformité de l'âme avec Dieu :* car l'âme qui veut entendre la vérité aime dès là cette vérité que Dieu aime éternellement... Au reste la *vérité* et le *bien* ne sont que la même chose : car le souverain bien est la vérité entendue et aimée parfaitement. Dieu donc, toujours entendu et toujours aimé de lui-même, est sans doute le *souverain bien :* dès là, il est *parfait* ; et se possédant lui-même, il est *heureux...* Il n'appartient qu'à celui qui est seul de soi d'être à lui-même sa félicité. L'homme, qui n'est rien de soi, n'a rien de soi ; *son bonheur et sa perfection est de s'attacher à connaître et à aimer son auteur*. Malheur à la connaissance stérile qui ne se tourne point à aimer ! »

Ainsi l'*image de Dieu* est naturellement dans l'âme par les *vérités éternelles* qui sont l'objet de l'entendement. Elle s'achève par la *volonté droite*, par laquelle l'âme s'applique à connaître et à aimer le souverain bien pour lui devenir conforme en participant à sa *perfection* et à son *bonheur*.

A cette théorie, empruntée à saint Augustin, se rattache le *devoir d'agir selon les principes constitutifs de notre être, d'observer les règles invariables de nos mœurs* (cf. 232). « Que si mon âme connaît la grandeur de Dieu, la connaissance de Dieu m'apprend aussi à juger de la dignité de mon âme, que je ne vois élevée que par le pouvoir qu'elle a de s'unir à son auteur par le secours de sa grâce. C'est donc cette partie spirituelle et divine, capable de posséder Dieu, que je dois principalement estimer et cultiver en moi-même. Je dois, par un amour sincère, attacher immuablement mon esprit au père de tous les esprits, c'est-à-dire à Dieu. Je dois aussi aimer, pour l'amour de lui, ceux à qui il a donné une âme semblable à la mienne, et qu'il a faits, comme moi, capables de le connaître et de l'aimer. Car le lien de société le plus étroit qui puisse être entre les hommes, c'est qu'ils peuvent tous en commun posséder le même bien, qui est Dieu (§ xii, p. 225). »

235. Comparer les preuves de l'existence de Dieu indiquées dans le *Discours de la méthode* et celles qui sont exposées dans le *Traité de la Connaissance de Dieu et de soi-même*. Faire voir les analogies et les différences de ces deux démonstrations. (24 novembre 1873.)

Plan. Résumer la démonstration de Descartes (cf. 231) et celle de Bossuet (cf. 232).

En comparant ces deux démonstrations, on voit que Bossuet donne pour preuve fondamentale, comme Descartes, l'idée de l'*Être parfait*, idée corrélative à l'idée de l'*être imparfait* que nous sommes (cf. 231, 233). Il y ajoute une seconde preuve métaphysique tirée des *vérités éternelles* par lesquelles notre intelligence finie et imparfaite entre en rapport avec l'intelligence infinie et parfaite ; les apercevoir, c'est connaître Dieu ; c'est par lui que les choses sont intelligibles comme c'est par lui que l'âme est intelligente, parce qu'il est à la fois le principe de toute existence et de toute connaissance (cf. 232).

A ces *preuves métaphysiques* Bossuet ajoute la *preuve physique* (cf. 232) et la *preuve morale* (cf. 234), et il démontre ainsi toutes les vérités fondamentales de la Théodicée.

Remarque. On rattache aux preuves physiques et métaphysiques la preuve suivante, fondée sur les idées de *Cause première* et d'*Être nécessaire* : « Puisque quelque chose existe aujourd'hui, il est clair que quelque chose a toujours existé. Autrement il faudrait dire que les choses qui sont maintenant sont sorties du néant et n'ont absolument pas de cause de leur existence. Tout ce qui existe doit avoir une *cause* de son existence, une *raison* pourquoi il existe plutôt qu'il n'existe pas; car il existe ou en vertu d'une nécessité qu'il trouve dans sa nature, auquel cas il est éternel lui-même, ou en conséquence de la volonté de quelque autre être, et alors il faut que cet autre être ait existé avant lui au moins d'une priorité de nature, etc. » (Clarke, *De l'Existence de Dieu*, ch. II.) — Cette démonstration est analogue à celle que Leibniz fonde sur le principe de *raison suffisante* (cf. 56), et où il résume sous une forme analytique ce qu'il y a de rationnel dans la preuve du *premier moteur* donnée par Aristote et par saint Thomas (cf. Charles, *Leçt. de phil.*, II, p. 422-441.)

Preuves morales.

236. Exposer les *preuves morales* de l'existence de Dieu. (12 août 1868.)

Dissertation. Parcourir avec l'astronomie les profondeurs du ciel et contempler les systèmes variés qu'y forment des astres innombrables, comprendre avec la physique et la chimie les lois qui régissent le mouvement perpétuel de la matière répandue dans l'univers, analyser avec l'anatomie et la physiologie le mécanisme de notre corps qui résume l'art inépuisable de la nature, tout cela ne sert qu'à satisfaire une vaine curiosité si ces merveilles ne nous remplissent d'admiration pour leur auteur. Nous connaître nous-mêmes, réfléchir aux vérités qui règlent la raison humaine et constituent le sens commun, en conclure l'existence de l'Être infini et parfait, toutes ces méditations philosophiques sont inutiles pour notre perfectionnement et pour notre bonheur, si nous ne sentons au fond de notre âme la présence de cet Être infini et parfait et si nous n'éprouvons pour lui un respect religieux : « Malheur, dit Bossuet, à la connaissance stérile qui ne se tourne point à aimer et se trahit elle-même ! » Ici se découvre l'union étroite des théories de la métaphysique et des règles de la morale. D'un côté, l'idée de l'Être infini et parfait n'a pour nous qu'un intérêt spéculatif comme un théorème de géométrie, si elle n'a point d'application dans notre vie. D'un autre côté, la loi morale n'est qu'une conception abstraite, si elle n'est rattachée à un principe réel et vivant qui sanctionne son autorité. C'est là ce qui constitue l'importance pratique des *preuves morales* de l'existence de Dieu, preuves indiquées par Bossuet (cf. 234), développées surtout par Kant dans sa *Critique de la raison pratique*.

Nous trouvons dans notre esprit la *loi morale* qui nous prescrit de réaliser le bien propre à l'essence humaine, le développement régulier et harmonieux de nos facultés (cf. 254). Elle doit son autorité au respect qu'elle nous inspire. Or, si nous examinons d'où vient, pour tout être raisonnable et libre, l'obligation morale de vouloir le bien, nous trouvons qu'elle résulte du rapport qui existe entre le bien et la nature de l'agent capable de le réaliser (cf. 255). Ce rapport n'est pas établi par nous. Donc il suppose un principe supérieur, un législateur souverain qui, en nous donnant nos facultés, nous a par cela même donné notre fin et notre règle. Non-seulement la loi morale n'aurait pas de raison d'être sans Dieu, mais encore elle serait inefficace dans l'individu et dans la société. Exposé à la douleur et au péché, l'individu manquerait de la force d'âme nécessaire, si sa volonté n'était encouragée par l'amour du bien, c'est-à-dire par l'attrait de la perfection de Dieu, chose impossible s'il n'était qu'une conception abstraite. Quant à la société, la réalisation de la justice et de la charité exige le concours des volontés; par suite, implique que l'espèce humaine est faite pour le bien, que les choses ont été disposées à cet effet par la sagesse, la justice et la bonté de l'Être infini et parfait auquel notre raison rapporte l'ordre moral, qui exclut l'hypothèse d'une nécessité aveugle et indifférente. « Puisque c'est un devoir pour nous, dit Kant, de travailler à la réalisation du souverain bien, c'est une nécessité qui dérive de ce devoir de supposer la possibilité de ce souverain bien, lequel n'est possible que sous la condition de l'existence de Dieu. »

La loi morale suppose une *sanction*. Le principe du mérite et du démérite, absolu comme la loi morale, exige que la vertu soit récompensée et le vice puni; or l'harmonie de la vertu et du bonheur n'existe pas sur la terre; il faut donc que la justice distributive soit réalisée dans une autre vie, et elle ne peut l'être que par la cause souveraine qui a établi la loi.

Ainsi les idées fondamentales de *l'ordre moral* impliquent l'existence de Dieu comme *législateur* et comme *juge*.

A ces preuves morales se joint l'argument tiré du consentement universel. Chez tous les peuples, anciens ou modernes, civilisés ou barbares, on trouve la croyance à l'existence d'un premier être, auteur de l'ordre physique et de l'ordre moral, comme le témoignent les religions, les langues et les monuments. Le progrès des sciences et de la philosophie peut l'épurer, mais non la détruire (cf. 240).

Lire Janet, *Élém. de morale*, ch. XVIII, § 1; Charles, *Lect. de phil.*, II, p. 466-472.

ATTRIBUTS DE DIEU.

Division. Méthode.

237. Par quelle méthode peut-on déterminer les *attributs* de Dieu ? Est-ce par la *méthode déductive* ou par la *méthode inductive,* ou par les deux à la fois ? Distinguer les *attributs métaphysiques* des *attributs moraux*. (11 août 1871.)

Plan. Dieu est l'Être suprême, infini et parfait, créateur et conservateur de l'univers. Il est par son essence même, si on le considère en lui-même tel qu'il est, incompréhensible et ineffable. Cependant nous pouvons, comme le dit Fénelon, distinguer en lui divers *attributs*, en nous représentant les *différents rapports qu'il a avec ses ouvrages.* Ces attributs se divisent en deux classes, *attributs métaphysiques* et *attributs moraux*.

Les *attributs métaphysiques* nous font connaître ce que Dieu est en lui-même; par suite, ce que Dieu n'est pas, si on le compare aux êtres finis, contingents et relatifs : ce sont *l'éternité, l'immensité, l'immutabilité, la simplicité* et *l'unité.*

Les *attributs métaphysiques* se concluent de l'idée d'*Être infini, nécessaire* et *absolu* (cf. 238). Par conséquent, ils se déterminent par la *méthode déductive.*

Les *attributs moraux* nous représentent les qualités positives que Dieu possède comme *Être parfait* et *Cause première* : ce sont *l'intelligence,* la *toute-puissance* avec la *liberté,* la *justice* et la *bonté*; ils constituent la *personnalité* de Dieu.

Nous arrivons de deux manières à concevoir et à démontrer la nature des *attributs moraux*. 1° Nous analysons l'idée de l'*Être parfait* et nous déterminons quelles perfections lui conviennent. Cette analyse suppose la connaissance de nos propres perfections, intelligence, puissance, amour. En ce sens, comme le dit Bossuet, « la connaissance de nous-mêmes nous élève à la connaissance de Dieu (cf. 230). » — 2° Nous considérons Dieu comme *Cause première* ; nous cherchons comment il se manifeste dans la nature et dans l'histoire (cf. 239), et nous en tirons des inductions pour déterminer son essence. — Nous employons ainsi la *méthode inductive* et la *méthode déductive*. Plus nous connaissons l'homme et la nature, plus nous avons une idée claire et compréhensive de Dieu. C'est une vérité que démontre l'histoire de la métaphysique (cf. 240).

Lire Charles, *Lect. de phil.*, II, p. 473-509.

Attributs métaphysiques.

238. Démontrer que les *attributs métaphysiques* de Dieu reposent tous sur l'idée d'*infini*. (4 novembre 1874.)

Plan. Dieu est l'Être suprême dans sa plénitude une et indivisible, dans la perfection une et indivisible qui est propre à chacun de ses attributs. Il est ainsi *infini* et *absolu*, en ce sens qu'il n'a ni limite ni mesure ni condition, sous quelque rapport que ce soit. Par suite, il existe en dehors du *temps* (durée idéale, continue, illimitée, que nous concevons comme contenant toutes les durées particulières des êtres contingents, soit matériels, soit immatériels). Il existe également en dehors de l'*espace* (étendue idéale, continue, illimitée, que nous concevons comme contenant toutes les étendues réelles, tous les corps). Il *est* d'une manière absolue[1], ce qui constitue l'existence indivisible et omniprésente, l'*éternité* et l'*immensité* ; de là résulte l'*immutabilité*, qui consiste en ce qu'on ne peut rien ajouter ni retrancher à l'infini. Par suite encore, Dieu est *simple*, c'est-à-dire n'est point composé de parties. Or il ne peut y avoir qu'un seul être doué de ces attributs. Donc *il n'y a qu'un Dieu* et il ne peut y en avoir plusieurs (cf. 247).

Lire Fénelon, *De l'Existence de Dieu*, II, ch. v, § 1-4.

---

1. « *Je suis celui qui suis*. C'est ainsi que Dieu se définit lui-même, etc. » (Bossuet, *Élévations*, I, III.)

Attributs moraux. Providence divine.

239. De la *Providence divine*. Comment se manifeste-t-elle dans la *nature* et dans l'*histoire*? (24 août 1867.)

Dissertation. On nomme *Providence* l'action perpétuelle que Dieu exerce sur l'univers et sur les âmes humaines pour les conserver et les diriger à leur fin selon l'ordre qu'il a établi par la création. Cette action est ce qui nous intéresse le plus, et son étude constitue la partie la plus populaire de la théodicée (cf. 241).

L'idée même de la Providence est étroitement liée à l'idée de l'Être infini et parfait : « Dieu, dit Leibniz, est la première raison des choses. *La puissance va à l'être, la sagesse ou l'entendement au vrai, et la volonté au bien*. Et cette cause intelligente doit être infinie de toutes les manières, et absolument parfaite en *puissance*, en *sagesse*, en *bonté* (*Théodicée*, I, 7). » On en conclut que Dieu doit accorder son concours à toutes les créatures pour les faire arriver au but qu'il leur a assigné par sa *sagesse*, et veiller sur les êtres raisonnables avec *justice* et avec *bonté*. Mais il ne suffit pas de déterminer ainsi d'une manière spéculative la notion que notre esprit se forme de la Providence ; il faut encore interroger l'expérience, et, passant en revue les théories les plus générales des sciences, examiner comment Dieu se manifeste dans la *nature* et dans l'*histoire*. Cette double étude est l'objet de deux sciences distinctes qu'on nomme la *Philosophie de la nature* (ou la *Philosophie des sciences*) et la *Philosophie de l'histoire*. Nous allons en parcourir rapidement les points principaux.

I. Considérons d'abord la *nature* ou le *monde physique*, c'est-à-dire l'ensemble des êtres corporels avec leurs propriétés et leurs lois qu'étudient les sciences physiques et naturelles (cf. 216). Cet ensemble forme une unité pleine d'harmonie, κόσμος (l'*ordre universel*), selon le nom expressif trouvé par Pythagore et repris de nos jours par De Humboldt pour l'ouvrage dans lequel il a fait un tableau théorique et historique des connaissances positives que nous possédons sur la nature. Commençons par les mouvements des astres ; toutes leurs lois se démontrent mathématiquement par le seul principe de la gravitation. A la *mécanique céleste*, expliquée par Képler, Newton et Laplace, correspond la *mécanique moléculaire* découverte de nos jours : dans un ensemble de théories aussi simples et aussi fécondes que celles de l'astronomie, elle réalise la conception de Descartes en ramenant à des vibrations ou ondulations les phénomènes généraux de la matière, son, chaleur, lumière, électricité. Par suite, la physique s'accorde avec la chimie pour définir la matière une masse composée de particules invisibles, insaisissables, qui possèdent néanmoins une étendue réelle et un poids déterminé (cf. 42) : ce sont les *atomes* qui, par leur capacité de combinaison, se juxtaposent dans des proportions invariables et forment ainsi les molécules de tous les composés d'après un petit nombre de *types*[1]. Les lois générales du mouvement jouent encore ici le rôle principal : on peut, suivant l'expression aussi ingénieuse que pittoresque de M. Dumas, comparer ces molécules à de petits systèmes planétaires, parce que les atomes qui constituent chacun de ces groupes sont maintenus en équilibre par leurs vibrations perpétuelles qui résultent de leurs forces attractives et répulsives. Et comme l'analyse spectrale nous découvre les mêmes espèces d'atomes dans tous les astres qui nous envoient leurs rayons, que l'étude des météorites ou pierres tombées du ciel confirme cette expérience, on en déduit que la matière est la même dans toutes les parties de l'univers, que partout et toujours elle vibre, que tous ses phénomènes s'expliquent par des mouvements réguliers et coordonnés, comparables à cette harmonie céleste dont parlait Pythagore. On est ainsi conduit à cette conclusion : « A mesure que la science pénètre davantage dans l'ordre de la nature, elle découvre, en même temps que la simplicité des moyens mis en œuvre, la diversité infinie des résultats. Ainsi à travers ce coin du voile qu'elle nous permet de soulever, elle nous laisse entrevoir tout ensemble l'harmonie et la profondeur du plan de l'univers[2]. »

Non-seulement la contemplation de l'univers nous offre un *ordre* admirable dans cette infinité de mouvements dont il est le théâtre, mais encore elle nous découvre une liaison parfaitement réglée dans les changements que subissent toutes ses parties, une *évolution* qui réalise peu à peu dans une longue suite de siècles un plan unique et immuable. Nous en pouvons juger par le globe que nous habitons : il s'est constitué, comme les autres planètes, par la condensation successive d'une

---

1. Wurtz, *Histoire des doctrines chimiques*, p. 247.
2. Wurtz, *Discours sur la théorie des atomes dans la conception générale du monde*, p. 25, 57, 59.

masse gazeuse; à l'état liquide, il a pris, en vertu de sa rotation, la forme d'un sphéroïde aplati aux deux pôles; en passant à l'état solide, il s'est couvert d'une croûte dont l'épaisseur s'est accrue peu à peu par cristallisation et par sédimentation, de telle sorte que la superposition des couches est indiquée par la différence des minéraux propres à chaque terrain, de même que les grandes époques géologiques sont caractérisées par l'apparition successive d'espèces végétales et animales de plus en plus parfaites. Si de la terre nous élevons nos regards vers le ciel, nous découvrons des transformations analogues dans les divers états de la matière cosmique, d'abord dans ces amas informes qu'on nomme nébuleuses, puis dans les étoiles dont l'âge se décèle par leur degré de chaleur et de lumière [1], enfin dans les astres depuis longtemps refroidis comme les planètes.

Au-dessus des mouvements qui sont propres au règne inorganique et qui s'arrêtent à la production des formes géométriques du minéral, apparaît la *vie* qui est propre au règne organique, c'est-à-dire la faculté par laquelle certains corps parcourent les phases régulières qui appartiennent à leur espèce, de telle sorte qu'ils gardent leur individualité et leurs propriétés spécifiques, en même temps qu'ils renouvellent la matière dont ils se composent. Les végétaux attirent à eux et convertissent en leur substance les éléments qu'ils empruntent au sol, à l'eau et à l'air. Les animaux ont un rôle plus élevé, parce qu'ils possèdent, outre la nutrition, la sensation et le mouvement. Quoique tous ces êtres procèdent d'un nombre déterminé de types, comme le prouvent les classifications naturelles (cf. 201), cependant ils offrent une gradation continue, où la force créatrice réalise une admirable variété dans les résultats avec une ingénieuse économie dans les moyens d'exécution. Ici la finalité est évidente (cf. 57). Elle se manifeste dans chaque organisme par la solidarité de toutes les parties; dans les individus de la même espèce, par la symétrie des sexes; dans la corrélation des animaux et des végétaux, des végétaux et des minéraux, par la dépendance que la nutrition établit entre eux; enfin, dans le milieu nécessaire à toutes les formes de la vie, par le concours des conditions

---

1. Les étoiles blanches, comme Sirius, sont les plus chaudes et les plus brillantes. Les étoiles un peu jaunes, comme le Soleil, sont moins chaudes et moins brillantes. Les étoiles colorées en rouge, en bleu ou en bleu verdâtre occupent le dernier rang; elles sont assez refroidies pour que les atomes puissent s'y grouper ou s'y combiner.

astronomiques, physiques et chimiques. « En considérant cet ensemble de liaisons si délicates, la science de nos jours nous fait entrevoir dans cet univers même la trace lumineuse d'une Pensée suprême, au lieu des combinaisons sans objet de forces inconscientes [1]. »

II. Tous les éléments de la vie qui existent dans les êtres inférieurs se résument et se complètent dans l'homme par l'activité intelligente et libre, qui est l'essence de l'*esprit*. Par la conscience, l'homme distingue en lui-même le principe qui constitue sa personnalité, le *moi*, d'avec le corps qui lui sert d'instrument pour entrer en rapport avec les objets extérieurs. En réfléchissant sur ses propres facultés, il arrive à concevoir par induction les facultés des êtres inférieurs (cf. 136), tandis qu'il connaît par la raison la puissance de la Cause première, à laquelle il attribue comme infinies et absolues les perfections qu'il trouve en lui-même limitées et relatives (cf. 230). Il s'élève ainsi à l'idée de la Providence divine, dont l'action se manifeste dans l'individu par la notion et par l'amour du bien en soi, comme l'enseigne la Morale (cf. 254), et dans l'humanité, par l'accomplissement graduel de la destinée humaine, comme le prouve la Philosophie de l'histoire.

Tandis que l'instinct de l'animal est uniforme et invariable, l'esprit de l'homme est perfectible, parce qu'il a pour essence l'activité intelligente et libre. Il y a d'ailleurs à cet égard une grande différence entre l'individu et l'espèce. L'individu est très-limité dans le développement de ses facultés, parce qu'il n'a qu'une vie passagère et des forces bornées. L'espèce a une existence d'une longueur indéterminée par la succession continue des générations ; elle peut en outre accroître indéfiniment

[1]. Faye, *Notice sur la constitution physique du soleil* (*Annuaire du Bureau des longitudes*, 1874). — Comme le démontre M. Faye, la vie n'est pas une chose si simple qu'elle doive résulter partout du jeu spontané des forces naturelles. La condition essentielle d'une température resserrée entre des limites déterminées exige un système solaire analogue au nôtre, une inclinaison suffisante de l'axe de rotation sur le plan de l'orbite, une masse d'eau qui ne recouvre pas entièrement le globe, une rotation assez rapide, une atmosphère capable d'absorber et de modérer la chaleur pendant le jour et de s'opposer au refroidissement pendant la nuit, capable aussi de fournir dans de justes proportions les gaz nécessaires à la respiration, etc. Bien loin de pouvoir admettre *a priori* que les conditions de la vie organique se trouvent naturellement réalisées partout, c'est à peine si l'on peut citer, en dehors de la Terre, deux planètes de notre système (Mars, Vénus) où elles soient seulement probables, et le seul globe sur lequel il soit permis de se prononcer avec certitude, la Lune, ne possède aucune de ces conditions.

sa puissance par l'union des efforts collectifs. De là résulte la possibilité du *progrès*. Pour constater ses lois, ses éléments et ses conditions, la Philosophie de l'histoire emploie la méthode expérimentale.— 1° La première de ces lois consiste en ce que le développement de l'humanité se fait par une *évolution* divisée en grandes *époques*, comme l'évolution dont la nature nous offre le spectacle. Les époques anté-historiques, dont la connaissance s'augmente et se précise chaque jour par la découverte et l'étude des monuments, comprennent la naissance de l'industrie primitive (âge de la pierre, âge du bronze, âge du fer), la formation des races et les migrations des peuples, l'organisation des langues, l'établissement des institutions sociales et des religions antiques, dont les traditions les plus authentiques sont contenues dans la Bible, les Védas et les livres de Zoroastre. Les époques historiques, dans lesquelles les documents détaillés et précis se multiplient après l'invention de l'écriture, nous présentent le développement graduel de tous les éléments de la civilisation (institutions politiques et sociales, religions, industrie et commerce, sciences, littérature, beaux-arts). — 2° Le progrès n'est pas continu ; il est interrompu par de grands événements qui changent l'état social des peuples, dans de vastes régions (comme l'invasion des barbares dans l'empire romain), et qui servent de points de départ à de nouvelles périodes ayant chacune leur caractère propre. En outre, les divers éléments de la civilisation ne se développent pas tous de la même manière. Dans les sciences et dans l'industrie, les découvertes s'ajoutent les unes aux autres. Dans les institutions sociales et politiques, rien ne se produit qui n'ait ses antécédents, mais les éléments qui passent d'une époque à une autre s'améliorent ou se transforment. Dans les arts, un type de beauté fait place à un autre ; p. ex., à la sculpture grecque, qui recherche la pureté des lignes et la grâce, succède la sculpture moderne qui s'applique à l'expression de la pensée et du sentiment. — 3° Les conditions de cette évolution sont complexes, à cause de la double nature de l'homme. Le corps subit l'influence du milieu dans lequel il vit, et cette influence est d'autant plus forte que l'état de civilisation est moins avancé et le climat moins tempéré : ainsi s'explique la formation des quatre grandes races humaines. D'un autre côté l'esprit, obligé de lutter contre les forces de la nature, ou se résigne à subir leur action et reste à l'état sauvage, ou les fait servir à la satisfaction des besoins de la vie et devient le maître de la terre par la science et l'industrie. Par suite, la civilisation augmente sa puissance dans les régions où elle se trouve établie, en même temps qu'elle étend son empire sur de nouvelles contrées.

Pour expliquer d'une manière philosophique cette *évolution*, il faut tenir compte à la fois de la liberté humaine et de la Providence divine. Si l'on rapporte le *progrès* à la force des choses, on tombe dans le déterminisme (cf. 122). Si l'on ne tient compte que de la liberté, comme les résolutions qu'elle prend sont contingentes et que la raison l'éclaire sans l'entraîner, le cours des choses humaines est livré à l'arbitraire. Le moyen d'éviter ces deux erreurs, c'est d'admettre : 1° la liberté et la responsabilité des individus et des peuples (ce qui exclut le fatalisme historique professé dans notre siècle) ; 2° l'action de la Providence, qui nous fait concevoir un état de perfection et de bonheur fort supérieur à notre condition présente, et nous inspire pour lui un amour qui se manifeste par les tendances primitives de notre âme. Celles-ci nous excitent à imaginer et à rechercher un idéal qui grandit à mesure que nous nous rapprochons du but de nos travaux. Elles prévalent peu à peu, sinon dans l'individu, du moins dans l'espèce, sur les écarts de la volonté, sur les erreurs de l'intelligence et sur les passions individuelles qui se neutralisent par leur opposition. De là résulte un progrès plus ou moins rapide selon qu'il est retardé ou favorisé par les circonstances, mais évident pour qui sait embrasser l'ensemble et la liaison des faits généraux de l'histoire.

La démonstration que nous venons de donner peut se résumer en ces vers admirables où Racine, s'inspirant de l'Écriture-Sainte, a égalé l'éloquence de Bossuet :

> Ce Dieu, maître absolu de la terre et des cieux,
> N'est point tel que l'erreur le figure à vos yeux :
> L'Eternel est son nom ; le monde est son ouvrage ;
> Il entend les soupirs de l'humble qu'on outrage,
> Juge tous les mortels avec d'égales lois,
> Et du haut de son trône interroge les rois.

Consulter Th. H. Martin, *Les Sciences et la Philosophie* ; Bouillet, *D. des sciences*, art. (pour la Philosophie de la Nature) *Nature, Matière, Atomicité, Force, Cosmogonie, Création, Époques*, (pour la Philosophie de l'Histoire) *Destinée, Histoire (Philosophie de l'), Progrès, Ages* ; Bossuet, *Discours sur l'Histoire universelle* ; Fr. Lenormant, *Histoire ancienne de l'Orient*, etc.

240. La connaissance scientifique du monde diminue-t-elle ou augmente-t-elle notre admiration pour son auteur ? (9 août 1867.)

Dissertation. En voyant de nos jours le matérialisme et l'athéisme essayer d'interpréter en leur faveur les découvertes des sciences expérimentales et invoquer leur autorité, on est conduit à examiner si une pareille prétention a quelque fondement et l'on se pose cette question : « La connaissance scientifique du monde diminue-t-elle ou augmente-t-elle notre admiration pour son auteur ? »

Si l'on parcourt l'histoire de la philosophie, on voit que la croyance à l'existence de la Cause première, obscurcie d'abord par les erreurs du polythéisme, a été ensuite épurée par les progrès des sciences et en est devenue le véritable fondement. La raison en est facile à comprendre. Les sciences ne sont possibles qu'à condition que le monde ait des lois stables et universelles : *nulla fluxorum scientia* (cf. 69). Or si l'on imagine plusieurs puissances imparfaites et opposées entre elles, comme les dieux d'Homère, leur action arbitraire ne permet pas de compter sur rien de fixe ni de général, et laisse ainsi le champ libre à toutes les hypothèses de la superstition. Au contraire, si l'on admet qu'il existe une puissance infinie et souverainement sage, qui a tout créé et qui domine tout, elle doit agir pour une bonne fin, et la réaliser par des lois universelles et constantes qui légitiment l'emploi de la méthode inductive (cf. 206). Aussi, dès que les sciences commencent à se constituer en Grèce, Pythagore reconnaît que l'ensemble des êtres forme un tout harmonieux, qui réalise un *ordre universel*, κόσμος, et Anaxagore proclame qu'il a pour cause l'*Intelligence divine*. Cette grande conception a reçu depuis une éclatante démonstration par les progrès simultanés des sciences et de la théologie naturelle. C'est elle que Platon développe dans le *Timée* en expliquant la formation et la hiérarchie des êtres. C'est elle qu'Aristote, malgré son erreur sur la Providence, place au sommet de sa *Métaphysique*, en assignant pour cause suprême au monde la *Pensée divine qui se pense elle-même*. C'est elle enfin que, dans les temps modernes, Descartes met en pleine lumière, quand il restaure toutes les sciences en rappelant l'esprit humain à l'étude de lui-même et à l'étude de Dieu. — Considérons maintenant le plan de l'univers, tel que nous le représentent aujourd'hui tant d'admirables découvertes. Dans un espace dont nous ne connaissons pas les limites, la matière, douée partout des mêmes propriétés, soumise partout aux mêmes lois, réalise l'ordre universel par ses mouvements réguliers dans cette multitude innombrable d'astres que nous offre le ciel comme dans les atomes qui constituent une molécule d'un minéral. Les transformations successives par lesquelles a passé notre globe pour devenir habitable à toutes les espèces d'êtres vivants nous montrent une évolution où se révèle un progrès constant. L'histoire, interrogée à son tour, nous apprend que le cours des événements n'a rien d'accidentel ni de capricieux, que la civilisation suit une marche constante, dont les lois se manifestent d'autant mieux qu'on embrasse une plus longue suite de siècles (cf. 239). Ainsi, dans le monde moral comme dans le monde physique, tout aboutit aux conceptions d'*ordre*, d'*évolution* et de *progrès*, tout excite notre admiration pour la Cause première qui s'est proposé une fin excellente et qui réalise son plan par les voies les plus simples et les plus fécondes.

Qu'objectent à ces conclusions le matérialisme et l'athéisme? Ils ne contestent pas que l'ordre règne dans l'univers. Ils supposent *a priori*, contrairement à la méthode expérimentale dont ils invoquent à tort l'autorité, que l'univers seul existe nécessairement et de toute éternité, qu'il se développe et se transforme sous l'empire de lois nécessaires, que l'intelligence n'est pas l'attribut de la Cause première, mais le résultat complexe de la vie dans la matière arrivée à un certain degré d'organisation. Dans toutes ces doctrines, il y a deux choses à distinguer, les faits et l'interprétation qu'on en donne. Lorsque les faits sont constatés par les procédés de la méthode expérimentale, ils doivent être admis comme vrais, quelles qu'en soient les conséquences pour tel ou tel système. Quant à l'interprétation des faits, elle est sans valeur lorsqu'elle ne s'appuie que sur des hypothèses imaginées dans l'intérêt de certaines spéculations métaphysiques. Accueillies avec faveur par ceux dont elles flattent les passions ou dont elles satisfont le goût exclusif pour les sciences positives, ces hypothèses disparaissent toujours après un engouement passager. La force de la vérité finit par prévaloir, et, comme le dit Bacon, « si parfois le demi-savoir éloigne les hommes de la religion, la vraie science les y ramène toujours. »

Consulter Th. H. Martin, *Les Sciences et la Philosophie*, Essais I, IV, VI (§ 1-2).

241. De la Providence. Quelles sont les objections élevées contre la Providence? Comment peut-on y répondre? (3 mai 1870.)

Plan. On nomme *Providence générale* l'action perpétuelle que Dieu exerce sur l'univers et sur le genre humain, pour les conserver et les diriger à leur fin par l'ordre qu'il a établi dès l'origine, c'est-à-dire par l'application universelle et constante, des lois physiques, physiologiques, psychologiques, morales, qu'il a établies par sa sagesse toute-puissante; et *Providence spéciale*, l'action que Dieu en vertu de sa sagesse, de sa justice et de sa bonté, exerce sur les âmes humaines pour leur donner la force et les lumières dont elles ont besoin et qu'elles lui demandent par la prière.

La foi en une puissance supérieure qui influe sur la destinée des individus dans cette vie et dans l'autre est une croyance qui a été professée sous diverses formes chez tous les peuples et dans tous les temps. Elle est le fond de toutes les religions. La philosophie doit l'expliquer et en démontrer la vérité. Elle y parvient soit en analysant l'idée même de Dieu, soit en considérant le plan de l'univers et l'enchaînement des faits dans l'histoire (cf. 239), soit en étudiant le développement moral des facultés propres à l'âme humaine (cf. 236). Enfin elle examine et réfute les objections tirées du mal métaphysique (cf. 242, 243), du mal physique et du mal moral (cf. 244, 245).

Mal métaphysique.

242. Expliquer et développer cette maxime scolastique: *Malum habet causam non efficientem, sed deficientem.* (24 juillet 1874.)

Plan. A la question de la Providence se lie la question de l'origine du mal. Celle-ci se trouve dans l'*imperfection naturelle des créatures* qui constitue le *mal métaphysique*: de là dérivent la *douleur* et le *péché* qu'on appelle *mal physique* et *mal moral.*

L'*imperfection naturelle des êtres* s'explique par les conditions mêmes de la création. Il ne peut exister qu'un être parfait, parce qu'il ne peut exister plusieurs êtres infinis. Donc les créatures ne sont possibles et intelligibles que si elles sont finies, c'est-à-dire limitées dans leur existence et dans leurs qualités. « Lorsqu'on dit que la créature dépend de Dieu en tant qu'elle est et en tant qu'elle agit, et même que la conservation est une création continuelle, c'est que Dieu donne toujours à la créature et produit continuellement ce qu'il y a en elle de positif, de bon et de parfait, tout don parfait venant du père des lumières ; au lieu que les imperfections et les défauts des opérations viennent de la *limitation originale* que la créature n'a pu manquer de recevoir avec le premier commencement de son être par les raisons idéales qui la bornent. Car Dieu ne pouvait pas lui donner tout sans en faire un Dieu ; il fallait qu'il y eût différents degrés dans la perfection des choses et qu'il y eût aussi des limitations de toute sorte... Le mal est donc comme les ténèbres ; et non seulement l'*ignorance*, mais encore l'*erreur* et la *malice* consistent formellement dans une certaine espèce de privation. La volonté tend au bien en général ; elle doit aller vers la perfection qui nous convient, et la suprême perfection est en Dieu. Tous les plaisirs ont en eux-mêmes quelque sentiment de perfection ; mais lorsqu'on se borne aux plaisirs des sens ou à d'autres, au préjudice de plus grands biens, comme de la santé, de la vertu, de l'union avec Dieu, de la félicité, c'est dans cette privation d'une tendance ultérieure que le défaut consiste. En général, *la perfection est positive*, c'est une réalité absolue ; *le défaut est privatif*, il vient de la limitation et tend à des privations nouvelles. Ainsi, c'est un dicton aussi véritable que vieux : *Bonum ex causa integra, malum ex quolibet defectu ;* comme celui aussi qui porte : *Malum causam habet non efficientem, sed deficientem*[1]. » (Leibniz, *Théodicée*, I, 31-33.) — Ce caractère négatif du mal sert à réfuter le Manichéisme (cf. 243), comme l'a démontré saint Augustin.

En résumé, d'un côté, il devait y avoir une distance infinie entre les créatures et le créateur ; d'un autre côté, il convenait à la bonté de Dieu de créer librement des êtres imparfaits, plutôt que de ne rien créer. La création impliquait d'ailleurs la variété dans l'unité, parce que c'est une loi de l'activité sous toutes ses formes. Il fallait donc qu'il y eût dans la création différents degrés de perfection. On le voit par le plan et par l'évolution de l'univers dans la mesure où nous pouvons les connaître et les comprendre (cf. 239).

---

1. C'est la doctrine enseignée par Platon (*Lois*, X), Plotin (*De la Providence*, Ennéade, III, II ; trad. Bouillet, t. II, p. 34), saint Augustin (*Cité de Dieu*, XI, xxii), saint Thomas, Bossuet, Fénelon.

243. Expliquer et développer ce dilemme célèbre : « *Si Deus est, unde malum? Si non est, unde bonum?* » (6 août 1872.)

Plan. En contemplant l'ordre qui règne dans l'univers et en étudiant sa propre essence, l'esprit humain conçoit que tout bien a pour principe Dieu, c'est-à-dire l'Être infini et parfait. Mais en considérant le mal qui se trouve mêlé à ce bien, il a peine à concilier l'imperfection naturelle des créatures avec la perfection infinie qu'il attribue au Créateur. Il est ainsi conduit à se poser ce dilemne : *Si Deus est, unde malum? Si non est, unde bonum?* (Leibniz, *Théodicée*, I, 20 ; éd. Marion, n. 66). De là sont nées diverses hypothèses métaphysiques.

1° Le *Naturalisme* supprime le dilemme en absorbant Dieu dans la *nature*, en essayant d'expliquer l'existence et les propriétés de tous les êtres par l'union d'une force active avec la matière, d'où sortent nécessairement, par des transformations successives, la vie et l'intelligence (Stoïcisme, etc.).

2° Le *Panthéisme* supprime le dilemme en absorbant le monde en Dieu qui, dans ce système, est à la fois le fini et l'infini (Parménide d'Élée, Spinosa, Hégel ; cf. 248).

3° Le *Dualisme* reconnaît la réalité du fini et de l'infini, mais il accorde au fini en qualité de principe l'éternité comme à l'infini : ainsi, Platon et Aristote admettent deux principes éternels, l'*Intelligence divine* et la *matière* conçue comme une substance indéterminée ou comme l'être en puissance ; le Mazdéisme des Perses va plus loin en personnifiant le *bien* dans Ormuzd et le *mal* dans Ahriman ; c'est l'origine du *Manichéisme*.

Comme l'hypothèse du *Dualisme* implique contradiction, que l'expérience et la raison nous démontrent la réalité du fini et de l'infini, il faut, pour résoudre le dilemme que nous examinons, rejeter le *Panthéisme* comme l'*Athéisme*, et expliquer comment la raison peut concilier l'existence du fini avec celle de l'infini, l'imperfection naturelle des êtres avec la perfection absolue de Dieu. Dans ce but, on distingue trois espèces de mal, le *mal métaphysique*, le *mal physique* et le *mal moral*; on remonte à leurs causes, et l'on reconnaît que le mal métaphysique est une condition de la création, que l'existence du mal physique et du mal moral peut se concilier avec la Providence divine (cf. 244). On éclaircit ainsi les difficultés que soulève la question du mal, dans la mesure où il est donné à l'intelligence humaine de comprendre les règles de la sagesse divine.

Mal physique. Mal moral.

244. Quelle différence fait-on, en Théodicée, entre le *mal physique* et le *mal moral*? Réfuter les objections que l'on tire de l'un et de l'autre contre la Providence. (16 nov. 1866; 20 nov. 1868; 17 nov. 1871.)

245. De la *douleur*. Peut-on la concilier avec la Providence divine? (9 août 1870.)

Dissertation. Pour comprendre quels sont les rapports de Dieu avec les êtres qu'il a créés et quelle est sa propre destinée, l'homme a besoin de s'expliquer pourquoi il y a du mal dans l'univers. La raison lui montre que l'origine première du mal se trouve dans le *mal métaphysique*, c'est-à-dire dans l'*imperfection naturelle des créatures* (cf. 242). De là dérivent la *douleur* et le *péché* qui constituent le *mal physique* et le *mal moral*.

Mal physique. — Il est reconnu qu'il n'y a pas de désordres réels dans la nature. Les sciences ne sont possibles que parce tous les phénomènes, les monstruosités même, s'expliquent par des *lois* universelles et constantes. Celles-ci sont salutaires, puisqu'elles assurent l'*ordre* et la *vie* des êtres. Or il est dans l'ordre que l'homme, étant *sensible*, éprouve du plaisir et de la douleur, selon que l'impression produite par un objet extérieur sur son organisme lui est utile ou nuisible : le *plaisir* l'engage à répéter l'acte qui est conforme à sa nature ; la *douleur* le détourne des choses nuisibles ou le détermine à faire les actes nécessaires à la conservation de son existence et au développement de ses facultés. De là résultent des tendances instinctives qui suppléent à l'insuffisance de l'intelligence et provoquent l'exercice de l'activité. Par suite l'effort et le travail élèvent l'homme au rang de personne morale. En même temps, l'étude des phénomènes de la nature lui en soumet les forces de toute espèce et lui permet d'éviter certaines souffrances en écartant leurs causes par la science ou par l'art.

Mal moral. — 1° De même que la sensibilité est la capacité de jouir et de souffrir, de même la *liberté* est la capacité de faire le *bien* ou le *mal* et de mériter ainsi les *récompenses* ou les *peines* qui en sont les conséquences (cf. 289). D'un côté, la liberté expose l'homme à l'erreur et au péché. D'un autre côté, la liberté jointe à la raison qui conçoit la notion du bien donne à l'homme le pouvoir d'accomplir sa destinée sous sa propre responsabilité, lui permet ainsi de se perfectionner et d'atteindre à des jouissances fort supérieures à celles de l'animal. Il en résulte que, si la sensibilité est une faculté qui élève l'animal au-dessus du végétal parce qu'elle lui ajoute un degré d'être, la liberté est également une faculté qui élève l'homme au-dessus de la brute en lui conférant la dignité de *personne morale*. — 2° L'abus de sa liberté expose l'homme aux douleurs qui constituent la *sanction morale*, la *sanction naturelle*, la *sanction sociale* et la *sanction légale* de la loi morale (cf. 289). Ces peines sont conformes à la *justice distributive* dont Dieu est le principe. En les acceptant comme *expiation* de sa faute, l'homme revient au bien qui seul peut lui donner le bonheur. — 3° L'*inégalité des conditions*, en tant qu'elle correspond à l'inégalité des aptitudes naturelles, est absolument nécessaire pour que toutes les fonctions soient remplies dans la société. Elle n'est pas contraire à l'égalité morale en vertu de laquelle tous les hommes ont les mêmes devoirs et les mêmes droits. — 4° La vie actuelle est une *épreuve* où l'homme doit lutter contre les obstacles pour devenir une personne morale et se rendre digne du bonheur par la grandeur de ses efforts. Sans doute l'harmonie entre la vertu et sa récompense n'est pas réalisée sur la terre. Il en faut conclure que Dieu doit, conformément à sa justice, continuer notre existence pour rétribuer chacun selon ses œuvres (cf. 309).

Tels sont les arguments clairs et précis par lesquels on peut concilier l'existence du *mal physique* et du *mal moral* avec la perfection infinie de Dieu. Au point de vue des causes efficientes, la *douleur* et le *péché* dérivent de la *sensibilité* et de la *liberté*; mais ces deux facultés constituent par elles-mêmes des degrés d'être qui font partie du plan général de l'univers et constituent pour l'homme des perfections propres à son essence. Au point de vue des causes finales, le *plaisir* et la *douleur*, la *vertu* et le *vice* sont des conditions impliquées dans la destinée de l'homme et se justifient par l'immortalité de l'âme. Ces considérations suffisent pour croire à la Providence divine. Prétendre trouver la raison suffisante de toutes choses, comme Leibniz, c'est méconnaître les limites resserrées de la science. Il faut laisser une place au sentiment. L'espérance et la foi ne manquent jamais à celui qui pratique la justice et la charité.

Lire Bouillet, *D. des Sciences*, art. *Providence, Destinée*; Charles, *Lect. de phil.*, II, p. 543-549.

FAUX SYSTÈMES DE THÉODICÉE.

246. De l'*Optimisme*. Du vrai et du faux optimisme. (2 avril 1873.)

Dissertation. On désigne sous le nom d'*Optimisme* deux doctrines différentes.

L'*Optimisme*, dans la simple acception du mot, consiste à admettre que la création est *excellente* (*optimus*, très-bon) parce que Dieu, possédant une perfection infinie, ne veut que des œuvres conformes à sa sagesse, à sa justice et à sa bonté, autant qu'à sa puissance et à sa liberté. Cette doctrine est liée à celle de la Providence (cf. 241). Elle est commune à Platon, à saint Augustin, à saint Thomas, etc. : « Disons pour quel motif l'Ordonnateur de tout cet univers l'a ordonné. Il était bon, et celui qui est bon ne saurait éprouver aucune espèce d'envie... Il voulait que tout fût bon et rien mauvais [1], autant que cela dépendait de lui (*Timée*). » Fénelon dit à ce sujet, en résumant saint Augustin : « Tout ce qui existe est bon et parfait en un certain genre. Ce qui est plus, est plus parfait; ce qui est moins, est moins parfait; mais tout ce qui est, en quelque bas degré qu'il soit, est digne de Dieu, puisqu'il a l'être et qu'il faut une sagesse toute-puissante pour le tirer du néant... Dieu ne voit rien qui ne soit infiniment au-dessous de lui. Cette infériorité infinie de tous les êtres créés, des plus hauts et des plus bas degrés, fait qu'aucune perfection possible ne peut le nécessiter; et sa supériorité infinie sur toute perfection possible fait la liberté de son choix. » (*Lettre IV sur div. suj. de métaphysique et de religion.*) — Cette doctrine est l'*optimisme véritable* parce qu'elle concilie la liberté de Dieu et celle de l'homme avec l'excellence de la création.

La seconde doctrine, nommée *optimisme absolu*, est propre à Malebranche et à Leibniz qui, en combattant la *liberté d'indifférence* admise en Dieu par Descartes, sont tombés dans l'erreur contraire, le *déterminisme absolu* [2].

---

1. « *Dieu a vu toutes les choses qu'il avait faites, et elles étaient très-bonnes* (*Genèse*, I, 31), parce que lui seul en avait fait toute la bonté, et non-seulement la perfection et la fin, mais encore le commencement. » (Bossuet, *Élévations à Dieu sur les mystères*, III, 11.)

2. L'analogie des deux systèmes est signalée par Leibniz lui-même dans sa *Théodicée* (II, 208; éd. Marion, p. 175-176).

Malebranche impose à Dieu la nécessité morale de produire l'œuvre la plus parfaite par la *simplicité des moyens* en y joignant l'hypothèse des *causes occasionnelles*, et croit par là avoir réponse à tout. Fénelon, d'accord avec Bossuet[1], réfute cette doctrine dans la lettre que nous avons déjà citée : « Rien n'est plus faux que ce que j'entends dire : savoir, que Dieu est nécessité par l'ordre, qui est lui-même, à produire tout ce qu'il pouvait faire de plus parfait. Ce raisonnement irait à prouver que Dieu n'a pu se retenir en rien dans la création de son ouvrage, qu'il ne l'a fait avec aucune liberté, qu'il a été assujetti à le faire tout entier d'abord, et même à le faire dès l'éternité, etc. »

D'après Leibniz (*Théodicée*, I, 8 ; éd. Marion, p. 59), « Dieu n'a pu créer que *le meilleur des mondes possibles*, à considérer l'ensemble de son existence progressive et sans fin. » Cette doctrine, jointe à l'hypothèse de l'*harmonie préétablie* (qui correspond à l'hypothèse des *causes occasionnelles* de Malebranche), paraît difficile à concilier avec la liberté de Dieu et celle de l'homme. La réfutation que Fénelon fait de Malebranche vaut également contre Leibniz qui abuse du principe de *raison suffisante*. M. Th. H. Martin lui oppose ces deux arguments : 1° Si Dieu ne peut créer que le meilleur des mondes possibles, comme au delà d'une perfection finie il y a toujours la possibilité d'une perfection plus grande, il n'y a aucun monde que Dieu puisse créer. 2° La conception du meilleur des mondes possibles implique contradiction : comme chaque terme de la série des mondes possibles est susceptible de plus et de moins, la série elle même est essentiellement indéfinie; par conséquent, elle ne peut pas contenir un dernier terme qui soit supérieur à tous. — En outre, le désir de démontrer sa doctrine a conduit Leibniz à abuser du principe de *raison suffisante* en essayant de tout expliquer et de tout justifier, à confondre le domaine

---

1. « O loi suprême! O cause des causes! supérieur à vos ouvrages, maître de votre action, vous n'agissez hors de vous qu'autant qu'il vous plaît. Tout est également rien devant vos yeux; vous ne devez rien à personne, vous n'avez besoin de personne; vous ne produisez nécessairement que ce qui vous est égal; vous produisez tout le reste par pure bonté, par un commandement libre; non de cette liberté changeante et irrésolue qui est le partage de vos créatures, mais par une éternelle supériorité que vous exercez sur les ouvrages qui ne vous font ni plus grand ni plus heureux, et dont aucun ni tous ensemble n'ont droit à l'être que vous leur donnez. » (Bossuet, *Elévations à Dieu sur les mystères*, III, III.)

de la philosophie avec celui de la théologie, à compliquer les questions relatives à l'origine du mal par les subtilités les plus ardues de la Scolastique. Il en est résulté que, par une altéraration regrettable de son sens primitif, le mot d'*optimisme* a fini par désigner dans la langue ordinaire cette disposition d'esprit qui approuve tout aveuglément et qui s'en remet pour tout à la Providence afin de se dispenser de tout travail et de toute énergie.

Consulter Th. H. Martin, *Les Sciences et la Philosophie*, V; Fouillée, *Hist. de la philosophie* (Leibniz).

247. Prouver qu'il n'y a qu'un Dieu et qu'il ne peut y en avoir plusieurs. (21 août 1869.)

Plan. Dieu est l'Être suprême dans sa plénitude une et indivisible, dans la perfection une et indivisible qui est propre à chacun de ses attributs. Il est ainsi *infini* et *absolu*, en ce sens qu'il n'a ni limite, ni mesure, ni condition en quoi que ce soit; par suite il est *éternel* et *omniprésent*, *immuable* et *simple* (cf. 238). Or il ne peut y avoir qu'un seul être doué de ces attributs. L'hypothèse de plusieurs êtres infinis et absolus implique contradiction : « 1° Il faut qu'il y ait un être par lui-même qui ait tiré du néant tous les autres êtres qui ne sont point par eux-mêmes. Mais un seul être par soi-même suffit pour tirer du néant tout ce qui en a été tiré. A cet égard, deux ne feraient pas plus qu'un. 2° Un seul être qui est par lui seul, qui a en soi la totalité de l'être, avec une fécondité unique et universelle, est sans doute infiniment supérieur à un être qui a un égal indépendant et fécond comme lui. Ces deux prétendus infinis seraient la borne l'un de l'autre, et par conséquent ne seraient ni l'un ni l'autre rien moins qu'infinis [1]; de plus, chacun d'eux serait moins qu'un seul infini qui n'aurait point d'égal. » (Fénelon, *De l'Existence de Dieu*, II, ch. v, § 1.)

Ainsi l'*unité* de Dieu se déduit de l'idée d'*infini*. On peut y joindre la preuve que fournit l'unité du plan de l'univers.

La discussion précédente conduit à rejeter le *Dualisme* de Platon et d'Aristote, qui admettent une matière éternelle comme

---

[1] « S'il y avait plus d'un seul Dieu, il y en aurait une infinité. S'il y en avait une infinité, il n'y en aurait point. Car chaque Dieu, n'étant que ce qu'il est, serait fini ; et il n'y en aurait point à qui l'infini ne manquât, ou il en faudrait entendre un qui contînt tout et qui dès là serait seul. » (Bossuet, *Elévations*, I, iv.)

Dieu[1], et le *Manichéisme*, issu du *Mazdéisme* des Perses. Elle montre l'erreur fondamentale du *Polythéisme* personnifiant les différentes forces de la nature comme autant de manifestations de l'essence et de la puissance divines.

Lire Bouillet, *D. des sciences*, art. *Dieu, Infini, Dualisme, Polythéisme.*

248. Qu'est-ce que le *Panthéisme?* En réfuter les principes ; en exposer les conséquences. (22 août 1870.)

Dissertation. Par l'*expérience*, nous connaissons des *êtres finis, contingents, relatifs;* par la *raison*, nous connaissons l'existence de l'*Être infini, nécessaire, absolu*. La pensée isole ces deux termes pour les analyser, puis les rapproche pour s'expliquer leur rapport. Or l'explication de ce rapport est un des problèmes les plus difficiles de la philosophie. Le *Spiritualisme* admet la *création*, c'est-à-dire un acte par lequel Dieu, en vertu de sa puissance infinie et sans le secours d'aucune matière préexistante, a produit librement tous les êtres ; Dieu étant éternel, son acte l'est également, mais ses effets sont successifs et tombent sous le temps. Comme cet acte consiste dans la production de substances, il est incompréhensible pour notre intelligence; mais celle-ci n'en doit pas moins reconnaître la réalité des êtres finis autant que celle de l'Être infini et du rapport de causalité qui les unit.

Cette sage réserve, si conforme au bon sens, n'est pas acceptée par certains systèmes qui, méconnaissant les bornes de notre esprit, ont la prétention de tout expliquer. Leur procédé ordinaire est de supprimer la réalité de l'Être infini, comme le *Matérialisme*, ou celle des êtres finis, comme le *Panthéisme*, dont nous allons examiner les principes.

D'après le *Panthéisme matérialiste* ou *Naturalisme*, Dieu est une force active unie à la nature et y constituant tous les degrés et toutes les formes de l'être : ainsi, d'après les Stoïciens, le monde est un seul être animé par un esprit éthéré ($\pi\nu\varepsilon\tilde{\upsilon}\mu\alpha$, *spiritus*), qui est actif et intelligent.

---

1. « O Dieu, quelle a été l'ignorance des sages du monde qu'on a appelés philosophes, d'avoir cru que vous, parfait architecte et absolu formateur de tout ce qui est, vous aviez trouvé sous vos mains une matière qui vous était coéternelle, informe néanmoins, et qui attendait de vous sa perfection ! Aveugles ! qui n'entendaient pas que d'être capable de formes, c'est déjà quelque forme ; c'est quelque perfection d'être capable de perfection ; et si la matière avait elle-même ce commencement de perfection et de forme, elle en pourrait aussitôt avoir d'elle-même l'entier accomplissement. » (Bossuet, *Elévations*, III, II.)

D'après le *Panthéisme idéaliste*, l'expérience ne perçoit que des phénomènes ; la raison seule connaît la véritable réalité, l'Être infini et absolu ; la métaphysique doit donc se construire uniquement par la raison et le raisonnement, à l'exclusion de l'expérience. Cette méthode conduit aux principes suivants : l'Être infini et absolu produit nécessairement par *émanation* (Brahmanisme), ou par *développement* (Spinosa), ou par *évolution* (Hégel), une variété infinie d'êtres relatifs et finis qui toujours sortent de son sein et reviennent s'y absorber ; la réalité consiste dans l'identité substantielle de l'Être infini et de ses modes finis. D'après Spinosa, la *substance infinie* se développe nécessairement par une *infinité d'attributs infiniment modifiés*. D'après Hégel, l'*idée*, qui représente l'*essence des choses*, produit toutes les existences par les degrés successifs de son *évolution*.

Pour réfuter ces systèmes sans se perdre dans les détails, il suffit d'analyser exactement le *fait primitif de conscience* qui est le vrai fondement de la métaphysique, et d'en tirer les conséquences. Par la conscience, je sais que j'existe, c'est-à-dire que j'agis soit hors de moi, soit en moi. Si je produis un effort volontaire pour toucher une chose extérieure, je me saisis comme *cause* de cet effort volontaire en même temps que je perçois la résistance qui m'est opposée par la chose extérieure ; ainsi par mon acte je me connais intérieurement comme *sujet*, comme *force libre et intelligente*, et, par l'obstacle qui arrête mon acte, j'apprends qu'il y a hors de moi une chose que je me représente comme *objet*. Ces deux termes étant limités et corrélatifs, je remonte d'eux à leur raison d'être, à une *force infinie et absolue*, qui est Dieu. Cette analyse démontre contre le Panthéisme que, si l'expérience externe ne fait percevoir dans l'*objet* qu'un *phénomène*, l'expérience interne fait percevoir dans le *sujet* un *être réel*, puisque je me connais comme une *cause*, comme une *force intelligente et libre*, par suite, comme un *esprit* et comme une *personne*. Dieu étant la raison d'être de ma réalité, je ne puis l'entendre que comme une *activité intelligente et libre infinie*, un *esprit parfait*, une *personne absolue* dont je me distingue par la conscience. Il y a ainsi, comme l'enseigne Maine de Biran, deux termes complétement distincts ; la personne-moi, d'où tout part, et la personne-Dieu, où tout aboutit. L'erreur fondamentale du Panthéisme consiste dans la confusion de ces deux personnalités, dans l'absorption de l'une par l'autre. La gravité de cette erreur peut se juger par ses conséquences théoriques et pratiques.

La *personnalité humaine* est le vrai fondement métaphysique de nos *devoirs* et de nos *droits civils et politiques* ; elle est inviolable et sacrée parce qu'elle fait partie d'un *ordre intelligible et moral* dont le principe est la *personnalité divine*, type absolu de la justice et de la sainteté. Anéantissez la personnalité humaine et la personnalité divine, notre âme n'est plus qu'un *phénomène passager* et Dieu un *idéal abstrait* ; il n'y a plus d'autre réalité qu'une *substance infinie, qui passe successivement par tous les modes possibles de l'existence* ; tout ce qui est, arrive nécessairement ; par suite, il n'y a plus de différence, entre ce qui *est* et ce qui *doit être* ; la *liberté*, le *devoir* et le *droit* ne sont plus que des mots.

La vérité de ces conséquences est prouvée par l'histoire contemporaine. Interprété dans le sens idéaliste, le Panthéisme a conduit à la théorie de l'*indifférence morale* professée par l'*École critique*. Interprété au contraire dans le sens naturaliste, le Panthéisme est devenu, en s'infiltrant dans les masses, le principe métaphysique du *Communisme* et du *Socialisme*, dont le but commun est de détruire ou d'affaiblir au profit d'un despotisme centralisateur tout ce qui fait l'énergie et l'indépendance de l'individu, liberté civile et politique, propriété, famille, croyances religieuses. Pour combattre ces déplorables erreurs, qu'on nomme spécieusement *idées humanitaires*, il faut maintenir la distinction réelle de la *personnalité humaine* et de la *personnalité divine* ; mais il faut aussi maintenir leur union : car séparer Dieu du moi et du monde, c'est tomber dans l'erreur opposée à celle du Panthéisme.

Consulter Bouillet, *D. des sciences*, art. *Métaphysique, Panthéisme, Critique (école)* ; Charles, *Lect. de phil.*, II, p. 522-530 ; Janet, *Problèmes du XIX° siècle*, I, III, et IV, II ; Fouillée, *Hist. de la philosophie* (Brahmanisme, Spinoza, Hégel).

249. En quoi consistent le *Panthéisme* et l'*Athéisme* ? Quels sont leurs rapports et leurs différences ? (13 nov. 1874).

Plan. Les faux systèmes en Théodicée se rattachent à deux principaux, le *Panthéisme* et l'*Athéisme*. Partant de principes opposés, ils aboutissent à des conséquences analogues.

D'après le *Panthéisme matérialiste* ou *Naturalisme*, Dieu est une *force active unie à la nature* et y constituant tous les degrés et toutes les formes de l'être. — D'après le *Panthéisme idéaliste*, toute la réalité consiste dans Dieu ; la *substance infinie et absolue* produit nécessairement, par *émanation* ou par *développement* ou par *évolution*, une variété infinie d'êtres relatifs et finis qui perpétuellement sortent de son sein et reviennent s'y absorber. — Dans ces deux systèmes, l'anéantissement de la *personnalité divine* supprime la *Providence*; l'anéantissement de la *personnalité humaine* supprime la *liberté*, le *devoir* et le *droit*, la *responsabilité morale* et l'*immortalité de l'âme* ; par suite, les institutions sociales conformes à ce système subordonnent à un despotisme centralisateur tout ce qui fait l'énergie et l'indépendance de l'individu, liberté civile et politique, propriété, famille, croyances religieuses (cf. 248).

L'*Athéisme* est contraire au *Panthéisme* en ce qu'il n'accorde de réalité qu'aux individus. — L'*Athéisme matérialiste*, dont la forme scientifique est le *Positivisme*, n'admet comme réel que ce qui est connu par les *sens* et par le *raisonnement*, c'est-à-dire la *matière* avec les lois de son activité ; par suite, il nie l'existence de Dieu dans l'univers et l'existence d'un principe spécial de la pensée et de la volonté dans l'homme. — L'*Athéisme idéaliste* distingue l'*esprit* d'avec le corps, mais réduit *Dieu* à n'être qu'un *idéal* pensé par l'esprit de l'homme. — Ces deux espèces d'Athéisme conduisent également à nier toute *religion*, parce qu'il n'y a pas de religion sans la croyance à l'existence de Dieu et de l'immortalité de l'âme ; elles détruisent le *principe de la morale*, qui est la *loi établie par Dieu* (cf. 255), et sa *sanction*, qui est la *vie future* (cf. 289) ; elles ne lui laissent d'autre règle que l'intérêt personnel.

Telles sont les doctrines et les conséquences du Panthéisme et de l'Athéisme philosophique dans notre siècle. Si l'on étudie l'histoire des religions, on arrive aux mêmes résultats. Dans l'Orient, dans la Grèce et dans l'Italie, le *Panthéisme* a engendré le *Polythéisme*, qui livre la domination de l'univers à une multiplicité de puissances dont aucune n'a une suprématie bien établie, et le *Mysticisme*, qui lui-même favorise l'illuminisme, la divination et les sciences occultes. Quant à l'*Athéisme*, il n'a jamais rien fondé ; il n'est qu'une négation contraire à la nature humaine qui a besoin de croyances religieuses, et qui s'abandonne à la *superstition* (p. ex. aux pratiques du *spiritisme*) plutôt que de ne croire en rien.

Consulter Bouillet, *D. des sciences*, art. *Panthéisme*, *Athéisme*, *Positivisme*; Th. H. Martin, *Les Sciences et la Philosophie*, Essai VI, § 1 et 5.

MORALE

Objet de la Morale. Son utilité.

250. La Morale est-elle une science ou un art? (2 août 1871.)

Dissertation. L'homme exerce son activité sous deux formes, la *spontanéité*, dans laquelle il suit volontairement son instinct ou son inclination ; la *liberté*, dans laquelle il réfléchit, il délibère, il examine le but et le motif de l'acte, et il se détermine à l'accomplir sans contrainte et avec connaissance de cause. Il est donc capable de se gouverner, ce qui implique une *science* ou un *art* qu'on nomme Morale.

On considère la Morale comme une *science* quand on en étudie les principes, qu'on peut formuler ainsi. 1° La volonté ne peut se déterminer à agir sans avoir un *but* ou un *objet* conçu par l'intelligence et désiré par la sensibilité ; ce but ou cet objet est le *bien en soi*, ce qui est essentiellement bon et souverainement désirable. En tant qu'elle en définit la nature, *la Morale est la science du bien*. 2° La volonté ne peut poursuivre et atteindre son but sans avoir une *règle* d'action uniforme et constante, une *loi* absolue et universelle ; cette loi est le *devoir*, dont le nom exprime le caractère obligatoire. En tant qu'elle en définit la nature, *la Morale est la science du devoir*. — On comprend facilement que ces deux définitions sont liées ensemble. D'un côté, le devoir consiste à faire le bien ; d'un autre côté, le bien implique une règle d'action qui le réalise. En réunissant ces deux points de vue, on dit que *la Morale est la science qui nous enseigne notre destinée et les moyens de l'accomplir*.

On considère la Morale comme un *art*, quand on examine comment l'homme arrive à connaître, à aimer et à vouloir le bien, ou ce qui revient au même, à accomplir son devoir. 1° L'homme a certaines dispositions ou inclinations qui, cultivées par l'éducation et développées par la pratique, deviennent des habitudes appelées *bonnes mœurs* ou *vertus*. En tant qu'elle forme ainsi notre caractère et qu'elle corrige nos défauts, *la Morale est l'art d'acquérir de bonnes mœurs* (définition qui explique l'étymologie du mot *Morale*, en latin, *Moralis disciplina*). 2° L'homme aspire au *bonheur* qui ne consiste pas dans des plaisirs passagers, quelque vifs qu'ils soient, mais dans un contentement calme et constant où l'on trouve sans cesse de nouvelles jouissances. La *vertu* est la principale condition du *bonheur*. Par suite, en tant qu'elle nous enseigne à arriver au bonheur par la vertu, *la Morale est l'art d'être heureux*[1]. 3° La *vertu* étant le principe dont le *bonheur* est la conséquence, on dit, en exprimant leur union : *la Morale est l'art de bien vivre*.

La liaison qui existe entre les définitions de la Morale correspond à la liaison des idées qui en sont les fondements. 1° Le *bien* est la perfection de la nature humaine, l'accomplissement de sa destinée. 2° Le *devoir* consiste à faire librement le bien. 3° La *vertu* est l'habitude d'accomplir son devoir. 4° Le *bonheur* est la conséquence de la vertu.

En résumé, la Morale est une *science*, parce qu'elle implique la connaissance de certains principes, et un *art*, parce qu'elle implique la pratique de certains préceptes. Elle apprend à l'homme à se gouverner comme il convient à un être raisonnable, à régler ses sentiments, ses pensées et ses volontés, et à soumettre à son âme le corps qui lui sert d'instrument.

Lire Charles, *Lect. de phil.*, II, p. 168-176 ; Janet, *Élém. de morale*, ch. I, § 2.

Division et méthode de la Morale. Rapports de la Morale et de la Psychologie.

251. En quoi la Morale suppose-t-elle la Psychologie ? (5 mai 1870.)

Dissertation. Comme la Logique, l'Esthétique et les autres parties de la philosophie, la Morale suppose la Psychologie. Pour déterminer leurs rapports, il faut examiner quelles sont les principales questions de la Morale et quelles données l'expérience et la raison fournissent pour les traiter.

La Morale se divise en deux parties, la *Morale théorique*

---

[1]. Leibniz : « La sagesse est la science du bonheur. » Cf. § 254.

qui étudie la nature, la valeur et l'origine des principes moraux, et la *Morale pratique* qui les applique à toutes les circonstances de la vie.

La *Morale théorique* ou *Morale générale* établit les principes suivants. 1° Le *bien en soi*, le *bien naturel de l'âme humaine* consiste dans la perfection de son essence, dans la réalisation de la destinée indiquée par sa nature, c'est-à-dire dans le développement régulier et harmonieux de ses facultés. 2° Le *devoir* ou la *loi* est l'obligation morale de faire volontairement le bien en soi. 3° Le *bien moral*, la *moralité* ou la *vertu* est l'accomplissement du devoir. 4° Par le bien moral, l'homme acquiert du *mérite*, c'est-à-dire augmente sa valeur morale. 5° Par le mérite, il se rend digne du *bonheur* qui constitue la *sanction morale* du devoir. — Dans cette théorie, les notions premières de *bien en soi*, de *devoir*, de *bien moral*, de *mérite* et de *sanction*, étant absolues et universelles, proviennent de la *raison*. On constate leur existence et leur valeur par *l'observation intérieure* dont les résultats sont contrôlés, complétés et confirmés par *l'observation extérieure* appliquée aux actions et au langage des autres hommes. Ensuite on analyse ces mêmes notions, on les explique et on les discute à l'aide du *raisonnement*. — Après avoir ainsi établi les conditions rationnelles de la Morale théorique, on en détermine les applications; sachant que le *bien naturel de l'âme humaine* consiste dans le développement régulier et harmonieux de ses facultés, on examine comment et dans quelles limites ce développement peut être réalisé. Ici la Psychologie nous apprend quelles sont les fonctions et les lois de l'intelligence, de la sensibilité et de la volonté, et comment le corps leur sert d'instrument (cf. 254). Les notions de *devoir*, de *droit*, de *bien moral*, de *mérite* et de *sanction morale* donnent lieu à des études analogues : il faut examiner quelle est la nature de l'agent qui connaît, qui aime et qui veut le bien, quelle puissance il trouve dans sa liberté pour l'accomplissement du devoir (cf. 278), etc. Car on ne rédige pas des prescriptions pour un être abstrait, comme le sage des Stoïciens et de Kant, mais pour un être concret et réel, pour l'homme tel que le montre l'expérience de la vie.

La *Morale pratique* ou *Morale particulière* applique les principes de la Morale théorique aux rapports de l'homme avec lui-même, avec ses semblables et avec Dieu. — 1° Morale individuelle. *Le devoir de l'homme est de respecter et de développer* en lui-même ce qui fait l'essence humaine et constitue sa dignité personnelle, la liberté unie à l'intelligence et à l'amour. Pour déduire les conséquences de ce principe, il faut, comme dans la théorie du *bien en soi*, consulter la Psychologie, et même, en traitant de l'intelligence, faire quelques emprunts à la Logique et à l'Esthétique (cf. 286). — 2° Morale sociale. *Le devoir de l'homme est de respecter dans ses semblables le développement de l'essence humaine et d'y concourir selon son pouvoir.* Ce principe est corrélatif au précédent et s'appuie également sur la Psychologie. — 3° Morale religieuse. *Le devoir est de respecter et d'aimer Dieu, comme le législateur et le juge des êtres raisonnables, comme la source de la perfection morale, de la justice et de la béatitude.* Ici il faut s'élever de la connaissance de l'homme à celle de Dieu pour déterminer leurs rapports, et compléter la Psychologie par la Théodicée (cf. 252).

Pour conclure, la Morale est une science qui emploie concurremment la *méthode expérimentale* et la *méthode démonstrative*; par la première, elle emprunte à l'observation psychologique la connaissance de l'agent moral pour lequel elle rédige ses prescriptions; par la seconde, elle définit et développe les notions rationnelles sur lesquelles elle s'exerce, puis elle en tire les conséquences et les applications.

Lire Janet, *Élém. de morale*, ch. I, § 2.

Rapports de la Morale et de la Théodicée.

252. Des rapports de la Morale et de la Théodicée. (22 août 1868.)

253. Peut-on séparer la Morale de la Théodicée? (21 juillet 1874.)

Dissertation. Étudiée dans ses principes, la Morale part de la Psychologie et aboutit à cette partie de la Métaphysique qui traite de Dieu et que l'on nomme Théodicée. De là résultent les rapports de ces deux sciences.

Pour déterminer ces rapports, résumons d'abord les principes de la Morale. 1° Le *bien en soi* ou *bien naturel de l'âme humaine* consiste dans la perfection de son essence, dans la réalisation de la destinée indiquée par sa nature, c'est-à-dire dans le développement régulier et harmonieux de ses facultés. 2° Le *devoir* est l'obligation morale de faire volontairement le bien. 3° Le *bien moral*, la *moralité* ou la *vertu* est l'accomplissement du devoir. 4° Par le bien moral, l'homme acquiert du *mérite*, c'est-à-dire augmente sa valeur morale. 5° Par le mérite, il se rend digne du *bonheur*, qui constitue la *sanction* du devoir. — Pour établir la théorie de ces principes, la Morale a besoin du concours de la Psychologie et de la Théodicée. Elle emprunte à la Psychologie la connaissance de l'âme humaine (cf. 251). Elle emprunte à la Théodicée la connaissance de la Cause première qui est la raison d'être de l'âme humaine. En effet, elle ne se borne pas à poser les principes que nous venons d'énumérer et à en tirer les conséquences pratiques. Son œuvre propre est d'étudier ces principes, d'en établir la nature, l'origine et la valeur, par l'analyse des idées rationnelles qu'ils contiennent. Or, quand elle approfondit la nature, l'origine et la valeur réelle de ces idées, elle est obligée de remonter à la Théodicée et, selon l'expression de Bossuet, de s'élever de la connaissance de l'homme à celle de Dieu. Il est aisé de démontrer cette vérité. 1° Par le développement régulier et harmonieux de ses facultés, l'âme humaine réalise le *bien en soi*, le *bien propre à sa nature*, la *perfection de son essence*, sa *destinée*. Or, n'ayant pas sa raison d'être en elle-même, elle tient évidemment de Dieu ses facultés ; par suite, elle tient aussi de lui ce qui correspond à l'exercice de ses facultés, son *bien naturel*, sa *perfection*, sa *destinée*. Par la conception de cette vérité, elle est conduite à reconnaître que Dieu est la source de toute excellence [1], le principe suprême de la personnalité morale d'où découlent ses devoirs et ses droits, le type absolu de la justice et de la sainteté. 2° La raison impose à la volonté *l'obligation morale* de faire le bien ; or l'autorité de ce commandement, étant *absolue et universelle*, suppose un principe supérieur, comme toute loi suppose un législateur. A ce

---

1. « On peut distinguer deux sortes de rapports, des rapports de grandeur et des rapports de perfection, des vérités spéculatives et des vérités pratiques, des rapports qui n'excitent par leur évidence que des jugements, et d'autres rapports qui excitent encore des mouvements. Deux fois deux font quatre ; c'est un rapport d'égalité en grandeur ; c'est une vérité spéculative qui n'excite point de mouvement dans l'âme, ni amour, ni haine, ni estime, ni mépris, etc. L'homme vaut mieux que la bête ; c'est un rapport d'inégalité en perfection qui exige non-seulement que l'esprit s'y rende, mais que l'amour et l'estime se règlent par la connaissance de cette vérité. Dieu renferme en lui tous les rapports de perfection. Or, il connaît et il aime tout ce qu'il renferme dans la simplicité de son être. Donc il estime et il aime toutes choses à proportion qu'elles sont aimables et estimables. » (Malebranche, *Entretiens sur la Métaphysique*, VIII.)

point de vue, obéir au *devoir*, c'est obéir à la *volonté de Dieu*, c'est se conformer à l'ordre universel qu'il a établi en créant le monde. 3° Par la *vertu*, l'âme humaine se rend digne du *bonheur*; or elle n'en jouit dans cette vie que d'une manière très-incomplète; elle est donc amenée à concevoir que cette sanction, étant souverainement juste, doit être réalisée dans une autre vie par Dieu même et elle l'attend de lui avec confiance.

De là résultent les rapports de la Morale et de la Théodicée. La Morale donne à la Théodicée la preuve de l'existence de Dieu considéré comme souverain législateur et souverain juge. La Théodicée communique à la Morale son caractère religieux; elle donne à la règle reconnue comme obligatoire par notre raison une autorité souveraine et une sanction suprême en nous montrant dans l'Être premier la source de la perfection, de la justice et de la béatitude, parce qu'il contient au premier degré les qualités effectives des êtres. Le perfectionnement moral n'est donc que la participation progressive de la nature humaine à l'excellence divine, ce que Platon nomme l'*imitation de Dieu*, et Bossuet, la *conformité de l'âme avec Dieu* (cf. 234).

Quoique la Morale soit liée à la Théodicée, elle en est séparée en ce sens qu'elle forme une science à part et que les devoirs individuels et sociaux ne doivent pas être absorbés dans les devoirs religieux. Cependant la Morale n'est pas séparée de la Théodicée dans le sens où l'entend une école contemporaine, qui s'appelle l'*École de la morale indépendante*. D'après elle, la Morale et le Droit ont un fondement indépendant de toute croyance à l'existence de Dieu et à la vie future, savoir le *principe de la dignité personnelle* ainsi formulé : *Respecte en toi et en autrui la dignité de l'homme*. On oppose à cette théorie le dilemme suivant : ou ce principe est donné par la raison, et il faut avec elle chercher dans la participation de l'homme à l'ordre intelligible et divin la cause de l'*inviolabilité de la personne humaine*; ou ce principe n'est qu'un fait, et il est sans autorité : car un *fait* nous montre *ce qui est*, non *ce qui doit être*. Dans la réalité, l'expérience nous apprend que la personne humaine est tantôt respectée, tantôt violée; elle ne nous fournit aucune règle, elle ne nous donne pas les idées de *devoir* et de *droit*. D'un autre côté, il est impossible de rendre la pratique indépendante de la théorie. Le Matérialisme et le Positivisme ne peuvent avoir la même morale que le Spiritualisme. On en trouve la preuve dans les doctrines professées par les sectes socialistes de notre siècle.

MORALE THÉORIQUE

I. THÉORIE DU BIEN.

**Le bien en soi ou bien absolu. Le bien moral.
Le bien sensible ou bonheur.**

254. Qu'appelle-t-on *bien moral?* Quelle distinction doit-on établir entre le *bien absolu* ou *bien en soi* et le *bien moral?* (27 octobre 1873.)

Dissertation. La *Morale* est la *science du bien.* Il s'en suit qu'en abordant l'étude de cette partie de la philosophie la première question que nous ayons à poser et à résoudre est celle-ci. Qu'est ce que le *bien?* Or, le bien étant ou le *but* ou la *règle* de la volonté, nous devons, pour en trouver la véritable définition, examiner comment nous arrivons à déterminer le caractère moral des actions que nous faisons librement.

I. Je suppose que je me demande si le travail est meilleur que l'oisiveté. J'analyse l'idée du travail, et je formule les jugements suivants : « 1° L'exercice des facultés propres à l'homme est un *devoir*, en d'autres termes, une *obligation morale* ou *loi morale* universelle et absolue, inconditionnelle et impersonnelle; 2° la volonté d'accomplir ce devoir, uniquement par respect pour son caractère obligatoire, est une chose moralement bonne. » En généralisant ce second jugement, j'ai la définition du bien moral, qui peut se formuler ainsi : *Le bien moral consiste dans la volonté d'accomplir le devoir.* Il a pour caractère le *désintéressement*, parce que sa condition essentielle est l'obéissance au devoir, quelles qu'en soient les conséquences agréables ou pénibles. Il a pour conséquence le *mérite*, c'est-à-dire un accroissement de valeur morale, qui rend l'agent digne d'une récompense proportionnée à la grandeur de son effort.

II. En vertu de sa définition, le bien moral suppose le devoir; mais le devoir lui-même suppose une raison d'être. Je reprends l'exemple cité plus haut : « L'exercice des facultés propres à l'homme est un devoir. » Je me demande en vertu de quel principe je porte ce jugement. La seule réponse que je trouve, c'est que l'exercice des facultés propres à l'homme a une valeur intrinsèque qui le rend obligatoire, qu'il est bon par sa nature seule, qu'il est bon en soi et d'une manière absolue. Je suis ainsi amené à reconnaître qu'il y a au-dessus du bien moral une autre espèce de bien, qui est le *bien naturel de l'homme*, le *bien en soi* ou le *bien absolu*. Pour trouver en quoi il consiste, il est nécessaire de considérer successivement les deux substances dont l'union constitue l'homme dans la vie actuelle, le corps et l'âme.

Quand nous étudions le corps humain, notre raison conçoit que tous les organes ont chacun une fin, et l'observation nous montre qu'ils remplissent en effet chacun une fonction spéciale, comme la digestion, la circulation du sang. Le système qu'ils forment par leur corrélation a lui-même une fin à laquelle tous concourent par leur action générale, fin qui est la nutrition et la conservation de l'ensemble. En outre, le corps subit insensiblement des changements successifs dont le but est d'acquérir peu à peu une forme déterminée, de telle sorte que, lorsqu'il l'a complétement acquise, il entre dans un déclin qui se termine par la mort. Dans cette étude, notre raison ne se borne pas à appliquer le principe des causes finales d'abord à chaque partie de l'organisme, puis à l'organisme entier ; elle juge encore qu'il y a bien quand chaque partie remplit sa fonction, quand l'organisme entier se nourrit et se conserve, quand l'évolution vitale s'accomplit régulièrement. Cette conception peut se résumer en cette définition : *Le bien naturel du corps est l'accomplissement de la fin qui répond à son organisation, le développement régulier et harmonieux de ses aptitudes.* Il y a ordre quand ce développement est réalisé ; et désordre, quand il est entravé par l'action d'une cause extérieure.

Cependant le corps ne vit pas pour lui-même. Les fonctions vitales, comme la nutrition, sont subordonnées aux fonctions de relation qui, par les organes des sens et du mouvement, servent à l'âme pour connaître les objets extérieurs et pour exercer sur eux sa force motrice : or si les premières sont indépendantes de la volonté, les secondes y sont soumises. Il en résulte que la fin du corps est de servir d'*instrument* à l'âme en lui fournissant les conditions physiologiques actuellement nécessaires à l'exercice de ses facultés. C'est donc l'âme qui constitue la partie essentielle de l'homme.

Le *bien naturel de l'âme humaine* se détermine, comme celui du corps, à l'aide de deux principes rationnels : *le bien d'un être est l'accomplissement de sa fin*, et *la fin d'un être est le développement de son essence*. En analysant l'idée que l'âme acquiert d'elle-même par l'expérience de la vie spirituelle, on est conduit à reconnaître qu'elle est une *force qui a conscience d'elle-même*, qui agit sans cesse en elle ou hors d'elle, qui sans cesse tend à agir et qui est tout entière dans chacun de ses actes. On y distingue trois facultés principales, la sensibilité, l'intelligence et la volonté. Pour en trouver la vraie nature, il faut considérer leurs opérations propres, telles que nous les révèle l'observation psychologique. La fonction de l'*intelligence* est de connaître en s'élevant des choses variables et particulières que perçoit l'expérience aux choses invariables et générales dont la raison conçoit les principes, c'est-à-dire aux essences des êtres et à leurs rapports; son bien est donc la *vérité*. La fonction de la *sensibilité* est de nous faire éprouver pour les autres êtres un attrait proportionné à leur degré de perfection, c'est-à-dire à leurs qualités physiques, intellectuelles et morales, dont on voit croître le nombre et l'intensité quand on parcourt l'échelle des êtres, en passant du minéral au végétal, du végétal à l'animal, de l'animal à l'homme, et dans l'homme de la vie sensitive à la vie raisonnable; le bien de la sensibilité est donc l'*amour de la perfection* et l'*amour de la beauté*, qui est l'expression de la perfection sous une forme sensible. La fonction de la *volonté* est d'exercer pleinement l'activité qui fait le fonds de notre être en subordonnant le corps à l'âme et l'instinct à la liberté; le bien de la volonté est donc la *liberté*, non la simple faculté de prendre une détermination, mais l'habitude d'agir d'après les principes de la raison, habitude qui constitue la *personnalité*. — Quoique la sensibilité, l'intelligence et la volonté aient chacune une fonction distincte, toutes les trois concourent à une action commune dont leur accord et leur équilibre font l'ordre et l'excellence. D'ailleurs, comme elles ne manifestent que successivement leurs diverses aptitudes, la vie de l'âme a son évolution comme la vie du corps : elle débute par la sensation et l'instinct, elle exerce ensuite son activité créatrice par l'imagination, le sentiment et la volonté, puis par la raison, l'amour et la liberté; enfin elle conserve par la mémoire et l'habitude ce qu'elle a précédemment acquis. Cette analyse nous conduit à cette définition : *Le bien naturel de l'âme est le développement régulier et harmonieux de ses facultés* [1]. C'est le *bien naturel de l'âme*, parce qu'il est la plénitude de son activité naturelle. Il est propre à l'individu parce qu'il est le développement de son essence propre, et il est commun à tous les hommes, parce

---

1. Janet, *Morale*, p. 78.

que tous ont une essence commune qui est le fondement de leur fraternité ; il définit donc aussi la destinée du genre humain. Il représente la *perfection* ou l'*idéal*, c'est-à-dire la nature humaine portée au plus haut degré de plénitude, par conséquent quelque chose d'infiniment supérieur à ce qui est. Il est encore appelé *bien en soi* et *bien absolu*, parce qu'il a une valeur intrinsèque et effective, qu'il ne dépend pas de nos passions et de notre intérêt, qu'il est la raison d'être de la loi morale et du plaisir au lieu d'en être le résultat. Il fait ainsi partie de l'*ordre universel* établi par Dieu qui, en donnant à chaque être sa nature, lui a par cela même donné sa destinée et son bien. Il est donc l'accomplissement de la *volonté divine*, qui ne peut être que l'amour du bien ; il unit l'homme à Dieu comme il l'unit à l'humanité.

Cette analyse peut se résumer en ces deux définitions.

« 1° Le *bien en soi* est le développement régulier et harmonieux des facultés de l'homme. 2° Le *bien moral* est la volonté d'accomplir le bien en soi par respect pour son caractère obligatoire. » Il résulte de là que le *bien en soi* est *objectif*, parce qu'il consiste à atteindre une fin déterminée ; et que le *bien moral* est *subjectif*, parce qu'il consiste dans l'intention de l'agent. Cette distinction est importante ; l'agent ne peut pas toujours connaître le bien en soi et l'accomplir ; mais il peut toujours le vouloir et s'y appliquer selon ses forces et dans la mesure où il le connaît. C'est par là qu'il mérite ou démérite, qu'il se rend digne des récompenses ou des peines qui sont la sanction de la loi morale.

Cette distinction du *bien en soi* et du *bien moral* a été méconnue par les Stoïciens et par Kant. Ils ont parfaitement décrit les caractères du *devoir*, mais ils n'en ont pas défini l'objet, qui est l'*accomplissement du bien en soi* ; pour employer une expression scolastique, ils ont déterminé la *forme* du devoir, ils n'en ont pas déterminé la *matière* (cf. 255), comme l'a démontré Jouffroy dans son *Cours de Droit naturel*, et après lui M. Janet dans sa *Morale*.

III. Outre le *bien en soi* et le *bien moral*, il y a une troisième espèce de bien, savoir, le *bien sensible* ou le *bonheur*, qui est la conséquence des deux autres. Chaque fois que l'homme fait un acte conforme au bien en soi ou au bien moral, il éprouve du plaisir, et l'ensemble des plaisirs qu'il peut ainsi goûter constitue le bonheur. Épicure s'est trompé à cet égard en donnant pour fondement à sa morale l'intérêt, c'est-à-dire la recherche du bonheur, abstraction faite du bien en soi et du bien moral qui en sont les principes (cf. 263).

Pour conclure, si l'on veut indiquer ce qu'il y a de commun dans les trois espèces de bien, on peut dire que la *perfection de l'essence humaine*, lorsqu'elle est réalisée, constitue le *bien en soi*; lorsqu'elle est connue, aimée et voulue, le *bien moral*; lorsqu'elle est sentie, le *bien sensible* ou *bonheur*.

REMARQUE. Le Bien a des analogies avec le Vrai et le Beau. Par suite, certains philosophes ont confondu ces trois choses : ainsi Wollaston a soutenu que la vertu consiste dans l'affirmation de la vérité ; Platon a identifié le Bien avec le Beau en les unissant dans un seul mot, τὸ καλοκἀγαθόν, et sa doctrine sur ce point a été suivie par les Stoïciens. Il importe donc de distinguer ces trois choses avec précision, comme l'a fait V. Cousin dans son livre *du Vrai, du Beau et du Bien*, et après lui M. Janet dans sa *Morale* (I, vi).

1° Objectivement, au point de vue de la métaphysique, le *vrai*, est *ce qui est*, la *réalité*, c'est-à-dire l'ensemble des êtres et des lois qui les régissent (cf. 90); subjectivement, au point de vue de la logique, le *vrai* est la *conformité de la pensée à son objet* (cf. 141). Quand l'intelligence perçoit la réalité, elle l'affirme nécessairement (cf. 144); mais cette intuition n'impose rien à la volonté (p. 234, note 1). — Objectivement, le *bien* est la *perfection de l'essence des choses* qui impose à l'agent libre la loi morale, c'est-à-dire qui commande à la volonté sans la contraindre. Subjectivement, le *bien* est la *conformité de la volonté à la loi morale*. — Les vérités scientifiques sont spéculatives ; les vérités morales sont pratiques.

2° Objectivement le *beau* est l'*union de l'intelligible et du sensible*, *l'idée manifestée par la forme*, *l'invisible exprimé par le visible* (cf. 92). L'art va de l'idée générale et abstraite à la forme individuelle et concrète, qui est la condition essentielle de la beauté, tandis que la *vertu* fait servir nos organes, notre vie, nos facultés, à réaliser en nous l'idéal de la personne humaine. Enfin, le beau est impersonnel et extérieur, tandis que le bien est personnel et intérieur. — Subjectivement, le *sentiment esthétique* est l'émotion agréable que le beau produit en nous (cf. 92) ; mais le beau moral ne nous touche que parce que nous ne sommes pas chargés de le réaliser. Au contraire, le *sentiment moral* est l'émotion noble, mais pénible, que détermine en nous la conscience de notre responsabilité quand nous concevons un devoir à accomplir (cf. 274).

II. THÉORIE DU DEVOIR ET DE L'INTÉRÊT.

Nature et fondement de l'obligation morale.

255. De l'*obligation morale*. En quoi elle consiste et ce qu'elle produit en nous. (16 août 1866; 27 juillet 1872.)

Dissertation. Pour que la morale soit possible, il faut que l'homme remplisse deux conditions, qu'il soit libre et qu'il ait une règle de conduite. La morale emprunte à la psychologie la connaissance de la *liberté*. Il lui appartient de résoudre ces deux questions : « 1° Y a-t-il pour l'homme une *règle obligatoire* ? 2° S'il y en a une, quelle est-elle ? »

Qu'il y ait pour l'homme une *règle obligatoire*, c'est un fait dont la réalité nous est attestée par notre expérience personnelle et par les croyances des autres hommes, par la distinction du bien et du mal, par les idées de devoir, de vertu, de mérite, par les sentiments de remords et de satisfaction, par les peines et les récompenses. Il reste à déterminer quelle est cette règle. Pour résoudre cette question, il faut passer en revue les motifs de nos actions et trouver quel est celui qui réunit les caractères d'une règle universelle et obligatoire, en même temps qu'il explique les faits de la vie morale.

Prenons un exemple : un ami me demande de lui rendre un service, par exemple, de l'aider dans une affaire. Je m'empresse de lui accorder mon concours. Je puis agir par sentiment, par intérêt ou par devoir.

Si j'agis par *sentiment*, j'éprouve de la sympathie pour le caractère de mon ami ou je suis ému par son embarras. Cette sympathie et cette émotion dépendent des circonstances, de la disposition d'esprit où je me trouve, etc. Le sentiment est donc une chose inégale et variable. Je prends pour règle : « Rends service à ton ami, parce que tu sympathises avec lui ; » cette règle n'a rien d'obligatoire ; il n'y a pas nécessité morale de subordonner l'*amour de soi* à la *sympathie*.

Si j'agis par *intérêt* (motif qu'on nomme encore *amour de soi, égoïsme, plaisir, utilité*), je calcule ce que me coûtera le service qui m'est demandé et ce qu'il me rapportera. Je promets d'accorder mon concours ou d'accomplir un travail à la condition que mon ami s'engage de son côté formellement ou tacitement à me procurer un plaisir égal à la peine que je prends.

Je me détermine d'après cette maxime : « Rends service à ton ami, parce que cela t'est utile. » Elle n'a rien d'obligatoire ; je puis m'exempter de l'acte en renonçant à l'avantage qu'il aura pour moi. D'ailleurs l'utilité de mon action ne sera certaine que quand elle aura produit toutes ses conséquences. Ce n'est donc pas là une règle absolue et universelle, telle qu'elle serve de fondement à la morale.

Si j'agis par *devoir*, je raisonne ainsi : « 1° Le *bien naturel de l'homme* est de développer en lui-même ce qui constitue l'essence humaine et d'y concourir dans ses semblables. L'amitié en est une des conditions ; or elle implique un engagement tacite entre deux hommes de se rendre de mutuels services, en sorte que l'un puisse compter sur l'autre ; donc il est *bien en soi* de rendre service à un ami. 2° Puisqu'il est bien en soi de rendre service à un ami, je suis tenu, en ma qualité d'être libre et intelligent, d'accomplir cet acte, quelles qu'en soient pour moi les conséquences ; c'est une *obligation morale*, une *loi*, un *devoir*. » Si j'examine les caractères de ce devoir, je conçois qu'il est *absolu* ; il me détermine par l'idée d'un objet supérieur à mes dispositions, et cela immédiatement, sans considérer les conséquences de l'action, comme les considère l'amour de soi. Par suite, il est *universel*, il commande la même chose à tous les hommes dans les mêmes circonstances. Il constitue ainsi une règle constante de conduite à laquelle il faut subordonner le sentiment et l'intérêt ; il est donc le vrai principe de la morale, lors même qu'il est méconnu ou mal interprété (cf. 272).

Il résulte de cette analyse que le *devoir* constitue un rapport entre deux termes, dont l'un est l'*objet* ou le *but*, savoir le bien en soi, la perfection de l'essence humaine ; et l'autre est le *sujet* ou l'*agent*, savoir l'être libre et raisonnable, la personne morale. Ce rapport est déterminé par la nature de l'objet et par celle du sujet. L'objet est *absolu* et *universel* ; il communique ses caractères au devoir. Le *sujet* est *raisonnable* et *libre* : par sa raison, il conçoit que le bien en soi consiste à développer l'essence humaine et à acquérir ainsi la perfection qui lui est propre ; par sa *liberté*, s'il est réellement libre, s'il est maître de lui, s'il commande à ses appétits et à ses passions, il conforme ses résolutions à sa raison ; par suite, il ne peut concevoir le bien naturel de l'essence humaine sans *vouloir* en même temps le réaliser autant qu'il est en lui. Cette *nécessité morale* s'appelle *obligation morale*, parce qu'elle établit entre le bien en soi et l'agent une liaison qui implique la liberté et la raison, tandis que *l'obligation juridique* implique la faculté de coercition ; ou *loi morale*, parce qu'elle est une règle obéie à cause du *respect* qu'elle inspire, tandis que la *loi civile* est une règle obéie à cause de la *sanction pénale* qui y est attachée ; ou *devoir*, parce qu'elle commande ce que l'agent *doit faire*, tandis que la loi physique consiste dans ce que l'agent *fait*. Enfin, si l'on remonte de l'essence humaine à l'essence divine qui est son principe, l'obligation morale devient *l'obligation religieuse* qui relie l'homme à Dieu considéré comme souverain législateur et souverain juge.

Kant, dans les *Fondements de la métaphysique des mœurs*, a fort bien décrit les caractères de *l'obligation morale* ; il la définit la *nécessité de faire une action par respect pour la loi* ; mais il la réduit à une forme vide en affirmant qu'elle commande sans égard à aucun but ; il méconnaît ainsi sa condition exprimée ou sous-entendue, *l'accomplissement du bien en soi* (cf. 254). En effet, toute détermination morale comprend deux jugements : « Telle action est ton devoir ; fais cette action parce que c'est ton devoir. » Pour connaître quelle action est un devoir, il faut considérer le but à atteindre et les circonstances particulières qui le déterminent ; il faut, s'il y a conflit entre deux devoirs, discerner quel est le plus important. Tant que la conscience n'a pas prononcé sur ce point, la volonté n'a pas d'objet, et sa décision est complétement arbitraire :

Sic volo, sic jubeo ; sit pro ratione voluntas.

La théorie de Kant étant incomplète, il faut reconnaître que, comme nous l'avons expliqué, *l'obligation morale* est un rapport entre le *bien en soi* et *l'agent raisonnable et libre* qui se reconnaît comme chargé de le réaliser. Elle a deux conséquences principales. 1° Le *bien moral* est l'intention de faire son devoir tel qu'on le connaît et dans la mesure où on le peut. Il se formule par ce proverbe populaire : « Fais ton devoir ; advienne que pourra ; » c'est-à-dire : « Fais ton devoir sans tenir compte des conséquences agréables ou désagréables que l'action peut avoir pour toi. » 2° L'habitude d'obéir avec intelligence et avec amour à la loi morale constitue la *vertu* dont la grandeur mesure le *mérite* et constitue le seul élément de *bonheur* qui soit en notre pouvoir.

Lire Janet, *Élém. de morale*, ch. V ; Bouillet, *D. des sciences*, art. *Devoir* ; Charles, *Lect. de phil.*, II, p. 223-214.

Principe de la loi morale.

256. Préciser le sens scientifique du mot *loi*. Montrer ce qu'est la loi : 1° dans le monde physique ; 2° dans le monde moral. (11 août 1866.)

Plan. Exister, c'est agir, c'est produire des phénomènes d'une manière déterminée qu'on nomme *règle*, *loi*. Par suite, tous les êtres agissent suivant une loi qui varie pour chacun selon ses propriétés ou ses facultés.

Dans le monde physique, qui se compose des corps, la *loi physique* est la manière fixe dont une cause produit son effet. Dans les sciences positives, la loi est la condition définie qui détermine invariablement la production d'un phénomène. Telle est la loi de l'attraction (cf. 206). L'agent n'étant pas libre, les mouvements qui se rapportent à cette loi s'accomplissent avec une régularité immuable et fatale, qui est la *nécessité*.

Dans le monde moral, qui se compose des âmes, il y a des *lois psychologiques*, *logiques*, *métaphysiques*, qui représentent également un ordre nécessaire et immuable. Quand de leur étude on passe à l'étude de la *loi morale*, qui est l'*obligation morale de vouloir le bien en soi* (cf. 255), on trouve que celle-ci se distingue des précédentes par un caractère particulier : l'agent étant libre, les actions qui sont conformes à cette loi ne s'accomplissent pas par *nécessité*, puisque cette loi peut être violée, mais par *respect* pour cette loi ; aussi ne représente-t-elle pas ce que les hommes *font*, mais ce qu'ils *doivent faire* ; c'est pour cela qu'on la nomme le *devoir* ; elle s'impose à l'agent raisonnable et libre qui, dès qu'il commande à ses appétits et à ses passions, ne peut concevoir son bien naturel sans vouloir le réaliser : c'est là le fondement de l'*obligation morale*.

Si l'on cherche la raison commune des *lois scientifiques* et de la *loi morale*, on la trouve dans l'intelligence et la puissance de Dieu qui, en donnant aux êtres leurs propriétés ou leurs facultés, leur a par cela même donné les lois qui s'y rapportent. Il en résulte que la *loi morale* peut s'appeler aussi *loi naturelle*, parce qu'elle est fondée sur la nature de l'homme considéré comme être raisonnable et libre ; et *loi divine*, parce qu'elle a Dieu pour auteur suprême, en tant qu'il a créé l'homme avec la raison et la liberté. C'est à ce point de vue que Montesquieu a dit : « *Les lois*, dans la signification la plus étendue, *sont les rapports nécessaires qui dérivent de la nature des choses... Il y a donc une raison primitive, et les lois sont les rapports qui se trouvent entre elle et les différents êtres, et les rapports de ces divers êtres entre eux.* »

Lire Charles, *Lect. de phil.*, II, p. 223-229; Bouillet, *D. des sciences*, art. *Loi*; Janet, *Élém. de morale*, ch. V, § 2.

Les divers motifs de nos actions.

257. Tous les sentiments du cœur humain se ramènent-ils à l'*amour-propre*, comme l'a pensé La Rochefoucauld? (5 août 1873.)

Plan. L'homme peut se déterminer par trois motifs, le *sentiment*, l'*intérêt*, le *devoir*. Le Chrémès de Térence, qui prend part au chagrin de son voisin, agit par sympathie (*Homo sum: humani nihil a me alienum puto*). Un négociant règle sa conduite sur son intérêt bien entendu. Le dévouement de Léonidas pour sa patrie et celui du chevalier d'Assas pour ses compagnons d'armes ont été inspirés par le devoir (cf. 255).

La distinction de ces trois motifs n'est pas admise par les moralistes qui professent le système de l'*intérêt personnel* ou de l'*intérêt bien entendu*. Ils ramènent tous les sentiments du cœur humain à l'*amour-propre*, comme l'a fait La Rochefoucauld dans ses *Maximes* : « Toutes les vertus vont se perdre dans l'*intérêt* comme les fleuves dans la mer. » D'après lui l'amitié, la reconnaissance, la bonté, la libéralité, etc., n'ont jamais pour objet que les avantages extérieurs qu'elles nous procurent.

Cette doctrine se réfute par les considérations suivantes. 1° L'expérience nous apprend que nos sentiments dérivent de deux penchants principaux : l'*amour de soi*, qui nous porte à faire les actes nécessaires à notre conservation ; la *sympathie*, source des affections bienveillantes et désintéressées qui nous portent à nous occuper des autres hommes. 2° Le *sentiment*, l'*intérêt* et le *devoir* sont d'accord dans beaucoup d'actes; par suite, ils concourent à nous y déterminer. Il n'est donc pas légitime d'affirmer *a priori* que nous écoutons un seul motif à l'exclusion des deux autres : une observation impartiale peut seule décider cette question. 3° Certains actes sont évidemment déterminés par le *sentiment* ou par le *devoir* seul à l'exclusion de l'*intérêt*, comme nous l'avons montré par les exemples cités ci-dessus.

Lire Janet, *Élém. de morale*, ch. IV, § 2 ; Bouillet, *D. des sciences*, art. *Amour de soi, Sympathie, Amitié*.

Principe du plaisir.

258. Quelle différence y a-t-il entre le *plaisir* et l'*intérêt*? Donner des exemples. (25 juillet 1874.)

Plan. Au début de la vie morale, l'homme est excité à exercer son activité par les besoins du corps et par les tendances qui le portent à développer les facultés de son âme. La satisfaction de ces besoins et de ces tendances a pour conséquences les émotions agréables qui leur correspondent (cf. 23).

Dès que la sensibilité est mise en jeu, la *recherche du plaisir* devient un principe, un mobile. Mais ce mobile est aveugle ; les actes auxquels il entraîne peuvent avoir des suites funestes. Par exemple, si j'éprouve la sensation de la faim et que je prenne une nourriture saine et frugale, le plaisir qui en résulte est bon ; parce qu'il se borne à la satisfaction d'un besoin naturel. Mais si, au lieu de consulter mon appétit, je me propose uniquement de me procurer un plaisir, je peux dépasser la mesure ou avoir recours à des mets trop savoureux, ce qui fatigue mon estomac ou m'expose aux maladies qu'amène l'intempérance ; dans ce cas, le plaisir que j'éprouve est mauvais, parce qu'il a pour suite la douleur. J'apprends ainsi qu'il vaut mieux suivre les préceptes de l'hygiène que céder à la gourmandise.

Comme nous venons de le voir, l'expérience enseigne à l'homme qu'il est profitable de ne pas se laisser entraîner sans réflexion par l'attrait des plaisirs, de considérer les suites de ses actions, d'en apprécier les avantages et les inconvénients, de s'abstenir d'un plaisir pour éviter une douleur et de supporter une douleur pour obtenir un plaisir. Elle l'amène ainsi à prendre pour règle de sa conduite l'*intérêt* ou l'*utilité*, dont le principe consiste à rechercher la plus grande satisfaction possible des tendances égoïstes de la nature humaine, ou, ce qui en est la conséquence, la plus grande somme possible de plaisirs pendant la plus grande durée possible.

Le *principe de l'intérêt* diffère du *principe du plaisir* en ce qu'il est réfléchi, qu'il calcule les conséquences probables des actions, tandis que le *principe du plaisir* est aveugle, qu'il cède à l'attrait d'un penchant en ne considérant que le résultat immédiat. Il occupe donc un rang plus élevé dans l'échelle de la moralité. Cependant il ne peut être la règle suprême de notre conduite, parce qu'il n'a point les caractères essentiels de la *loi morale* (cf. 260).

Lire Janet, *Élém. de morale*, ch. IV, § 1.

Principe de l'intérêt.

259. Caractères qui distinguent le principe du *devoir* du principe de l'*intérêt personnel*. (9 novembre 1869 ; 30 juillet 1870.)

260. Quels sont les caractères essentiels de la *loi morale*? Quels sont ceux de ces caractères qui manquent le plus à la règle de l'*intérêt personnel*? (6 novembre 1867.)

Plan. Les deux systèmes les plus importants en morale sont le système égoïste ou système utilitaire, qui a pour principe l'*intérêt personnel*, et le système rationnel, qui a pour principe le *devoir*. Pour apprécier la valeur relative de ces deux principes, il faut en examiner et en comparer les caractères (cf. 255).

L'*intérêt personnel* est le principe qui consiste à rechercher la plus grande satisfaction possible des tendances égoïstes de notre nature, ou, ce qui en est la conséquence, la plus grande somme de plaisirs pendant la plus grande durée possible (cf. 258). Le *devoir* est l'obligation morale d'accomplir le bien en soi (cf. 254). — Si l'on compare les caractères de ces deux principes, on reconnaît facilement leurs différences. 1° L'*intérêt* est *variable* selon les circonstances et les personnes, tandis que le *devoir* est *absolu* et *universel* (cf. 255). 2° L'*intérêt* ne donne que des *conseils*, tandis que le *devoir* donne des *ordres*. 3° L'*utilité* d'une action est incertaine tant que le résultat n'est pas atteint ; l'*obligation morale* de faire un acte est *évidente* : elle est déterminée immédiatement par la conscience avant l'accomplissement de cet acte et antérieurement à toute expérience (cf. 270). 4° Il n'est pas en notre pouvoir de réunir tous les éléments du *bonheur*. Il dépend toujours de nous de nous efforcer d'accomplir le *bien en soi*, de mériter par la pratique de la *vertu* (cf. 279). 5° Enfin, l'*intérêt* et le *devoir* n'ont pas les mêmes conséquences. On éprouve du *chagrin* quand on a commis une imprudence ; on a du *remords* quand on a manqué à son devoir.

La conclusion de cette discussion, c'est que le *devoir* est le véritable fondement de la morale, et qu'il faut lui subordonner l'*intérêt personnel.*

Le même raisonnement s'applique à l'*intérêt bien entendu* (cf. 263).

Lire Janet, *Élém. de morale*, ch. IV, § 2 ; Bouillet, *D. des sciences*, art. *Intérêt.*

261. Distinguer le principe du *devoir* des *calculs de l'intérêt* et des *règles de la prudence.* (13 août 1867.)

Plan. La morale a pour fondement le principe du *devoir*, c'est-à-dire l'obligation morale d'accomplir le bien en soi.

Il est *absolu* et *universel* (cf. 255). Ces deux caractères distinguent ses *ordres* des *calculs de l'intérêt* et des *règles de la prudence*, qui varient selon les circonstances et les personnes (cf. 259). En outre, le *devoir* commande l'accomplissement du bien en soi, parce que c'est notre *but* ; l'*intérêt* conseille certains actes, parce que ce sont des *moyens* d'atteindre l'objet que nous désirons, comme l'explique Kant : « Les *règles de l'intérêt* ou *maximes de la prudence* représentent la nécessité pratique d'une certaine action comme *moyen* pour quelque autre chose que l'on désire. Les *règles de la loi morale*, au contraire, représentent une action comme étant *absolument nécessaire par elle-même*. Dans le 1er cas, l'action est *bonne relativement*, bonne eu égard à l'objet désiré. Dans le 2e cas, l'action est *bonne absolument, bonne en soi.* »

Lire Janet, *Élém. de morale*, ch. V, § 1.

262. A supposer que l'*intérêt bien entendu* produise les mêmes résultats pratiques que le motif du *devoir*, est-il important de maintenir la distinction théorique entre ces deux motifs ? (23 août 1869.)

Plan. La règle la plus élevée du système que l'on nomme *morale utilitaire* est le *principe de l'intérêt bien entendu*, qui se résume en ces deux préceptes : 1° Dans le choix des plaisirs, considérer non-seulement la *quantité*, mais encore la *qualité* ; assigner le 1er rang aux plaisirs du cœur ; le 2e, à ceux de l'esprit ; le 3e à ceux du corps ; 2° Concilier toujours notre intérêt personnel avec l'intérêt général des autres hommes ; par exemple, rendre des services pour en recevoir à notre tour. — L'observation de ces deux préceptes conduit ordinairement à faire les mêmes actions que le motif du devoir. S'en suit-il qu'on puisse, comme l'enseignent les promoteurs de la morale utilitaire, abolir toute distinction théorique entre l'*intérêt bien entendu* et la *vertu ?* En examinant cette doctrine, on trouve qu'elle soulève deux objections :

1° Les législateurs, qui embrassent l'ensemble des rapports qu'ont entre eux tous les citoyens, peuvent concilier l'intérêt personnel de l'individu avec l'intérêt général de l'État. Mais il ne s'en suit pas que, dans un grand nombre de cas, l'individu ne soit pas obligé de choisir entre son intérêt personnel et l'intérêt général de ses concitoyens. Il n'est donc pas toujours possible de concilier ces deux principes. Par suite, si l'on veut trouver un motif raisonnable de préférer l'un à l'autre, il faut s'élever au-dessus de l'utilité et consulter la loi morale.

2° Les auteurs des lois civiles et politiques, se plaçant au point de vue du *droit* et de la *justice* (cf. 289), commandent d'obéir à ces lois en y attachant une sanction pénale sans s'inquiéter de savoir si l'on y obéira par la crainte seule du châtiment ou par respect du devoir ou par amour des autres hommes. Cependant la distinction de l'intérêt bien entendu et du devoir conserve toute son importance dans la théorie et dans la pratique, comme il est facile de le reconnaître par les considérations suivantes. 1° La *justice* ne peut régner véritablement dans un État que si les lois écrites empruntent leur autorité à la loi morale, et non à une crainte servile. 2° La *loi morale* emprunte elle-même son autorité au *respect* qu'elle inspire, et non au *plaisir* ou à l'*utilité* que peut procurer l'observation de ses prescriptions. Si l'on agissait par un autre motif, on pourrait être conduit à violer la loi morale quand on croirait y trouver son profit.

La conclusion de cette discussion se trouve dans ce passage d'Horace (*Ep.*, I, xvi, 52), dont le premier vers résume la doctrine des Stoïciens sur cette question (cf. 263) :

> Oderunt peccare boni virtutis amore.
> Tu nihil admittes in te formidine pœnæ :
> Sit spes fallendi : miscebis sacra profanis.

Lire Janet, *Élém. de morale*, ch. IV, § 3.

Comparaison de l'utile et de l'honnête.

263. Expliquer la différence de l'*utile* et de l'*honnête*. (18 août 1866.)

Plan. A la distinction établie par les philosophes modernes entre l'*intérêt personnel* et le *devoir* (cf. 259-261) correspond la distinction établie par les philosophes anciens entre l'*utile* et l'*honnête*.

L'*utile* est tout ce qui satisfait les besoins du corps et de l'âme et procure les plaisirs qui en résultent. Il a pour but le *bonheur*. Mais, pour l'atteindre, il faut avoir un principe qui enseigne à choisir entre les plaisirs, qui leur soit supérieur pour les comparer et les juger. Ce principe ne peut se trouver dans les sensations mêmes, comme le prétend Épicure; car, si l'on se borne à les consulter, toute préférence est arbitraire. Il est donc nécessaire d'avoir recours à la raison qui seule est capable de donner une règle véritable, c'est-à-dire une règle universelle et obligatoire. La recherche de cette règle nous conduit à l'honnête [1].

L'*honnête* est le *bien moral*, la *vertu*, la volonté d'observer la loi naturelle que nous connaissons par notre participation à la raison divine [2], l'intention de conformer nos actes à l'ordre universel dont notre destinée fait partie. Il a pour caractère d'être louable par lui-même, abstraction faite de toute utilité [3]. Il a pour condition le discernement des *vrais biens*: il assigne le premier rang aux *biens de l'âme*, qui sont les qualités naturelles de l'âme (la force, la dignité, etc.); le second, aux *biens du corps*, et le troisième, aux *biens extérieurs*, qui n'ont qu'une valeur relative, tandis que les biens de l'âme ont une valeur absolue et sont le vrai principe du *bonheur* [4]. Il résulte de cette théorie que l'honnête comprend quatre vertus, la *prudence*, la *justice*, le *courage*, la *tempérance* (cf. 279).

Pour conclure, dans la comparaison entre l'honnête et l'utile,

---

1. Cf. Cicéron, *De Officiis*, II; *De Finibus bonorum et malorum*, I, — 2. Cf. Cicéron, *De Republica*, III, XVII : « Est quidem vera lex, recta ratio, naturæ congruens, diffusa in omnes, constans, sempiterna, quæ vocet ad officium jubendo, vetando a fraude deterreat. » — 3. Cf. Cicéron, *De Finibus*, II, XIV : « Honestum id intelligimus quod tale est ut, detracta omni utilitate, sine ullis præmiis fructibusque, per seipsum possit jure laudari. » — 4. Cf. Cicéron, *Tusculanæ quæstiones*, V.

il faut prendre pour règle : « Tout ce qui est honnête est en même temps utile, et rien n'est utile s'il n'est honnête[1]. »

Rem. I. « Pour démontrer d'une manière complète que tout ce qui est honnête est utile et que tout ce qui est honteux est nuisible, il faut admettre l'*immortalité de l'âme* et le *gouvernement de l'univers par Dieu*. Par là nous comprenons que nous vivons dans la cité la plus parfaite, sous un monarque dont la sagesse est infaillible et la puissance inévitable, de telle sorte qu'il n'y a pas de bonne action sans récompense, ni de mauvaise sans châtiment. » (Leibniz, éd. Dutens, IV, p. 296.)

Rem. II. Comme le fait observer M. Janet dans sa *Morale* (p. 39), le mot *honnête* est équivoque. Tantôt il signifie le *bien moral*, qui est la conséquence du devoir. Tantôt il désigne les *biens de l'âme* : dans ce sens, il est le principe du devoir et correspond à ce que nous appelons le *bien en soi*.

Division des devoirs.
Devoirs positifs et devoirs négatifs. Devoirs stricts et devoirs larges.

264. Qu'entend-on par *devoirs positifs* et par *devoirs négatifs*? En donner des exemples soit dans la Morale individuelle, soit dans la Morale sociale, soit dans la Morale religieuse. (19 novembre 1868.)

Dissertation. L'homme n'a qu'un devoir général, vouloir réaliser le bien essentiel de l'âme humaine, c'est-à-dire le développement régulier et harmonieux de ses facultés (cf. 255) ; mais comme l'accomplissement de ce devoir général implique diverses conditions, il est nécessaire de le diviser en autant de devoirs particuliers qu'il a d'objets distincts : soit, comme les anciens, en considérant les *vertus*, c'est-à-dire les différentes perfections dont les facultés de l'âme sont susceptibles (cf. 279) ; soit, comme les modernes, en considérant les trois *rapports* distincts et irréductibles que l'homme soutient avec lui-même, avec les autres hommes, avec Dieu : *Morale individuelle, Morale sociale, Morale religieuse*.

A cette division fondée sur la *matière* de nos devoirs, les moralistes en ajoutent une autre, fondée sur leur *forme*;

---

1. Cf. Cicéron, *De Officiis*, III, IV : « Quidquid honestum est idem utile videtur, nec utile quidquam quod non sit honestum. »

dans chacune des trois classes précédentes, ils distinguent des *devoirs positifs* et des *devoirs négatifs*. Les premiers consistent à faire certains actes : « Développe en toi la personnalité humaine, Rends à chacun le sien (*Suum cuique redde*), Aime et sers Dieu. » Les seconds consistent à ne pas faire certains actes : « Respecte en toi la dignité de la personne humaine, Ne fais tort à personne (*Neminem læde*), Ne blasphème pas le nom de Dieu. » Cette distinction est commode dans la pratique ; elle s'applique à tous les devoirs, surtout à la Morale sociale : car toutes les lois écrites sont impératives ou prohibitives.

Examinons s'il est vrai, comme l'admettent des moralistes, que les *devoirs négatifs* sont *parfaits* ou *stricts*, c'est-à-dire sont d'une obligation rigoureuse, ne comportent aucune interprétation, peuvent être imposés par une contrainte juridique, comme « Tu ne déroberas pas » ; et que les *devoirs positifs* sont *imparfaits* ou *larges*, c'est-à-dire échappent à toute limitation précise, à toute réglementation morale ou législative, de telle sorte que l'application en est laissée à l'appréciation de la conscience individuelle, comme « Tu donneras aux pauvres. »

Cette théorie donne lieu à deux observations. 1° La distinction des *devoirs stricts* et des *devoirs larges* ne correspond pas exactement à celle des *devoirs négatifs* et des *devoirs positifs* ; par exemple, le devoir négatif de ne pas exposer sa vie est large, et le devoir positif de payer ses dettes est strict. 2° La dénomination de *devoirs parfaits* ou *stricts* et de *devoirs imparfaits* ou *larges* n'exprime pas une idée juste ; celle de *devoirs déterminés* et de *devoirs indéterminés* est préférable. Tous les devoirs sont rigoureusement obligatoires ou n'existent pas ; mais les uns ont un objet parfaitement déterminé, comme rendre une somme d'argent qu'on a reçue en dépôt ; les autres comportent une certaine latitude dans l'interprétation et dans l'exécution, comme la reconnaissance, en ce que nous choisissons le moment et la manière de la témoigner en tenant compte des circonstances. Ajoutons que souvent un *devoir positif* paraît *indéterminé* parce qu'on le considère dans toute sa généralité : p. ex., « Cultive ton intelligence ; » il est au contraire parfaitement *déterminé* si on le considère dans ses applications : p. ex., « Acquiers l'instruction morale et religieuse pour connaître tes devoirs, Acquiers l'instruction nécessaire à la profession que tu veux embrasser, etc. »

La conclusion de cette discussion peut se formuler ainsi : « Si l'on considère le devoir en lui-même, quant à sa *forme*, tout devoir est *strict*. Si l'on considère le devoir quant à sa *matière*, quant à la chose ordonnée, le devoir n'est absolument *strict* que lorsque sa matière est un objet physique, limité, mesurable, reconnaissable à des signes précis; mais à mesure que le devoir s'élève, qu'il s'applique à des choses plus délicates, à l'âme, au sentiment et en général à un objet dont la nature est indéterminée, le devoir devient à son tour *indéterminé* : c'est ce que l'on entend par l'expression de *devoirs larges*, qui, bien loin de signifier les moindres de nos devoirs, en exprime au contraire les plus nobles, les plus purs, les plus délicats. » (Janet, *Morale*, p. 264.)

265. La formule célèbre des Stoïciens, *abstine, sustine*, contient-elle toute la morale? (7 mai 1869.)

Plan. La morale stoïcienne a été résumée dans une formule célèbre : *abstine, sustine*. En voici le sens. 1° *Abstine*, abstiens-toi de désirer tout ce qui se rapporte aux besoins du corps et aux objets extérieurs; ne te borne pas à soumettre la chair à l'esprit, les passions à la raison ; détruis toutes les passions pour acquérir la *liberté*. 2° *Sustine*, supporte tout ce que t'impose la nature, tout ce qui ne dépend pas de toi : la douleur, la maladie, la perte de tes proches, la pauvreté, l'exil, la mort même : cette *constance* conduit à la *tranquillité de l'âme*, qui procure le *bonheur*.

La formule stoïcienne revient à cette formule de moralistes modernes : « Être libre, reste libre ; » ou à celle-ci : « Respecte en toi et en autrui la dignité de l'être libre et raisonnable. » Elle encourt les mêmes critiques. 1° Elle ne prescrit guère que des *devoirs négatifs*. Or, le *bien en soi* est une chose positive; c'est la plénitude de notre activité naturelle, le développement régulier et harmonieux de nos facultés, de la liberté unie à l'intelligence et à l'amour, de cette énergie intime qui réalise en nous la personnalité humaine et concourt au développement de la personnalité humaine dans nos semblables (cf. 254). 2° Elle ne tient pas compte de la sensibilité morale dont le rôle est de provoquer l'exercice de notre activité; elle aboutit à l'*apathie* ou *impassibilité*, vertu aussi stérile qu'est féconde la *charité* fondée sur le dogme de la fraternité et formulée dans le précepte : « Aimez-vous les uns les autres. »

Consulter Cousin, *Hist. de la Philosophie*, IV° leçon; *Manuel d'Épictète*, trad. Fouillée, notice sur le Stoïcisme, p. 20.

266. Du *conflit des devoirs*. D'après quels principes doit-on résoudre les difficultés qui naissent de ce conflit? Donner des exemples. (26 octobre 1874.)

Plan. La Morale théorique ne doit pas se borner à formuler les règles générales de nos devoirs ; elle doit encore résoudre les difficultés que présente l'application de ces règles. Elles consistent dans ce qu'on nomme *cas de conscience, conflit des devoirs*, c'est-à-dire dans les circonstances de la vie où, se trouvant en présence de deux devoirs qu'on ne peut accorder ensemble, on se demande lequel des deux on subordonnera à l'autre. L'étude de cette question constitue ce que les théologiens nomment la *casuistique*. M. Janet seul l'a traitée dans sa *Morale* (II, vi). Il pense qu'on peut résoudre la plupart des difficultés par l'application des principes suivants.

1° « Dans une même classe de devoirs, on peut poser en principe que l'importance relative de ces devoirs est en raison de l'importance de leur objet, et, en cas de conflit, les plus excellents doivent l'emporter. » Il faut préférer les biens de l'âme aux biens du corps, et les biens du corps aux biens extérieurs. Exemple : nous ne devons point préférer la vie à l'honneur, c'est-à-dire, à la dignité personnelle, parce que la vie physique n'est pour l'âme qu'un moyen, une condition nécessaire pour atteindre à la perfection morale. Or il est contraire à la raison de sacrifier le but que nous sommes obligés de poursuivre à la conservation d'un moyen qui devient inutile, parce que le corps n'a de prix que s'il sert d'instrument à l'âme ; c'est, comme le dit Juvénal dans sa satire sur les nobles, préférer la vie à ce qui fait la valeur de la vie :

> Summum crede nefas animam præferre pudori,
> Et propter vitam vivendi perdere causas.

2° « Entre plusieurs classes de devoirs (toutes choses égales d'ailleurs), l'importance des devoirs est en raison de l'étendue des groupes auxquels ils s'appliquent. De là ce mot de Fénelon : *Je dois plus à l'humanité qu'à ma patrie, à ma patrie qu'à ma famille, à ma famille qu'à mes amis, à mes amis qu'à moi-même.* » Cette règle demande à être entendue dans son vrai sens. J'ai le devoir de subordonner au bien de ma famille mon bien personnel dans la mesure où j'ai le droit d'en disposer ; mais je n'ai pas le droit de sacrifier à ma famille le bien d'un autre individu, parce qu'il ne m'appartient pas d'en disposer. De même on a tort d'invoquer en politique le fameux adage qui a servi de prétexte à tant de forfaits : *Salus populi suprema lex*. Il faut au contraire suivre la règle, *non esse facienda mala ut eveniant bona*, comme Leibniz l'explique dans sa *Théodicée* (I, 25) : « On n'approuvera point qu'une reine prétende sauver l'État en commettant ni même en permettant un crime. Le crime est certain, et le mal de l'État est douteux, outre que cette manière d'autoriser des crimes, si elle était reçue, serait pire qu'un bouleversement de quelque pays, qui arrive sans cela, et arriverait peut-être plus par un tel moyen qu'on choisirait pour l'empêcher. »

3° « Lorsque l'*ordre des biens* (biens de l'âme, biens du corps, biens extérieurs) est en conflit avec l'*ordre des devoirs* (envers l'humanité, la patrie, la famille, l'individu), celui-ci doit être subordonné à l'autre ; en d'autres termes, les devoirs envers soi-même l'emportent sur les devoirs envers autrui. » Exemple : nous ne devons jamais sacrifier ni aux hommes ni à notre famille notre honneur et notre probité.

III. THÉORIE DU DROIT.

Fondement du droit.

267. De la différence du *droit* et du *devoir*. Est-ce le droit qui repose sur le devoir ou le devoir qui repose sur le droit? (7 novembre 1872.)

Dissertation. L'homme vivant en société, le *devoir* a pour corrélatif le *droit*. D'après certains philosophes, le droit se fonde sur le devoir ; d'après d'autres, au contraire, le devoir se fonde sur le droit. Il est donc nécessaire de déterminer les rapports de ces deux notions en remontant aux principes auxquels elles se rattachent.

Le *bien en soi*, le bien propre à la nature humaine, consiste dans le développement régulier et harmonieux des facultés de l'âme et des forces de l'organisme qui lui sert d'instrument. Le *bien de l'âme* est une *fin en soi*, le *bien du corps* n'est qu'un *moyen* (cf. 254). De ces principes sortent deux séries de conséquences, dont les unes constituent la théorie du *devoir*, et les autres, celle du *droit*.

Étant un être intelligent et libre, je suis capable de concevoir et de vouloir le bien propre à la nature humaine. Or, si je commande à mes appétits et à mes passions, je ne puis concevoir le bien propre à la nature humaine sans le vouloir. C'est une nécessité morale qui prend la forme d'un ordre et qui constitue l'*obligation morale*, la *loi*, le *devoir* (cf. 255). Considéré dans le *sujet* chargé de l'accomplir, le devoir a pour caractères d'être absolu et universel. Considéré dans son *objet* ou dans sa *matière*, c'est-à-dire dans les actes dont la raison juge l'accomplissement obligatoire pour réaliser le bien propre à la nature humaine, le devoir se formule en deux principes; savoir, le principe des devoirs négatifs : « Respecte en toi et en autrui la dignité de la personne humaine, » et le principe des devoirs positifs : « Développe en toi-même, et aide selon ton pouvoir les autres hommes à développer sous leur propre responsabilité ce qui constitue la personnalité humaine, la liberté unie à l'intelligence et à l'amour. »

Tous les hommes, étant des êtres intelligents et libres, sont également obligés de concourir sous leur propre responsabilité à l'accomplissement du bien propre à leur nature. Or ce concours implique certaines conditions extérieures qui dépendent de la volonté; comme chaque homme est obligé d'accomplir le bien dans la mesure où il le peut, il est nécessaire que dans ses rapports avec ses semblables il possède un pouvoir conforme à sa responsabilité; ce *pouvoir moral* est le *droit*[1]. Il est tout à fait distinct de la force physique. Il a le même fondement que le devoir, la nécessité morale d'accomplir le bien propre à la nature humaine. — Pour comprendre la valeur et les applications de ce pouvoir, il faut le considérer dans le sujet qui le possède et dans l'objet auquel il se rapporte. 1° Le *sujet* du droit est la *personne*, l'homme qui est un être raisonnable, qui peut le devenir, comme l'enfant, ou le redevenir, comme l'aliéné. Considéré ainsi dans le sujet qui le possède, *le droit est la faculté qu'a une personne de faire un acte ou d'exiger une chose*; à cette faculté correspond l'*obligation*, pour une autre personne, de ne pas s'opposer à cet acte ou de fournir la chose exigée[2] : p. ex., un homme a la faculté d'user de sa propriété, et les autres hommes ont l'obligation de ne pas y

---

1. Janet, *Morale*, II, IV, p. 266. Cette définition est empruntée à Leibniz (éd. Dutens, IV, p. 294) : « Est autem *jus* quædam *potentia moralis; et obligatio, necessitas moralis*. »

2. Leibniz (éd. Dutens, IV, p. 295) : « Leges efficiunt ut qui *aptitudinem* tantum habent acquirant *facultatem*, id est ut *petere* possint quod aliis æquum est *præstare*. »

faire obstacle ; un créancier a la faculté d'exiger le paiement de sa créance, et le débiteur a l'obligation de faire ce paiement ; réciproquement le débiteur a la faculté de faire le paiement, et le créancier a l'obligation de l'accepter. Le droit est ainsi un rapport entre les actes volontaires de deux personnes ; il implique une coordination et une limitation réciproque qui doit être déterminé par la loi positive. 2° L'*objet* ou la *matière du droit* est l'ensemble des *conditions* dépendantes de la volonté et nécessaires à l'individu ou à la société pour atteindre les buts individuels et sociaux assignés à l'homme par sa nature d'être raisonnable : ces conditions sont, d'une part, les choses extérieures que l'homme modifie par son travail pour les faire servir à son usage ; d'une autre part, les actions ou prestations de ses semblables, comme l'instruction. La *raison du droit* a deux éléments constitutifs, d'un côté, le *but* dont la poursuite a pour condition une prestation quelconque de l'homme ; d'un autre côté, le *moyen* qui est la condition nécessaire à la poursuite du but ; quand le but est atteint, le droit s'éteint : p. ex., le pouvoir paternel cesse à la majorité de l'enfant. Toutes ces conditions ont été résumées en deux principes, savoir, le principe des obligations négatives : « Ne fais tort à personne (*Neminem læde*[1]), » et le principe des obligations positives : « Rends à chacun le sien (*Suum cuique tribue*[2]). » Leur observation constitue la *justice commutative* et la *justice distributive*.

Après avoir ainsi défini le devoir et le droit, comparons-les pour reconnaître leur différence. Le *devoir* est *subjectif* : il est pour l'agent l'obligation morale de vouloir le bien en soi ; par suite, la *moralité* de l'action consiste dans l'*intention* et n'a d'autre juge que la conscience. Le *droit* est *objectif* : il est pour la personne la faculté de faire ou d'exiger un acte qui constitue une condition nécessaire pour l'existence ou le développement de la vie humaine ; par suite, la *justice* consiste dans l'*effet*, dans l'accomplissement de l'acte qui établit un rapport extérieur entre deux personnes ; comme l'accomplissement de cet acte se laisse reconnaître extérieurement et doit être indépendant de la bonne ou de la mauvaise volonté, l'*obligation juridique* est *coercible*, c'est-à-dire

---

[1]. Leibniz (éd. Dutens, IV, p. 295) : « Juris meri sive stricti præceptum est *neminem lædendum esse*, ne detur ei in civitate actio, extra civitatem jus belli. » — 2. *Ibid.* « Distributiva justitia est præceptum juris, quod *suum cuique tribui* jubet. »

peut être exigée par la contrainte, en vertu des lois sociales applicables à chacun par une autorité constituée à cet effet.

La différence du devoir et du droit n'est pas une opposition; ils ont entre eux d'étroits rapports. 1° Ils ont le même principe, la nécessité morale d'accomplir le bien propre à la nature humaine. 2° Tout ce qui est commandé ou défendu par le droit est aussi commandé ou défendu par le devoir : car la morale prescrit à chacun de remplir ses obligations juridiques, non-seulement en vue d'une autorité extérieure qui peut l'y contraindre, mais avant tout de bonne volonté. 3° Tout ce qui est commandé ou défendu par le devoir n'est pas commandé ou défendu par le droit, parce que celui-ci a un domaine plus restreint. 4° Le devoir et le droit concourent au même but, le perfectionnement de l'homme et de la société, mais leurs voies sont différentes : le devoir règle la volonté; le droit assure à la vie ses moyens de développement, en les rendant indépendants de la bonne ou de la mauvaise volonté des individus.

Résumons cette analyse. Nos droits ne reposent pas sur nos devoirs et nos devoirs ne reposent pas sur nos droits : car ils ont un principe commun ; ils ne sauraient ainsi être en désaccord. Les *devoirs de justice* correspondent seuls à des droits; les *devoirs de charité* ne sauraient donner lieu à des obligations juridiques (cf. 296).

Rapports du droit et de la liberté.

268. Qu'est-ce que le *droit*? Comment le droit dérive-t-il de la *liberté*? (15 novembre 1872.)

Plan. Étant intelligent et libre, chaque homme est moralement obligé de concourir sous sa propre responsabilité à l'accomplissement du bien qui est propre à la nature humaine: c'est là le *devoir*. D'un autre côté, cet accomplissement implique que chaque homme possède dans ses relations avec ses semblables un pouvoir moral conforme à sa responsabilité ; c'est là le *droit*. — Considéré dans le *sujet* qui le possède, le droit est la *faculté* de faire ou d'exiger certains actes qui sont nécessaires pour l'existence ou le développement de la vie humaine. Considéré dans l'*objet* auquel il se rapporte, le droit est l'ensemble des *conditions* nécessaires à l'individu ou à la société pour atteindre les buts individuels et sociaux assignés à l'homme par sa nature d'être intelligent et libre (cf. 267).

Ces principes posés, nous pouvons déterminer les rapports de la liberté et du droit. D'un côté, la *liberté* unie à l'intelligence et à l'amour fait de l'homme une *personne*. D'un autre côté, la *raison du droit* réside pour l'homme dans sa qualité de *personne* pour l'existence et le développement de laquelle il peut prétendre trouver, dans le milieu social qui l'entoure, les conditions nécessaires à l'accomplissement de sa destinée. La *liberté* confère donc à l'homme la *capacité du droit*. Quant au *droit* lui-même, il n'a pas pour fondement la *liberté*, comme l'enseigne Kant : car le droit seul rend la liberté inviolable et sacrée ; il a pour fondement, comme le *devoir*, la nécessité morale d'accomplir le bien propre à la nature humaine (cf. 267).

Rapports du droit et du devoir.

269. Est-il vrai, comme on l'a prétendu, que dans la morale tout devoir corresponde à un droit? Donner des exemples à l'appui de l'opinion qui sera soutenue. (5 août 1869.)

Plan. La *Morale* et la *Science du Droit naturel* ont chacune un domaine distinct. Pour le déterminer, il faut examiner les rapports du devoir et du droit.

Le *droit* est, dans la personne qui le possède, la *faculté* de faire un acte ou d'exiger une chose nécessaire pour atteindre un des buts individuels et sociaux assignés à l'homme par sa nature d'être raisonnable. A cette faculté correspond l'*obligation* pour une autre personne de ne pas s'opposer à l'acte ou de fournir la chose exigée : par exemple, un homme a la faculté d'user de sa propriété, et les autres hommes ont l'*obligation négative* de ne pas mettre d'empêchement à cet usage ; un créancier a la *faculté* d'exiger le paiement de sa créance, et le débiteur a l'*obligation positive* de faire ce paiement (cf. 267). — D'un autre côté, l'*usage du droit* impose à celui qui le possède l'*obligation négative* de ne pas faire de son droit un usage préjudiciable à d'autres personnes, et l'*obligation positive* de faire usage de son droit quand le non-usage est préjudiciable à l'État ou aux particuliers : par exemple, un propriétaire ne doit pas construire sur son terrain un établissement qui soit une cause d'insalubrité publique ; un père doit exercer son pouvoir pour surveiller son enfant, parce qu'en ne faisant pas usage de son droit il laisse l'enfant commettre des actes préjudiciables aux particuliers et à l'État. — On voit par ces exemples qu'à tout *droit* correspondent deux *obligations juridiques*, l'une pour le possesseur du droit, et l'autre pour la personne qui entre en rapport avec lui.

Le *devoir* est pour l'être intelligent et libre l'obligation morale d'accomplir le bien propre à la nature humaine. Il est ou *négatif* : « Respecte en toi et en autrui la dignité de la personne humaine; » ou *positif* : « Développe en toi-même sous ta propre responsabilité, et aide selon ton pouvoir les autres hommes à développer sous leur propre responsabilité la personnalité humaine. » Le *devoir négatif*, consistant à s'abstenir, ne saurait évidemment conférer aucun droit. Au contraire le *devoir positif*, consistant à faire un acte, suppose dans l'agent la *faculté* de le faire; par suite, à tout *devoir positif* correspond un *droit*, soit le droit au respect de nos semblables dans l'accomplissement d'un acte licite, ce qui constitue la liberté civile et religieuse, soit le droit d'exiger de certaines personnes certaines choses ou certaines prestations nécessaires pour atteindre un des buts individuels et sociaux assignés à l'homme par sa nature d'être raisonnable; par exemple : au devoir de travailler correspond la liberté du travail; au devoir d'exécuter les clauses d'un contrat synallagmatique correspond le droit d'exiger la réciprocité. — Après avoir ainsi déterminé à quels devoirs correspondent des droits dans un individu, il reste à examiner cette question : « Les devoirs d'une personne confèrent-ils à une autre personne le droit d'exiger l'accomplissement de ces devoirs ? » Ici la réponse est négative. Si une autorité quelconque avait le droit d'exiger de nous l'accomplissement de nos devoirs par cela seul que ce sont des devoirs, elle détruirait complétement notre responsabilité et exercerait le plus complet despotisme.

De cette analyse résultent ces 4 propositions. 1° Nos devoirs et nos droits ont un seul et même principe, la nécessité morale d'accomplir le bien propre à la nature humaine. 2° A chaque droit correspondent deux devoirs, l'un pour la personne qui possède le droit et l'autre pour la personne qui entre en rapport avec elle. 3° A chaque devoir positif correspond pour l'agent moral le droit d'accomplir ce devoir, sans qu'une personne ait le droit d'exiger l'accomplissement de ce devoir. 4° La Morale a donc un domaine plus étendu que le Droit naturel; et la *vertu*, que la *justice*.

Consulter Ahrens, *Cours de Droit naturel*.

IV. THÉORIE DE LA MORALITÉ.

Conscience morale. Distinction du bien et du mal.

270. Analyse de la *conscience morale*. (20 nov. 1866.)

271. La *conscience morale* est-elle une faculté à part, ou peut-elle être réduite à une faculté plus générale ? (26 août 1868.)

Dissertation. La *moralité* est la *pratique de la loi morale* par l'agent chargé de l'exécuter. Elle suppose le concours des trois facultés de l'âme humaine, Intelligence, Volonté, Sensibilité : car la loi morale ne peut être observée que si elle est *connue*, *voulue* et *aimée*. Examinons comment la première de ces trois conditions est réalisée par la conscience morale.

Pour reconnaître quels sont les éléments dont l'ensemble constitue la *conscience morale*, prenons un exemple. Je me demande si je suis tenu d'étudier les préceptes de la morale. 1° Je juge que le bien propre à la nature humaine consiste dans le développement de sa personnalité, et que la connaissance des préceptes de la morale en est une des conditions. 2° Je juge que, l'accomplissement du bien étant obligatoire, c'est un devoir de me livrer à cette étude. 3° Je prends la résolution d'accomplir mon devoir par ce motif que c'est un devoir. 4° Je juge que j'ai une intention moralement bonne ; par suite, que je mérite en exécutant ma résolution, c'est-à-dire que j'accrois ma dignité personnelle. 5° Enfin, j'éprouve un sentiment de satisfaction d'avoir accompli le bien propre à ma nature et de m'être acquitté de mon devoir.

Comme l'intention se rapporte à la volonté et le sentiment moral à la sensibilité, on peut conclure de l'analyse qui précède que la fonction propre de la *conscience morale* est de concevoir les notions de *bien en soi*, de *devoir*, de *droit*, de *bien moral*, de *mérite*, et de les appliquer à un acte déterminé pour le qualifier. Or ces notions sont absolues et universelles (cf. 272). Elles ont donc pour origine la *raison*, comme toutes les notions qui ont les mêmes caractères (cf. 47-51). En outre, l'application de ces notions à un cas particulier exige le *raisonnement*, comme on peut le reconnaître par l'exemple que nous venons d'analyser. Sans doute, dans beaucoup de cas, la qualification d'un acte semble être un jugement intuitif : par exemple, je n'hésite pas à prononcer qu'un vol est un crime; c'est que je connais déjà la qualité de cet acte, soit par l'éducation et par la coutume, soit par ma propre réflexion. Mais l'intervention du raisonnement est évidente quand il faut discuter la légitimité d'une coutume (par exemple, de l'esclavage), appliquer une règle générale à un cas particulier qui n'a pas de précédent, résoudre un conflit de devoirs, un *cas de conscience*, pour employer l'expression habituelle (cf. 266). On est alors obligé de remonter aux principes et d'en déduire les conséquences en tenant compte des circonstances : « On ne demande pas, dit Aristote, le même courage à un enfant qu'à un homme, ni envers un lion qu'envers un loup. » La *conscience morale* n'est donc qu'une des formes de la *raison*, de laquelle dérive le *raisonnement* (cf. 76).

Ajoutons que l'application des notions rationnelles à la qualification des actions libres se fait d'une manière plus ou moins parfaite selon que l'âme est éclairée ou ignorante, désintéressée ou passionnée, qu'elle doit se décider dans un cas simple ou dans un cas complexe, par exemple, dans un conflit entre plusieurs devoirs. Pour prévenir les erreurs, autant que possible, les moralistes donnent les règles suivantes :

1° Agir suivant sa conscience ; mais, dans les cas douteux, consulter les hommes les plus sensés, suivre les opinions les plus modérées et choisir le parti le plus probable, comme le prescrit Descartes (*Disc. de la méthode*, III° partie, 1re règle);

2° S'affranchir de la passion et de l'intérêt en appliquant la maxime de Kant : « Agis toujours d'après une règle telle que tu puisses vouloir qu'elle soit une loi universelle ; »

3° Appliquer les principes généralement admis pour le conflit des devoirs (cf. 266).

Lire Janet, *Élém. de morale*, ch. V, § 1; et ch. VI, § 1.

Universalité des notions morales.

272. De *l'universalité des notions morales*. Réfuter les objections des sceptiques. — Discuter ce mot célèbre de Pascal : « Vérité en deçà des Pyrénées, erreur au delà. » (21 mars 1873; 31 juillet 1874.)

273. Peut-on expliquer par l'*éducation* et par la *coutume* l'origine des *idées morales* dans l'humanité? (12 août 1866; 19 novembre 1869.)

Dissertation. L'école dogmatique et rationaliste enseigne qu'il existe des notions absolues et universelles de Morale et de Droit; qu'il y a une *Morale naturelle* plus ou moins connue de tous les hommes, plus ou moins altérée par les instincts et les intérêts, mais qui partout commande le bien et défend le mal avec une autorité irrésistible; qu'il est un *Droit naturel* imprescriptible, antérieur et supérieur aux lois écrites et aux coutumes et auquel celles-ci doivent se conformer pour être justes. Cette doctrine est attaquée par l'école sceptique, c'est-à-dire par Carnéade (Cicéron, *République*, III), par Montaigne (*Essais*, II, ch. xii), par Pascal (*Pensées*, ch. IV, Coutume : « Vérité en deçà des Pyrénées, erreur au delà »), par l'école empirique (soit psychologique, soit positiviste, soit historique), enfin par l'école utilitaire. — 1° Les sceptiques allèguent la mobilité, la diversité et la contradiction des opinions, des mœurs et des lois parmi les hommes; Carnéade, pour combattre le dogmatisme des stoïciens; Montaigne, par goût pour la critique, puisque dans un passage de ses *Essais* (III, ch. i) il affirme lui-même la légitimité de la distinction de la *justice naturelle et universelle* et de la *justice spéciale et nationale*; Pascal, comme l'école traditionaliste, pour faire prévaloir l'autorité de la foi sur celle de la raison. — 2° Quant aux philosophes qui appartiennent à l'école empirique ou à l'école utilitaire, ils prétendent que la Morale et le Droit sont nés des besoins et des intérêts variables et multiples des diverses races humaines, par suite, de la coutume et de l'éducation. Selon eux, les hommes ont appris par l'expérience que certaines actions étaient utiles ou nuisibles, que d'autres étaient conformes ou contraires aux sentiments de bienveillance et de pitié qui les portent les uns vers les autres; de l'habitude d'obéir à l'intérêt et à la sympathie sont nées des règles abstraites et générales, comme les maximes des sages de la Grèce et des poëtes gnomiques; leur transmission par la tradition leur a fait prendre un caractère *universel*; les législateurs et les prêtres leur ont donné la forme d'ordres en les imposant par l'autorité politique et religieuse, ce qui explique le caractère *obligatoire* du devoir : ainsi s'est peu à peu constituée la Morale. A l'appui de cette théorie on invoque soit l'histoire, soit, comme le fait Locke, le témoignage de certains voyageurs qui signalent une absence complète de moralité chez les peuples sauvages et une moralité contradictoire chez les peuples civilisés.

Voici ce qu'on répond à cette thèse. 1° On ne peut accorder

qu'une confiance très-limitée aux récits des voyageurs, parce que l'observation des coutumes est difficile pour des étrangers qui manquent d'impartialité et qui sont toujours plus frappés des différences que des analogies. 2° Si l'on cherche les causes de certaines pratiques qui font horreur, p. ex. du cannibalisme, on les trouvera presque toujours dans le besoin et la misère plutôt que dans l'incapacité de distinguer le bien du mal. 3° En admettant que la moralité des sauvages soit le résultat de l'instinct ou de l'intérêt, qu'ils n'aient pas plus que les enfants l'idée abstraite du devoir, on peut néanmoins constater chez eux des germes de moralité. 4° Dans beaucoup de cas, la différence des coutumes et des institutions n'a rien de contraire à la morale et s'explique par la différence du climat et du tempérament, comme la diversité de l'alimentation et la diversité des langues. 5° Si l'on compare les idées morales auxquelles étaient arrivés avant le christianisme par un progrès naturel et spontané les Grecs, les Romains, les Indiens (Védas, Lois de Manou), les Perses (Zend-Avesta), les Chinois (Confucius, Mencius), on voit qu'en s'élevant au même degré de civilisation ils se sont formé sur les devoirs et les droits de l'homme un ensemble de conceptions analogues. 6° L'humanité possède la *perfectibilité* comme l'individu qui passe de l'enfance à l'âge de raison : elle a la faculté d'augmenter ce qu'elle a acquis dans les diverses sphères où elle exerce son activité, et la mesure dans laquelle elle le fait constitue le progrès. Dans la Morale et dans le Droit naturel, elle se rapproche peu à peu de son *idéal*, qui est la nature humaine portée à sa perfection, c'est-à-dire, dans la vie privée, le respect de notre dignité personnelle et le développement harmonieux de nos facultés; dans la vie publique, la justice et la fraternité. Le *progrès moral* contient deux éléments, la conception des principes moraux et leur application : or il faut du temps pour découvrir les règles de la vie humaine, comme pour découvrir les lois de la nature; ensuite il est besoin de longs efforts pour faire prévaloir ces règles sur les passions et les préjugés; il est facile de le reconnaître en étudiant l'histoire de la civilisation. 7° L'évolution historique et psychologique de la Morale et du Droit naturel n'infirme pas le caractère absolu et universel de leurs notions fondamentales : c'est la nature de ces notions qui est absolue et universelle et non leur interprétation. Si les hommes ont obéi d'abord à l'instinct et à l'intérêt avant de s'élever à l'idée du devoir, il ne s'en suit pas que cette idée résulte de l'instinct et de l'intérêt, mais seulement qu'elle n'apparaît qu'après eux. Actuellement que je connais l'instinct et l'intérêt, j'en distingue parfaitement l'idée du devoir, je lui trouve un caractère absolu et universel qu'ils n'ont pas, et la réflexion fortifie ma conviction au lieu de la détruire, comme cela arrive pour un préjugé.

Il résulte de cette discussion que, contrairement à l'opinion soutenue par l'école sceptique et par l'école empirique, la coutume et l'éducation doivent leur autorité morale au devoir. Leibniz nous donne la conclusion dans sa réponse à Locke : « Quoiqu'il n'y ait pas de mauvaise pratique peut-être qui ne soit autorisée quelque part et en quelques rencontres, il y en a peu pourtant qui ne soient condamnées le plus souvent et par la plus grande partie des hommes... La coutume, la tradition, la discipline, s'en sont mêlées ; mais *le naturel est cause que la coutume s'est tournée plus généralement du bon côté sur ces devoirs.*» (*Nouv. Essais*, I, ch. II.)

Lire Bouillet, *D. des sciences*, art. *Idéal, Progrès.*

Sentiment moral.

274. Déterminer les différences et les rapports de la *conscience morale* et du *sentiment moral*. (24 mars 1873.)

Dissertation. La *conscience morale* et le *sentiment moral* qui l'accompagne sont deux choses fort différentes. Cependant on les a souvent confondues. Il est donc nécessaire d'en déterminer exactement les différences et les rapports.

En analysant la *conscience morale*, on trouve que sa fonction consiste à concevoir les notions de *bien en soi*, de *devoir*, de *droit*, de *bien moral*, de *mérite*, et à les appliquer à un acte déterminé pour le qualifier. Ces notions, étant absolues et universelles, ont évidemment leur origine dans la *raison* comme toutes les notions qui ont les mêmes caractères. Elles sont mises en œuvre par le *raisonnement*, qui n'est lui-même qu'une application de la raison. La *conscience morale* peut donc être réduite à la *raison* et en être considérée comme une forme.

L'exercice de la *conscience morale* est toujours accompagné par celui de la *sensibilité*, qui nous provoque à agir par un ensemble de dispositions appelées *penchants* ou *inclinations*, et nous fait éprouver du *plaisir* ou de la *douleur* à la suite de chaque acte, selon qu'il satisfait ou qu'il contrarie une de ces dispositions. 1° Les dispositions instinctives qui nous excitent à satisfaire les divers besoins du corps constituent les *appétits*; celles qui provoquent l'intelligence et l'activité à procurer à l'âme les biens qui sont propres à la nature humaine constituent les *inclinations* (cf. 25), dont on distingue trois principales : l'*amour de soi*, principe des affections égoïstes; la *sympathie*, principe des affections bienveillantes et sociales; le *sentiment moral* proprement dit qui comprend le respect du devoir, l'amour du bien propre à la nature humaine et l'amour de Dieu considéré comme principe de toute perfection (cf. 253). 2° Dans les personnes peu éclairées ou très-sensibles, le *sentiment moral* se confond avec le *jugement* qui détermine la moralité d'une action, et le langage désigne souvent ces deux choses par le terme complexe de *conscience*. La réflexion en montre la différence : les notions auxquelles se rapportent les jugements de la conscience morale sont absolues et universelles, tandis que le sentiment moral varie selon les individus et les circonstances; il en résulte que la conscience peut seule nous faire connaître la règle de nos actions et les qualifier. Cependant le sentiment moral a une grande importance; comme mobile, il provoque l'exercice de l'intelligence et de l'activité; comme ensemble d'inclinations qui nous portent au bien spontanément et sans effort, il nous dispose à écouter la voix de la conscience, à profiter des enseignements de l'éducation et de l'expérience, et à contracter les habitudes morales qui constituent la *vertu* (cf. 284).

Le sentiment moral, en nous excitant à l'accomplissement du devoir, nous y fait trouver du *plaisir*. Chaque fois que la conscience morale qualifie une action, son jugement est accompagné d'émotions agréables ou pénibles. Si nous sommes agents, nous éprouvons de la *satisfaction morale*, ou du *remords*, du *repentir*, de la *honte*. Si nous sommes spectateurs, nous ressentons de la *sympathie*, de la *bienveillance*, de l'*estime*, du *respect*, de l'*admiration*, ou de l'*antipathie*, du *mépris*, de l'*indignation*. Il est facile ici de distinguer la conscience morale et le sentiment moral : car le jugement qui qualifie l'acte est le principe, le plaisir ou la douleur qui l'accompagne en est la conséquence.

De cette analyse il résulte que le *sentiment moral* est un élément de la *moralité*, mais qu'il est subordonné à la *conscience morale*. On doit donc en tenir compte dans la définition de la vertu (cf. 270); mais on ne doit pas le donner pour fondement à la morale comme le fait le *Système sentimental* (cf. 270).

Lire Janet, *Élém. de morale*, ch. VI.

Remarque. La forme la plus élevée du *sentiment moral* est l'*amour de Dieu* considéré comme principe de toute perfection. Lorsqu'on lui sacrifie la science et la liberté, on tombe dans le *Mysticisme* (cf. Bouillet, *D. des sciences*, art. *Mysticisme*).

275. Montrer que le vrai caractère auquel on reconnaît la présence de la *loi morale*, c'est le *respect*. C'est un phénomène tout à fait distinct, comme Kant l'a remarqué, de l'*inclination* et de l'*admiration*. (31 juillet 1873.)

Plan. La distinction du bien et du mal est toujours accompagnée du sentiment moral. Sa forme la plus simple est le *respect*. Il est la conséquence de la *loi*. Par l'*obligation morale*, la partie supérieure de notre être, composée de la raison et de la volonté, commande à la partie inférieure, composée des sens et des appétits. De là naît un sentiment qui n'est autre que le *sentiment de la dignité humaine*, c'est-à-dire le plaisir qui accompagne l'idée de notre grandeur morale et la peine qui accompagne l'idée de notre infériorité ou de notre déchéance. Par suite, le *respect* s'adresse toujours aux personnes ; il ne s'adresse jamais aux choses, comme l'*admiration* que peuvent exciter les phénomènes de la nature et les qualités de certains animaux autant que les talents d'un homme. Il se distingue aussi de l'*inclination* que nous éprouvons pour les personnes avec lesquelles nous sympathisons. Il s'adresse uniquement à l'honnêteté du caractère ; il consiste donc dans la crainte ou l'humilité dont nous sommes affectés par l'*idée de la loi*, et dont les âmes pieuses sont affectées par l'*idée de la grandeur de Dieu*.

Cette théorie appelle un complément. Le respect n'est point la partie la meilleure et la plus élevée du sentiment moral, comme le prétend Kant, lorsqu'à l'exemple des Stoïciens il déprécie cet ensemble d'inclinations qui nous portent au bien spontanément et sans effort. Au-dessus de la crainte est l'amour. L'idéal de la moralité consiste à aimer le bien, non parce que la loi le commande, mais parce que le bien est souverainement désirable.

On peut donc conclure cette discussion par cette maxime d'Aristote : « L'homme vertueux est celui qui trouve du plaisir à faire des actes de vertu. »

Lire Janet, *Élém. de morale*, ch. VI, § 2.

276. Exposer et réfuter la doctrine qui fait reposer toute la morale sur le *sentiment*. (15 novembre 1866.)

277. En quoi consiste la doctrine morale du *sentiment*? Quels en sont les mérites et les défauts? En quoi diffère-t-elle de la doctrine utilitaire et de la doctrine du devoir? (24 août 1869.)

Plan. Comme le sentiment joue un rôle important dans la moralité humaine et qu'il accompagne l'exercice de la conscience, certains philosophes l'ont confondu avec elle et en ont fait le fondement d'un système de morale qu'on appelle le *Système sentimental*. Dans cette doctrine, le bien est la satisfaction de toutes nos *passions*, d'après Fourier, ou la satisfaction d'un *penchant désintéressé* qui est la *bienveillance* d'après Shaftesbury, la *sympathie* d'après Adam Smith, la *pitié* d'après Schopenhauer, le *sentiment moral* d'après J.-J. Rousseau, etc. La règle est : « Agis de manière à émouvoir agréablement le sentiment moral, à sympathiser avec les autres hommes. »

Ce système a trois défauts : 1° il confond le *sentiment moral* avec la *conscience morale* (cf. 274) ; 2° il propose une règle qui n'est pas absolue, universelle et obligatoire, comme il convient à la loi de nos actes (cf. 255) ; 3° il dénature les notions rationnelles de *bien en soi*, de *devoir* et de *droit*, etc., et peut ainsi nous égarer.

Ce système a aussi ses mérites : 1° il reconnaît un mobile qui est *désintéressé*, quand il nous fait sympathiser avec les autres hommes; par suite, il combat le système de l'intérêt ; 2° il montre l'importance des *inclinations* qui nous portent au bien naturellement et sans effort; par suite, il établit contre les Stoïciens que l'homme ne doit pas supprimer en lui les sources mêmes de l'action, c'est-à-dire les désirs et les passions [1], et contre Kant, que le respect du devoir n'exclut pas l'amour de l'humanité (cf. 265).

Lire Janet, *Élém. de morale*, ch. VI, § 3.

---

[1].   Celui-ci retranche de l'âme
    Désirs et passions, le bon et le mauvais,
        Jusqu'aux plus innocents souhaits.
    Contre de telles gens, quant à moi, je réclame :
    Ils ôtent à nos cœurs le principal ressort;
    Ils font cesser de vivre avant que l'on soit mort.
                    (LAFONTAINE, XII, xx.)

Liberté morale.

278. Peut-on concevoir la Morale sans le principe de la *liberté humaine?* (29 juillet 1870.)

Dissertation. Par la conscience l'homme distingue le bien du mal ; par le sentiment moral, il a de l'inclination pour l'un et de l'aversion pour l'autre. La moralité implique en outre un troisième élément, la *faculté de choisir*, la *liberté* ou le *libre arbitre* : car le *devoir* suppose le *pouvoir* ; la raison ne saurait ordonner à l'homme de vouloir le bien et lui défendre de faire le mal, s'il était déterminé à agir par une nécessité irrésistible. Il est donc indispensable à la morale d'examiner en quoi consiste cette liberté qu'elle prétend régler par le devoir.

1° On ne saurait admettre la *liberté d'indifférence*, c'est-à-dire la faculté d'agir sans motif (cf. 119).

2° *Toute action humaine est déterminée par une raison*, soit par un *fait extérieur* à l'agent (fait mécanique, comme la contrainte exercée sur un de ses membres ; ou fait physiologique, comme le délire), soit par un *penchant* (comme l'instinct de la conservation), soit par une *idée* (comme la notion rationnelle du devoir). Le premier cas constitue la *nécessité* qui exclut toute liberté. Le second cas suppose une liberté incomplète, nommée *spontanéité* ; elle consiste en ce que l'agent suit volontairement son inclination. Le troisième cas contient la *liberté* proprement dite : l'homme réfléchit et délibère ; il se représente l'action, le but et les moyens. S'il y a accord entre le devoir et l'inclination, l'exercice de la liberté est facile : il suffit de se rendre compte de son action, d'agir avec intention, de savoir par quel motif la volonté se détermine. S'il y a désaccord, l'homme est sollicité d'un côté par son inclination, et d'un autre côté par la raison qui lui donne l'idée du devoir (*Aliudque libido, Mensque aliud suadet*). Ici l'exercice de la liberté consiste à distinguer les deux motifs et à choisir ; or ce choix est pénible : ou l'homme cède à son inclination, et il se reproche sa faute, sachant qu'il peut faire un effort pour résister à son inclination et accomplir son devoir (*Video meliora proboque, Deteriora sequor*) ; ou il résiste à son inclination, et il soutient une lutte douloureuse en faisant un effort pour obéir à la raison. La conscience de cet *effort* constitue la conscience de la *liberté*, et sa grandeur est la mesure du *mérite*. Il a pour principe la force de la volonté (cf. 283).

3° La force de la volonté est inégale dans les individus, mais elle n'est nulle dans aucun ; or, quelque petite qu'elle soit dans l'origine, elle peut toujours s'accroître graduellement par la répétition des efforts, avec le secours du sentiment moral, comme se forme toute habitude vertueuse. C'est là un fait d'une importance capitale pour la psychologie et la morale : la première établit que si les passions, le tempérament et les circonstances extérieures (éducation, climat, milieu) exercent une influence certaine sur la liberté humaine, cette influence ne détruit pas la liberté (cf. 121) ; la seconde, en s'appuyant sur cette théorie, enseigne quels sont les moyens pratiques par lesquels l'homme peut arriver à corriger son caractère et à gouverner ses passions, à acquérir la force morale nécessaire pour remplir ses devoirs, force morale qui est un des éléments essentiels de la vertu (cf. 284).

De cette analyse il résulte que la *liberté* est un principe indispensable à la morale pour déterminer et pour appliquer les notions rationnelles de *devoir*, de *bien moral*, de *vertu*, de *mérite* et de *responsabilité* (cf. 116, 255, 283, 288). On peut en dire autant pour la notion rationnelle de *droit* (cf. 268).

Théorie de la vertu.

279. De la *vertu* et des diverses *espèces de vertus*. (28 octobre 1874.)

Plan. La *vertu* est l'*habitude morale d'accomplir le devoir* (cf. 281). Elle implique donc les trois éléments de la moralité, la connaissance du devoir, la volonté de le pratiquer et le sentiment qui y détermine la volonté ; elle est *science*, *force* et *amour* (cf. 280).

D'après sa définition, la *vertu* est corrélative au *devoir*. On doit donc la diviser comme lui en autant d'espèces qu'elle a d'objets (cf. 264). 1° On rapporte à la Morale individuelle les diverses perfections dont les facultés de l'âme humaine sont susceptibles : la *prudence* et la *véracité*, pour l'intelligence ; la *force d'âme*, pour l'activité ; la *tempérance* et la *modération*, pour la sensibilité (cf. 291). 2° On distingue dans la Morale sociale deux vertus principales, la *justice* et la *charité* (cf. 296). 3° On résume la Morale religieuse dans la *piété* (cf. 281, 282).

Remarque. Les anciens divisaient toute la morale en quatre *vertus cardinales*, savoir la *prudence*, la *justice*, le *courage*, la *tempérance*, comme on le voit dans Cicéron (*Des Devoirs*, I), et dans Bossuet (*Conn. de Dieu*, I, xix ; éd. Charles, p. 86). Le christianisme a complété cette théorie en y ajoutant les trois *vertus théologales*, la *foi*, l'*espérance* et la *charité*.

Lire ces articles dans Bouillet, *D. des sciences*.

280. Peut-on dire avec Platon que la *vertu* est la *science du bien* et que le *vice* en est l'*ignorance* ? (10 novembre 1873.)

Plan. L'habitude morale d'accomplir le devoir constitue la *vertu*. Elle implique donc les trois éléments de la moralité, la connaissance du devoir, la volonté de le pratiquer et le sentiment qui y détermine la volonté. Cependant certains philosophes, dans les définitions qu'ils ont données de la vertu, se sont attachés à faire ressortir exclusivement l'importance d'un des trois éléments.

Parmi ces définitions, une de celles qu'on a le plus discutées est celle de Platon : « La *vertu* est la *science du bien* ; le *vice* en est l'*ignorance*. »

On peut donner à l'appui de cette théorie les raisons suivantes. 1° Dans un grand nombre de cas, le vice n'est autre chose qu'ignorance, comme on le voit par certaines pratiques des peuples barbares (p. ex., les sacrifices humains), par les mœurs de la plupart des criminels, enfin par certains défauts qu'on étale et qu'on cacherait si l'on en avait conscience[1]. 2° Pour qu'une action soit réellement bonne, il faut que l'agent n'ait pas seulement l'intention d'accomplir le bien, mais encore qu'il l'accomplisse réellement, par suite qu'il en ait la connaissance. S'il se trompe en prenant le mal pour le bien, il est excusable, il n'est pas louable : c'est le cas de Brutus et de Charlotte Corday. La vertu exige donc que la conscience soit éclairée, que l'agent s'instruise de ses devoirs (cf. 270). 3° La science du bien établit l'harmonie et l'équilibre dans le développement de nos facultés (cf. 254) : chacune d'elles remplit sa fonction; la raison commande, la volonté exécute, la sensibilité obéit

---

[1]. « Sans cette part faite à l'ignorance, comment comprendre cette profonde maxime de l'Evangile « que l'on voit bien la paille qui est dans l'œil de son voisin et qu'on ne voit pas la poutre qui est dans le sien ? » Enfin, c'est en grande partie sur le même principe qu'est fondé le mépris des injures : « Mon Dieu, pardonnez-leur, dit le Christ en mourant ; car ils *ne savent ce qu'ils font*. » (Janet, *Morale*, p. 510.)

à la raison et à la volonté. et le corps est subordonné à l'âme à laquelle il sert d'instrument, comme Platon l'explique en définissant la *justice* dans le livre IV de la *République*.

Cependant la doctrine de Platon est incomplète sur plusieurs points. 1° A la connaissance du devoir, il faut joindre la volonté de l'accomplir. Or il est des cas où nous connaissons notre devoir, et où nous ne l'accomplissons pas : c'est quand notre intelligence juge que tel bien est le plus grand bien, et que ce plus grand bien n'a pour nous aucun attrait. Il faut alors un effort pour lutter contre la séduction des sens et choisir le plus grand bien : cet effort exige la force morale (cf. 278). 2° La volonté elle-même a besoin d'être excitée par l'amour du bien (cf. 274) : les grandes actions supposent toujours de grands sentiments. Aristote a eu raison de dire : « L'homme vertueux est celui qui trouve du plaisir à pratiquer la vertu. »

En résumé la *vertu* est *science, force* et *amour*. Platon en a indiqué un des éléments, et il a eu raison de dire avec Socrate que la vertu peut s'enseigner.

Lire Janet, *Élém. de morale*, ch. VII, § 1, 2; Bouillet, *D. des sciences*, art. *Vertu*.

281. Est-il vrai de dire avec Aristote que la *vertu* est un *milieu entre deux extrêmes* ? (14 novembre 1872.)

282. Expliquer et discuter ces deux maximes d'Aristote : 1° *La vertu est une habitude ;* 2° *La vertu est un milieu entre deux extrêmes.* (26 novembre 1869; 8 avril 1875.)

Plan. La *vertu* est, d'après Aristote, une *habitude* qui s'acquiert par la constante répétition des actes de justice, de tempérance, etc. Elle consiste dans une certaine *disposition morale* : « La première condition de la vertu est que l'agent sache ce qu'il fait; la seconde, qu'il le veuille par un choix réfléchi, et qu'il veuille les actes qu'il produit à cause de ces actes mêmes; enfin la troisième, c'est qu'en agissant il agisse avec une résolution ferme et inébranlable de ne jamais faire autrement. » (*Morale à Nicomaque*, I, IV.)

Voici comment s'acquiert cette habitude ou disposition morale : l'homme a des *dispositions naturelles* à la justice, à la tempérance et aux autres qualités de l'âme; elles deviennent des *vertus morales* ou des *vertus sociales* en se développant par l'exercice sous la direction de la raison. De là naît l'habitude de nous gouverner et de régler nos passions en déterminant dans toutes choses le *juste milieu*[1] : « Comme parmi les vices les uns dépassent la mesure, que les autres restent au-dessous, la vertu consiste à trouver un *milieu* pour les actions et les sentiments. » De là résulte cette maxime célèbre : *La vertu est un milieu entre deux extrêmes.* Elle a pour fondement la définition qu'Aristote donne de la *prudence*. « Ce qui caractérise l'homme prudent, c'est la faculté de délibérer avec succès sur les choses qui lui sont bonnes et avantageuses, non pas sous quelques rapports particuliers, comme celui de la santé ou de la force, mais qui peuvent contribuer en général au bonheur de sa vie. » — La maxime du juste milieu revient donc à chercher le convenable en tout d'après les données de l'expérience et de la raison. Elle a ainsi un sens clair et précis. Elle ne définit pas le bien ; elle donne seulement une règle pratique qui est utile pour la conduite ordinaire de la vie : p. ex., l'économie est un juste milieu entre la prodigalité et l'avarice. Aussi a-t-elle été souvent citée et commentée par les moralistes. On peut seulement lui reprocher de ne pas s'appliquer aux actes et aux sentiments les plus élevés, à l'héroïsme, au dévouement, etc. Au reste, Aristote le reconnaît lui-même en subordonnant la *prudence* à la *sagesse*, qui consiste dans l'*action de la pensée* et qui ne se trouve entière et parfaite qu'en Dieu, comme la félicité suprême.

Lire Janet, *Élém. de morale*, ch. VII, § 3 ; Charles, *Lect. de phil.*, II, p. 264.

REMARQUE. La maxime d'Aristote a pour antécédent celle de Pittacus, un des sept sages : *Rien de trop* (*Ne quid nimis*) :

> De tous les animaux, l'homme a le plus de pente
>   A se porter dedans l'excès....
>   *Rien de trop* est un point
> Dont on parle sans cesse et qu'on n'observe point.
>   (LAFONTAINE, IX, xi).

1.   Virtus est medium vitiorum et utrinque reductum.
     Est modus in rebus, sunt certi denique fines,
    Quos ultra citraque nequit consistere rectum.
    Dum vitant stulti vitia, in contraria currunt.
    Insani sapiens nomen ferat, æquus iniqui,
     Ultra quam satis est, virtutem si petat ipsam. HORACE.

Non plus sapere quam oportet sapere, sed sapere ad sobrietatem.
(S. PAUL, *Ep. ad Romanos*, XII, 3.)

     La parfaite vertu fuit toute extrémité
     Et veut que l'on soit sage avec sobriété.
                    (MOLIÈRE, *Misanthrope*, I, 1.)

283. Expliquer et apprécier ces vers d'Ovide (*Métamorphoses*, VII, 19) : « *Video meliora proboque, Deteriora sequor.* » (27 août 1867.)

Plan. Tantôt notre devoir est d'accord avec nos penchants. Tantôt notre devoir est en contradiction avec eux. Dans ce cas, l'homme se trouve placé entre la *passion* qui l'entraîne par l'attrait du plaisir, et la *raison* qui lui ordonne d'accomplir le bien en soi, que ce but lui plaise ou ne lui plaise pas. Cette lutte a été souvent décrite par les moralistes. On cite surtout à ce sujet les vers où Ovide nous représente Médée délibérant si elle cédera à l'entraînement de l'amour ou si elle écoutera la voix de la raison :

> Sed trahit invitam nova vis; aliudque cupido,
> Mensque aliud suadet.

La passion l'emporte. Ici le poëte nous indique une grande vérité : il ne suffit pas de voir le bien et de l'approuver, il faut encore avoir la force de volonté nécessaire pour l'accomplir; si, dès l'origine, l'on n'oppose pas à la passion une résistance énergique[1], on se laisse entraîner à faire le mal avec connaissance de cause :

> Video meliora proboque,
> Deteriora sequor[2].

Molière dit aussi dans le *Misanthrope* (I, 1.) :

> Il est vrai : ma raison me le dit chaque jour;
> Mais la raison n'est pas ce qui guide l'amour.

La conclusion de cette discussion, c'est que, pour triompher, dans la lutte de la passion et du devoir, pour gouverner ses penchants et être maître de soi, il faut joindre à la connaissance du devoir la force morale, la volonté soutenue par l'amour du bien (cf. 278, 284)[3].

1. Principiis obsta; sero medicina paratur
  Quum mala per longas invaluere moras. (OVIDE.)
2. « Les paroles qu'Ovide donne à Médée signifient que le bien honnête est surmonté par le bien agréable, qui fait plus d'impression sur les âmes quand elles se trouvent agitées par les passions. » (LEIBNIZ, *Théodicée*, II, § 154; éd. Marion, p. 143.) — M. Janet, dans sa *Morale* (p. 514), rapproche de ces vers d'Ovide cette sentence de saint Paul : « Je ne fais pas le bien que j'aime, et je fais le mal que je hais. »
3. Est quadam prodire tenus, si non datur ultra.
  Nemo adeo ferus est ut non mitescere possit,
  Si modo culturæ patientem commodet aurem. (HORACE.)

284. Quels sont les moyens pratiques par lesquels l'homme peut arriver à corriger son *caractère* et à gouverner ses *passions* ? (11 août 1869.)

285. De l'éducation personnelle de l'homme par lui-même. Est-il vrai que l'homme soit dans la dépendance absolue de son tempérament et de ses penchants ? (11 novembre 1873.)

Dissertation. La morale enseigne que la vertu a pour éléments la connaissance du bien et la volonté de l'accomplir avec le secours du sentiment (cf. 280). Elle doit donc joindre à la théorie du bien l'indication des moyens pratiques par lesquels l'homme peut acquérir la force de résister à ses penchants, de corriger son caractère et de gouverner ses passions.

1° On nomme *caractère* la combinaison qui se fait dans chaque individu des inclinations et des habitudes avec la force de la volonté. La 1re règle à cet égard est de s'appliquer la maxime : *Connais-toi toi-même* ; d'étudier ses qualités pour en tirer parti et ses défauts pour les corriger, comme on étudie son *tempérament* pour conserver sa santé. La 2e est de diriger chaque inclination vers son but légitime et de la développer dans la mesure convenable, pour établir un juste équilibre entre l'activité du corps et celle de l'âme, et pour faire régner l'harmonie dans le développement de ses facultés. La 3e est d'exercer régulièrement ses aptitudes physiques, intellectuelles et morales. Le *travail*, en prenant ce mot dans son acception la plus étendue, est nécessaire à la santé de l'âme autant qu'à celle du corps ; il est un des plus solides fondements de la moralité individuelle comme de l'ordre social ; enfin, il est indispensable à l'exercice et au développement de la force d'âme.

2° Les *passions* sont des inclinations exaltées par l'imagination et fortifiées par l'habitude. La 1re règle est de donner une bonne direction à son imagination : « Par le pouvoir que nous avons sur les membres extérieurs, nous en avons aussi un très-grand sur les passions ; mais indirectement, puisque nous pouvons par là et nous éloigner des objets qui les font naître et en empêcher l'effet... Pour cela, il le faut vouloir et le vouloir fortement ; et ce moyen c'est l'attention bien gouvernée. Car le principe de la passion, c'est l'impression puissante d'un objet dans le cerveau ; l'effet de cette impression ne peut être mieux empêché qu'en se rendant attentif à d'autres objets... De là vient qu'une passion violente a souvent servi de frein ou de remède aux autres; p. ex. : l'ambition ou la passion de la guerre, à l'amour. Et il est quelquefois utile de s'abandonner à des passions innocentes pour détourner ou pour empêcher des passions criminelles » (Bossuet). Tel est l'effet de la culture de l'âme par l'étude des lettres et des beaux-arts (cf. 286). La 2º règle est de substituer une *habitude* à une autre. Comme l'habitude naît de la répétition volontaire de certains actes, nous pouvons appliquer notre volonté à produire les actes nécessaires à la création d'une nouvelle disposition qui nous facilitera l'accomplissement du devoir et finira par nous le faire aimer : c'est ainsi qu'un soldat se forme à la discipline militaire. De cette pratique naissent les *vertus* (cf. 281).

Lire Bossuet, *Conn. de Dieu*, III, xix (éd. Charles, p. 171); Janet, *Élém. de morale*, ch. X.

286. Montrer comment la *culture esthétique* de l'homme par la littérature et les beaux arts peut contribuer à son *perfectionnement moral*. (6 août 1869.)

Dissertation. Pour développer ses facultés et ses inclinations dans un juste équilibre et pour atteindre ainsi la perfection dont il est capable, l'homme doit joindre à la science la culture des lettres et des arts. Le *beau* est essentiellement distinct du *bien* et du *vrai*, mais il a avec eux des affinités dont la morale doit tenir compte dans ses préceptes (cf. 254). Le beau consiste dans l'union de l'intellectuel et du sensible, dans l'expression de l'idée par la forme (cf. 92.) Il met en jeu l'intelligence, qui conçoit l'élément intellectuel; les sens, qui perçoivent l'élément sensible; l'imagination, qui se représente à la fois l'idée et la forme dans leur fusion intime; enfin, la sensibilité qui éprouve une émotion agréable, comme la sympathie, l'admiration, l'amour. Appliquons cette théorie aux lettres et aux beaux-arts.

La *Poésie*, à laquelle on peut joindre certaines formes de l'*Éloquence*, se propose d'*instruire*, de *plaire* et de *toucher* :

Aut prodesse volunt aut delectare poetæ;
Aut simul et jucunda et idonea dicere vitæ. (HORACE.)

Instruire se rapporte à l'intelligence : toute œuvre littéraire vraiment belle doit avoir pour fond « certaines vérités générales exprimées dans un langage parfait[1]. » Ce sont des vérités

[1]. C'est la définition donnée par M. Nisard dans son *Histoire de la Littérature française*. Voyez sur ce point M. Janet, *Les Problèmes du XIXº siècle*, liv. II.

morales, comme la lutte de l'amour et du devoir dans le *Cid* de Corneille; ou des vérités philosophiques qui intéressent partout et toujours, comme la peinture des mœurs, des sentiments et des passions; ou même des vérités scientifiques considérées à un point de vue qui touche l'homme, qui se rapporte à sa vie, à ses besoins et à ses croyances. Boileau a formulé ce principe dans ce vers célèbre :

>   Rien n'est beau que le vrai; le vrai seul est aimable.

Plaire se rapporte à l'imagination. L'expression de la pensée par le langage constitue le *style* dont la couleur et le mouvement varient selon les genres. Il parle à l'esprit, au cœur et aux sens. Il est une condition essentielle dans une œuvre littéraire. A ce point de vue, le *goût* a un caractère moral, en ce sens qu'il nous refait un monde idéal plus beau que celui que nous avons sous les yeux, que par là il élève nos pensées et ennoblit nos sentiments (cf. 91) :

>   Que votre âme et vos mœurs, peints dans vos ouvrages,
>   N'offrent jamais de vous que de nobles images.

Toucher se rapporte à la sensibilité. L'homme a un besoin naturel d'émotions qui fassent diversion à ses passions, s'il a un caractère ardent, ou qui le placent dans une sphère supérieure à celle de ses occupations journalières, s'il a un caractère calme et positif. Ainsi la tragédie grecque inspire la terreur et la pitié; la tragédie française émeut par la lutte de la passion et du devoir ou du vice et de la vertu. La poésie lyrique éveille tour à tour les divers sentiments de l'âme. En descendant de l'idéal pour se rapprocher de la réalité, la comédie, le roman et la fable nous intéressent par des fictions où les personnages se trouvent mêlés à des événements plus ou moins semblables à ceux que nous connaissons.

De ces considérations il résulte que les lettres contribuent au perfectionnement moral de l'homme, en ce sens qu'elles répondent au besoin qu'il a d'exercer son imagination et sa sensibilité. Elles n'ont pas pour but d'enseigner directement la vertu, comme le fait la morale; mais elles s'accordent parfaitement avec la morale dès qu'elles préfèrent l'âme au corps, la raison aux sens, qu'elles cherchent le beau dans l'expression de la vérité et du sentiment et non dans l'imitation colorée et violente des formes matérielles. C'est là un point de doctrine qui a de tout temps attiré l'attention des grands esprits, tels que Platon (*Gorgias, République*), Quintilien (*Institution oratoire*), Plutarque (*Lectures des poètes*), saint Basile (*Homélie sur la lecture des auteurs païens*), Fénelon (*Dialogues sur l'éloquence*, I; *Lettre à l'Académie*, IV-VII), Rollin (*Traité des études*, III, I, § 1-3), etc. Il faut donc, pour faire une étude profitable de la littérature, apporter de la mesure et du discernement dans ses lectures comme le recommande Sénèque dans ses *Lettres* : « Distringit librorum multitudo... Probatos itaque semper lege. » Il faut aussi avoir un bon guide :

> Faites choix d'un censeur solide et salutaire,
> Que la raison conduise et le savoir éclaire.

Il suffit d'ailleurs d'appliquer cette maxime de La Bruyère : « Quand une lecture vous élève l'esprit, et vous inspire des sentiments nobles et courageux, ne cherchez point d'autre règle pour juger de l'ouvrage : il est bon et fait de main d'ouvrier. »

Les principes que nous venons d'exposer s'appliquent aux *beaux-arts* aussi bien qu'à la littérature. La musique, la peinture, la sculpture et l'architecture ont pour but d'exprimer à des degrés inégaux, parce qu'elles emploient des matériaux différents, les qualités et les sentiments de l'âme humaine ou les propriétés que l'imagination découvre dans les objets extérieurs et les sentiments que fait naître leur contemplation. La musique éveille des émotions plus profondes que variées, particulièrement la joie et la tristesse. C'est l'art le plus libre, tandis que l'architecture est le plus positif. Obligée de subordonner la forme générale de l'édifice à une fin particulière, l'architecture excite en nous les idées et les sentiments qui se rattachent à cette fin : c'est ainsi que, si l'on contemple la façade de Notre-Dame, on en admire la majesté, tandis que, si l'on pénètre dans la nef, on éprouve un recueillement religieux par la hauteur des voûtes et des colonnes qui « semblent vouloir porter jusqu'au ciel le magnifique témoignage de notre néant, » par la profondeur des galeries et par la richesse de l'ornementation, par l'éclat des verrières qui décorent les roses et les fenêtres en tamisant et colorant la lumière. La statuaire, alliée le plus souvent à l'architecture, est également obligée à une grande précision, puisque son but est d'offrir à notre admiration les formes les plus parfaites du corps humain en variant les attitudes pour exprimer la beauté physique ou faire penser à la beauté morale. La peinture a le domaine le plus étendu : en marquant les formes visibles des objets comme la sculpture, elle a l'avantage d'y ajouter la vie : en touchant comme la musique, elle a l'avantage d'exprimer tous les sentiments et elle ne le cède sous ce rapport qu'à la poésie.

On peut donc dire des beaux-arts, comme de la poésie et de certaines formes de l'éloquence, qu'ils contribuent à notre perfectionnement moral, en ce sens qu'ils s'adressent à la fois à l'esprit et au cœur, et qu'avec la vertu et la science, ils procurent à l'homme les plus nobles jouissances qu'il soit capable de goûter sur la terre.

Mérite et démérite.

287. Du *mérite* et du *démérite*. Définir ces deux notions. En établir les fondements et les conséquences. (24 juillet 1873.)

Plan. Le *bien moral* consiste dans l'accomplissement du *devoir*, c'est-à-dire dans la ferme volonté de faire le *bien en soi*, dans l'effort produit pour réaliser selon notre connaissance et notre pouvoir l'*idéal de la nature humaine*. Au bien moral correspond le mérite, et au mal moral, le démérite. Le *mérite* est l'accroissement volontaire de notre excellence morale, et le *démérite*, la diminution volontaire de cette excellence. Cette vérité fondamentale s'énonce dans un principe absolu et universel : *Quiconque fait le bien, mérite, et quiconque fait le mal, démérite.* Il a pour conséquences la qualification des actions humaines et la sanction morale.

Il ne faut pas admettre que toutes les bonnes actions soient égales et que toutes les fautes soient égales, comme l'enseignaient les Stoïciens en se plaçant à un point de vue abstrait [1]. Il faut au contraire, pour apprécier la valeur morale d'une action, consulter à la fois la raison qui détermine l'importance du devoir, et la conscience, qui nous indique la grandeur de l'effort nécessaire pour l'accomplir. De là cette règle : *Le mérite est proportionné à l'importance du devoir et à la grandeur de l'effort nécessaire pour l'accomplir; et le démérite est proportionné à l'importance du devoir et à la facilité de l'accomplir.* En appliquant cette règle à la qualification d'une

---

[1]. Quis *paria* esse fere placuit *peccata*, laborant
Quum ventum ad verum est : sensus moresque repugnant,
Atque ipsa utilitas, justi prope mater et æqui.
HORACE, *Sat.*, I, III.

action dont l'auteur est responsable, on l'appelle méritoire ou déméritoire, louable ou blâmable, honnête ou honteuse, belle ou hideuse, héroïque ou criminelle.

Après avoir qualifié une action, l'esprit lui applique, par une conséquence naturelle, l'idée de la *justice distributive*, qui consiste à traiter chacun selon son mérite ou son démérite. Il conçoit alors le complément du principe de mérite et de démérite que nous avons énoncé ci-dessus, savoir : *Quiconque mérite doit être récompensé; et quiconque démérite doit être puni;* ou bien : *La vertu est digne de bonheur, et le vice est digne de châtiment.* De là résulte cette conclusion que la loi morale doit avoir une *sanction* (cf. 289).

Lire Janet, *Élém. de morale*, ch. VIII, § 1.

Responsabilité morale.

288. De la *responsabilité morale :* son principe, ses conditions, ses conséquences. (7 août 1866; 31 juillet 1869.)

Plan. Avant de prononcer sur le mérite ou le démérite d'un agent, nous commençons par examiner si l'acte est imputable, si l'agent est responsable. L'*imputabilité* est le caractère de l'acte qui peut être attribué à un agent : elle a pour conditions le *discernement du bien et du mal* et la *liberté* (cf. 270, 278). La *responsabilité* est l'obligation pour l'agent de subir les conséquences bonnes ou mauvaises de l'acte qui lui est imputable; elle suppose ainsi l'imputabilité et l'application du principe de mérite et de démérite; elle a pour conséquences les diverses espèces de peines et de récompenses qui sont la sanction de la loi morale ou celle de la loi positive.

Ces principes posés, la Morale et le Droit naturel déterminent quelles sont les circonstances qui modifient, diminuent ou anéantissent l'imputabilité de l'acte et la responsabilité de l'agent. Ce sont celles qui influent sur le discernement du bien et du mal, ou sur la liberté, ou sur ces deux conditions à la fois, savoir : 1° la folie, l'idiotisme, le délire; 2° l'ivresse; 3° la passion (cf. 284); 4° la force majeure; 5° la contrainte ou violence physique; 6° l'ignorance et l'erreur involontaires. En général, l'absence d'intention exclut toute culpabilité; cependant, elle laisse subsister une certaine responsabilité, s'il y a eu *imprudence* ou *négligence*. C'est là le principe de la *responsabilité civile*, qui a beaucoup d'applications dans le Droit naturel et le Droit positif.

Lire Janet, *Élém. de morale*, ch. VIII, § 3.

Sanction de la loi morale. Bonheur.

289. *Sanctions* de la loi morale. Les énumérer, les définir, et donner des exemples. (1er août 1870.)

290. Des *peines* et des *récompenses* ; leurs différentes espèces. (5 novembre 1868.)

Dissertation. Les idées rationnelles qui forment les fondements de la morale se rapportent à trois principales ; ce sont le but ou le bien en soi, la règle ou la loi, la conséquence ou la sanction. Ces trois idées sont étroitement liées entre elles : 1° le *bien en soi* est pour l'homme le développement de son essence (cf. 254) ; 2° la *loi* est l'obligation morale d'accomplir volontairement le bien pour le bien (cf. 255) ; 3° la *sanction* est l'ensemble des récompenses et des peines qui sont les conséquences de l'observation et de la violation de la loi : car la *récompense* (qu'il ne faut pas confondre avec le salaire et avec la faveur) est le plaisir attaché à une action moralement bonne, et la *peine*, une douleur infligée à une action moralement mauvaise.

Pour résoudre les questions auxquelles donne lieu la sanction, il faut distinguer la sanction légale et la sanction morale. La *sanction légale* est établie pour rendre la loi efficace. Comme l'homme peut être tenté par son intérêt particulier de violer la loi établie dans l'intérêt général, la sanction légale l'excite à obéir par la promesse de quelque récompense, ou le détourne de lui désobéir par la menace de quelque peine. Elle est donc un *moyen* ; elle ne considère que l'*effet* matériel. Il n'en est pas de même de la *sanction morale*. La loi morale doit être accomplie par respect pour la loi, quelles qu'en soient les conséquences. Elle ordonne d'accomplir volontairement le bien pour le bien ; elle exige avant tout l'*intention* et constitue ainsi un motif qui est entièrement désintéressé. Il en résulte que la sanction morale ne peut être un moyen qui assure l'exécution de la loi par une promesse ou une menace : car elle ôterait ainsi à l'obéissance de l'agent le caractère de désintéressement qui fait son mérite. Elle ne peut donc être qu'une *conséquence* dont notre raison conçoit la nécessité en vertu de ces deux principes : 1° *Quiconque fait le bien, mérite, et quiconque fait le mal, démérite.* 2° *Quiconque mérite doit être récompensé, et quiconque démérite doit être puni.* C'est ainsi que nous arrivons à l'idée de la *justice distributive*, qui consiste à traiter chacun selon son mérite, par conséquent, à proportionner la récompense ou la peine à la bonté ou à la méchanceté de l'action. Nous admettons donc que *la vertu est digne de bonheur* et que *le vice est digne de châtiment*. Enfin, comme nous voyons que la sanction légale n'existe qu'à la condition qu'une puissance soit chargée de l'exécuter, nous concevons que la sanction morale ne peut exister qu'autant qu'il existe un Être parfait qui, étant souverain législateur et souverain juge, réalise l'harmonie nécessaire entre la vertu et le bonheur.

Examinons si la vie terrestre offre les conditions de sa réalisation. Pour le reconnaître, il faut passer en revue les diverses espèces de peines et de récompenses qui constituent autant de sanctions : 1° la *sanction morale*, c'est-à-dire le remords et la satisfaction de la conscience; 2° la *sanction naturelle*, c'est-à-dire les conséquences naturelles de nos actions (p. ex., la sobriété entretient la santé); 3° la *sanction sociale*, c'est-à-dire l'estime et le mépris de nos semblables; 4° la *sanction légale*, c'est-à-dire les peines et les récompenses instituées par le législateur en vue de l'observation des lois positives.— Le remords et la satisfaction de la conscience remplissent seuls les conditions nécessaires à la vraie sanction de la loi morale : ils constituent des peines et des récompenses qui ont leur cause en nous-mêmes, qui résultent de la violation ou de l'observation de la loi morale. Cependant ils ne réalisent pas l'harmonie nécessaire entre la vertu et le bonheur. En effet, le *bonheur* consiste dans un état durable et constant, dans un contentement calme et doux, dont on a pleinement conscience, dans lequel on se complaît, où l'on trouve sans cesse de nouvelles jouissances. Or la *vertu* ne suffit pas pour l'assurer sur la terre. Si l'on écarte les plaisirs qui ne dépendent pas directement de la vertu, la satisfaction des besoins du corps et la satisfaction des inclinations propres à l'âme comme la curiosité, l'ambition, la sympathie, on voit que la vertu, étant une habitude, augmente la force de la volonté et l'amour du bien, adoucit ainsi ce que la pratique du devoir offre de pénible à l'origine, par suite, y fait trouver des jouissances de plus en plus vives et durables. Cependant l'excès des maux qui dépendent de causes extérieures peut accabler l'homme de douleurs qui l'emportent sur les jouissances de la vertu, comme le tourbillon des plaisirs peut étourdir le coupable au point d'étouffer ses remords. Qu'on se représente le juste mis en croix, comme Platon le peint dans la *République* ; il est évident que, dans ce cas et dans d'autres semblables, il y a entre la souffrance et le mérite moral de celui qui la ressent un désaccord absolument incompatible avec la justice de la Providence divine. La seule explication raisonnable de ce désaccord, c'est que la vie actuelle est une *épreuve* et que cette épreuve exige une sanction suprême dont la condition est *l'immortalité de l'âme*.

Lire Janet, *Élém. de morale*, ch. IX; Charles, *Lect. de phil.*, II, p. 265.

MORALE INDIVIDUELLE

291. L'homme a-t-il, à parler exactement, des *devoirs envers lui-même*? Résumer ces devoirs. (6 novembre 1868 ; 13 novembre 1871.)

Dissertation. 1° On a contesté les devoirs de l'homme envers sa propre personne, parce qu'il s'appartient à lui-même, et que, d'après les jurisconsultes, nul ne se fait d'injustice à soi-même (*Volenti non fit injuria*). 2° On a voulu les faire rentrer dans les devoirs sociaux, ou du moins les subordonner à ces devoirs (Fichte). 3° Enfin il y a une opinion qui ramène tous les devoirs à des devoirs envers Dieu (Malebranche). — On peut faire à ces objections contre la Morale individuelle la réponse suivante : 1° L'homme s'appartient à lui-même en ce sens qu'il est une personne ; or la personnalité constitue l'essence humaine que l'homme est obligé de respecter dans ses semblables ; il est donc évidemment obligé de la respecter aussi en lui-même ; par suite, il a des devoirs envers lui-même, fût-il seul dans une île déserte. 2° L'homme n'a pas d'obligation envers tel ou tel individu, mais envers l'essence qui constitue la personne humaine ; or cette essence étant la même dans tous les hommes, il a évidemment des devoirs envers lui-même au même titre qu'il en a envers ses semblables. 3° Accomplir nos devoirs envers notre personne et nos devoirs envers nos semblables, c'est nous conformer à l'ordre établi par Dieu. Cependant la théorie qui fait rentrer la Morale individuelle et la Morale sociale dans la Morale religieuse a l'inconvénient d'absorber l'homme dans la Religion, comme certaines théories politiques absorbent l'homme dans l'État; l'habitude de tout rapporter à Dieu fait perdre à la Religion son caractère sacré en la mêlant aux choses profanes, ou détourne l'âme de ses affections légitimes pour les hommes en lui inspirant une exaltation mystique. Il faut donc maintenir la division entre les devoirs individuels, les devoirs sociaux et les devoirs religieux, sans sacrifier les uns aux autres.

Après avoir établi que l'homme a des devoirs envers lui-même, il faut trouver une maxime dont on puisse les déduire tous. La maxime de Kant est : « Agis de telle sorte que dans ta personne tu traites toujours l'humanité (la nature raisonnable) comme une fin et que tu ne t'en serves jamais comme d'un moyen; » ou, sous une forme plus brève : « Respecte ta dignité personnelle. » Le défaut de cette maxime est de ne prescrire guère que des devoirs négatifs, comme on en peut juger par les préceptes que Kant en déduit : « Ne soyez pas esclaves des hommes. Ne souffrez pas que vos droits soient impunément foulés aux pieds. Ne contractez pas de dettes pour lesquelles vous n'offriez pas une entière sécurité. Ne recevez pas de bienfaits dont vous puissiez vous passer, etc. » On peut tirer de la doctrine exposée par Jouffroy, dans son *Cours de Droit naturel*, une formule plus large qui résume la Morale individuelle : « Le devoir de l'homme est de développer en lui-même ce qui fait de lui une personne et constitue sa dignité, la liberté unie à l'intelligence et à l'amour. » M. Janet donne dans sa *Morale* une formule équivalente : « Le principe fondamental de la morale est d'élever en nous la personne humaine au plus haut degré d'excellence dont elle est capable. » De là on peut déduire tous les devoirs de l'homme envers lui-même, en examinant quelles sont les conditions essentielles à son perfectionnement moral, au développement régulier et harmonieux de ses facultés : 1° conserver le corps et accroître ses forces pour qu'il serve d'instrument docile à l'âme (*Défense du suicide, hygiène, tempérance*); 2° cultiver l'intelligence par l'étude des sciences, des lettres et des arts; s'instruire avant tout de ses devoirs et s'appliquer à acquérir les connaissances nécessaires à la profession à laquelle on se destine (*prudence*); 3° établir l'empire de la volonté sur tous les appétits et sur tous les penchants, pour acquérir la force d'âme qui est le principe des diverses espèces de courage et qui forme le caractère (*force d'âme, courage militaire,*

RESPECT DE LA DIGNITÉ PERSONNELLE.

courage civil, égalité d'âme); 4° donner dans sa vie une juste place aux inclinations qui facilitent la pratique de la vertu (*amour, amitié*, etc.); 5° enfin, exercer toutes ses aptitudes physiques, intellectuelles et morales par le *travail* qui contribue à la santé de l'âme autant qu'à celle du corps, et réalise ainsi le vœu de Juvénal : *mens sana in corpore sano*.

Lire Janet, *Élém. de morale*, ch. XII-XV; Bouillet, *D. des sciences*, art. *Devoir*.

292. Du principe de la *dignité personnelle* considéré comme principe de tous les devoirs de l'homme envers lui-même. (19 août 1868.)

REMARQUE. Cette question a été traitée ci-dessus (page 284).

293. Rapporter les devoirs de l'homme envers lui-même à ces deux vers de Juvénal (*Sat.*, VIII, 82) :

> Summum crede nefas animam præferre pudori,
> Et propter vitam vivendi perdere causas.

(25 mars 1873.)

REMARQUE. La pensée de Juvénal est : « Il ne faut pas préférer la conservation du corps à l'*honneur*, ni sacrifier au plaisir de vivre ce qui fait la valeur de la vie. » En sacrifiant à la conservation du corps le pouvoir que l'âme a d'en faire son instrument, elle manque à son premier devoir, qui est le *respect de la dignité personnelle*.

Cette question rentre ainsi dans la précédente. — On peut rapprocher des vers de Juvénal ce vers de Corneille :

> Qui m'ose ôter l'honneur craint de m'ôter la vie!

294. Discuter la question du *suicide*. Réfuter les arguments par lesquels on a essayé de le justifier. (18 novembre 1870; 5 août 1871.)

Plan. Défendu par Socrate et par Platon, permis par les Stoïciens, le *suicide* a été l'objet de vifs débats dans l'antiquité et dans les temps modernes.

On a essayé de le justifier par les arguments suivants :
1° L'homme est maître de sa personne. Il peut donc disposer légitimement de sa vie et y mettre fin quand il le juge convenable, soit pour terminer ses souffrances, soit pour

se soustraire au déshonneur. 2° Il ne fait aucun tort aux autres hommes en quittant la vie quand elle leur est inutile. 3° Il ne se met pas en rébellion contre Dieu : car, après la mort, il continue d'être soumis à ses lois.

Voici ce que l'on répond à ces arguments. 1° L'homme, étant une personne morale, n'a pas le droit de disposer de lui-même comme d'une chose qui appartient à son maître. En s'ôtant la vie, il se prive de la condition nécessaire pour accomplir sa destinée ici-bas. 2° Dans toute position, il peut toujours rendre quelque service à ses semblables, ne fût-ce que celui de les édifier, comme Job, par le spectacle de sa patience et de sa résignation. 3° La vie est une épreuve que Dieu impose à l'homme. Celui-ci a donc le devoir de ne pas abréger cette épreuve qui le prépare à la vie future.

Lire Janet, *Élém. de morale*, ch. XII, § 2.

MORALE SOCIALE

Origine de la société.

295. Par quels arguments peut-on démontrer que l'*origine de la société* est un fait naturel et nécessaire, non un fait accidentel et arbitraire ? (23 août 1867.)

296. Y a-t-il contradiction, comme l'a prétendu J.-J. Rousseau, entre l'*état de nature* et l'*état social*? (26 mars 1873.)

Plan. Au début de sa *Politique*, Aristote démontre que l'homme est né pour vivre dans un État, qu'il est, pour employer son expression aussi juste qu'énergique, « un animal politique. » Cicéron, au début du second livre de son traité *Des Devoirs*, énumère les avantages que l'homme doit à ses semblables, et explique comment la société est le principe de toute civilisation. Cependant, au siècle dernier, un auteur célèbre par ses sophismes aussi étranges que funestes, a prétendu que l'état social est contraire à l'état de nature.

Pour réfuter J.-J. Rousseau, il suffit d'établir la vérité en examinant les devoirs et les droits naturels de l'homme. Ils dérivent tous de ce principe que le bien naturel de l'homme consiste dans le développement régulier et harmonieux des facultés de l'âme et des forces du corps qui lui sert d'instrument (cf. 254). Or ce développement ne peut être réalisé, autant que notre condition le comporte, que dans la *société* qui est, sous sa forme élémentaire, une *tribu*, c'est-à-dire une association de familles, et sous sa forme complète, un *État*, c'est-à-dire une association d'hommes unis par les lois et formant un corps de nation par l'unité du territoire et par la communauté des intérêts généraux. En effet, l'homme est lié à ses semblables : 1° par ses besoins physiques, dans son enfance, sa vieillesse, ses maladies ; 2° par ses affections sociales, la sympathie, l'amour, l'amitié, etc. ; 3° par ses facultés ; par la parole, qui est une faculté essentiellement sociale ; par l'intelligence, qui n'arrive à la science que par une longue suite de recherches ; par l'activité, qui n'approprie les choses matérielles à la satisfaction de ses besoins que par le concours des efforts individuels, etc. De là résultent les devoirs sociaux de l'homme et ses droits naturels. Or les droits naturels les plus importants, la liberté et la propriété, n'ont point de valeur effective s'ils ne sont garantis et protégés par l'État. Le but de l'État est la *justice* qui, sans détruire les inégalités naturelles, assure aux citoyens l'égalité devant la loi, la seule conforme à la responsabilité morale des individus et à l'accomplissement de leur destinée.

Lire Bouillet, *D. Sciences*, art. *Société* ; Charles, *Lect. de phil.*, II, p. 294 ; Cicéron, *Des devoirs*, II, 3-5.

Principes de la Morale sociale.

297. Qu'est-ce que la *Morale sociale* ? Quels en sont les principes et les règles essentielles ? (8 août 1871.)

Plan. L'homme naît dans la société et pour la société : car sans elle, il ne peut ni se développer, ni subsister (cf. 296). Il contracte ainsi trois espèces de rapports : 1° avec les hommes en général ; 2° avec la famille ; 3° avec l'État. A ces trois espèces de rapports correspondent trois espèces de devoirs dont nous allons passer en revue les principes et les règles essentielles.

Tous les hommes sont moralement obligés de concourir sous leur propre responsabilité à l'accomplissement du bien propre à l'essence humaine, c'est-à-dire au développement régulier et harmonieux des facultés qui constituent sa personnalité (cf. 254). De là dérivent leurs devoirs et leurs droits.

Le principe de nos devoirs envers les hommes en général est : *Respecter dans nos semblables le développement régulier de la personnalité humaine et y contribuer selon notre pouvoir.* Son application comprend la *justice* et la *charité* (cf. 298).

Le principe de nos devoirs envers la famille est le même que celui de nos devoirs envers les hommes en général ; mais il a des applications plus nombreuses et plus variées. En effet, les devoirs de justice et de charité se déterminent dans la famille par les rapports naturels de droit et par les liens d'affection qui s'établissent entre les époux, puis entre les parents et les enfants, enfin entre les frères et les sœurs (cf. 300).

Le principe de nos devoirs envers l'État est : *Respecter l'exécution des lois et y concourir selon notre pouvoir.* Son application comprend la *justice* et le *dévouement à la patrie.*

Les devoirs envers les hommes en général, envers la famille et envers l'État, sont communs à tous les citoyens qui habitent le même territoire. Il est une quatrième classe de devoirs sociaux particuliers aux citoyens qui se trouvent en rapport avec une autre nation. Ils sont déterminés par le *Droit des gens* ou *Droit public international*, soit *naturel*, soit *positif*. 1° Le principe du *Droit des gens naturel* consiste à transporter de l'individu à une nation entière les obligations de l'homme à l'égard de ses semblables. De là résultent les devoirs de respecter une nation dans sa liberté et dans son indépendance, dans son honneur et dans sa dignité, dans ses biens ou dans son territoire. 2° Le principe du *Droit des gens positif* consiste à observer les conventions positives conclues entre les États et les usages qui les règlent, comme l'inviolabilité des ambassadeurs, la neutralité en face des belligérants, le respect de la vie à l'égard des prisonniers de guerre, etc. La Diplomatie, comme la Politique, doit prendre pour règle la *justice sociale*.

I. DEVOIRS ENVERS LES HOMMES EN GÉNÉRAL.
Justice. Charité.

298. Distinguer les devoirs de *justice* et les devoirs de *charité*. (12 novembre 1868 ; 8 novembre 1871.)

Dissertation. La Morale sociale a pour principe : *Respecter dans nos semblables le développement régulier de personnalité humaine et y concourir selon notre pouvoir.* Son application comprend deux vertus, la justice et la charité.

La *justice* consiste à *traiter chacun selon son droit*. Elle se formule en deux maximes. La première est : *Ne faire tort à personne* (*Neminem lædere, nemini nocere*), c'est-à-dire respecter les droits de nos semblables, leur vie et leur personne (sauf le cas de légitime défense), leur liberté sous toutes ses formes, leur honneur, leurs biens et leur travail (cf. 267). La seconde est : *Rendre à chacun le sien* (*Suum cuique tribuere*). Cette maxime s'entend en deux sens. Dans le premier sens, donner à chacun le sien est indépendant de la qualité des personnes : p. ex., on doit rembourser à un créancier la somme qu'on lui a empruntée, sans examiner s'il est bon ou méchant, riche ou pauvre, etc.; c'est la *justice commutative*, au point de vue de laquelle tous les hommes sont égaux. Dans le second sens, donner à chacun le sien est proportionné à la valeur des personnes : p. ex., on doit rémunérer les services d'une personne selon sa capacité et son travail ; c'est la *justice distributive*. Lorsqu'on l'applique à la sanction des lois positives, elle est la dispensation des peines et des récompenses suivant le mérite et le démérite. — On voit que les *devoirs de la justice* sont *négatifs* quand ils consistent à respecter les droits de nos semblables, et *positifs*, quand ils consistent dans l'accomplissement de certains actes ou l'exécution de certaines conditions, soit en vertu d'une obligation naturelle, comme l'exercice du pouvoir paternel, soit en vertu d'un engagement volontaire, comme un contrat. Cette distinction est méconnue dans beaucoup de traités de morale qui n'attribuent à la justice que des devoirs négatifs, c'est-à-dire des devoirs d'abstention.

La *charité*, nommée aussi *bienveillance, bienfaisance, philanthropie*, consiste à *aider nos semblables par tous les moyens dont nous disposons*, c'est-à-dire *par nos facultés et par nos biens*. Elle est aussi obligatoire que la justice, mais ses devoirs sont indéterminés (cf. 264) : témoigner notre sympathie aux affligés, relever leur courage ou leur inspirer la résignation ; éclairer ceux qui nous entourent, les guérir de leurs erreurs et de leurs préjugés ; leur rendre des services effectifs en leur consacrant un peu de notre activité ; enfin, dans certains cas, si nos ressources nous le permettent, leur donner des secours pécuniaires. Cette dernière manière d'obliger nos semblables est d'un usage limité et difficile, tandis que dans toute condition on peut toujours rendre quelque service, si l'on consulte son cœur et sa raison. La *charité* est fondée sur la *fraternité*, c'est-à-dire sur ce principe que tous les hommes tenant de Dieu leur existence et leurs facultés, ayant les mêmes devoirs et les mêmes droits, doivent éprouver les uns pour les autres une affection fraternelle et se prêter un mutuel concours pour atteindre la perfection dont leur nature est susceptible.

Si l'on compare les devoirs de *justice* et ceux de *charité*, on voit que les premiers correspondent à des *droits* et que leur accomplissement peut être exigé par une *coercition juridique*, tandis que les seconds ne correspondent à aucun droit dans celui qui en est l'objet, et que leur accomplissement ne relève que de notre conscience. Cependant l'union de la justice et de la charité est indispensable à la société pour atteindre sa fin, à cause de la solidarité qui existe entre tous ses membres. Pour qu'un État soit bien organisé, il faut que les citoyens se prêtent une assistance mutuelle et se dévouent les uns pour les autres, chacun dans la sphère de son activité. Il offre ainsi l'image du dévouement auquel les hommes sont naturellement portés par les affections de la famille et par l'amitié.

On peut résumer les devoirs de la *justice* et de la *charité* dans ces deux maximes de l'Évangile, maximes qui les indiquent sans les préciser ni les expliquer : « Ne faites pas à autrui ce que vous ne voudriez pas qu'on vous fît. Faites à autrui ce que vous voudriez qu'on vous fît. » La meilleure formule de la charité est : « Aimez votre prochain comme vous-mêmes. »

Lire Janet, *Élém. de morale*, ch. XVII; Bouillet, *D. des sciences*, art. *Justice, Charité, Fraternité, Amitié.*

299. Définir par des analyses et des exemples la *justice*, l'*équité*, la *probité*, la *charité*, la *vertu*. (27 juillet 1874.)

REMARQUE. Cette question rentre dans la précédente. Il suffit d'y ajouter les définitions suivantes. — 1° Quand on compare le Droit naturel au Droit positif, on distingue la justice de l'équité : on entend alors par *justice* l'observation de la Loi écrite ; et par *équité*, l'observation des principes du Droit naturel et de la Morale, en vertu desquels nous traitons nos semblables d'après les règles de l'*égalité*. — 2° La *probité* est l'exactitude à remplir les devoirs de la vie civile, la fidélité à la Loi écrite. Elle s'appelle *intégrité*, quand elle repousse les sollicitations de l'intérêt ou de la passion. — 3° La *vertu* est l'habitude de remplir généralement tous ses devoirs (cf. 279); par conséquent, elle embrasse la *justice* et la *charité*.

Lire Bouillet, *D. des sciences*, art. *Justice.*

II. DEVOIRS DE FAMILLE.

300. Quels sont les fondements et les limites du *pouvoir paternel* ? (6 mars 1873.)

Plan. Les devoirs généraux de justice et de charité, que l'homme a envers ses semblables (cf 298), se déterminent dans la famille par les rapports naturels de droit et par les liens d'affection qui s'établissent d'abord entre les époux, puis entre les parents et les enfants, enfin entre les frères et les sœurs.

Née de la nécessité de perpétuer l'espèce, la famille est le premier fondement de la société, et sa bonne constitution est la condition de la moralité et de la prospérité publiques. Le mariage a pour but d'établir la *communauté de la vie* entière, physique et morale, de deux personnes de sexe différent. Il a pour conséquence l'obligation de donner l'*éducation* à l'enfant. Il s'établit ainsi entre les membres de la famille des rapports déterminés par la nature et par les fonctions de chacun d'eux, en leur appliquant les principes de la justice et de la charité.

Par ses aptitudes physiques, intellectuelles et morales, l'homme doit protéger la famille et pourvoir à ses besoins au moyen de son travail. En vertu de sa responsabilité, il possède le *pouvoir marital* à l'égard de la femme, et le *pouvoir paternel* à l'égard de l'enfant. Les variations de ces deux pouvoirs sont liées ensemble dans l'histoire de la civilisation. — En considérant le *pouvoir paternel* uniquement au point de vue de la théorie, on reconnaît qu'il a pour fondement l'obligation de fournir à l'enfant tout ce qui est nécessaire au développement de ses aptitudes physiques, intellectuelles et morales. Ses limites sont déterminées par la nature même du but à atteindre; il cesse dès que ce but est atteint. Le père et la mère ne doivent exercer leur autorité qu'en vue du bien de l'enfant, en consultant à la fois leur affection et leur raison. De son côté, l'enfant doit obéissance, respect et reconnaissance. Enfin, comme la bonne constitution de la famille est la condition de la moralité et de la prospérité publiques, l'État, pour assurer sa propre existence, a le droit de régler, conformément à la justice, l'autorité paternelle, d'exiger que l'enfant reçoive l'instruction propre à en faire un homme et un citoyen, et que, lorsque l'âge lui permet de contribuer aux ressources de la famille, il ne soit pas soumis à un travail qui dépasse ses forces.

En résumé, l'exercice du pouvoir paternel a trois conditions à remplir : conférer au père de famille une autorité qui corresponde à sa responsabilité civile et morale, faire de l'enfant un homme, former un citoyen utile à l'État.

Lire Janet, *Élém. de morale*, ch. XVI; Bouillet, *D. des sciences*, art. *Famille*.

III. DEVOIRS ENVERS L'ÉTAT.

301. L'homme, en tant qu'homme, a des *devoirs envers la société;* en tant que citoyen, il a des *devoirs envers l'État*. Marquer par une analyse précise la distinction qu'il convient d'établir entre ces deux sortes de devoirs. (24 novembre 1869.)

Plan. Le principe de nos devoirs envers la société se formule ainsi : *Respecter dans nos semblables le développement régulier de la personnalité humaine et y concourir selon notre pouvoir.* Son application comprend la *justice* et la *charité* (cf. 298).

L'État est constitué pour déterminer et garantir l'exercice des *droits naturels* par les *lois civiles*. Dans ce but, il possède un pouvoir législatif, un pouvoir exécutif et un pouvoir judiciaire qui forment le gouvernement (cf. 303). Des conditions nécessaires au fonctionnement de ces pouvoirs dérivent les droits de l'État et les devoirs des citoyens. Par suite, le principe général de nos devoirs envers l'État se formule ainsi : *Respecter l'exécution des lois et y concourir selon notre pouvoir.* Son application comprend la justice et le dévouement à la patrie. 1° Les *devoirs de justice* consistent à participer aux charges de l'État par le paiement des impôts, par le service militaire, par les services gratuits qu'exigent les lois, par l'exercice juste et loyal des droits civils et politiques que la constitution confère aux citoyens. 2° Les *devoirs de dévouement à la patrie* consistent à contribuer pour sa part, pendant la paix, au bien général des citoyens et de l'État, et à sacrifier, pendant la guerre, ses intérêts propres et, au besoin, sa vie, dans les moments où la patrie est en péril.

Remarque. Pour bien comprendre la théorie précédente, il faut étudier les droits réciproques de l'État et des citoyens (cf. 303). Les anciens ne les ont pas déterminés avec une précision suffisante dans leur doctrine de la *justice* (cf. Bouillet, *D. des Sciences*, art. *Droit naturel*).

IV. PRINCIPES DU DROIT NATUREL.

302. Quelle différence existe entre le *Droit naturel* et le *Droit positif?* Donner des exemples. (2 août 1872.)

Dissertation. On nomme *droit* la faculté qu'à une personne de faire un acte, p. ex., de travailler, ou d'exiger une chose, p. ex., le paiement d'une créance. Le droit est *naturel*, quand il est fondé sur la seule nature de l'homme, p. ex., la propriété. Le droit est *positif*, quand il est déterminé par le législateur, p. ex., l'usage de la propriété. L'exercice de tout droit implique un rapport entre deux personnes, dont l'une a la *faculté* de faire un acte ou d'exiger une chose, et l'autre, l'*obligation* de ne pas s'opposer à cet acte ou de fournir la chose exigée (cf. 267). Ce rapport est déterminé par une règle nommée *loi naturelle* ou *loi positive*, selon qu'elle correspond à un droit naturel ou à un droit positif. Par suite, on appelle *Droit naturel* ou *Philosophie du droit* la science des droits naturels et des lois naturelles ; et *Droit positif*, la science des droits positifs et des lois positives.

Ces principes posés, l'existence des *droits positifs* n'étant pas contestée, la science doit démontrer qu'il y a des *droits naturels*, c'est-à-dire des droits inaliénables, imprescriptibles, antérieurs à toute législation, fondés sur la seule nature de l'homme considéré comme une *personne*. 1° Tous les hommes, étant des êtres intelligents et libres, sont également obligés de concourir sous leur propre responsabilité à l'accomplissement du bien propre à leur nature. Or ce concours implique certaines conditions extérieures qui dépendent de la volonté : comme chaque homme est obligé d'accomplir le bien dans la mesure où il le peut, il est nécessaire que dans ses rapports avec ses semblables il possède un pouvoir conforme à sa responsabilité : ce pouvoir moral est le *droit naturel*. 2° Pour établir des lois nouvelles ou réformer des lois déjà existantes, le législateur a besoin d'être guidé par des principes; il les trouve d'abord dans la justice, ensuite dans l'intérêt de l'État et des citoyens. La *justice* étant l'observation des droits naturels, le législateur doit s'y conformer; et dans le fait, quand on s'en est éloigné par l'effet de circonstances accidentelles, on tend sans cesse à s'en rapprocher : c'est là ce qui constitue le progrès de la législation. On peut ajouter que la violation des droits naturels est une cause de décadence pour les nations : p. ex., l'extension qu'avait prise l'esclavage chez les Romains a beaucoup contribué à la dépopulation de leur empire. 3° Les *droits naturels* sont *universels* et *absolus*, ainsi que les *lois naturelles*. Les *droits positifs* sont *variables* et *relatifs*, soit parce que la conception des droits naturels et leur reconnaissance par les lois positives exigent du temps et de longs efforts, soit parce que les habitudes et les intérêts varient selon les lieux, soit parce que les circonstances amènent des rapports nouveaux. Par suite, les *lois positives* sont elles-mêmes *variables* et *relatives*. Cette évolution psychologique et historique n'autorise pas l'école empirique et l'école utilitaire à enseigner que les lois positives sont uniquement fondées sur l'expérience et sur l'utilité, sur la coutume et sur l'éducation (cf. 273).

Après avoir démontré qu'il y a des *droits naturels*, la science doit déterminer quels sont ces droits. Elle y arrive en considérant quelles sont les conditions qui dépendent de la volonté et qui sont nécessaires à l'individu et à la société pour conserver et développer la personnalité humaine, par suite, pour satisfaire les besoins physiques, intellectuels et moraux auxquels correspondent autant de buts distincts. Ces conditions sont, d'une part, les choses extérieures que l'homme modifie par son travail pour les faire servir à son usage ; d'une autre part, les actions ou les prestations de ses semblables. Il faut donc, pour que cette étude aboutisse à un système scientifique, considérer à la fois quels sont les buts particuliers contenus dans le but général de la vie humaine, et quelles sont les conditions nécessaires pour atteindre ces différents buts. En suivant ainsi une marche analogue à celle de la Morale, la science appelée Droit naturel établit les *droits primitifs*, qui dérivent de la qualité d'être raisonnable : Droit au respect et au développement de la personnalité humaine, Dr. de propriété (cf. 304), Dr. de liberté (cf. 305), Dr. de légitime défense, Dr. d'association ; et les *droits dérivés*, constitués par des conventions, comme les Contrats et les Sociétés (*Droit privé*). On procède de même pour déterminer les droits réciproques de l'État et du citoyen (*Droit public* ; cf. 303), et ceux des États dans les rapports qu'ils ont entre eux (*Droit public international* ou *Droit des gens* ; cf. 207).

Lire Janet, *Élém. de morale*, ch. V, § 2 ; Bouillet, *D. des sciences*, art. *Droit naturel, Droit positif, Égalité, Défense légitime, Contrat, Société*.

Droits de l'État et des citoyens.

303. Quels sont les droits respectifs de l'État et des individus dans la Morale sociale ? (16 août 1869.)

Dissertation. Destiné par sa nature à vivre en société, l'homme a des devoirs et des droits qui correspondent à cette relation. Pour les déterminer, il faut considérer le but de l'État.

L'*État* est une association d'hommes unis par les lois, formant un corps de nation par l'unité du territoire et par la communauté des sentiments et des intérêts généraux. Il a pour but l'application de la *justice* par un pouvoir social, chargé de déterminer et de garantir l'exercice des *droits naturels* par des *lois civiles* conformes aux besoins et au degré de civilisation de la nation. D'après ce principe, l'État doit concourir à l'accomplissement du bien qui est propre à la nature humaine en en réalisant les conditions qui dépendent de la volonté individuelle ou collective des citoyens, par conséquent, régler et assurer le libre développement de l'activité humaine dans toutes ses applications, droit, morale, religion, sciences et arts, éducation et instruction, industrie et commerce. Pour atteindre ce but, il a besoin d'avoir un *gouvernement* obéi par tous, constitué et régi par un système de lois qui forment le *Droit politique*. De même que l'homme ne peut accomplir sa destinée sans les facultés et les conditions qu'elle suppose, de même l'État, assimilé à une personne morale, ne peut remplir son devoir sans posséder les pouvoirs et les conditions qu'il implique. Ces pouvoirs, organisés et exercés au nom et dans l'intérêt de la nation, sont le *pouvoir législatif* qui rédige les lois, le *pouvoir exécutif* qui les fait observer par les citoyens, le *pouvoir judiciaire* qui les applique aux cas particuliers dans les affaires litigieuses : leur combinaison forme le *gouvernement*, qui a deux formes principales, la monarchie et la république, et plusieurs formes mixtes, comme la monarchie constitutionnelle et représentative, etc., selon que l'autorité appartient à une seule personne, à une démocratie, ou est partagée entre elles.

Quelle que soit la forme du gouvernement, l'État a les mêmes droits parce que, le but étant le même, les conditions le sont aussi. Ces droits sont : 1° établir des *lois politiques* qui règlent les droits et les devoirs réciproques de l'État et des citoyens, et des *lois civiles* qui déterminent et garantissent l'exercice des droits naturels, comme la liberté, la propriété, etc.; assurer l'exécution de ces lois en y attachant une *sanction pénale*; 2° imposer aux citoyens les *contributions* nécessaires à l'acquittement des charges publiques : administration, armée, marine, travaux publics, dette publique, etc.; 3° exiger des citoyens le *service militaire* pour la défense du territoire et le maintien de l'ordre intérieur; 4° obliger les citoyens à remplir gratuitement certaines fonctions publiques, comme celles de jurés, de témoins, etc.

Réciproquement, les citoyens ont, en raison de leurs obligations envers l'État, des *droits civils* fondés sur la reconnaissance et la garantie des *droits naturels* par les pouvoirs publics, comme nous l'avons expliqué ci-dessus, et des *droits politiques* qui, fondés sur les rapports constitutionnels du gouvernement avec les citoyens, intéressent l'État tout entier : tels sont le droit de choisir les mandataires chargés de faire les lois, de voter l'impôt et de contrôler les actes du gouvernement, le droit de nommer les membres de toute assemblée investie d'une autorité publique, le droit d'être éligible à ces fonctions, etc. Par là les citoyens participent à la *souveraineté* qui réside dans la nation et s'exerce par la *volonté générale*, à condition que celle-ci obéisse à la raison.

Ces considérations permettent d'assigner son véritable but à la *Politique*, qui est la science du gouvernement. Son domaine embrasse les rapports de l'État et des citoyens, la législation, les finances, l'administration intérieure, les relations des peuples entre eux; par conséquent, le Droit public proprement dit, le Droit administratif, le Droit des gens et l'Économie politique. Parmi les philosophes et les publicistes, les uns donnent pour base à la Politique la vertu, comme Platon; d'autres la justice, comme Aristote, Cicéron, Montesquieu, etc.; d'autres l'intérêt seul, comme Machiavel, Hobbes, etc. 1° Assigner pour fin à l'État la *vertu*, c'est lui donner le pouvoir de régler tous les actes de la vie privée comme de la vie publique, d'intervenir dans la conscience même en soumettant l'homme entier à une censure étroite et oppressive qui lui ôte toute initiative et toute responsabilité; c'est, en théorie, la *République* de Platon; en pratique, le gouvernement de la république de Genève sous Calvin. 2° Définir la Politique l'application de la *justice* dans l'État, comme nous l'avons fait ci-dessus, c'est lui donner pour fondement le *Droit naturel* et déterminer son véritable domaine; cette théorie démontre que l'État n'est pas institué pour imposer la vertu par une contrainte juridique, parce que ce système conduit à l'anéantissement de la liberté qui est une des conditions de la moralité humaine; mais elle reconnaît que la pratique de la justice suppose les vertus publiques et privées, que, sans les mœurs, les lois sont impuissantes et l'État périt infailliblement. 3° Enfin, le Droit naturel et la Morale condamnent la troisième théorie qui, dans l'*intérêt* d'un homme ou d'une classe d'hommes, proclame ces maximes : « Le salut du peuple est la loi suprême ; la fin justifie les moyens. » L'injustice ne peut rien fonder de durable, qu'elle soit exercée par un prince, par un peuple ou par une secte.

Lire Bouillet, *D. des sciences*, art. *État, Politique, Droit naturel, Économie politique* ; Charles, *Lect. de phil.*, II, p. 304-312.

Droit de propriété.

304. Du *droit de propriété*. Réfuter les objections dont il a été l'objet. (23 octobre 1873.)

Dissertation. L'homme est une personne. En cette qualité, il a des devoirs et des droits. D'un côté, il a l'obligation morale d'accomplir les actes nécessaires à la réalisation du bien qui est propre à la nature humaine, c'est-à-dire au développement régulier et harmonieux des facultés de l'âme et des forces du corps qui lui sert d'instrument. D'un autre côté, il a le pouvoir moral d'exiger de ses semblables, en tant qu'elles dépendent de leur volonté, les conditions nécessaires à la réalisation du bien qui est propre à la nature humaine, parce que tous les hommes ont la même obligation morale d'y concourir. Ces conditions sont, d'une part, les choses que nous modifions par notre travail pour les faire servir à notre usage, comme des aliments, des vêtements, etc.; d'une autre part, l'observation de certaines règles morales ou légales, comme le respect de notre personne et de notre liberté, ou des prestations effectives, comme l'éducation donnée par les parents à leurs enfants, la protection des citoyens par l'autorité publique. De là résultent les *droits naturels*, antérieurs aux *lois positives* qui les garantissent et en règlent l'exercice, mais ne les créent pas. Un des plus importants est le *droit de propriété*.

Une *propriété* est une chose que ses qualités rendent apte à satisfaire quelques-uns des besoins physiques, intellectuels et moraux, soit d'un seul individu, comme un sac de blé, un instrument de travail, soit d'une collection d'individus, comme un édifice public : elle constitue ainsi un moyen pour réaliser un but individuel, comme l'alimentation, ou social, comme le culte. Il en résulte que, par rapport à l'*objet* auquel il s'applique, *le droit de propriété est la faculté de faire servir les choses à la satisfaction de nos besoins propres*, soit que ces choses se consomment, comme les fruits de la terre, soit qu'elles servent seulement à notre usage, comme le sol.

Ce premier point établi, il faut considérer le droit de propriété dans le *sujet* qui l'exerce, déterminer à quel *titre* une personne peut faire d'une chose sa propriété et exiger pour celle-ci le respect de ses semblables. Il y a à cet égard plusieurs théories exclusives, dont les principales sont celle de l'occupation, celle de la spécification par le travail, celle de la coutume ou de la loi. — 1° *L'occupation primitive* du sol et des choses matérielles a été considérée comme un titre par les jurisconsultes romains et par des auteurs modernes qui ont traité du droit des gens, comme Grotius, Puffendorf, etc. Historiquement, c'est l'origine de la propriété foncière. Des tribus antiques ont occupé des régions inhabitées et s'y sont livrées à la chasse et à la pêche, puis à l'agriculture. Plus tard, d'autres tribus, trop resserrées dans leurs limites ou attirées par la différence du climat, ont fait des invasions et forcé les anciens habitants de partager avec elles. C'est ainsi que les Normands ont conquis la Neustrie française, puis l'Angleterre. Dans ce cas, le partage des terres a toujours été réglementé par une autorité publique. Il en a été de même pour les colonies fondées par les anciens et les modernes. Ainsi, dans les rapports des nations entre elles, l'*occupation collective* est réalisée et maintenue par l'exercice de la force physique, soit à l'égard des animaux chassés ou domptés, soit à l'égard des cultivateurs primitifs obligés de partager avec les nouveaux venus ou réduits au servage, soit à l'égard des envahisseurs repoussés ou exterminés. C'est l'origine de la guerre. Dans les rapports des citoyens entre eux, l'*occupation individuelle* implique toujours une convention ou une réglementation qui limite le droit de chacun, afin que toutes les familles puissent se procurer les objets les plus nécessaires à la vie : telle était la distribution des terres chez les Germains, au rapport de César (*De Bello gallico*, VI, xxii). L'occupation primitive représente donc un fait naturel à l'homme, mais non un principe. — 2° La *spécification* ou *l'appropriation* des choses par le travail présuppose l'occupation primitive, parce qu'on ne peut transformer que ce dont on est déjà propriétaire. Cependant cette théorie met en lumière un fait important, dont l'étude est l'objet de l'Économie politique, savoir, la *production de la richesse par l'activité humaine.* Si l'on considère que la production de la richesse consiste à donner de l'utilité aux choses ou à augmenter celle qu'elles ont déjà, on voit que, chez les peuples agricoles et industriels où le servage n'existe pas, ceux qui possèdent la terre ou les matières premières ne peuvent produire sans le concours de ceux qui ne les possèdent pas. Ils sont donc obligés d'acheter par un salaire leur travail manuel ou intellectuel. Ce salaire constitue une nouvelle espèce de propriété : par l'épargne, il devient le principe de la richesse mobilière qui fournit des capitaux au commerce et à l'industrie. Ainsi le *travail* de l'homme, étant la source de toute richesse, joue un rôle très-important dans la constitution sociale de la propriété. — 3° Une règle juridique (coutume, loi ou convention) est nécessaire, pour organiser et garantir la propriété, comme nous l'avons montré au sujet de l'occupation ; mais elle ne crée pas le droit naturel, comme l'ont enseigné beaucoup de jurisconsultes ; elle se borne à en déterminer et à en assurer l'exercice, de même qu'elle limite la liberté naturelle de manière que la liberté d'action de l'un puisse se concilier avec celle des autres.

De cette analyse il résulte que *le droit de propriété a pour fondement l'activité de la personne humaine qui s'approprie les choses et les transforme pour les faire servir à la satisfaction de ses besoins physiques et intellectuels.* A cet élément individuel s'ajoute un élément social, la *règle juridique* qui organise et garantit la propriété de manière à concilier le droit de l'individu avec le droit qu'à l'État d'assurer la production de la richesse sociale et d'en déterminer la distribution. L'histoire nous montre que chacun de ces deux éléments a prédominé tour à tour. — Le système de la *propriété individuelle* a été généralement admis par les diverses législations, mais avec des restrictions, comme l'expropriation pour cause d'utilité publique, etc. Il se recommande par les raisons suivantes : 1° la propriété individuelle est le principal mobile de l'activité humaine ; 2° elle est la sauvegarde de la liberté personnelle et de la vie de famille ; 3° elle maintient entre les hommes, par l'inégalité de sa distribution, une subordination nécessaire dans les grandes entreprises industrielles et dans les travaux nécessaires au bien-être de la société. — Le système opposé, celui de la *propriété commune* ou de la *communauté de biens* constitue le domaine public auquel s'ajoute le produit des impôts; mais il n'est appliqué qu'exceptionnellement à la vie privée, p. ex., dans une communauté religieuse. — Platon, dans sa *République*, et, depuis lui, beaucoup d'écrivains ont proposé de remplacer la propriété privée par la communauté de biens, soit pour établir l'égalité et la fraternité des citoyens, soit pour réaliser sur la terre un ordre parfait et une félicité complète, soit pour organiser le travail en abolissant le capital et l'intérêt. Le défaut général des utopies communistes et socialistes est d'abolir la responsabilité civile et politique des individus pour prévenir les abus de la liberté, d'anéantir tout ce qui encourage le travail et l'épargne, de détruire les institutions qui répondent le mieux aux besoins et aux facultés de l'homme, au lieu d'opérer les réformes et les améliorations qui peuvent amener de nouveaux progrès. L'étude que nous avons faite sur le fondement du droit de propriété rend inutile le développement de ces considérations.

Lire Bouillet, *D. des sciences*, art. *Propriété, Économie politique, Socialisme*; Charles, *Leçt. de phil.*, II, p. 299-303.

Droit de liberté civile et politique.

305. Montrer que la *liberté politique* suppose la liberté psychologique ou morale. (11 mai 1870.)

Plan. On nomme *liberté politique* la jouissance des droits politiques fondés sur les rapports constitutionnels de l'État avec les citoyens qui concourent au gouvernement et en contrôlent les actes, soit par eux-mêmes, soit par leurs représentants (cf. 303). Le gouvernement étant l'autorité publique instituée pour réaliser la *justice* dans l'État, ceux qui y prennent part doivent avoir une capacité qui corresponde à leur responsabilité, c'est-à-dire connaître la justice et avoir intérêt à la réaliser; par conséquent, posséder les droits civils déterminés et garantis par le pouvoir législatif, droits dont la jouissance constitue la *liberté civile* (cf. 303).

La liberté politique et la liberté civile supposent la *liberté morale*, qui est le pouvoir de commander aux impulsions de la sensibilité et d'obéir aux idées de la raison. Par elle, l'homme est une personne, et est responsable de sa conduite. Étant raisonnable et libre, il est capable d'accomplir le bien propre à l'essence humaine : c'est là le principe de ses devoirs et de ses droits. Tant que l'enfant n'est pas arrivé par le développement de ses facultés à posséder pleinement la liberté morale, il n'a pas l'entière responsabilité de sa conduite, il n'est que virtuellement une personne civile, et l'exercice de ses droits est confié à son père ou à son tuteur. — Si la *liberté morale* est nécessaire à la *liberté civile*, elle est encore plus nécessaire à l'exercice de la *liberté politique*, parce que celle-ci suppose une plus grande responsabilité : en effet, dans le premier cas, les actes du citoyen n'intéressent que lui-même et un petit nombre de personnes ; dans le second cas, ils contribuent au salut ou à la perte de l'État tout entier.

De cette discussion il résulte que le mot *liberté* pris seul ne représente qu'une abstraction propre à égarer les esprits. Il faut absolument en distinguer les divers sens : *liberté morale, liberté civile, liberté politique*. 1° La liberté morale est le fondement de la liberté civile ; par suite, l'homme doit connaître ses devoirs pour exercer ses droits. 2° La liberté morale est également le fondement de la liberté politique : si les citoyens ne savent pas commander à leurs passions et obéir aux prescriptions de la raison, s'ils ne préfèrent pas la justice à leurs inclinations personnelles et l'intérêt général à leurs intérêts particuliers, la liberté politique, au lieu de contribuer au progrès de la civilisation, n'est qu'une cause de révolutions funestes à l'ordre social, et la nécessité d'échapper à l'anarchie conduit au despotisme. L'histoire de Rome sous les empereurs nous donne un exemple mémorable de cette vérité.

Fondement du Droit pénal.

306. Du *droit de punir*. Quel est son fondement ? (14 novembre 1873.)

Plan. De même que l'individu a le droit de repousser par la force physique une attaque qui met sa vie en péril dans les cas où il ne peut recourir à la protection de l'autorité publique ; de même, l'État a le droit de repousser par la force physique les attaques qui mettent en péril son existence et celle de ses membres. Outre le *droit de légitime défense* qu'il exerce à l'intérieur contre les rebelles et à l'extérieur contre les armées étrangères, l'État possède un droit refusé à l'individu, le *droit de punir les crimes et les délits* commis sur son territoire.

Ce droit est une des conditions nécessaires pour atteindre le but social en vue duquel l'État est institué, savoir, déterminer et garantir l'exercice des droits naturels par des lois civiles et par des lois politiques conformes aux besoins et au degré de civilisation de la nation (cf. 303).

Pour appliquer ainsi la *justice* aux relations sociales, l'État possède le pouvoir législatif, le pouvoir judiciaire et le pouvoir exécutif. Tandis que la *loi morale* doit être accomplie *dans son esprit*, par respect pour elle-même, parce que c'est l'intention qui constitue la moralité, les *lois civiles et politiques* doivent être exécutés *matériellement*, par la réalisation des résultats qu'elles poursuivent, parce que les actes qu'elles prescrivent sont nécessaires à l'existence et au fonctionnement de la société. Il faut donc que leurs prescriptions soient efficaces; par suite, qu'elles soient supérieures à la bonne et à la mauvaise volonté des individus; par suite, qu'elles soient accompagnées du pouvoir de se faire obéir par une *sanction positive*, c'est-à-dire par un ensemble de *récompenses* ou de *peines* attachées à leur observation ou à leur violation, sanction qui maîtrise les passions humaines par l'attrait du plaisir et par la crainte de la douleur, ou réprime les crimes et les délits en appelant la force au secours de la raison. C'est là, dans l'État, le fondement du *droit de punir*.

Pour être exercé avec justice, le *droit de punir* doit remplir les conditions suivantes : 1° séparation du pouvoir législatif, du pouvoir judiciaire et du pouvoir exécutif : par là le juge, étant indépendant et désintéressé, peut appliquer la loi avec impartialité ; 2° répression des actes contraires aux droits de l'État et à ceux des citoyens : étant instituée uniquement pour faire respecter ces droits, la sanction pénale ne doit pas être appliquée aux devoirs de la morale individuelle ni à ceux de la morale religieuse ; elle doit assurer seulement aux citoyens la liberté de les accomplir ; 3° proportion des peines aux crimes et aux délits : il faut qu'il y ait une juste gradation dans les peines corporelles, pécuniaires et morales ; 4° efficacité : la sanction pénale atteint son but si elle prévient les infractions à la loi par la crainte du châtiment, si elle les réprime par l'expiation imposée au coupable, si elle en empêche le retour en améliorant celui qu'elle a frappé. — Tels sont les principes auxquels doit se conformer une législation pénale.

Lire Janet, *Élém. de morale*, ch. IX, p. 147 ; Bouillet, *D. des sciences*, art. *Droit pénal*.

MORALE RELIGIEUSE

Destinée de l'homme.

307. Prouver que la *destinée* de l'homme ne peut s'accomplir entièrement sur la terre. (6 août 1874.)

308. Quelles conséquences philosophiques et morales peut-on tirer de ce vers de Lamartine ?

> Borné dans sa nature, infini dans ses vœux.

(29 mars 1873.)

Dissertation. La plus haute question traitée par la morale est celle de notre *destinée*. « Notre premier intérêt et notre premier devoir, dit Pascal, est de nous éclairer à ce sujet d'où dépend toute notre conduite. » Aussi est-il impossible qu'aucun homme, si irréfléchi qu'on le suppose, n'arrive pas à se demander quel est le but de la vie actuelle et si tout finit à la mort. Ce problème a inspiré à la poésie de nobles et de mélancoliques pensées ; il a fourni un texte inépuisable à l'éloquence religieuse ; il s'est, par son importance et sa popularité, placé au premier rang dans les méditations de la philosophie spiritualiste. Pour le résoudre méthodiquement, il faut, à l'aide du *principe des causes finales*, tirer des inductions de l'*essence de l'homme* et de l'*essence de Dieu*.

Tout être a une fin, et cette fin est nécessairement en rapport avec sa nature. Donc l'homme a une fin, et on peut la déterminer en étudiant sa nature. Or l'homme est composé d'un *corps* et d'une *âme*. Il faut donc examiner successivement ces deux éléments.

Considéré en lui-même, le *corps* de l'homme a la même fin que celui des animaux, croître jusqu'à ce qu'il ait atteint une forme déterminée, se reproduire et mourir. Considéré par rapport à l'âme, il lui sert d'instrument pour connaître les objets extérieurs et pour agir sur eux, et, à ce titre, il l'oblige de veiller constamment à sa conservation. Cette union intime cesse avec la vie. On est ainsi conduit à se demander quels sont les effets de la mort pour le corps et pour l'âme. Pour le corps, la réponse est facile : sa *matière* est *indestructible*; elle se désorganise, puis entre dans de nouvelles combinaisons. Pour l'âme, la solution du problème est complexe :

l'*âme*, étant *simple* et *indivisible*, ne peut périr par dissolution comme le corps ; mais cela ne suffit pas pour qu'elle lui survive ; il faut encore qu'après la mort elle se trouve dans un état psychologique qui soit compatible avec l'exercice de son activité ; il faut qu'elle conserve son *existence personnelle* avec la *conscience* d'elle-même, avec le *souvenir* qui relie le passé au présent, avec la *responsabilité* qui en est la conséquence, conditions dont l'ensemble constitue l'*immortalité*. Leur réalisation dépend évidemment de l'*ordre moral* dont Dieu est le principe et auquel l'âme appartient par son essence.

L'*essence de l'âme* consiste dans l'ensemble des facultés qui lui sont propres, *sensibilité, intelligence, activité*. L'intelligence a pour but de connaître la vérité ; la sensibilité, d'aimer les autres êtres proportionnellement à leur perfection ; l'activité, d'agir avec liberté en subordonnant la passion à la raison. En réalisant le *développement régulier et harmonieux de ses facultés*, l'âme réalise le *bien en soi* (cf. 254). En appliquant à ce but toute l'énergie de sa volonté, elle accomplit le *devoir* que lui impose sa raison, et elle mérite le *bonheur* qui en est la conséquence légitime (cf. 289). Telle est la *destinée* de l'âme considérée dans son essence. Mais il est facile de reconnaître que cette destinée ne peut s'accomplir entièrement sur la terre. 1° Notre pensée, notre amour, notre activité, toutes nos puissances tendent à l'infini ; notre désir de connaître, notre sympathie, notre ambition n'ont point de limites ; mais les moyens d'action dont nous disposons sont très-bornés ; ils ne nous permettent pas d'acquérir la *perfection* dont notre essence est susceptible et de satisfaire ainsi nos plus nobles désirs. 2° Nous concevons un certain *type de vertu* qui est l'*idéal de la personnalité humaine* ; cependant nous ne le réalisons que d'une manière très-incomplète, parce que nul homme n'obéit constamment à la raison (*Video meliora proboque, Deteriora sequor*). 3° Non-seulement nous n'atteignons pas le *bonheur* auquel nous aspirons, mais nous ne voyons même pas la vertu obtenir la récompense à laquelle elle a le droit et le vice subir le châtiment qu'il mérite. Il y a donc dans la vie actuelle un contraste complet entre la fin que nous poursuivons et les résultats auxquels nous arrivons. L'homme est, dit Lamartine,

Borné dans sa nature, infini dans ses vœux.

Après avoir constaté que la destinée de l'homme, telle qu'elle résulte de son essence, ne peut s'accomplir entièrement sur la terre, examinons ce qui est conforme à l'essence de Dieu.

La raison nous fait concevoir que *Dieu*, étant l'*Être parfait* et la *Cause première*, possède éminemment par son essence les perfections qui sont incomplètes en nous, l'*intelligence*, la *puissance* et l'*amour*, d'où découlent la *sagesse*, la *justice* et la *bonté* (cf. 230). L'étude de la nature et de l'histoire nous révèle l'action de la *Providence*. Nous en induisons que, puisque Dieu fait régner l'*ordre* dans le monde physique, il doit le faire régner aussi dans le monde moral ; par suite, qu'il est conforme à sa sagesse, à sa justice et à sa bonté, d'accorder à l'âme humaine une autre vie pour accomplir entièrement sa destinée, puisqu'elle ne peut la réaliser sur la terre. « Suivant l'analogie avec la nature des êtres vivants pour lesquels la raison reconnaît qu'il n'y a pas un organe, pas une faculté, pas un penchant, rien enfin qui ne soit disposé pour un certain usage, mais que tout au contraire est exactement proportionné à un but déterminé ; suivant cette analogie, l'homme ne peut être la seule créature qui fasse exception au principe. Les dons de sa nature, non-seulement les qualités et les penchants qu'il a reçus pour en faire usage, mais surtout la loi morale qu'il porte en lui ; ces dons sont tellement au-dessus de l'utilité et des avantages qu'il en peut retirer dans cette vie, qu'il apprend de la loi morale même à estimer par-dessus tout la simple conscience de l'honnêteté des sentiments, au préjudice de tous les biens et même de cette ombre qu'on appelle la gloire, et qu'il se sent intérieurement appelé à se rendre digne par sa conduite de devenir le citoyen d'un monde meilleur dont il a l'idée [1]. »

Pourquoi donc l'âme humaine ne peut-elle accomplir entièrement sur la terre la destinée qui résulte de son essence ? Pourquoi est-elle ainsi exposée au *mal physique* et au *mal moral* ? C'est que la vie est une *épreuve*, en ce sens qu'elle a pour fin le *développement de la personnalité morale* [2]. A ce point de vue, elle est conforme à la sagesse, à la justice et à la bonté de Dieu : elle oblige l'homme à exercer son activité intelligente et libre en luttant contre les obstacles qui l'entourent ; elle le place dans les conditions nécessaires pour mériter le bonheur par la grandeur de ses efforts ; elle l'autorise à attendre avec confiance la réalisation complète de sa destinée

---

1. Kant, *Critique de la raison pure*. — Cf. Bossuet, *Conn. de Dieu et de soi-même*, V, § xiv ; éd. Charles, p. 289.
2. « C'est un grand combat que celui qui nous est proposé et où il s'agit d'être vertueux ou méchant. » (Platon, *République*, X.)

par l'*immortalité de l'âme* qui lui permet d'espérer, selon l'heureuse expression de Leibniz, « un éternel passage à de nouvelles jouissances et à de nouvelles perfections. »

309. Exposer la doctrine de l'*épreuve*. Montrer combien la vie morale serait incomplète sans la douleur et sans le travail. (30 octobre 1874.)

Plan. On a souvent résumé la destinée de l'homme sur la terre par cette formule : « La vie est une épreuve. » Pour comprendre le sens de cette formule, il faut se reporter au principe fondamental de la morale : « L'homme a pour devoir général de vouloir le bien en soi, c'est-à-dire le développement régulier et harmonieux de ses facultés (cf. 254). » Or l'homme ne peut accomplir ce devoir qu'à condition d'exercer son *activité intelligente et libre* en soumettant à la raison ses appétits et ses passions, en faisant de son corps l'instrument docile de son âme, en luttant contre les obstacles qu'il rencontre autour de lui, en employant les objets extérieurs à la satisfaction de ses besoins physiques et moraux, de manière à soumettre la matière à l'esprit. Par là il devient une *personne morale*, il mérite en ce sens qu'il accroît sa valeur, il se rend digne d'un bonheur proportionné à la grandeur de ses efforts. — Si telle est la destinée de l'homme sur la terre, il est facile de comprendre pourquoi il est exposé au travail et à la douleur. 1° Le *travail* est nécessaire au développement des facultés morales de l'homme comme à celui de sa force physique. 2° La *douleur physique* engage l'homme à se livrer au travail pour faire les actes nécessaires à sa conservation et satisfaire ses besoins :

> Tum variæ venere artes. Labor omnia vincit
> Improbus, et duris urgens in rebus egestas. (VIRGILE.)

3° La *douleur morale* résulte de ce que la destinée de l'homme ne peut s'accomplir entièrement sur la terre et de ce qu'il n'y a pas harmonie entre la vertu et le bonheur (cf. 307). La cause en est que la nature humaine ne comporte pas la perfection, mais le perfectionnement, c'est-à-dire la satisfaction graduelle et successive des plus nobles désirs de l'âme. La conséquence en est que l'âme doit être immortelle pour pouvoir conformément à la sagesse, à la justice et à la bonté de Dieu, réaliser entièrement sa destinée.

Lire Charles, *Lect. de phil.*, II, p. 258-260, 553-560.

Immortalité de l'âme.

310. Exposer les preuves de l'*immortalité de l'âme*. (27 octobre 1874.)

Plan. On entend par *immortalité de l'âme* la persistance de l'existence personnelle de l'âme après la mort avec la conscience d'elle-même, avec le souvenir qui relie la vie future à la vie passée, et avec la responsabilité qui en est la conséquence. Sa démonstration comprend trois arguments.

1° *Preuve métaphysique.* L'âme, étant simple et indivisible, peut survivre à la dissolution du corps, si telle est la volonté de Dieu (cf. 312).

2° *Preuve morale.* La vie actuelle est une épreuve. L'harmonie entre la vertu et le bonheur ne s'y trouve pas réalisée. Il est conforme à la justice et à la bonté de Dieu de réaliser cette harmonie dans une autre vie (cf. 313).

3° *Preuve psychologique.* Il est conforme à la sagesse et à la bonté de Dieu d'accorder à l'âme humaine une autre vie pour accomplir entièrement sa destinée (cf. 307).

311. Quelle différence existe entre l'*immortalité de la substance* et l'*immortalité personnelle*? (11 août 1873.)

312. Donner les preuves de l'*immortalité de l'âme*. Distinguer l'*argument métaphysique* et l'*argument moral*. (28 novembre 1867.)

313. Exposer la *preuve métaphysique de l'immortalité de l'âme*. Montrer que cette preuve a besoin d'être complétée par la *preuve morale*. (19 août 1870.)

Plan. Pour comprendre et pour apprécier les arguments par lesquels on démontre l'immortalité de l'âme, il faut d'abord déterminer en quoi elle consiste. Elle implique deux conditions : 1° la *persistance de l'existence substantielle de l'âme* après la mort (*immortalité de la substance*) ; 2° la *persistance de l'existence personnelle* avec la conscience, avec le souvenir qui relie la vie future à la vie passée et avec la responsabilité qui en est la conséquence (*immortalité personnelle*). La 1re se démontre par la preuve métaphysique ; la 2e, par la preuve morale.

1° *Preuve métaphysique.* La matière est indestructible. L'organisation seule du corps est détruite par la mort. *L'âme est une substance simple et indivisible* (cf. 130). Donc elle ne doit point se dissoudre comme le corps. — Cette preuve établit que l'âme peut survivre au corps. Elle suppose deux conditions : 1° la spiritualité de l'âme, niée par le matérialisme ; 2° l'existence d'un Dieu intelligent et juste, ayant une raison pour conserver notre activité intellectuelle et morale, laquelle constitue notre substance tout entière.

2° *Preuve morale.* C'est un principe fondamental de la raison que *la vertu mérite le bonheur* (cf. 289). Or cette harmonie entre la vertu et le bonheur n'est point réalisée ici-bas. D'un côté, il n'y a pas un rapport nécessaire et constant entre l'ordre physique et l'ordre moral. D'un autre côté, si l'harmonie entre la vertu et le bonheur était réalisée immédiatement, la vie actuelle ne serait plus une épreuve (cf. 309), la vertu ne serait plus désintéressée ; elle perdrait ainsi un de ses caractères essentiels. Donc la réalisation de la justice distributive exige l'immortalité de l'âme, pour que nous puissions mériter le bonheur dans cette vie et l'obtenir dans une autre. D'ailleurs, la *loi morale* et le *principe de mérite et de démérite* nous font concevoir Dieu comme *législateur* et comme *juge* (cf. 236). Donc il doit vouloir nous continuer l'existence pour rétribuer chacun selon ses œuvres.

La preuve morale sert à démontrer l'erreur du panthéisme qui admet l'*immortalité substantielle* sans admettre l'*immortalité personnelle :* telle a été la doctrine des Stoïciens, de Spinosa, etc.

Elle sert à juger la croyance de la *métempsycose*, d'après laquelle l'âme passe d'un corps dans un autre et vit toujours dans des conditions analogues à l'existence actuelle. C'est une ébauche imparfaite du dogme de l'immortalité de l'âme.

Lire Bouillet, *D. des sciences*, art. *Immortalité, Métempsycose, Palingénésie;* Charles, *Lect. de phil.* II, (preuve métaphysique) p. 560 562, (preuve morale) p. 568 570 ; Janet, *Élém. de morale*, ch. xviii, § 3 ; Ovide, *Métamorphoses*, XV, 153-172.

REMARQUE. De la croyance à l'existence de Dieu et de la croyance à l'immortalité de l'âme découlent nos *devoirs religieux*. Nous en avons déjà donné la formule (p. 233) et démontré le principe (p. 234-235). — Lire Janet, *Élém. de morale*, ch., xviii § 2 ; Charles, *Lect. de phil.*, II, p. 314-316 ; Fénelon, *Lettres sur la métaphysique* la religion, II, III.